中國經濟法

[第四版]

主編 王麗萍

㊂崧燁文化

目 錄

第一章 導論 (1)
第一節 法律與經濟法 (1)
第二節 民商法概述 (2)
第三節 經濟法概述 (10)

第二章 民事法律關係 (14)
第一節 民事法律關係的概念與特徵 (14)
第二節 民事法律關係的要素 (16)
第三節 民事法律關係的變動 (22)

第三章 民事法律行為和代理 (28)
第一節 民事法律行為概述 (28)
第二節 民事法律行為的成立和生效 (34)
第三節 瑕疵法律行為的效力 (40)
第四節 代理 (47)

第四章 訴訟時效 (56)
第一節 時效與訴訟時效 (56)
第二節 訴訟時效的適用範圍與效力 (57)
第三節 訴訟時效的計算 (59)

第五章 物權法 (67)
第一節 物權與物權法 (67)
第二節 所有權 (73)
第三節 用益物權 (79)
第四節 擔保物權 (86)

第六章 合同法 …………………………………………………… (100)

 第一節 合同與合同法 ………………………………………… (100)

 第二節 合同的訂立與成立 …………………………………… (103)

 第三節 合同的效力 …………………………………………… (109)

 第四節 合同的履行 …………………………………………… (115)

 第五節 合同的擔保與保全 …………………………………… (118)

 第六節 合同的變更和轉讓 …………………………………… (125)

 第七節 合同權利與義務的終止 ……………………………… (127)

 第八節 違約責任 ……………………………………………… (129)

第七章 知識產權法 ……………………………………………… (137)

 第一節 知識產權與知識產權法 ……………………………… (137)

 第二節 著作權法 ……………………………………………… (139)

 第三節 專利法 ………………………………………………… (145)

 第四節 商標法 ………………………………………………… (154)

 第五節 其他知識產權 ………………………………………… (161)

第八章 公司法 …………………………………………………… (168)

 第一節 公司與公司法 ………………………………………… (168)

 第二節 有限責任公司 ………………………………………… (170)

 第三節 股份有限公司 ………………………………………… (180)

 第四節 公司董事、監事、高級管理人員的資格和義務 …… (190)

 第五節 公司債券 ……………………………………………… (193)

 第六節 公司的財務、會計 …………………………………… (195)

 第七節 公司的合併、分立、減資與增資 …………………… (196)

 第八節 公司的解散與清算 …………………………………… (199)

 第九節 違反公司法的法律責任 ……………………………… (205)

第九章　競爭法 ……………………………………………… (212)
第一節　市場競爭與競爭法 ……………………………… (213)
第二節　反不正當競爭法 ………………………………… (214)
第三節　反壟斷法 ………………………………………… (224)

第十章　消費者權益保護法 ………………………………… (237)
第一節　消費者與消費者權益保護 ……………………… (237)
第二節　消費者的權益和經營者的義務 ………………… (238)
第三節　國家和消費者組織對消費者保護的職責 ……… (249)
第四節　爭議的解決和法律責任 ………………………… (250)

第十一章　經濟糾紛的解決途徑 …………………………… (257)
第一節　經濟糾紛及其解決途徑 ………………………… (257)
第二節　仲裁 ……………………………………………… (260)
第三節　訴訟 ……………………………………………… (266)

第一章　導論

【本章引例】

某甲出生於一個農民家庭。2005年某甲大學畢業到南方某公司工作，因其基礎紮實，且好學肯干，很快得到了公司老板的器重，職位晉升和年收入都非常不錯。后經同學牽線，某甲與同在一個城市工作的某乙於2012年1月認識並確立了戀愛關係。其間，某甲對某乙照顧體貼，雙方關係發展迅速，已開始談婚論嫁。可天有不測風雲，某甲於2014年1月的一次生產事故中受傷致殘，某乙提出與其分手。某甲認為在他們戀愛期間，雙方感情很好，某乙在受傷之時提出分手實屬不該；而且因平時對某乙多有照顧，如果一定要分手，那麼應該對其有所補償，否則，不同意分手結束他們之間的戀愛關係。

請思考：本事例中，某甲與某乙之間的戀愛關係，法律是否予以調整？如果他們已經結婚，甲因事故受傷，有何不同？甲因事故受傷，其工作的公司是否承擔責任？是否能以其受傷致殘而解雇甲？

第一節　法律與經濟法

一、法律對於社會生活的規範意義

人們生活在社會中，是社會的人。人群共處當需有規則調整，否則，不能形成良好的社會秩序。「無規矩不成方圓」。法律正是調整人們行為的重要「規矩」。調整社會生活的「規矩」很多，除法律外，還有道德倫理、社會習俗甚至宗教教規等。通常情況下，道德等社會規則作為一種「軟約束」，靠人性、良心等內心自省和自我約束要求人們向善、正直，對違背道義者除行為人的「良心發現」外，人們最多給予道德的譴責和批評；而法律則是調整人們行為的基本規則，它以國家強制力為后盾要求人們應遵守社會的「底線」，即使作不了「天使」，至少不能成為「魔鬼」，人們一旦違反法律將承擔相應的法律后果。

「本章引例」中，某甲與某乙之間的戀愛關係尚不屬於法律調整的範疇，它是人們在締結婚姻之前的感情「培養期」，如果以法律強制予以調整和限制，將不當干預和限制人們的合理選擇，妨礙人們「試錯」。所以，「戀愛關係」只能由道德調整，即便「已開始談婚論嫁」亦無不同，因此，某乙在某甲受傷致殘之時提出分手的確有「不近人情」之嫌，但我們只能從道德角度評判她不是一個「高尚的人」，甚至可以批評其

「落井下石」「傷口上撒鹽」，但道德不是法律，不能要求某乙對此承擔法律後果。反之，如果他們已經結成婚姻，他們之間的關係就受婚姻家庭法律調整，就有「互相幫助」，甚至「互相撫養」的法定義務，即使離婚，「如一方生活困難，另一方應從其住房等個人財產中給予適當幫助」。① 所以，雖然某甲認為某乙在此時提出分手實屬不該，在道義上可以理解，但其要求有所補償，於法無據，不能得到支持。某甲工作的公司與甲之間則是勞動關係，當受勞動法和勞動合同法調整。該公司當承擔相應的安全保障及有關醫療、社會保險等責任，並不得因甲受傷致殘而對其進行解雇。

法律因其調整領域的不同而成為一個完整體系，即以作為根本大法的憲法為統帥，根據其調整的範圍和對象不同，分為刑法、民商法、經濟法、行政法、刑事訴訟法、民事訴訟法、行政訴訟法等不同的法律部門（部門法）。

二、經濟法：「有關經濟的法」

在不同法律部門中，「有關經濟的法」主要是民商法和經濟法。本書擬講述的「經濟法」就是「有關經濟的法」，包括民商法和部門法意義上的「經濟法」，即所謂廣義經濟法；而部門法意義上的經濟法，即所謂狹義經濟法。

本書以廣義的「有關經濟的法」來安排寫作內容，民法部分主要介紹民事法律關係、民事法律行為與代理、訴訟時效、物權法、合同法、知識產權法，商法部分則介紹公司法，部門法意義的經濟法則介紹競爭法、消費者權益保護法，最后附帶介紹民事糾紛的解決途徑。

我們希望讀者通過本書內容的學習，明了基本的法律原理，形成經濟法的基本知識框架，並根據基本原理繼續學習和分析現實的經濟法律問題；同時，形成正確的法律意識，在從事經濟活動時能自覺地依法辦事，按法律思維區分「合法」和「違法」事項，預知自己行為的法律后果，避免和減少糾紛，維護自身的合法權益。

第二節　民商法概述

一、民法

(一) 民法的概念

《中華人民共和國民法總則》（以下簡稱《民法總則》）第二條規定：「民法調整平等主體的自然人、法人和非法人組織之間的人身關係和財產關係。」據此我們認為，民法是調整平等主體的自然人、法人和非法人組織之間的人身關係和財產關係的法律規範體系。

對此概念的理解須注意的幾個關鍵詞是「平等」「財產關係」「人身關係」「法律

---

① 參見《中華人民共和國婚姻法》第四條、第二十條、第四十二條。

規範體系」。平等，意味著主體之間法律地位的平等，意味著主體在相互關係中保持獨立的意志自由，不受到他人干涉和外力束縛；財產關係是人們以財產為媒介而形成的具有經濟內容的社會關係；人身關係，是與人身不可分離而又沒有直接財產內容的社會關係，包括人格關係和身分關係；人格關係是指人們因具有民事主體資格要素的生命、健康、姓名、名譽、肖像等而形成的社會關係；身分關係是指因血緣、婚姻等身分而形成的社會關係；法律規範體系，即民法是由一系列法律規範所構成的有機體系。

【知識鏈接】「民法」的語源與含義

近代大陸法系各國立法中對於調整民事關係的法律皆沿用市民法的稱謂，名稱雖異，但實質並無區別。① 漢語中「民法」一詞源自日本。在中國清末繼受大陸法系時，沿用日本學者的翻譯稱「民法」。② 1929年10月10日施行《中華民國民法總則》，「民法」正式被立法採用，沿用至今。

民法可分為形式上的民法和實質上的民法。形式上的民法專指民法典。實質上的民法，即作為一個法律部門的民法，是指調整民事關係的各種法律規範的總稱。它不僅包括民法典，還包括其他民事單行法、民事特別法以及散見於其他規範性法律文件的民法規範。

在不同立法體例的大陸法系國家，民法有廣義和狹義之分。在民商合一國家，廣義的民法還包括商法的內容。在民商分立的國家，民法只是商法以外的調整平等主體間財產關係和人身關係的法律規範的總和，即狹義的民法。

(二) 民法的性質和原則

1. 民法的性質

市民社會理論把社會形態分為市民社會和政治國家兩個領域，前者是私人領域，後者是公共領域。不同的領域的法律規則在性質上是不同的，因此，我們可以認為，民法在性質上，既是市民法，又是不同於調整公共權力和公共利益的公法之私法，還是規範和保護人們權利的權利法。

【知識鏈接】市民社會

從古到今市民社會是不斷發展的。古希臘羅馬學者往往用「市民社會」描述城邦的生活狀況，是與自然狀態或野蠻社會相對的文明社會和政治社會。③ 現代所謂市民社會則是與政治社會相對的概念。黑格爾認為，市民社會是處在家庭和國家之間的階段，它不再是與野蠻或不安全的自然狀態相對的概念，而是同時與自然社會（家庭）和政治社會（國家）相對的概念。市民社會獨立於國家而存在，是受到自身規律調整的經濟領域，人們在其間有追求私利的自由和可能，同時市民社會又是不自足的，這種不

---

① [德] 迪特爾·梅迪庫斯. 德國民法總論 [M]. 邵建東, 譯. 北京: 法律出版社, 2001: 15.
② 徐國棟. 市民社會與市民法 [J]. 法學研究, 1994 (4).
③ 何增科. 市民社會概念的歷史演變 [J]. 中國社會科學, 1994 (5).

自足只有依靠國家才能解決。① 馬克思發展了黑格爾的市民社會概念，認為自從私人利益和階級利益產生之後，社會就分裂為市民社會和政治國家兩個領域。前者是特殊的私人利益關係的總和，后者則是普遍的公共利益關係的總和。每一個社會成員都擔當著雙重角色，他既是市民社會的成員又是政治國家的成員。在市民社會中，他作為私人進行活動，他把別人看成工具，自己也降為工具；而在政治國家中，他作為「公人」進行活動，不屬於自己而屬於國家。市民社會與政治國家在現實中的徹底分離是在資本主義時代完成的，這種分離是市場經濟發展的產物。②

【知識鏈接】公法與私法的劃分

自《羅馬法》出現以來，法學上就有公法與私法劃分的傳統。但是，在公法與私法的劃分標準歷來存有不同見解，大體有四：一為利益說，以公益為目的者為公法；以私益為目的者為私法。二為從屬規範說，規範上下隸屬關係者為公法；規範平等關係者為私法。三為主體說，法律關係之一方或雙方為國家或機關者為公法；法律關係主體雙方均為私人者為私法。四為特別法規說（新主體說），國家或機關以公權力主體地位作為法律關係的主體者，該適用的法律為公法，而對任何人均可適用的法則為私法。民法以平等為基礎規範個人利益，其主體為私人或非基於公權力的地位（國家或國家機關參與市場進行交易時，其為平等交易主體，典型者如政府採購即其適例），對任何人均可適用，即民法（包括商法）屬私法向無爭議。當然，社會關係日益複雜，為有效合理規範計，在系屬私法性質的法律中設公法規範亦頗常見，如公司法有一些強行規範即屬公法的管理性規範，但不改變其整體屬於私法的性質。公法就是調整國家或由國家授予公權者與其相對方之間「公」的關係的法，如憲法、行政法、刑法等。公法主要貫徹國家意志先定原則，國家干預較多，以強制或拘束為內容（如對公權力及其行使而言，「法無授權即禁止」）；私法則主要貫徹當事人意思自治的原則，國家干預較少，以個人自由選擇為特徵（對私權及其行使而言，「法無禁止即自由」）。③公法和私法的劃分，還意味著對公權力的抵禦和限制以及對私權的保護，即在私法領域，當事人依法自行協商決定他們之間的權利義務。若他們之間產生糾紛而不能自行解決，國家授權機關基於當事人請求才能出面解決其糾紛。

【案例解析】

[1-1] 2008年12月14日，孫某在成都成龍路無證醉酒駕駛逆行造成四死一重傷並逃逸。一審法院認定孫某的行為已構成以危險方法危害公共安全罪，且情節特別惡劣、后果特別嚴重，故依法判處其死刑，剝奪政治權利終身。孫某不服一審判決提出上訴。2009年9月8日，二審法院做出二審判決，改判孫某無期徒刑，剝奪政治權利

---

① 鄧正來. 市民社會與國家——學理上的分野與兩種架構 [M] //鄧正來. 市民社會理論的研究. 北京：中國政法大學出版社，2002：36.

② 俞可平. 馬克思的市民社會理論及其歷史地位 [J]. 中國社會科學，1993 (3).

③ 參見：王澤鑒. 民法概要 [M]. 北京：中國政法大學出版社，2003：3-4.

終身。另，5位受害人的家屬向法院申請刑事附帶民事訴訟，準備索賠100餘萬元。民事部分原本計劃與刑事部分一同審理，但因故推遲。后在成都市錦江區法院主持下在二審開庭前達成調解協議，3家受害者家屬拿到先期60萬元賠款，並聯名簽下了諒解書。剩下的40萬賠款待孫某成都房屋買主按揭手續辦下，受害者即可拿到。40萬元到帳後，受害人家屬再根據比例進行分配。①

請思考：本案中，哪些屬於公法關係，哪些屬於私法關係？

解析：這是一起曾引起廣泛關注的案件。對於孫某的行為是否構成以危險方法危害公共安全罪多有爭議。但是，對其行為構成犯罪應予處罰，並因其行為侵害五名受害人合法權益則成共識。孫某的犯罪行為涉及刑法保護的社會關係，體現一定的社會秩序和公共利益，為公法關係，並由作為公法的刑法予以調整。換言之，其罪與刑均由刑法規定，由司法機關依法判決責其承擔刑事責任。而對受害人的民事權益侵害，是為個人之間的利益關係，得由作為私法的民法調整，當事人可自由處分其權利，因此，可得由當事人協議，只有在當事人無法達成協議時，法院才能依法做出判決。因此，本案刑事部分，只能由司法機關根據案件事實依法判決，而民事部分則可由受害人或其家屬（代理人）與行為人或其親屬（代理人）協商處理。

2. 民法的基本原則

民法的基本原則是貫穿於整個民事法律制度始終的基本準則。民法的基本原則不僅是民事立法、民事活動和民法解釋的基本準則，還是授權法院進行創造性審判活動的準則。換言之，在現行立法沒有相應的具體規定時，法院可以依據民法基本原則進行民事裁判，因此，民法基本原則具有彌補成文法局限不足之功能。

根據《民法總則》的規定，中國民法的基本原則有：平等原則、意思自治原則、誠實信用原則、公序良俗原則、綠色原則。

【知識鏈接】意思自治原則

意思自治，又稱為私法自治，是指民事主體在進行民事活動時，需自主地根據其真實意願設立、變更和終止民事法律關係。其包含兩方面含義，一是每個人根據自己的意思自主地決定自己的私人生活，私人之間的法律關係在絕大多數情況下要取決於相互的同意；二是每個人都要承擔自己的行為所產生的法律後果。私法自治是市民社會自治在民法上的體現。換言之，自然人或社會組織在處理私人事務時，可以按照自己的或者相互的共同意願行事，不受外在的人為因素干擾，尤其不受國家公權力的非法干預。意思自治的核心是確認並保障個人自由。《民法總則》第五條規定：「民事主體從事民事活動，應當遵循自願原則……」，該規定被認為是意思自治原則在中國的立法體現。

---

① 案例系作者根據相關新聞報導材料編寫。

【知識鏈接】 誠實信用原則

《民法總則》第七條規定:「民事主體從事民事活動,應當遵循誠信原則,秉持誠實,恪守承諾。」誠實信用原則要求主體之間進行民事活動時要恪守信用,不進行任何欺詐。誠實信用原則更為重要的意義在於,維護民事活動中當事人之間的利益平衡以及當事人利益與社會利益之間的平衡。誠實信用原則被學者認為是現代民法的最高指導原則,即所謂「帝王條款」。

【案例解析】

[1-2] 甲與乙協商訂立房屋買賣合同,甲將自己的一套商品房出讓給乙。乙依約支付了購房款,同甲到登記機關辦理房屋所有權「過戶」登記手續。在登記窗口被告知要到稅務機關繳納相關稅收后才能辦理登記。由於雙方合同未涉及稅收等事項的約定,於是當事人之間發生爭議,后經第三人協調,雙方同意解除合同,甲退還了乙支付的購房款。

請思考:雙方能否通過協議解除已簽訂的合同?

解析:本例中當事人平等協商訂立房屋買賣合同,是當事人的真實意思表示,合同成立。但因當事人缺乏交易常識,對相關稅費未作約定產生爭議。雖然稅收機關與納稅人不是平等主體關係不容協商,但是,因稅務負擔問題當事人意見相左,協議解除合同,取消原來的交易,同樣體現了當事人平等和意思自治原則,應當允許。

[1-3] 蔣某與四川瀘州市納溪區某廠職工黃某於1963年6月登記結婚,婚後夫妻關係一直較好。1990年7月,蔣某繼承遺產取得原瀘州市中區順城街67號房屋所有權。1995年,該房被拆遷,所得的一套安置房以蔣某個人名義辦理房屋產權登記。1996年,年近六旬的黃某與愛姑相識並在外租房公開非法同居。2000年9月,黃某與蔣某將蔣某前述房產,以8萬元的價格出售。2001年春節,黃某、蔣某夫婦將售房款中的3萬元贈予其養子黃勇另購買商品房。2001年年初,黃某因患肝癌病晚期住院治療,愛姑去醫院準備照顧黃某,但遭到蔣某及其親友的怒罵,並相互發生抓扯。黃某於2001年4月18日立下書面遺囑,將其所得的住房補貼金、公積金、撫恤金和前述賣房所獲款的一半計4萬元及自己所用的手機一部,總計6萬元的財產贈予愛姑。2001年4月20日,瀘州市納溪區公證處對該遺囑出具了(2000)瀘納證字第148號公證書。2001年4月22日,黃某因病去世。黃某的遺體火化前,愛姑偕同律師上前阻攔,並公開當著原配蔣某的面宣布了黃某留下的遺囑。蔣某和親屬們感到十分震驚,雙方再次發生爭吵。當日下午,愛姑以蔣某侵害其財產權為由,訴訟至瀘州市納溪區人民法院。

瀘州市納溪區法院經審理認為,遺贈人黃某患肝癌症晚期立下書面遺囑,將其財產贈予原告愛姑,並經瀘州市納溪區公證處公證,該遺囑形式上是遺贈人黃某的真實意思表示,但在實質贈予財產的內容上存在以下違法之處:①撫恤金不是個人財產,不屬遺贈財產的範圍。②遺贈人黃某的住房補助金、公積金是黃某與蔣某夫妻關係存

續期間所得，應為夫妻共同財產。遺贈人黃某在立遺囑時未經共有人蔣某同意，單獨對夫妻共同財產進行處理，其無權處分部分應屬無效。③位於瀘州市江陽區新馬路的住房，系被告蔣某在婚姻關係存續期間繼承其父母遺產，應為夫妻共同財產。蔣某將該房以8萬元的價格出賣，遺贈人黃某是明知的，且該8萬元售房款還應扣除房屋交易時蔣某承擔的稅費，實際售房款不足8萬元。2001年春節，黃某與蔣某夫婦將該售房款中的3萬元贈予其子黃勇用於購買商品房。對售房款其他部分已進行了處理。遺贈人黃某遺囑對該房屋售房款的處理違背客觀事實。納溪公證處在未查明事實的情況下僅憑遺贈人的陳述，便對其遺囑進行公證顯屬不當，對該公證遺囑本院不予採信。《民法通則》第七條明確規定，民事活動應當尊重社會公德，不得損害社會公共利益。《中華人民共和國婚姻法》（以下簡稱《婚姻法》）第一條規定一夫一妻制度、第三條規定禁止有配偶者與他人同居。遺贈人與原告的同居行為是一種違法行為。基於與原告的非法同居關係而立下遺囑，將其遺產贈予原告，是一種違反公共秩序和社會公德的行為。本案被告蔣某在遺贈人黃某患肝癌晚期住院直至去世期間，對其護理照顧，履行了夫妻扶助的義務。法院認為遺贈人黃某的遺贈行為違反了法律的原則和精神，損害了社會公德，破壞了公共秩序，應屬無效行為，故原告愛姑要求被告蔣某給付受遺贈財產的主張本院不予支持。據此，納溪區法院依照《民法通則》第七條的規定，於2000年10月11日一審判決駁回原告的訴訟請求。①

請思考：法院做出判決的依據是什麼？

解析：本案判決公布后在社會上引起極大反響，爭議極大。其爭議在於本案遺贈人的遺贈行為是否違法。換言之，該遺贈是否違反《民法通則》第七條（現《民法總則》第八條）關於民事活動應當尊重社會公德，不得損害社會公共利益的規定，即公序良俗原則。如果本案以遺贈系對共同財產及對不屬於遺贈財產範圍的撫恤金的處分為由確認其無效，可能不會產生大的爭議。然而，法院沒有這樣處理，而是以基於其非法同居行為而訂立遺囑將財產贈予原告違反公序良俗為由，駁回原告的訴訟請求。於是分歧就此產生。贊成法院判決者認為，基於違反公序良俗的同居行為而為的贈予亦違背公序良俗，法院判據正確；反對者法院判決者認為，非法同居行為當然違反公序良俗，但遺贈行為與非法同居非同一行為，其所涉法律關係截然不同，即便同居行為是其贈予的動機，但法律所調整的是人的行為而不是行為動機，法院把違反公序良俗的非法同居行為與遺贈混為一談，是對事實認定不清，由此適用法律原則，其判決不盡妥當。對此，我們較為贊同反對意見：應區分非法同居和遺贈行為，本案即使因非法同居關係存在也不能籠統地認定其贈予行為違反公序良俗，畢竟遺贈是公民對其財產的處分行為，除非其將財產贈予作為非法同居的對價，否則，不能認為其違反公序良俗。而且，本案完全可以從關於共同財產處分等法律規則角度予以判定，在有具體規則適用時放棄具體規則而選擇適用法律原則，在法律規則適用上也不盡妥當。基於此，我們認為，民事活動當然要遵循公序良俗原則，但本案的判決似乎不無商榷的餘地。行文至此，不知讀者對此有何見解？你是否能夠對此案做出你的分析？

---

① 案例系作者根據相關公開資料編寫。

二、商法

(一) 商法的含義

商法，又稱商事法，是調整商事關係的法律規範體系。

商事關係由商事主體、商事行為兩大要素構成，因此，商法體系就由商事主體法和商事行為法兩大部分組成。

(1) 商事主體法是關於商事主體資格的取得、變更或者終止的規則體系，主要是關於各種商事組織如公司、合夥企業、個人獨資企業的設立、變更和終止以及內部治理結構等方面的法律。

(2) 商事行為法是商事主體從事各種商事活動的行為規則體系，如證券交易法、商業保險法、票據法等。[1]

(二) 商法的基本特點

(1) 營利性。商主體從事商事活動的目的是營利，因此，保障商主體營利就成為商法的宗旨，這是商法與民法的本質區別。

(2) 技術性。與民法偏於倫理規範有所不同，商法規範商主體和商行為，這就決定了商法較強的技術性，如票據法關於出票、背書、承兌等規定，都明顯體現了商法的技術特徵。

(3) 國際性。現代社會交通和通信發達，經濟全球化不斷加快，國際貿易頻繁，國際商事條約不斷增加，各國商法日益趨同，所以商法具有鮮明的國際性。

(4) 私法兼公法性。商事關係是人們從事商事活動而形成的私人財產關係，所以調整商事關係的商法就是私法。但受政府干預私法關係的影響，部分商法規範也具有公法性質。因此，現代商法兼有私法自由主義與公法強制主義融合的性質。

【知識鏈接】「商」的含義

經濟學把「商」通常理解為直接溝通生產與消費的中間環節。在法學角度來看，生產和消費的溝通環節固然是「商」，如「買賣商」或「固有商」即其適例，而間接溝通生產與消費的營業，如居間、行紀、貨物運送、倉儲保管等，以及從事金融活動或與上述商行為密切相關的活動，如銀行業務、信託業務、加工承攬、製造、出版、印刷等，還有與前面營業相關聯的營業，如廣告業、保險業、飲食業、娛樂業等，亦屬「商」的範疇。

「商事」，是指關於「商」的一切事項的總稱。商事有廣義和狹義之分。廣義上的商事，是指現實經濟生活中有關「商」的一切事項，如商事登記、商業組織、商業管理、商事合同、商業會計、商業課稅、商事仲裁等。狹義上的商事，僅指商事法規範所涉及的商業事項，包括商業登記、公司、票據、保險、海商、破產等。

「商事關係」，是指人們以追求利潤為目的而從事商事活動所形成的私人財產關係，

---

[1] 施天濤. 商法學 [M]. 北京：法律出版社，2003：8-9.

是投資財產追求增值的經營關係。商事關係的基本特徵是營利性，它使商事關係不同於非商事關係。所謂營利，是指以金錢、財物和勞務等為資本從事商事活動而追求經濟利益。例如，保險公司承保各類保險業務是為了取得保費收入；銀行將存款貸出，是為了從中獲取利息差價收益；等等。所有這些都是商事活動，目的都在於獲取更多的經濟收益。人們在這些活動中形成的關係就是商事關係。

三、民法與商法的關係

民法與商法之間既有聯繫又有區別。

二者的聯繫主要表現在：商法雖是民法的特別法，優先適用於民法，但商法主要是私法，與民法同屬私法範疇；民法基本原則也是商事主體實施經營行為所應遵守的基本行為準則，如自由、公平、誠實信用，等等；民法的各種基本制度是商法的基礎，商法制度是對民法規定的補充或變更。

民法與商法的區別主要是：調整對象不完全相同，商法只調整財產關係，民法既調整財產關係又調整人身關係；主體不同，民法的主體主要是一般的自然人和法人，商法的主體主要是以營利為目的商自然人和商法人。

【案例解析】

[1-4] 甲、乙、丙三人約定各出資20萬元設立有限責任公司，經營養殖業。其中甲和丙都以現金出資，乙除以10萬元現金出資外，另以一臺貨車折價10萬元出資。公司設立後，因甲對業務熟悉並有管理能力，乙、丙推舉甲做公司董事長兼總經理，負責公司經營。第一年，公司經營狀況良好，業務基本走上正軌，年終每個股東都有利潤分配。但第二年由於市場行情變化，加之在技術上存在一些問題，公司利潤下降，年終幾乎無利潤可分。乙決定不幹了，要求撤資，並派人把作為出資的車開回。甲和丙認為，公司既已成立，現經營正常，困難是暫時的，大家應該齊心協力把事情辦好，即使撤資亦應該通過協商解決，比如以轉讓股權等方式，而不能直接把出資拿走。但乙一意孤行，協商無果。於是成訟。

請思考：本案涉及幾個法律關係？這些關係屬於民事關係，還是商事關係？

解析：本例中，甲、乙、丙三人約定各出資20萬元設立有限責任公司的行為就是典型的商事行為。甲、乙、丙平等協商達成設立公司的協議並依約出資，按公司設立程序成立有限公司。但在公司經營遇到困難的時候，乙決定不幹要求撤資，並派人把作為出資的車開回就多有不妥。首先，從民法角度而言，乙本對汽車享有所有權，但是用於出資後，從公司法的角度而言，該汽車就成了公司的法人財產，乙取得股權的同時對汽車就沒有直接支配的權利了。為撤資而直接將車開走，無疑是侵害了公司的法人財產權。其次，如果要從公司退出，不能想當然地拿走財產「散伙」，而應按公司法規定，通過股權轉讓方式將自己的股權轉給他人從而抽回自己的資金。換言之，成立公司以後，公司在法律上就是一個獨立人格者，它有自己的人格和財產，此時公司和股東是分開的。

由此例可見，無論採取何種立法體例，實質意義的商法都是存在於各國立法中。商法堅持民法的一般原則，同時又有自己的特點，作為民法的特別法調整商事活動和商事關係①。

第三節　經濟法概述

一、經濟法的概念和體系

（一）經濟法的概念

在此談論的經濟法是作為部門法意義的狹義經濟法，是國家對經濟積極干預而產生的社會關係，這種社會關係是傳統民法和行政法無法有效調整的。換言之，經濟法是調整國家干預經濟過程中所形成的社會經濟關係的法律規範的總稱。

（二）經濟法的體系

國家對經濟的干預無非體現在對市場的規制和調控，因此，經濟法體系由市場規制法和宏觀調控法組成，前者主要包括消費者權益保護法、產品質量法、反不正當競爭法、反壟斷法、金融監管法等，后者主要包括計劃法、稅法、預算法和金融調控法等等。

二、經濟法的原則

經濟法既為國家干預經濟之法，國家干預經濟的目的在於追求社會整體效益。同時，對於社會整體效益的實現又有賴於社會主體之間的經濟公平和公正才能得以實現。因此，在現代法治社會裡，國家干預經濟必須依法進行。因此，經濟法的基本原則大體體現在以下幾個方面：

（1）社會整體效益原則。所謂社會整體效益，就是從社會整體上多角度去衡量市場行為的效果，是社會本位價值取向的法律表現。社會整體效益原則不僅體現在市場規制法方面考慮市場配置資源的低效率情況下對市場主體的行為的規制，而且體現在宏觀調控法上保障政府能夠對宏觀經濟進行適時的調控，保證經濟健康運行和發展。

（2）經濟公平原則。經濟公平，是指在規則平等的市場交易和資源分配中，要盡量實現交易主體之間利益的實質公平，以最終達到社會利益的整體平衡。經濟公平原則的基本要求在於維護經濟法主體間的公平，維護社會公共利益和整體利益，以克服規則平等而實力不平等導致的交易實質上的不公正。

（3）經濟干預法治化原則。在法治社會中，政府行為都必須有法律依據，政府的經濟干預行為都必須在法律範圍內進行。所謂經濟干預行為法治化原則，是指干預經濟的主體、職權、程序及相應的責任都由法律做出明確規定，所有的經濟干預行為都

---

① 參見：馬俊駒. 民法案例教程 [M]. 北京：清華大學出版社，2002：16.

必須依法進行。

【案例解析】

[1-5] 2012年12月，某公司對縣稅務局確定的企業所得稅的應納稅所得額、應納稅額及在12月30日前繳清稅款的要求極為不滿，決定撤離該縣，且不繳納稅款。縣稅務局得知後，責令該公司在12月15日前納稅。當該公司有轉移生產設備的明顯跡象時，縣稅務局責成其提供納稅擔保。

請思考：本案某公司與縣稅務局的法律關係是否屬於民商事法律關係？

解析：稅收是以實現國家公共財政職能為目的，基於政治權力和法律規定，由政府專門機構向居民和非居民就其財產或特定行為實施強制、非罰與不直接償還的金錢或實物課徵，是國家最主要的一種財政收入形式，體現了國家調控和干預經濟的職能。換言之，稅收是公權機關行使公權力的行為，是基於法律授權而為的公法行為，屬於經濟法範疇。本例中，縣稅務局對某公司的稅收要求就是稅務機關依職權根據稅法規定做出的稅收行政決定，不是民商法上平等主體之間經協商而成立的合同關係。因此，如果該公司對應納稅額發生爭議，應先依稅務局的納稅決定繳納稅款，然後可申請行政復議，如果對復議決定不服，可向法院起訴；如該公司不按照稅務局要求提供納稅擔保，經批准，稅務局有權採取稅收保全措施，即扣押、查封該公司價值相當於應納稅款的產品；如該公司對稅務局的稅收保全措施不服，可申請行政復議，也可直接向法院起訴。[①]

本章小結：

經濟法有廣義經濟法和狹義經濟法之分。本書以廣義經濟法的邏輯來安排內容。民法是調整平等主體之間的財產關係和人身關係的法，它是源於市民社會的法，因此也是私法和權利法。它以平等和自由為基本價值取向，確立了平等原則、意思自治原則、誠實信用和公序良俗原則為其基本原則。商法從商人團體的自治法發展而來，調整以營利為特徵的商事關係，是民法的特別法。經濟法是為克服自由放任主義經濟政策下的社會經濟問題而產生的，調整國家干預經濟而產生的社會關係。因此，社會整體效益原則、經濟公平原則、經濟干預法治化原則當然地成為經濟法的基本原則。

關鍵術語

法律體系　法律部門　民法　商法　經濟法（廣義、狹義）

---

① 參見2013年司法考試卷一第92題。

本章知識邏輯圖

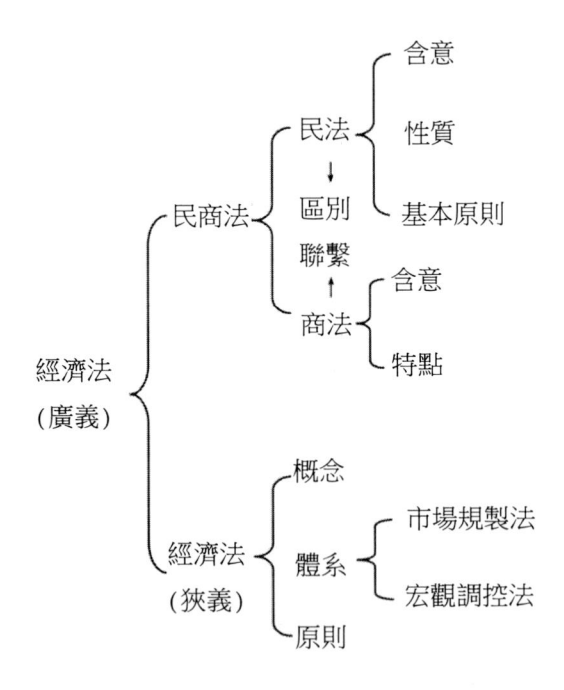

```
                            ┌─ 含意
                    ┌─ 民法 ─┼─ 性質
                    │       └─ 基本原則
            ┌ 民商法 ┤  ↕ 區別
            │       │  ↕ 聯繫           ┌─ 含意
            │       └─ 商法 ─────────────┤
  經濟法 ────┤                           └─ 特點
  （廣義）  │
            │                ┌─ 概念
            │                │         ┌─ 市場規製法
            └ 經濟法 ─────────┼─ 體系 ──┤
              （狹義）        │         └─ 宏觀調控法
                             └─ 原則
```

思考與練習：

（一）簡要回答下列各題：

1. 怎樣理解民法的含義？
2. 如何理解商法的概念？
3. 如何理解經濟法的意義與原則？

（二）案例分析

2007年10月，王軍與海成集團簽訂《商品房買賣合同》及《補充協議》，購買海成集團位於重慶市奉節縣永安鎮巴蜀花園A4幢房屋一套，房款156,446元，王軍已付清。其中《補充協議》第四條約定：「買賣合同規定的商品房售價並未包括房價以外的費用。所有涉及買賣該房及辦理有關手續的費用，按2006年國家和地方相關規定執行，包括買受人所購商品房的產權證工本費、交易手續費、轉移登記費及應由買受人承擔的稅費等，均由買受人負擔，房屋公共維修基金按照國家相關部門同時期規定額度及標準執行。」2008—2009年中，海成集團先後向王軍收取稅費2,882元（已實繳納稅費2,337元），收取天然氣、閉路電視開戶費3,930元（已實繳納2,400元）。

由於重慶市物價局2006年12月第753號文件規定，將購房者在房地產開發企業購房時應交納的並由房地產開發企業代收的水、電、氣一戶一表的安裝費、閉路電視安裝費、轉移登記費、土地權屬調查費、地籍測繪費、房地產權證工本費直接並入商品

住房銷售價格之中，實行商品房住房銷售「一價清」制度。凡在 2007 年 1 月 1 日前購售雙方已簽訂購房合同的，仍按原規定收取代收費；2007 年 1 月 1 日起簽訂的購房合同，一律停止收取代收費。王軍以此文件為依據，以海成集團代收稅費及天然氣、閉路電視開戶費等屬亂收費為由，訴至法院，請求判令被告返還費用。海成集團認為，物價局「一價清」制度僅為交款方式的改變，並未改變購房方承擔費用的性質，請求駁回原告訴訟請求。

一審法院認為，重慶市物價局出抬的渝價（2006）753 號文件，符合法律規定，經營者應當執行。其「一價清」制度作為價格干預措施，明確要求 2007 年 1 月 1 日之後不再代收費用，而《補充合同》是在 2007 的 1 月 1 日之後簽訂的，仍向原告收取代收費，沒有合法依據。遂判決：被告返還原告的各種代收費用。被告不服上訴，二審法院認為，依法簽訂的合同受法律保護，雙方簽訂的《購房合同》及《補充協議》合法有效，雙方應按約定履行；物價局 753 號文件規定的「一價清」制度，不是政府的「價格干預措施」，僅系收費方式的改變，且並未免除購房方的繳費責任。遂判決：一、撤銷一審判決；二、駁回被上訴人王軍的訴訟請求。[1]

問題：

1. 本案中物價局「一價清」制度是否為政府的價格干預措施，為什麼？
2. 請對本案兩審法院的判決進行評述。

---

[1] 案例來源自王維永. 合同約定與地方物價規定不一致的處理. http://www.civillaw.com.cn/article/default.asp?id=57809。2014 年 7 月 5 日最后瀏覽。

第二章　民事法律關係

【本章引例】

　　2011年10月10日，王某、張某夫婦為做生意向李某借款20萬元，約定於2012年3月10日前償還。但因生意虧本，未能按時償還借款。2012年8月12日，李某將王某、張某夫妻告上法庭要求其還款。同年11月19日，雙方在法院達成調解協議，王某、張某夫妻將其一套住房折價抵給李某還債，雙方於11月25日到登記機關辦理了房屋過戶手續。

　　請思考：本例中王某、張某夫婦與李某之間的借款合同法律關係中，他們各自有什麼樣的權利與義務？經法院調解，達成以房抵債協議並辦理過戶登記後，他們之間法律關係有何變化？

第一節　民事法律關係的概念與特徵

一、民事法律關係的概念

　　民事法律關係是由民法所調整的，在平等主體之間發生的，以民事權利和民事義務為內容的社會關係。

【案例解析】

　　[2-1]「本章引例」中，王某、張某夫婦因向李某借款而建立的借款合同關係受合同法調整，從而在他們之間成立合同之債民事法律關係。

二、民事法律關係的特徵

（一）民事法律關係的平等性

　　民事法律關係的平等性是指民事主體法律地位的平等，即民事法律關係的當事人法律地位一律平等，任何一方不得把自己的意志強加於對方。民事法律關係中，雙方當事人權利義務一般是相對應的，通常是在享有權利的同時負擔相應的義務。

　　這種平等性使民事法律關係與經濟法律關係、行政法律關係等公法關係相區別。后者的一方作為公權力執行者居於管理地位，其法律地位與相對人並非平等。

(二) 民事法律關係通常是依當事人意志自主形成的

民法的私法本質決定了民法應貫徹當事人意思自治原則。儘管諸如親屬關係、侵權而發生的債權債務關係是根據法律規定發生的，但大部分民事法律關係都是根據當事人的意志自願形成，如合同關係就是以當事人的意願成立的。這與公法上的法律關係強制拘束與程序性等有截然區別。

(三) 民事法律關係以財產關係和人身關係為內容

民法是商品經濟發展的產物，財產關係當然成為其調整對象。隨著社會的發展和進步，人的尊嚴、健康、名譽、隱私等人身關係逐步成為民法調整的重要內容。這種財產關係和人身關係直接關係主體的個人利益，與注重社會整體利益的公法關係在價值取向和調整方法上存在很大差別，而且后者在內容上不一定具有財產性。

(四) 民事法律關係的保障措施具有補償性

民事主體地位的平等性決定了民事法律關係保障措施的主要功能在於補償。換言之，一般而言，民法上的救濟手段主要在彌補損失，而不在懲罰，這就與「行政法律關係」強調行政機關直接運用國家強制力強制對方當事人履行義務或接受制裁，以及「刑事法律關係」強調以國家名義對犯罪行為的單方處罰有著本質區別。例如，中國《合同法》規定違約金應以補償違約所造成的損失為原則，合同約定的違約金過高或過低的，一方當事人有權請求人民法院或仲裁機構予以減少或增加。

【案例解析】

[2-2] 中年喪偶的老田經人介紹與比自己小 20 歲的小李認識后，很快發展成戀人關係並同居，老田暗自對第二春的降臨喜悅不已。小李擔心發生變故，就留了個心眼，同居沒多久，就要求老田寫了一張 10 萬元的借據作為青春損失費。處於熱戀之中的老田沒多加思索，爽快地在借據上簽上自己的名字。后來，兩人因生活習慣不同經常爭吵，最后兩人決定分手。這時，小李想到老田寫的借據，於是到當地法院起訴老田，要求法院判決老田償還自己的「借款」10 萬元。法院審理后認為，雙方簽訂的協議書是老田承諾賠償小李的「青春損失費」，老田和小李之間並不存在借貸關係。老田與小李約定的所謂「青春損失費」不但沒有法律依據，而且違背社會公序良俗，給社會造成不良影響，因此這份協議無效，不應受到法律保護。法院遂駁回小李的訴訟請求。[1]

請思考：法院駁回小李訴訟請求的理由是否正確？

解析：本案例中關於青春損失費的糾紛具有一定典型性。「青春損失費」並不是一個法律概念，在現實生活中，關於青春損失費的糾紛在戀愛分手及解除同居關係的糾紛中時有發生，訴諸法院亦不鮮見。對此我們應該釐清的問題是：第一，戀愛甚或同居，是當事人培養增進感情階段，可以理解為婚姻的前奏，但它不是婚姻。根據中國法律的規定，未經登記結婚的關係不受婚姻法的調整和保護。換言之，戀愛或同居關

---

[1] 案例系作者根據劉杰《「青春損失費」糾紛》一文所述案例改寫而成，劉杰的文章載於「找法網」，網址：http://china.findlaw.cn/lawyers/article/d278488.html。2014 年 7 月 8 日最后瀏覽。

係屬於道德關係而非法律關係，沒有法律意義上的權利與義務關係。因此，請求給付「青春損失費」於法無據。第二，戀愛甚或同居是當事人自願的「雙方行為」，本身是一個「試錯」的過程，通常情況下不存在一方造成另一方的青春損失問題。如果一旦分手就要給付費用，與社會道德不符，有違社會之公序良俗。基於此，我們認為，法院判決駁回訴訟請求是恰當的。

[2-3] 2013年11月3日19時許，王某駕車在某市非機動車道上行駛時，將在此路段行走的朱某撞傷而住院治療，花去醫療費數萬元。交警部門認定，王某在此事故中無證駕駛，且在非機動車道上逆向行駛。除按照道路交通法規對王某進行行政處罰外，王某應承擔事故的全部損害責任，朱某無任何責任。但雙方因賠償數額問題協商未果。朱某遂訴至法院，要求王某與保險公司共同賠償其損失。

解析：本案王某無證駕駛且不按規定道路行駛的行為違反行政法律規定，受交管部門處罰，形成行政法律關係，即交管部門與王某之間的處罰與被處罰權力（利）與義務關係；如果王某構成犯罪，將被依法追究刑事責任，形成刑事法律關係，即國家對罪犯的刑事制裁與被制裁關係。而王某與受害人朱某之間因侵權導致的損害賠償，以及保險公司與朱某之間的保險和理賠關係，是平等主體之間的民事法律關係。

讀者能否從本案涉及的不同法律關係的特徵入手，對其做簡要分析，看看有哪些不同？

第二節　民事法律關係的要素

民事法律關係的要素，是指構成民事法律關係的必要條件或因素。民事法律關係包括主體、客體和內容三要素，缺一不可。

一、民事法律關係的主體

(一) 民事法律關係主體的概念

民事法律關係的主體，簡稱民事主體，是指參與民事法律關係，享有民事權利、承擔民事義務的人。其中享有權利的一方是權利主體，承擔義務的一方是義務主體。「本章引例」中，王某、張某夫婦與李某即為法律關係主體，且互為權利與義務主體。其中，李某因借款合同而有義務為給王某、張某夫婦提供借款，是債務人；李某因有權要求王某、張某夫婦到期還錢而享有債權，是債權人。

(二) 民事法律關係主體的分類

1. 自然人

自然人，指因出生而獲得生命的人類個體，是民事法律關係中最重要的參與者。根據國籍的不同，可把自然人分為本國人、外國人和無國籍人。

【知識鏈接】 奴隸不是法律上的主體

作為法律關係的主體須具有獨立的人格。在《羅馬法》中，並非人人具有主體資格。所謂「人格」，乃自由權、市民權、家族權之組合。而人格權的要素以自由權為骨幹，無自由者無人格，即不能享有其他兩種權利，奴隸就是這種不是（法律上）「人」的人（生物上），他們無家屬、財產，不得與自由人有同樣的衣冠，不得為訴訟行為，無個別之姓名。有自由權，無市民權和家族權者，仍不是自由人，無完整人格，僅享有殘缺人格，外國人就是這樣的殘缺人格者。[1] 隨著社會的進步，在現代社會對所有人給予同等的尊重已成為法律的基本價值取向，所有自然人因出生而當然取得獨立人格並成為民事法律關係中的民事主體。

2. 法人

法人，指具有民事權利能力和民事行為能力，依法獨立享有民事權利和承擔民事義務的組織，如公司。法人是法律擬制的、民事法律關係中另一類重要的民事主體。

3. 非法人團體

非法人團體，指雖不具備法人資格但可以自己的名義從事活動的組織體，如合夥。非法人團體是法律擬制的、民事法律關係中又一類重要的民事主體。

二、民事法律關係的內容

民事法律關係的內容，是指民事主體所享有的民事權利和承擔的民事義務，是民事法律關係的核心。

(一) 民事權利

民事權利，是指民事主體為實現其民事利益而享有的受法律保障的行為自由。依不同標準，可將民事權利分為不同類型：

1. 人身權、財產權和知識產權

根據權利客體和內容的不同，可以將民事權利分為人身權、財產權和知識產權。

人身權是指與民事主體的人身不可分離，不直接體現民事主體經濟利益的權利。人身權可分為人格權與身分權。前者如生命健康權、名譽權、名稱權，后者如親屬權、親權、監護權等。

財產權是指以物質利益為內容，直接體現權利主體經濟利益的民事權利，如物權、債權等。

知識產權，即智力成果權，是民事主體對其創造性智力成果依法享有的專有性權利。如著作權、商標權、專利權等。

【案例解析】

[2-4] 張某為大學教授，在其供職的學校每月有若干薪金收入，其研究成果發表

---

[1] 參見：陳朝璧．羅馬法原理 [M]．北京：法律出版社，2006：42-43．

著作若干。請思考：張某享有哪些民事權利？

解析：本例中，張某作為自然人享有姓名、人格尊嚴等方面的人身權，學校每月發給其若干薪金收入構成其財產權利，發表著作而享有的著作權為其知識產權。

2. 絕對權與相對權

根據權利效力範圍的不同，可以將民事權利分為絕對權和相對權。

絕對權是指義務主體不特定，權利人無需義務人實施一定行為即可實現其利益的權利。絕對權又稱對世權，如物權、人格權等。

相對權是指權利人對特定義務人主張且需義務人為一定行為方可實現的權利，故又稱對人權，如債權。

【案例解析】

[2-5] 某甲因繼承遺產而取得房屋一套，並因商業活動向銀行借款若干。

請思考：本例中，哪些民事權利為某甲享有的絕對權或相對權？

解析：本例某甲的房屋所有權無須他人幫助即可實現，並對任何人而言，其權利皆存在，此即絕對權；但他向銀行借款產生債權債務關係，銀行對其享有債權，他對銀行負擔債務，銀行享有的債權須某甲依約履行返還義務才能實現，銀行有且只有對甲才享有並可主張此權利，此債權即為相對權。

3. 支配權、請求權、抗辯權與形成權

以權利的作用為標準，可以將民事權利分為支配權、請求權、抗辯權和形成權。

支配權是指權利主體直接支配權利客體或者標的物，並且排除他人干涉的權利，如人格權、身分權、物權等。

請求權是指權利人得請求他人為一定行為或不為一定行為的權利，如債權請求權、物權請求權。

形成權是指僅依據當事人一方的意思表示，便可以使民事法律關係發生變動的權利，如追認權、撤銷權、解除權等。

抗辯權是指權利人用以對抗對方當事人請求權的權利，如時效抗辯權、同時履行義務抗辯權等。

【案例解析】

[2-6] 某甲有私房一所，在一次與朋友閒談中瞭解到該私房現在的市場行情極佳，於是委託朋友幫忙尋求買主，事後經朋友介紹與外籍人士乙達成買賣協議將該房賣與乙。后由於乙遲遲不付款，甲未與乙辦理過戶手續，遂生糾紛。在交涉過程中，甲瞭解到，對於合同款項，自己一直是以人民幣計價進行交涉的，而乙一直以為是按港元計價的，因為乙曾在國內其他城市以港元計價買過房產。於是甲訴至法院，請求撤銷該合同。

請思考：從權利的作用角度，分析甲、乙所享有哪些民事權利？

解析：本例中某甲對其房屋享有包括佔有、使用、收益、處分等權利，可對其房

屋進行支配而不受他人干涉，為典型的支配權。甲與乙達成轉讓該房所有權的買賣協議，於是在甲和乙之間成立合同之債，雙方均依合同享有一定權利和義務（付款、交付房屋並移轉房屋所有權），當事人不積極履行義務，另一方當事人即享有請求對方履行義務的權利，這種依法享有的請求對方履行一定義務的權利即為請求權。而依合同法規定，「當事人互負債務，沒有先后履行順序的，應當同時履行。一方在對方履行之前有權拒絕其履行要求。一方在對方履行債務不符合約定時，有權拒絕其相應的履行要求」。這種拒絕對方履行要求的權利即為抗辯權。本例中如果雙方沒有就付款與移轉所有權的約定，應視為同時履行，「一方在對方履行之前有權拒絕其履行要求」，即享有抗辯權。乙對於計價幣種的理解構成「重大誤解」，這是法定的合同撤銷事由，甲可依此行使合同撤銷權，即僅依甲的意思表示便可以使民事法律關係（合同）發生變動的權利，是為形成權。法院因此應當支持甲的請求。

4. 主權利與從權利

以權利的相互關係為標準，可以將民事權利分為主權利和從權利。

主權利是指在兩個以上相互關聯的權利中，可以獨立存在的權利。從權利則是不能獨立存在，從屬於主權利的權利。

【案例解析】

[2-7] 甲為一私營企業主，為擴大經營規模，向銀行申請貸款。乙銀行考察其經營項目後同意貸款，但要求甲提供財產抵押。於是，甲以其廠房作為抵押物，與銀行簽訂了抵押貸款協議，並辦理了廠房抵押權登記。

請思考：本例中銀行享有的權利中，哪些是主權利，哪些是從權利？

解析：例中基於對項目的認同，銀行乙與私營企業主甲達成了貸款合同。只是為了確保甲到時能夠還本付息，銀行要求其提供抵押。貸款合同的成立並不以抵押合同為其存在的依據，抵押僅僅是為貸款合同的履行提供擔保。但沒有貸款合同的存在，抵押將失去存在的依據。所以，在本例中當事人基於貸款合同享有的權利為主權利，基於抵押合同享有的抵押權為從權利。

5. 既得權與期待權

以權利的成立要件是否完備為標準，可以將民事權利分為既得權與期待權。

既得權，是指具備全部成立要件而由權利人實際取得和享有的權利；期待權是指權利成立要件尚未完全具備，須待其他條件齊備方能取得和享有的權利。

【案例解析】

[2-8] 甲、乙系父子，雙方約定，若乙在駕校培訓通過駕駛資格考試，甲將自己使用的一輛八成新的奧迪汽車贈予乙。雙方簽訂書面合同，並辦理了公證手續。

請思考：本例中對於汽車，父親甲享有什麼民事權利？兒子乙享有什麼民事權利？

解析：例中兒子乙在未來條件成就時（通過駕駛資格考試）享有請求父親甲贈予其汽車的權利，這個權利屬於要件尚未完全具備的權利，是期待權；而父親甲對該車

享有的所有權是已經實際取得的權利，屬於既得權。

(二) 民事義務

民事義務，是指依法律規定或當事人約定，義務人為一定行為或不為一定行為以滿足權利人利益的法律手段或法律拘束。義務分類大致與權利類型相對應。如下義務類型應特別關注。

1. 法定義務與約定義務

依照義務產生的依據不同，可將義務分為法定義務和約定義務。

法定義務，是指依據法律規定而直接產生的民事法律義務，如因不當得利而產生的返還義務。約定義務，是指依照當事人之間的約定而產生的義務，如基於合同而生之債務。

【案例解析】

[2-9] 甲為餐飲經營者，一日乙到甲經營的餐館就餐，甲提供過期食品致乙腹瀉就醫，支付治療費若干。

請思考：本例中，餐館經營者甲承擔的義務中，哪些是法定義務，哪些是約定義務？

解析：例中甲為餐飲經營者，乙到餐館就餐，在甲乙之間成立餐飲服務合同。甲應按照合同約定提供食品，乙就餐後需要按其消費情況支付費用，這些都是約定義務。但甲應向乙提供安全衛生的食品，這是相關法律明確規定的義務，即法定義務，無須當事人另行約定。基於此，即便甲和乙未就菜品衛生安全問題做出約定，甲也因其未履行法定義務，向乙提供了過期食品致其腹瀉而承擔相應的賠償責任。

2. 積極義務和消極義務

根據義務人行為方式的不同，可將民事義務區分為積極義務與消極義務。積極義務要求義務人為一定的行為，如給付金錢的債務；消極義務要求義務人不為一定的行為，如每個人都負有不得侵害他人人身和財產權利的義務、公司董事的競業禁止義務等。

【案例解析】

[2-10] 甲為乙公司雇員，在雇傭合同中，雙方除約定薪水外，還約定甲必須保守乙公司的商業秘密。

請思考：本例中乙公司對雇員甲承擔的是積極義務還是消極義務？雇員甲對乙公司承擔的是積極義務還是消極義務？

解析：例中甲乙雙方約定薪水等項事宜中，乙公司必須按約定向雇員甲實施積極的支付薪水的行為，該義務是乙公司應負擔的積極義務，若乙公司未履行給付義務將承擔違約責任；而甲乙雙方約定商業秘密事宜中，雇員甲有依約定不實施積極行為，將乙公司商業機密洩露給他人的義務，這一義務是消極義務，若雇員甲實施積極行為，

洩露乙公司的商業秘密，即構成違約，應承擔損害賠償之責任。

三、民事法律關係的客體

民事法律關係的客體，系指民事法律關係中民事權利和民事義務所共同指向的對象，又稱其為民事權利的客體。權利不同，客體也不盡相同。人身權之客體為人的人格與身分；物權之客體為物；債權之客體為行為；知識產權之客體為智力成果；而權利本身也可以成為權利的客體，如權利質權的客體即為出質的權利。

【案例解析】

[2-11] 甲與乙系夫妻，二人購置住房一處。同時，因其妻持家有方積攢了不少積蓄存於銀行；另有營業用房一處，現租給他人經營之用。

請思考：該例涉及哪些民事法律關係？在這些民事法律關係中，民事法律關係的客體各是什麼？

解析：該例涉及4個民事法律關係。（1）甲乙對其購置的住房和營業用房的所有權關係，此所有權為夫妻共有；（2）因積蓄存於銀行，而與銀行之間形成的債權債務關係；（3）將營業用房出租他人使用而形成的租賃合同關係。這些法律關係中，所有權的客體為物——住房和營業用房；儲蓄合同關係的客體是給付行為，其中銀行基於甲乙請求所為的給付行為——按約定支付本金和利息的行為，甲乙將款項交付銀行存儲的給付行為；租賃合同關係的客體仍為行為，即承租人依約定的給付行為——支付租金的行為，出租人將房屋交付給承租人使用並保持房屋符合約定用途正常使用的維護行為。

[2-12] 原告周某系某小區業主，被告系該小區物業公司。2012年5月至2013年6月，原告一直未繳納物業費。2013年6月26日原告房屋失火，小區消防員及時趕到現場，但消防栓無水。20分鐘後，被告才打開消防泵供水系統。原告認為，被告未管理好消防設施設備，滅火遲延致其遭受損失，故要求被告賠償。被告辯稱，原告已拖欠13個月的物業費，被告因此有權拒絕為原告提供相應的物業服務，對原告的損失不應承擔任何責任。

請思考：小區物業公司與業主周某的物業管理服務合同關係的客體是什麼？小區物業公司是否應對業主周某的損失承擔賠償責任？

解析：依照物業服務合同的約定，物業服務公司應當全面履行包括管理消防設施設備在內的義務，業主應當按約定履行支付服務費用的義務。當事人積極履行義務的行為是物業服務合同關係的客體。本案例中，因為物業服務公司實施物業管理的對象具有整體不可分性，當個別業主拖欠物業費時，物業服務公司不能對拖欠物業費的業主區分共有部分予以特定化，故物業服務公司不能行使抗辯權，否則，勢必損害其他未拖欠物業費業主的合法權益；同時，物業服務公司管理消防設施設備的義務具有公共應急性，物業服務公司應當對管理區域內的共用消防設施進行維護管理，提供消防安全防範服務。這既是一種合同義務，又是一種具有強制性的法定義務，不能免除。

根據《物業管理條例》第六十七條、《最高人民法院關於審理物業服務糾紛案件具體應用法律若干問題的解釋》第六條的規定，對於拖欠物業費的業主，物業服務公司可向人民法院起訴，但不能行使抗辯權進而拒絕提供物業服務，物業服務公司違反該義務而造成業主損失的，應負賠償責任。[①]

【知識鏈接】民事法律關係理論的意義

民事法律關係是民法調整社會關係的基本模型。它通過靜態的主體、內容、客體的規範，使民法調整的整體結構清晰化；在動態過程中，通過對引起法律關係的法律事實的調整，明確了法律關係發生的事實。因此，法律關係理論是民法研究的核心內容。不僅如此，法律關係理論還有重要的實踐價值，它是分析解決民事糾紛的工具，無論法官、律師，還是民事糾紛的當事人，正確分析案件，有效解決糾紛，首要的事情就是捋清法律關係，明確當事人及其權利義務，進而明確當事人的責任。有學者指出，民事法律千萬條，民法著作千萬卷，歸根到底都是規定或研究法律關係的。[②]

第三節　民事法律關係的變動

一、民事法律關係的變動

民事法律關係的變動是指民事法律關係的發生、變更和消滅。

(一) 民事法律關係的發生

民事法律關係的發生，是指民事法律關係當事人之間一定的民事權利和民事義務關係的形成，簡言之，即民事法律關係的建立。

【案例解析】

[2-13] 2012年5月7日，某市天地實業集團有限公司（簡稱「天地公司」）與大發工程公司（簡稱「大發公司」）簽訂協議，將其承包的部分建築工程發包給大發公司，雙方在合同中約定了工程質量、計價方式、付款方式和違約責任等。同年11月20日，天地公司因自身原因致承包協議不能履行，故與大發公司協商解除此承包合同，雙方就相關事項簽訂《1號樓退場賠償協議》，約定天地公司賠償大發公司65萬元。此後，天地公司支付大發公司50萬元，尚欠15萬。2014年10月，大發公司訴至法院要求天地公司支付剩餘的15萬元。

法院經審理認為，天地公司因自身原因致承包協議不能履行而協議解除合同，雙方簽訂的《1號樓退場賠償協議》是雙方真實的意思表示，不違反法律規定，合法有

---

① 本案例及分析參見：姚明平，鄒德勝. 業主欠費物業公司仍應履行消防設施管理義務 [N]. 人民法院報，2014-06-26 (07)。有改動。

② 魏振瀛. 民法 [M]. 北京：北京大學出版社、高等教育出版社，2000：32.

效，雙方均應積極、全面履行解除合同約定的義務。根據退場賠償協議，天地公司還應支付大發公司 15 萬元，故判決支持大發公司的訴訟請求。①

請思考：本例中，先後建立了幾個法律關係？

解析：本例中，先後建立 2 個法律關係。當事人天地公司與大發公司因訂立工程承包合同的行為而成立建築工程合同法律關係，後因協議解除而使原承包合同法律關係歸於消滅；因《1 號樓退場賠償協議》解除合同的達成，在當事人之間成立一個新的合同法律關係，當事人受該法律關係約束，天地公司有依約賠償大發公司 65 萬元的義務，大發公司享有接受對方給付的權利。天地公司支付了大發公司 50 萬元，餘款亦應付清。所以，法院應支持原告的請求。

(二) 民事法律關係的變更

民事法律關係的變更，是指基於法律事實出現而使原有法律關係發生變化的情況。民事法律關係的變更包括民事法律關係主體、內容和客體的變更。

【案例解析】

[2-14] 2011 年 9 月，布某與翟某、李某達成書面協議，約定由翟某、李某出資 96 萬元與布某合作經營其所有的青藏毛王、火龍兩條藏獒。藏獒由翟某、李某帶到天津進行經營、配種及管理，雙方平分收益。同年 9 月 18 日，布某在當地舉辦「千萬名獒轉會交接儀式」，並向翟某、李某交付青藏毛王、火龍兩條藏獒。同年 10 月 20 日，翟某、李某在天津舉辦了「獒友見面會」。期間，布某委派其侄子在天津協助飼養青藏毛王、火龍兩條藏獒，後青藏毛王患病死亡。翟某、李某未按約支付 96 萬元合作出資款，因布某催要，雙方達成書面協議，將支付期限延展至 2012 年元月底，並以李某的一套住房作為抵押。之後，當事人協議，由布某侄子接替布某經營，布某的侄子負責支付布某 96 萬元。但由於翟某、李某一直未支付出資款，經布某侄子多次索要無果，形成訴訟。

請思考：本案在布某與翟某、李某合夥合同法律關係基礎上，發生了哪些法律關係的變更？布某侄子關於翟某、李某交付出資的請求，法院是否予以支持？

解析：本案在布某與翟某、李某合夥合同法律關係基礎上，發生了法律關係的內容、主體的變更。本案是布某與翟某、李某各自以資金、實物、技術等出資的合夥合同糾紛。當事人布某與翟某、李某達成書面協議成立了合夥經營合同法律關係。翟某、李某願意出資 96 萬元與布某合作經營布某所有的青藏毛王、火龍兩條藏獒，並由翟某、李某將藏獒帶到天津進行配種、經營等，雙方明確了藏獒折價出資、經營地點、經營方式及合夥盈利分成比例。因此，翟某、李某應依約支付合夥出資。後雙方就翟某、李某支付 96 萬元合作出資期限延至 2012 年元月底，即原合夥經營合同法律關係的內容（給付出資期限）發生變更。後雙方協商同意由布某的侄子接替布某，即原合夥

---

① 本案例根據傲宇波、周爽. 因解除無效合同而簽訂的賠償協議的效力 [N]. 人民法院報，2014-07-10 (07) 改寫。

經營合同法律關係的主體發生了變更。基於此，作為合夥合同關係當事人的布某侄子有權請求翟某、李某交付其出資。故對於其請求，法院應當予以支持。①

(三) 民事法律關係的消滅

民事法律關係的消滅，是指民事主體的權利義務關係歸於消滅，民事法律關係終止。如債的關係因債務履行或免除而歸於消滅。

「本章引例」中，當事人因法院調解達成以房抵債協議並辦理過戶登記，他們之間的債權債務法律關係即歸於消滅。

二、民事法律關係變動的原因——民事法律事實

(一) 民事法律事實的概念

法律事實，是能夠導致民事法律關係產生、變更和消滅的客觀情況。

【案例解析】

[2-15] 小王大學畢業離校時將其使用多年的一本舊辭典棄於垃圾桶。學弟小孫路過見到該辭典，覺得其尚可利用而拾之置於書架。

請思考：本例中小孫對辭典是否享有所有權？

解析：小孫對辭典享有所有權。首先，本辭典原屬於小王所有。但小王實施了將辭典棄於垃圾桶的行為，即拋棄行為，在法律上，此行為使他對原所有物的所有權歸於消滅，即所有權法律關係的消滅。其次，小孫拾得該辭典，在法律上是對無主物的先占，從而產生一個新的法律關係，即小孫取得辭典的所有權。

[2-16] 李某為一家餐館老板。為擴大經營規模，李某向銀行貸款50萬元，並用自己的一套住房作抵押。還款期限屆至，銀行要求其還款，李某以近期繳納了經營稅無餘錢還款為由，要求延緩還款。銀行不同意其請求，將其起訴至法院。

請思考：法院對銀行的訴訟請求是否應予支持？

解析：本案中李某與銀行因訂立合同的行為成立了貸款合同法律關係，李某應依約還貸。繳納稅款在客觀上會影響李某的資金流轉，但不能作為推遲還款的理由，即不能作為對民事法律關係產生影響的民事法律事實。所以李某以此為由要求延緩還款的請求，銀行可以拒絕，李某應依合同約定繼續履行義務。法院對銀行的訴訟請求應予支持。

(二) 民事法律事實的分類

根據客觀事實是否與當事人的意志有關，可以將民事法律事實分為事件和行為兩大類。

1. 事件

民法上所說的事件，又稱自然事實，是指與當事人的意志無關的、能夠引起民事

---

① 本案例根據馬貴成，韓輝. 如何確定經營藏契行為的法律性質 [N]. 人民法院報，2014-06-25（07）改寫。

法律關係產生、變更和消滅的客觀情況。自然事實包括兩種情況：一是狀態，指某種客觀情況的持續。例如，權利不行使的狀態持續一定的時間致訴訟時效屆滿，由此使債務人獲得抗辯權而使其權利效力減損。二是事件，指某種客觀情況的發生。例如因人的自然死亡而導致繼承關係的發生等。

【案例解析】

[2-17] 甲經營一家企業，其營業收入頗豐，為擴大經營向銀行貸款3,000萬元。不久甲因車禍意外死亡。其子乙繼承父親遺產后準備移居國外，銀行獲知情況要求其子乙歸還貸款。乙以借款非他本人所為予以拒絕。銀行將其訴至法院。

請思考：甲與銀行的借款法律關係是否因甲的死亡而終止？法院對銀行的訴訟請求是否應予支持？

解析：該例中甲與銀行因借款而成立合同法律關係。甲車禍死亡屬於法律上的事件，導致甲與銀行的借款法律關係終止，但同時引起一個新的法律關係——繼承法律關係的發生。依照《繼承法》規定，繼承人繼承遺產的同時也繼承債務，只是在繼承遺產的範圍內承擔責任罷了。因此，乙有義務在其所繼承遺產範圍內償還其父對銀行的欠款。乙以借款非他本人所為予以拒絕，沒有法律根據。因此，法院應支持銀行的訴訟請求，判令乙在繼承遺產範圍內承擔對銀行債務的償還責任。

2. 行為

作為民事法律事實的行為，是指與當事人的意志有關的、能夠引起民事法律關係產生、變更和消滅的人的活動。

本章引例中，王某、張某夫婦簽訂合同的行為使借款合同法律關係產生。在法院調解下，他們達成以房抵債協議的行為，變更了原法律關係的內容。辦理過戶登記的行為使他們之間的法律關係消滅。

(三) 民事法律事實的構成

民事法律事實的構成，是指能夠引起民事法律關係發生、變更和消滅的兩個或兩個以上民事法律事實的總和。

就通常情況來說，一個法律事實就可以引起民事法律關係的產生、變更和消滅，如債務之免除行為便能引起債的關係的消滅。但在某些情形中，民事法律關係的產生、變更和消滅則需要兩個或兩個以上的法律事實結合起來才能發揮作用。

【案例解析】

[2-18] 甲為一商人，多年經商所得財富巨大，為避免日后子女爭奪遺產，特訂遺囑一份：在其死後將他名下財產的三分之一留給其妻乙，餘下部分由膝下2個親生子女丙、丁和一個繼子戊平均分配。在其生病期間，其子丙因經營需要大筆資金向銀行貸款未果，於是要求按遺囑分配其父財產。其父聞言，不禁生氣致使其病情加重，一周之后氣絕而亡。

請思考：兒子丙能否在其父病重期間，要求按照遺囑分割財產？

解析：本例中甲的遺囑可以其單方自願行為成立，但遺囑並未立即生效，遺囑繼承關係並未產生。丙在其父病重期間，要求按此分割財產，於法無據。換言之，遺囑繼承關係的產生，需要被繼承人留有遺囑和被繼承人死亡兩個法律事實，這兩個法律事實的總和即為遺囑繼承關係發生的民事法律事實構成，缺少其中任何一個，都不能引起遺囑繼承關係。

本章小結：

民事法律關係是由民法所調整的，在平等主體之間發生的，以民事權利和民事義務為內容的社會關係。民事法律關係由主體、客體和內容三要素構成。民事法律關係的主體，是指參與民事法律關係，享受民事權利和承擔民事義務的人，包括自然人、法人和非法人團體。民事法律關係的內容，是指民事主體所享有的民事權利和承擔的民事義務。民事法律關係的客體，系指民事法律關係中民事權利和民事義務所共同指向的對象。民事法律關係的變動即民事法律關係的產生、變更和消滅，民事法律關係變動的原因即為民事法律事實。

本章知識邏輯圖：

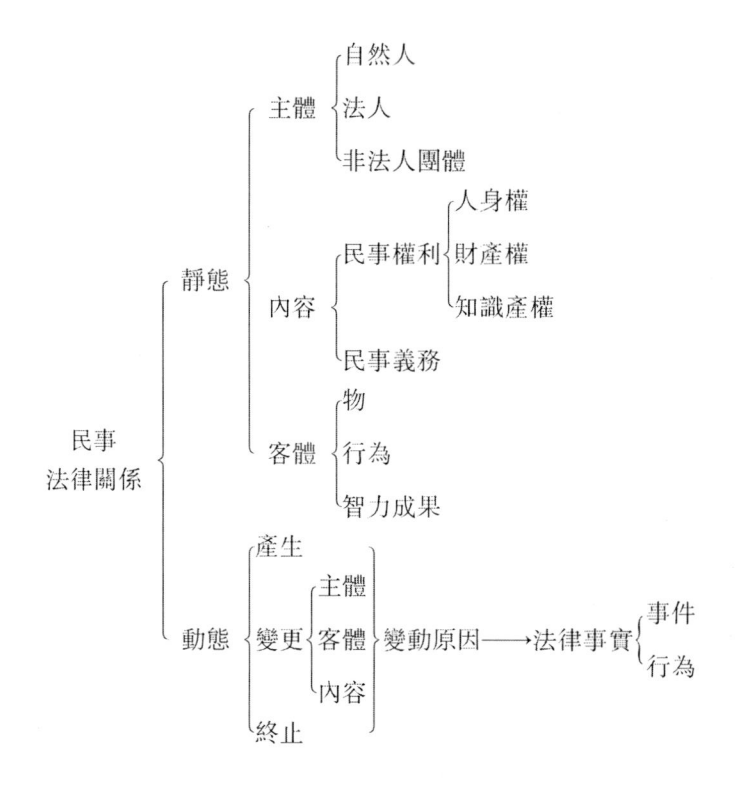

```
                  ┌ 自然人
            ┌ 主體┤ 法人
            │     └ 非法人團體
            │              ┌ 人身權
      ┌ 靜態┤     ┌ 民事權利┤ 財產權
      │     │ 內容┤         └ 知識產權
      │     │     └ 民事義務
民事   │     │     ┌ 物
法律關係┤     └ 客體┤ 行為
      │           └ 智力成果
      │     ┌ 產生
      │     │     ┌ 主體
      └ 動態┤ 變更┤ 客體 → 變動原因 → 法律事實 ┌ 事件
            │     └ 內容                      └ 行為
            └ 終止
```

關鍵術語：

民事法律關係　主體　客體　權利　義務　法律事實

思考與練習：

1. 被告佘某、歐某二人系夫妻，婚后共同購買位於某住宅小區內的房屋一套。2013年7月，佘某、歐某與原告車某簽訂房屋買賣協議，在車某履行合同義務付清全部購房款時，佘某、歐某將房產證交給車某，並將房屋交付其使用。2013年11月，佘某、歐某又同趙某簽訂一份房屋買賣協議，將已經賣給車某的房屋再次出賣，二人在收取趙某20萬元定金后不知所蹤。車某、趙某無奈將佘某、歐某二人起訴至法院，車某要求二被告繼續履行合同，協助自己辦理過戶手續；趙某亦要求二被告繼續履行合同，即在收取全部購房款后交付房屋並協助自己辦理過戶登記。①

請思考：本案屬於典型的「一物二賣」，捋清案件法律關係是解決問題的前提和關鍵。本案存在幾個民事法律關係？請你就其所涉法律事實、法律關係及其要素分別予以分析說明。

2. 66歲的宋某是四川廣安人，三年前來到廣州增城，在一家制衣廠打工，負責打掃一棟五層宿舍的衛生。為圖省事，宋某每次都將各樓層垃圾掃在一起，裝在一個塑料袋裡，直接從窗口拋到樓下的院子裡，再下樓裝進垃圾車。今年1月23日早7時許，宋某在五樓將清掃的垃圾用尼龍袋裝好后拋向樓下，砸中六歲男童孟某。孟某是住在二層的一對夫妻的兒子，起早出來是為撿塑料瓶賣錢。孟某經醫治無效於2月9日死亡。經法醫鑒定，系因頭面部與鈍性物體接觸致嚴重顱腦損傷死亡。宋某被傳喚歸案，歸案后如實供述犯罪事實。2月15日，宋某所在公司與孟某的家屬簽訂協議書，賠償人民幣66萬元。

法院審理認為，被告人宋某在清潔衛生時將垃圾從高樓拋到樓下空地，其應當預見自己的行為可能會造成他人傷亡的結果，由於疏忽大意而沒有預見，其行為已構成過失致人死亡罪。宋某有自首情節，所在公司已賠償被害人家屬，可對其減輕處罰，遂以過失致人死亡罪判處其有期徒刑二年。②

問題：本案涉及哪些不同的法律關係？請你就本案所涉及的民事法律關係及其要素進行分析說明。

---

① 案例據呂行菲《「一房二賣」且均未過戶案件的處理》文中所涉案例改寫，載中國民商法網，網址：http://www.civillaw.com.cn/article/default.asp?id=61563。2014年7月1日最后瀏覽。
② 案例源自：馬偉鋒，等. 高空拋垃圾砸死幼童 六旬清潔工獲刑兩年［N］. 人民法院報，2014-06-27（03）.

第三章　民事法律行為和代理

【本章引例】

某甲年事已高，靠領取養老金生活。其子女某乙和某丙均定居國外，常年不相見。某丁為其鄰居，經常幫助其料理生活瑣事。某甲於是留下遺囑一份，申明其死後把遺產留給某丁。2014年11月，某甲去世。在料理後事時，某乙發現該遺囑，但某乙、某丙認為，其父有子女而將財產留給外人，甚為不當。某乙、某丙主張繼承遺產，並願給某丁一定補償。

請思考：某乙、某丙主張是否適當？如果某丁同意某乙、某丙主張，其效果有何不同？

第一節　民事法律行為概述

一、民事法律行為的概念

民事法律行為，是以民事主體意思表示為要素而設立、變更、終止民事權利和民事義務的行為。與事實行為的效果由法律規定不同，法律行為的效果須以當事人的意思表示為基礎。沒有意思表示就不能構成法律行為，亦不發生相應的法律效果。

「本章引例」中，某甲所留遺囑申明其死後把遺產留給某丁，是依其意思所為的法律行為，該遺囑並不損害他人利益，應當得到法律的認可和支持。某乙以其父有子女而將財產留給外人不妥為由欲主張繼承遺產，於法無據，不能得到支持。但若某丁願放棄某甲遺產，而接受某乙、某丙給予其的補償，屬通過其單方面行為放棄權利，並通過與某乙、某丙達成協議而產生一個補償法律關係。

【知識鏈接】

（一）意思表示

意思表示，依文義來說，就是表示意思的行為，即將意欲發生一定私法效果的內心意思通過一定方式表示於外讓他人知曉的行為。如「本章引例」中某甲的遺囑申明其死後把遺產留給丁，就是以遺囑形式明確把其死後所留存的遺產轉讓給丁的意思表示出來，這種行為就是意思表示。再如某人A表示願以10萬元價格購買某人B的汽車，亦屬意思表示。簡言之，意思表示須有內心之意思和表示之行為，二者構成意思表示。意思是當事人主觀之內心意思，表示則是通過一定形式將意思顯現於外的客觀

行為。意思表示可依明示或默示方式進行。明示是指行為人直接將其效果意思明確地表示於外，如前述之「遺囑」；默示，指以特定行為間接推知行為人的意思表示，如某人在自助店取貨付錢，雖未用語言文字明確說明其購買此貨，但以其行為即可推之其購物的意思。①

（二）事實行為

事實行為，是指事實上有此行為，而依法律規定發生相應的法律效果，行為人有無發生此類效果的意思，在所不問。事實行為又稱非表示行為。如拾得遺失物，即依《中華人民共和國物權法》（以下簡稱《物權法》）規定產生相應法律效果，即「應當返還權利人」，為此「拾得人應當及時通知權利人領取，或者送交公安等有關部門」，而且「拾得人在遺失物送交有關部門前，有關部門在遺失物被領取前，應當妥善保管遺失物。因故意或者重大過失致使遺失物毀損、滅失的，應當承擔民事責任」。當然，「權利人領取遺失物時，應當向拾得人或者有關部門支付保管遺失物等支出的必要費用。」如果拾得人不將遺失物返還權利人，將構成不當得利，權利人可以要求其返還。諸如此類的法律效果，均與當事人的意思無關。正是因為事實行為的法律效果與當事人的意思無關，所以，事實行為不適用法律行為有關行為能力的規定。換言之，3歲小孩拾得遺失物與23歲成年人拾得遺失物的法律效果相同。

【案例解析】

[3-1] 甲為某少兒培訓機構負責人，為擴大該培訓機構知名度，該機構決定編輯出版甲主編的一批少兒畫作。畫冊出版后，某乙發現其子某丙（9歲）的一幅習作刊載其中，於是以該機構侵權其子某丙的著作權為由要求甲及其所在機構停止侵權行為，停售該畫冊，並賠禮道歉，賠償損失。

請思考：甲及其所在機構是否構成侵權？

解析：本例中甲及其所在機構構成侵權。繪畫或其他創作活動不是法律行為，屬於事實行為。作者創作的作品不論出版與否，也不管作者是否成年具有行為能力，按照著作權法的規定，作者對其作品均享有著作權。本例中，9歲的某丙對其創作習作當然享有著作權。甲及其所在機構未經某丙監護人的同意，編輯出版，構成侵權。因此，甲及其所在機構應當承擔相應的民事責任。

二、民事法律行為的類型

依不同標準可以將民事法律行為分為若干類型，如單方法律行為、雙方法律行為、多方法律行為、有償行為與無償行為、諾成性法律行為與實踐性法律行為、要式法律行為與不要式法律行為、財產行為與身分行為、負擔行為與處分行為、生前行為和死因行為等。

---

① 參見王澤鑒. 民法概要 [M]. 北京：中國政法大學出版社，2003：105.

(一) 單方法律行為、雙方法律行為、多方法律行為

這是以參與民事法律行為意思表示的人數之多寡為標準，對民事法律行為的分類。

單方法律行為是僅以一方當事人的意思表示即可成立的法律行為，典型的是遺囑。此外，撤銷、解除行為亦適其例。

雙方法律行為，是指依雙方當事人意思表示一致而成立的法律行為，合同即為典型。

多方法律行為是由兩個以上當事人做出的內容和方向均相同的意思表示一致而成立的法律行為。如合夥、社團法人之設立行為等。

【案例解析】

[3-2] 甲有汽車一輛。設：(1) 甲將其車棄於報廢場；(2) 甲將汽車以3萬元價格與乙達成買賣協議；(3) 甲與丙、丁達成協議，將汽車作價3萬元作為合夥出資。

請思考：上述不同情形的行為類型及其法律效果？

解析：就以上情形而言，甲拋棄汽車是單方面行為，甲將其車棄於報廢場發生所有權消滅的法律效果。買賣汽車係雙方行為，甲乙就買賣意思表示一致，在甲乙之間產生買賣合同法律關係的法律效果；就合夥出資一事，甲、丙、丁三方就汽車作價出資達成一致意見，屬多方行為，在甲、丙、丁間產生合夥法律關係的法律效果。

(二) 有償行為與無償行為

這是以法律行為中一方接受對方之利益時，是否給予對方代價為標準的法律行為類型劃分。

有償行為，是指一方給予對方利益，另一方須為此支付相應的代價的行為，典型的如買賣、借貸行為等。

無償行為，是指一方給予另一方利益而另一方無須付出代價的法律行為。典型的如贈予行為。

(三) 諾成性法律行為與實踐性法律行為

這是以法律行為之成立是需要交付所約定的標的物為要件對法律行為所作的類型劃分。

諾成性法律行為，是指只要當事人之間的意思表示一致，法律關係就成立的法律行為，如買賣、租賃行為等。

實踐性法律行為，是指除當事人意思表示一致之外，還需有物之交付，法律關係方能成立的行為，亦稱要物行為。中國現行法上，質權合同、定金合同為要物合同（行為）。

【案例解析】

[3-3] 李某欲將其所有的房屋出售。通過房屋仲介與張某達成房屋買賣合同。雙方約定房屋交易價格為80萬元。為確保合同履行，雙方在合同中約定：張某先支付10

萬元作為定金。合同簽訂時，張某未帶現金，允諾三天後交付該10萬元的定金。張某回家將此事告知其妻，妻子對李某房屋位置不滿意，於是決定放棄購買該房。李某認為，張某可以不買此房，但是，雙方已經訂立買賣合同並約定違約金，如果不購買該房，張某應承擔支付其10萬元定金的後果。雙方意見不一，發生糾紛。

請思考：張某是否應承擔10萬元定金的法律後果？

解析：本例中，合同是諾成性行為，雙方就房屋買賣達成一致時合同法律關係成立。依法成立的合同，對當事人具有法律效力。換言之，當事人不履行合同應承擔違約責任。但是，其違約責任如何確定，關鍵看雙方是否預定違約責任。如有約定從約定，沒有約定則依合同法相關規定承擔繼續履行、賠償損失等違約責任。本例中雙方約定了違約定金，但依法律規定，定金合同是實踐性行為，即定金合同關係除雙方達成一致外，還必須交付定金。未交付定金的，定金合同關係不成立。所以，李某不能要求張某承擔10萬元定金的法律後果。

(四) 要式法律行為與不要式法律行為

這是以法律行為之成立是否依照某種方式，或者是否滿足某種特定程序為標準，對法律行為的類型劃分。

要式法律行為，指這種行為的意思表示須依一定特別的方式才能成立或有效的法律行為。如抵押等擔保行為必須是書面形式。

不要式法律行為的成立或有效無須滿足特殊的形式或程序，只要有意思表示且符合法律的規定即可。如多數合同系不要式行為，既可以是口頭形式，也可以書面協議，還可以公證形式為之。

【案例解析】

[3-4] 某個體經營者甲擬向鄰居乙借款10萬元用於經營，乙擔心甲經營虧本無法償還，遂要求其提供擔保。甲請朋友丙為此借款作保證人，丙口頭答應擔保。於是甲乙就10萬元借款訂立借款合同，並已交付。但未就擔保讓丙在借款合同上簽章。後甲果然借款到期無法償還，於是乙要求丙承擔擔保責任。丙以未訂立書面合同為由予以拒絕。

請思考：丙能否以未訂立書面合同為由拒絕乙的請求？

解析：丙可以未訂立書面合同為由拒絕乙的請求。甲乙之間借款合同是諾成性法律行為，雙方意思表示一致合同即告成立。所以本例甲乙的借款合同對甲、乙均有約束力。乙依此履行了交付的合同義務，甲應在借款合同到期後履行還款義務。對此不存異議。而丙應否承擔保證責任的關鍵是保證合同是否成立。本例中雖當事人就借款擔保達成一致，但依法律規定，保證合同為要式合同（書面合同），本例中丙雖口頭答應擔保，但甲、乙、丙並未簽訂書面保證合同，也未在借款合同中設定保證條款，該擔保（保證）合同不符合中國法律關於形式方面的要求，因此擔保關係不成立。所以，丙可以未訂立書面合同或書面條款為由拒絕乙的請求。

(五) 財產行為與身分行為

這是以法律效果種類為標準對法律行為進行的類型劃分。

財產行為，是指發生財產效果的民事法律行為，民事法律行為多為財產行為。財產行為既包括直接發生財產權利移轉或消滅的處分行為（如所有權和債權的讓與行為、債務免除行為等處分行為），又包括當事人約定給付一定財產的負擔行為或義務行為（如當事人之間訂立買賣合同、承攬合同而設定一定負擔和義務等負擔行為）。

身分行為，是指發生身分法律效果的民事法律行為。廣義的身分行為包括親屬行為和繼承行為，狹義的身分行為僅指直接發生身分效果的行為，如結婚（離婚）行為、收養和解除收養的行為。

【案例解析】

[3-5] 原告蔣某（男）與被告黎某（女）於1988年結婚，育有一女。2011年6月，蔣某與黎某協議離婚。離婚協議約定：女兒由黎某撫養；夫妻共有的一處房屋歸黎某；共負債務15萬元二人各承擔一半。8月，從有利於女兒成長考慮，雙方決定復婚，辦理了結婚登記。2013年4月蔣某為緩和夫妻關係，與黎某簽訂協議，約定原共同債務15萬元不再各擔一半，而是由蔣某全部承擔。2013年5月，原房屋變更登記到黎某名下。同年11月，蔣某以夫妻感情破裂為由訴至法院，要求離婚並平均分割原共有的房屋，平均分擔共同債務15萬元。①

請思考：蔣某的訴訟請求能否得到法院支持？

解析：本案涉及當事人離婚與復婚（結婚），以及由此引發的相關財產關係的處理。原被告於1988年結婚、2011年6月離婚，2011年8月復婚，結婚行為、離婚行為均屬身分行為，符合法律規定，均為有效，即當事人結為婚姻（包括復婚）關係後，應受《中華人民共和國婚姻法》（以下簡稱《婚姻法》）調整，夫妻的權利義務關係成立。2011年6月離婚后，婚姻關係解除，原有夫妻之間的權利義務關係歸於消滅，其中二人在離婚時關於財產的約定，屬於財產行為，只是此財產關係與身分相關，應適用《婚姻法》和《物權法》，即當事人離婚協議約定「夫妻共有的一處房屋歸黎某」已然生效，即使他們復婚，已「歸黎某」的房屋仍屬於黎某個人財產，而原協議「共負債務15萬元二人各承擔一半」，因為復婚以後，「蔣某為緩和夫妻關係，與黎某簽訂協議約定原共同債務15萬元不再各擔一半，而是由蔣某全部承擔」，這一新的約定替代了原來的約定內容，這種約定又並無欺詐、脅迫等諸因素，應為有效。可見，蔣某的訴訟請求不能得到支持。

(六) 負擔行為與處分行為

這是以法律行為的效果為標準對法律行為的類型劃分。

負擔行為，是以發生債權債務為內容（即在當事人之間設定「負擔」）的法律行

---

① 案例源自嚴蓓佳. 短暫離婚后復婚再離婚 所涉財產及債務如何處理 [N]. 人民法院報，2014-03-27 (07).

為，亦稱債權行為或債務行為。負擔行為可以是單方行為（如捐助），亦可是合同行為（如買賣、租賃）。負擔行為成立，債務人負有履行債務或為給付的義務。

處分行為，是直接使某種權利產生、變更或消滅的法律行為。處分行為所「處分」的客體是權利。處分行為中，直接使物權的權利狀態發生變化的行為被稱為物權行為，其可以是合同行為（如所有權的移轉、抵押權的設定），亦可是單方行為（如所有權的拋棄）；直接導致物權之外的權利狀態發生變化的處分行為被稱為準物權行為，同樣可以是合同行為或單方行為（如債權的轉讓與拋棄）。處分行為成就，即發生權利狀態的變化，如所有權移轉或消滅等。

負擔行為與處分行為各自分離，故應就各該行為本身判斷其是否成立或生效。[①]

【案例解析】

【3-6】2014年3月7日，某甲與某乙訂立買賣合同，約定將其所有的房屋一套以75萬元價格賣與乙，並在一月後交房和辦理房產過戶登記手續。當乙向甲付款並請求交房和辦理過戶手續時被告知，該房已以80萬元價格賣與某丙並已辦理完過戶手續，因而無法賣與乙。

請思考：甲、乙之間的買賣合同是否有效？是否因成立買賣合同而取得所購房屋的所有權？

解析：某甲與某乙訂立房屋買賣合同，該合同是當事人之間真實意思表示，亦無違法致該合同無效之情形，因此，該合同當然有效。因該合同而在甲乙之間設定了負擔，即成立了債權債務關係，因此，甲有權收取房款，乙有權請求甲交付房屋並辦理所有權移轉之登記手續。故本例甲乙之間的合同關係即為典型的負擔行為。

甲將該房已以80萬元價格賣與某丙並已辦理完過戶手續，根據《物權法》規定，「不動產物權的設立、變更、轉讓和消滅，經依法登記，發生效力」，因此，丙因該房「過戶」登記手續完成而取得所有權，換言之，因登記而在甲丙之間移轉了所有權。該登記行為直接導致權利變動，應屬處分行為。

綜上，甲、乙之間合同因甲將房屋賣與乙，並為登記（處分行為）移轉所有權而履行不能，因此，乙不能取得該房所有權，但得依合同（負擔行為）請求甲承擔違約責任，以保護自身權益。

(七) 生前行為與死因行為

這是以法律行為效果是以當事人生前抑或死後發生為標準所做的法律行為類型劃分。

生前行為，是在行為人生前即發生效果的法律行為。多數法律行為都是生前行為，如各種交易法律行為。

死因行為，是以行為人死亡為生效要件的法律行為。遺囑行為即為典型的死因行為。

---

① 參見王澤鑒. 民法概要 [M]. 北京：中國政法大學出版社，2003：86-87.

【案例解析】

[3-7] 42歲的某甲2010年向開發商乙通過「按揭」方式購買住房一套，「按揭」期限是十五年。人有旦夕禍福，某甲2012年11月罹患重病，彌留之際，在公證人現場公證下以錄音形式留下遺囑一份，將其購買的住房留給年邁的父母。一周後某甲死亡。

請思考：某甲購房行為、「按揭」行為、遺囑行為係屬生前行為，抑或死因行為？

解析：例中某甲的購房及「按揭」行為為生前行為，買房及貸款行為（合同）自成立起即時生效，且甲與開發商之間的買賣合同業已履行完畢，甲與銀行也按照「按揭」合同履行義務——銀行履行完貸款義務，甲也按合同約定履行逐月分期還款的義務。甲之遺囑行為為死因行為，即該遺囑須在甲死後生效，其父母依生效的遺囑才能取得該房屋所有權。只是其房屋為「按揭」購買，因此，其父母在取得房屋所有權的同時，亦應承擔對銀行的還款義務。

第二節 民事法律行為的成立和生效

一、民事法律行為的成立

民事法律行為的成立，是指行為人為設立、變更、終止民事法律關係所實施的行為符合法定的構成要素。

法律行為的成立要件，分為一般成立要件和特別成立要件。

法律行為的一般成立要件，是指一切法律行為成立所不可缺少的要件，通說認為應包括：當事人、意思表示、標的。

法律行為的特別成立要件，是指成立某一具體法律行為，除具備一般成立要件外，還需具備其他特殊的事實要素。如實踐性法律行為須交付標的物；要式法律行為需具備書面形式等法定或約定的形式或程序。

二、民事法律行為的生效

（一）民事法律行為生效的含義

民事法律行為生效，是指已經成立的法律行為因符合有效要件而得到法律認可，從而發生當事人預期的法律效力。

民事法律行為的生效以法律行為業已成立為前提。通常情況下，法律行為的成立和生效在時間上具有一致性，如《中華人民共和國合同法》（以下簡稱《合同法》）第四十四條規定，「依法成立的合同，自成立時生效」。但是，依該條第二款以及第四十五條的規定，「法律、行政法規規定應當辦理批准、登記等手續生效的，依照其規定」，「當事人對合同的效力可以約定附條件。附生效條件的合同，自條件成就時生效。附解除條件的合同，自條件成就時失效」。此外，如果法律行為附有期限，可能因期限屆至生效（或失效）。由此可見，在此等場合，法律行為的成立和生效不具有時間上的一致性。

【知識鏈接】附條件的法律行為，附期限的法律行為

1. 附條件的法律行為

附條件的法律行為，是指以將來客觀上不確定事實的成就與否作為其效力發生或終止條件的法律行為。民事法律行為上的條件，須符合民法的基本要求：（1）由當事人約定的事實，條件的約定構成當事人意思表示的一部分；（2）須為將來的事實，已經發生或正在發生的事實不能成為法律行為的條件；（3）須是不確定的事實，即其發生與否是行為人不能確定的，可能發生也可能不發生。根本不可能發生或確定必然發生的事實都不能作為條件；（4）應該是合法的條件；（5）不能與法律行為的內容相矛盾。

法律行為所附條件可分為延緩（停止、生效）條件與解除條件。（1）延緩（停止、生效）條件，是以其成就作為法律行為效力發生的條件。換言之，附停止條件的法律行為，雖然已經成立，但在條件未成就前，其效力處於停止狀態，只有在條件成就時法律行為才生效從而結束效力的「停止」狀態。（2）解除條件，又稱為終止條件，是指以其成就作為法律行為效力終止的條件。附解除條件的法律行為成立時已然生效，在條件成就時其效力即行終止。此外，還可以作為條件的客觀事實發生與否為標準將條件分為積極條件與消極條件：積極條件，又稱肯定條件，以客觀事實的發生作為內容的條件；而消極條件，又稱否定條件，即以客觀事實不發生作為內容的條件。

附條件的法律行為的效力取決於所附條件是否成就。所謂條件成就，是指作為條件的事實已經實現；條件的不成就，是指作為條件的事實確定不能實現。條件成就與否依條件性質不同而不同：在積極條件，作為條件的事實發生即為條件成就，反之，如果該事實確定不發生，則為條件不成就；在消極條件，作為條件的事實確定地不發生是為成就，反之，該事實已然發生則為條件不成就。條件成就對於附條件法律行為的效力也因條件類別不同而不同：對附延緩（生效、停止）的法律行為而言，如果條件成就時，法律行為生效；若條件不成就時，法律行為確定地不生效。對附解除條件的法律行為，條件成就時，已發生的法律行為的效力終止；條件不成就，法律行為繼續發生效力。

需要特別注意的是：附條件的法律行為，在條件成就之前儘管其效力發生或終止與否尚不確定，但當時人因條件成就享有的期待利益受法律保護，他方當事人不得惡意阻撓條件的成就或不成就。為此，中國《合同法》第四十五條第二款規定：「當事人為自己的利益不正當地阻止條件成就的，視為條件已成就；不正當地促成條件成就的，視為條件不成就」。

2. 附期限的法律行為

附期限的法律行為，是指以將來的一定期限到來作為其效力發生或終止根據的法律行為。期限可為確定的時間點，如合同雙方約定合同在簽訂之日后的某年某月某日生效；也可為將來確定發生但無確切時間點的事實，如遺贈，雖遺贈人何時死亡不確定，但其一定死亡是確定的。

以所附期限對法律行為效力為標準，可將期限分為始期與終期。始期，是指法律

行為效力發生的期限，又稱為生效期限，即在所附期限屆至前，法律行為尚未生效，期限屆至法律行為的效力得以發生；終期，是指終止法律行為效力的期限，又稱失效期限，即法律行為所附期限屆滿，法律行為失去效力。以所附期限屆滿時間是否確定為標準，可將期限分為確定期限與不確定期限。期限是確定會到來的事實，但其發生的時間點可能確定也可能不確定，前者即為確定期限，后者即為不確定期限。

附始期的法律行為，期限屆至，法律行為生效，當事人之間產生現實的權利、義務關係或其他法律效果；附終期法律行為，期限屆至，法律行為失去效力。

【案例解析】

[3-8] 某甲系富商某乙之子，從小嬌慣，還沾染了不少壞習慣。為激勵孩子向善和進取，某乙對某甲允諾：如果成年之時某甲考上「一本」大學，將贈予其一輛汽車並到馬爾代夫一遊。

請思考：某甲的行為是附期限的法律行為，抑或附條件的法律行為？還是附期限並附條件的法律行為？

解析：依學者理解「成年之時」的時間雖屬確定，但未達成年之前死亡亦屬可能，因此「成年之時」為條件。① 而考上「一本」大學對一個嬌生慣養的孩子的確是不能確定的，當為條件無疑。由此，本例似為一個附條件的允諾行為。但依筆者之見，通常而言，人在未達成年之前死亡雖屬可能，但畢竟不是常態。換言之，對某個人而言，成年只是時間問題，更況如果既已死亡，「成年」幾無意義。因此，「成年之時」通常是必然到來的一個確定的時間即期限，這樣理解似乎更為適當。由此，我們認為，本例允諾應視為同時附以條件和期限的法律行為。

(二) 民事法律行為的有效要件

民事法律行為的有效要件，是指民事法律行為依照意思表示內容而發生法律效果所必備的條件或標準。依據《民法總則》第一百四十三條規定，法律行為的有效要件應同時具備以下幾個方面：行為人具有相應的民事行為能力、意思表示真實、不違反法律、行政法規的強制性規定，不違反公序良俗。

1. 行為人具有相應的民事行為能力

民事法律行為是以意思表示為要素，如果行為人行為能力欠缺，不能正確、獨立地表達自己的意思，那麼這種行為會有缺陷。除《民法總則》將行為人具有相應的民事行為能力作為民事法律行為的生效要件規定外，《合同法》第九條亦規定：「當事人訂立合同，應當具有相應的民事權利能力和民事行為能力」。

【知識鏈接】 中國《民法總則》對自然人民事行為能力的劃分

中國《民法總則》將自然人的民事行為能力劃分為以下三類：

---

① 參見王澤鑒. 民法概要 [M]. 北京：中國政法大學出版社，2003：120.

(1) 完全民事行為人

《民法總則》第十七條規定：「八周歲以上的自然人為成年人。不滿十八周歲的自然人為未成年人。十六周歲以上的未成年人」；第十八條規定：「以自己的勞動收入為主要生活來源的，視為完全民事行為能力人。」完全行為能力人可以以自己的行為進行民事活動，取得權利並承擔義務。

(2) 限制民事行為能力

《民法總則》第十九條規定：「八周歲以上的未成年人為限制民事行為能力人，實施民事法律行為由其法定代理人代理或者經其法定代理人同意、追認，但是可以獨立實施純獲利益的民事法律行為或者與其年齡、智力相適應的民事法律行為。」《民法總則》第二十二條規定：「不能完全辨認自己行為的成年人為限制民事行為能力人，實施民事法律行為由其法定代理人代理或者經其法定代理人同意、追認，但是可以獨立實施純獲利益的民事法律行為或者與其智力、精神健康狀況相適應的民事法律行為。」《合同法》第四十七條第一款規定：限制民事行為能力人訂立的合同，經法定代理人追認后，該合同有效，但純獲利益的合同或者與其年齡、智力、精神健康狀況相適應而訂立的合同，不必經法定代理人追認。即對於純獲利益的合同不經法定代理人同意亦可生效力。

(3) 無民事行為能力人

《民法總則》第二十條規定：「不滿八周歲的未成年人為無民事行為能力人，由其法定代理人代理實施民事法律行為。」《民法總則》第二十一條規定：「不能辨認自己行為的成年人為無民事行為能力人，由其法定代理人代理實施民事法律行為。」不滿八周歲的未成年人和完全不能辨認自己行為的成年人，是無民事行為能力人，不能獨立從事民事活動，應由法定代理人代理進行民事法律行為。

【案例解析】

[3-9] 某甲為某初級中學一年級學生，現年12歲，喜好「追星」，為模仿某女明星的「範兒」，將母親乙放在家中的現金2萬元拿到丙專賣店購得耳環一副。當晚其母乙發現錢款不見，非常著急，以為被盜欲報警。某甲見狀怕警察到來把事情鬧大而告知實情。某乙非常生氣，要求甲第二天必須將耳環退還。翌日，乙帶著甲到了丙專賣店，說明情況要求退貨退款，丙專賣店以貨已售出概不退還為由予以拒絕。遂成訟。

請思考：某乙要求丙專賣店退貨退款的主張，人民法院是否應當予以支持？

解析：本案中甲是限制行為能力人，依法只能從事與其年齡、智力相適應的民事行為活動。出於「追星」而進行大額交易購買飾品，已經超出其可實施的民事法律行為的範圍，同時也不是純獲益行為，因此此行為應由其法定代理人代理，或者徵得其法律代理人同意後才能實施。對其已實施的與其行為能力不相適應的法律行為法定代理人不予追認，該法律行為應屬無效。因此，某甲的法定代理人乙要求丙專賣店退貨退款的主張，人民法院應當予以支持。

法人作為法律認可的民事主體，當然具有行為能力，法人可以自己的意思獨立進

行民事法律行為，取得民事權利並承擔民事義務。因法人不存在行為受年齡或心智影響的問題，因此，不像自然人一樣有不同的類別劃分。《民法總則》第五十七條規定：「法人是具有民事權利能力和民事行為能力，依法獨立享有民事權利和承擔民事義務的組織。」

【案例解析】

[3-10] 某甲公司於 2007 年 7 月 11 日與乙公司訂立了一份木材銷售協議，約定木材數量若干，單價及總價若干，合同履行方式等等詳細內容。乙公司按約支付了預付款，但到交貨時間乙公司請求甲公司交付木材時，甲公司以沒有組織到貨源為由拒絕履行，乙公司以其違約要求承擔違約責任將甲公司訴至法院。法院審理查明：甲公司與乙公司的木材購銷合同不僅超越了甲公司的經營範圍，而且其根本沒有履約能力。審理中，一種意見認為，甲公司沒有履約能力，加之該木材購銷合同超越了甲公司的經營範圍，應屬無效合同（行為）；另一種意見認為，甲公司有無履約能力，木材購銷合同超越甲公司的經營範圍，都不構成合同（法律行為）無效的原因，該合同應為有效。

請思考：該合同是否有效？

解析：在認定法律行為（合同）效力時我們注意其有效要件。履行不能雖長時期被認為是法律行為無效的理由，但這個理由是不成立的。這不僅在中國法上沒有規定，而且現代法律發展趨勢表明，履行不能不妨礙合同效力。因此，從維護債權人對保持合同效力所具有的正當利益出發應當認為「自始不能合同有效」。[①] 而法人的經營範圍無論就其本身性質，還是就現行法的精神來看，均不能得出法人行為超越行為能力範圍即為無效的結論。根據最高法院司法解釋的規定，超越經營範圍訂立的合同除非違反國家限制經營、特許經營以及法律、行政法規禁止經營規定，合同應為有效。本案中超越的範圍不屬於最高法院司法解釋確定為無效的情形，故應認定該法律行為（購銷合同）有效。因此乙公司的訴訟請求應該得到法院支持。

2. 當事人意思表示真實

意思表示是當事人在行為人意志自由的前提下，追求私法效果的直接表達。只有真實的意思表示才能實現法律行為的本旨。

3. 不違反法律法規或社會公共利益

法律行為不得違反法律法規的強制性規定，是法律行為有效的基本要求；同時，法律行為須不害及社會公共利益，這是對法律行為有效的妥當性要求。

通常情況下，法律行為滿足以上條件即發生效力。但在某些特殊情形下，即法律規定或當事人約定法律行為還需滿足某些特殊條件才能生效時，須得滿足其條件，此即法律行為的特殊生效要件。如《合同法》第四十四條規定，「法律、行政法規規定應當辦理批准、登記等手續生效的，依照其規定」。這裡依法律、行政法規的規定辦理批

---

① 參見杜景林、盧諶. 債法總則給付障礙法的體系建構 [M]. 北京：法律出版社，2007：34-43.

准、登記等手續，就是合同生效的特殊要件。

【案例解析】

[3-11] 原告曹平、季花（乙方）與被告崔利斌、徐善琴（甲方）於2011年5月11日在江蘇省南通市通州區金沙鎮天誠房產仲介所簽訂了《房地產買賣合同》一份，合同約定甲方將其所有的位於金沙鎮花行橋新村20號樓202室（67.93平方米）出售給乙方，總售價為41.8萬元。仲介成交費由甲、乙雙方各負擔4,000元。付款方式：簽訂合同時乙方預付定金人民幣2元，餘款39.8萬元，甲方2011年8月交鑰匙時乙方交付，同時雙方辦理過戶（交房前所產生的電費、水費等相關費用由甲方結清），房產過戶費、契稅由乙方承擔，個人所得稅由甲方承擔。任何一方當事人違約，支付總房價20%的違約賠償金。原告曹平於當日匯款2萬元定金給被告，被告崔利斌於次日向原告出具了收條。另查明，徐善琴未出面簽訂合同，合同上徐善琴的簽字係其丈夫崔利斌代簽；出售房屋的土地性質為劃撥土地。天誠仲介負責人錢某證明，在原、被告簽訂合同時，約定由原告負擔將劃撥土地轉為出讓土地的土地出讓金。2011年8月餘款支付時，曹平、季花認為，劃撥土地不應進入市場流通，案涉合同應為無效。同時，本案徐善琴未在合同上簽字，房屋買賣合同未成立。遂起訴至南通市通州區人民法院，要求兩被告返還房屋定金2萬元。兩被告（崔利斌、徐善琴）在審理中不同意返還房屋定金，並要求兩原告（曹平、季花）繼續履行合同。

請思考：曹平、季花以劃撥土地上的房屋不能進入市場流通為由，主張買賣合同無效，法院是否支持？本案中丈夫崔利斌代妻子徐善琴簽訂的售房協議是否有效？

解析：本案訟爭房屋土地性質為劃撥土地，曹平、季花稱劃撥土地上房屋不應進入市場流通，案涉合同應為無效的主張不能成立。首先，根據《物權法》第一百四十七條規定，建築物、構築物及其附屬設施轉讓、互換、出資或者贈予的，該建築物、構築物及其附屬設施占用範圍內的建設用地使用權一併處分。其次，從中國《城市房地產管理法》第四十條第一款「以劃撥方式取得土地使用權的，轉讓房地產時，應當按照國務院規定，報有批准權的人民政府審批。有批准權的人民政府準予轉讓的，應當由受讓方辦理土地使用權出讓手續，並依照國家有關規定繳納土地使用權出讓金」之規定來看，劃撥土地上的房屋並非絕對禁止轉讓，只要辦理土地出讓手續、繳納土地出讓金后即可轉讓。再次，即使雙方當事人在簽訂售房協議時未經過政府部門批准亦不影響合同效力，因為此類批准並非是合同效力的要求。況且，本案兩被告轉讓房屋不改變土地使用性質，仍為居住而使用房屋及土地，故不涉及國家利益和公共利益，且該小區未列入政府拆遷計劃範圍，政府不存在不予審批的理由。

至於本案被告夫妻一方為代表與兩原告簽訂的售房協議的效力問題，我們認為，房屋買賣係財產行為，可得代理，況且，在審理過程中，徐善琴並未主張轉讓合同無效，反而要求被告履行合同，因此，不能以其未親自出面而否定合同效力，即使其事先不知情，庭審中的行為亦表明其對崔利斌轉讓房屋的行為予以追認，根據《民法總則》的規定，即便該行為屬於無權代理經過被代理人追認后亦為有效。故本案原告方

主張合同未無效的理由不能成立。本案所涉房屋買賣合同，雙方當事人主體適格，且真實意思表示，又未違反法律、行政法規的強制性規定，符合法律行為的有效要件，應為合法有效的合同，故對原告的訴訟請求不應支持。①

第三節　瑕疵法律行為的效力

　　法律行為是實現私法自治的手段，但是，須以符合法律規定，滿足有效要件為前提。某些民事法律行為已然成立，但如不具備或欠缺有效要件就不能按當事人的意思表示發生法律效果，這些法律行為就是瑕疵法律行為。

　　瑕疵法律行為分為無效的法律行為、可撤銷或可變更的法律行為、效力待定的法律行為三種類型。

一、無效的法律行為

（一）無效法律行為的概念

　　無效法律行為，是指因嚴重欠缺有效要件而自始、確定和當然不發生當事人所預期私法效果的法律行為。

（二）無效行為的類型

　　《民法總則》第一百四十六條、一百五十三條及一百五十四條、《合同法》第五十二條對法律行為（合同）無效的具體情況作了規定。

　　1. 主體不合格

　　根據主體行為能力規則，當事人進行法律行為須有相應意思能力，無相應意思能力者所為法律行為原則無效。

　　2. 意思表示不真實

　　法律行為以意思表示為要素，意思表示不真實不一定導致法律行為當然無效。意思表示不真實導致法律行為當然無效的情形由法律明文規定。根據《民法通則》和《合同法》的規定，違反法律、行政法規的強制性規定的民事法律行為無效；違背公序良俗的民事法律行為無效；當事人惡意串通損害國家、集體、第三人利益的行為無效；以合法形式掩蓋非法目的的行為無效。

　　3. 內容違法或不具妥當性

　　法律行為合法妥當是其有效的基本條件。違反法律效力性強制性規定，或者違反公序良俗，或損害社會公共利益的法律行為當然無效。

【知識鏈接】效力性強制性規定

　　按效力狀態，法律規範可分為強行規範與任意規範。當事人必須遵循而不能由其

---

① 案例及分析參見張建平、金永南. 劃撥土地上房屋買賣合同效力的認定 [N]. 人民法院報, 2013-11-21 (07). 有改動。

意思表示排除的法律規範是強行規範。與之相對，僅僅是當事人意思表示補充的法律規範是任意規範。強行規範按其內容分為強制性規定與禁止性規定，強制性規定的內容是當事人必須做出的行為或具有的情形；禁止性規定則規定當事人不能做出的行為或不能具有的情形。強制性規定，又可細分為管理（取締）性強制性規定和效力性強制性規定。對於管理（取締）性強制性規定的違反，不導致法律行為的當然無效，但可能產生公法上相應處罰或制裁的后果；而對效力性強制性規定的違反直接導致法律行為無效的私法后果。最高人民法院關於適用《合同法》題的司法解釋（二）》（法釋【2009】5號）第十四條明確，「合同法第五十二條第（五）項規定的『強制性規定』，是指效力性強制性規定」。

(三) 無效法律行為的效力

無效法律行為不能按照當事人的預期發生相應的私法效果，而可能發生法律規定的其他法律效果。根據《民法總則》第一百五十七條和《合同法》第五十八條、第五十九條的規定，無效法律行為的其他法律效果表現為：

（1）返還財產。民事行為被確認為無效后，當事人因該行為取得的財產，應當返還給受損失的一方。

（2）賠償損失。對法律行為無效有過錯的一方，應承擔賠償對方因此受到損害的責任；雙方都有過錯的，應當各自承擔相應的責任。

（3）追繳或向第三人返還財產。雙方惡意申通，實施民事行為損害國家的、集體的或者第三人的利益的，應當追繳雙方因此取得的財產歸國家所有或者返還集體、第三人。

法律行為可能全部無效，亦可能部分無效。依《民法總則》第一百五十六條、《合同法》第五十六條的規定，法律行為部分無效，不影響其他部分效力的，其他部分仍然有效。

【案例解析】

[3-12] 2009年3月15日，河北籍女子姜某經人介紹與北京籍男子陳某相識並辦理結婚登記，同時，二人簽訂「入戶付款協議」，約定「結婚時姜某付款5萬元，3年后戶口轉入北京再付餘款5萬元。任何一方反悔，給付對方違約金2萬元」。在此期間，雙方並未在一起共同生活。陳某后又與他人戀愛欲登記結婚，故於2011年10月26日到法院起訴，請求法院確認雙方婚姻關係無效，應依法予以解除；另主張雙方存在「假結婚」行為，請求法院確認「入戶付款協議」及違約條款無效。姜某則主張法院應駁回陳某的訴求，要求法院按離婚程序重新審理。同時主張因陳某並未依照協議幫其辦理北京戶口，故應按照約定將已支付的5萬元退回，並賠償違約損失2萬元，否則不同意離婚。[1]

---

[1] 參見：李新亮. 以轉移戶口為目的締結的「合同婚姻」的效力如何認定 [N]. 人民法院報，2013-10-17 (07).

請思考:「入戶付款協議」是否有效?

解析:「入戶付款協議」無效。本案「入戶付款協議」是雙方當事人意思表示一致的基礎上「各取所需」的結果。如果不是「陳某后又與他人戀愛欲登記結婚」的話,這個協議可能不會在當事人之間產生爭議。如何認識該協議的效力呢?很顯然,該協議對當事人而言,既不存在欺詐、脅迫的情形,也無意思表示不真實的情況,相反,當事人對其意欲實現的目的是非常清楚的,即姜某通過婚姻達到入戶北京的目的,而陳某則以此獲取 10 萬元經濟收益。在現行法律環境下,雙方的行為有「惡意串通損害國家利益」之嫌,因此該協議無效。法院對於蔣某關於本協議效力及陳某主張違約金之請求均應當不予支持,按無效合同規定的后果予以判決。

[3-13] 甲通過向銀行抵押貸款方式購得房屋一套。還貸期即將屆滿,甲尚有 15 萬元不知怎麼籌集。無奈甲將此套房屋賣與乙,雙方約定乙付給甲 30 萬元房款,在甲清償銀行貸款后協助乙辦理過戶手續。乙如期按照約定交付甲 30 萬元房款,但甲並未清償銀行貸款和協助乙辦理過戶手續。乙訴至法院,請求判決甲繼續履行合同,包括騰房、清償貸款以及辦理房屋過戶手續。

對此案件有以下兩種不同觀點:一種觀點認為,甲與乙的房屋買賣合同無效。房子尚有抵押未剔除故不能買賣,乙只能主張甲承擔違約責任而不能要求繼續履行合約。依據是《物權法》第一百九十一條:抵押期間,抵押人經抵押權人同意轉讓抵押財產的,應當將轉讓所得的價款向抵押權人提前清償債務或者提存。抵押期間,抵押人未經抵押權人同意,不得轉讓抵押財產,但受讓人代為清償債務消滅抵押權的除外。另一種觀點認為,該房屋買賣合同效力待定:可以判決甲繼續履行合同,包括騰房、清償貸款以及過戶。理由是房屋買賣合同是合法有效的,甲負有繼續履行的義務,法院應當支持乙的請求。①

請思考:《物權法》第一百九十一條的規定是否屬於效力性強制性規定?甲與乙的房屋買賣合同是否有效?

解析:本案房屋買賣合同是否有效的認定,關鍵在於如何理解《物權法》第一百九十一條的規定,如果把「抵押期間,抵押人未經抵押權人同意,不得轉讓抵押財產」的規定理解為效力性強制性規定,那麼,該買賣合同應為違反法律強制性規定而無效。反之,合同即為有效。那麼,該規定是不是效力性強制性規定呢?從抵押本身的立法目的以及傳統民法的規定來看,抵押不僅要維護抵押權人利益,更要注意當事人之間的利益平衡,因此不能將該規定絕對化;何況,該規定並未規定,未經抵押權人同意「轉讓抵押財產的行為無效」;再則,合同有「甲負責清償銀行貸款后協助乙辦理過戶手續」的約定,即確定合同有效,才可能要求甲清償貸款,如果甲履行合同向銀行清償了貸款,那麼,不是銀行同意與否的問題,而是抵押權歸於消滅,直接可以就抵押權進行塗銷,交易順利實現;退一步講,即使甲沒有清償債務,不能取得「抵押權人同意抵押房屋轉讓的書面文件」,按照《房屋登記辦法》的規定,其最嚴重的后果就是

---

① 案例源自李曉東:《未經抵押權人同意出賣抵押房產的合同效力待定》,載中國民商法網,網址:http://www.civillaw.com.cn/article/default.asp?id=47808。2014 年 7 月 12 日瀏覽。

買受人不能如期進行登記，此時，如果確認合同有效，乙可追究甲的違約責任，反之，甲最多承擔締約過失責任，這明顯使當事人之間的利益失衡。最高法院2011年全國民事審判工作會議紀要（法辦［2011］442號）第八條也明確指出「未經抵押權人同意轉讓抵押財產的，不能依據《物權法》第一百九十一條第二款規定認定轉讓合同無效」，而且進一步指出「受讓人因抵押權登記未塗銷，請求解除合同的，應予支持」，可見最高法院的司法文件對此也是持「合同有效」觀點的。綜上所述，《物權法》第一百九十一條的規定不是效力性強制性規定，換言之，「抵押期間，抵押人未經抵押權人同意」轉讓抵押物的，轉讓合同有效。本案當事人的訴訟請求法院應當予以支持。

由此得出結論，在實際處理案件解決糾紛的時候，一定要注意區分相關法律強制性規定的性質，只有違反法律的效力性的強制性規定的行為無效。

二、可撤銷的法律行為

（一）可撤銷的法律行為的概念

撤銷的法律行為，是指法律行為已經成立且生效，但因存在法定理由，可由享有撤銷權的當事人行使撤銷權，使其歸於無效的法律行為。可撤銷的法律行為當事人亦可請求變更，因此，又稱可變更的法律行為。

可撤銷的法律行為，與無效法律行為不同。無效法律行為自始無效，而可撤銷的法律行為在當事人行使撤銷權予以撤銷之前是有效的法律行為。

（二）可撤銷的法律行為的種類

1. 基於重大誤解所實施的法律行為。所謂重大誤解，就是對法律行為所涉及的重要事項在認識上存在顯著的缺陷。如對行為的性質、當事人、標的物等認識錯誤。

2. 顯失公平的法律行為。顯失公平的法律行為，不僅在內容上表現為當事人之間的權利義務明顯失衡，而且要求這種后果的出現是由於一方當事人利用了其優勢或對方無經驗。

3. 一方以欺詐、脅迫的手段或乘人之危使對方在違背其真實意思的情況下所為法律行為並因此給對方當事人造成損害。

（三）可撤銷的法律行為的效力

1. 瑕疵意思表示的表意人或受損害一方享有撤銷權。撤銷權是一種形成權，法律行為被撤銷后，自始對當事人沒有約束力。

2. 如果當事人在知道或應當知道撤銷事由之日起一年內，重大誤解的當事人有知道或應當知道撤銷事由之日起三個月內不行使撤銷權或在知道撤銷事由后明確表示或以自己的行為表示放棄撤銷權的，該法律行為就是有效的法律行為；已經履行的，當事人不得請求返還，尚未履行的，應當履行，拒絕履行或不完全履行的，應當承擔違約責任。當事人自民事法律行為發生之日起五年內沒有行使撤銷權的，撤銷權消滅。

【案例解析】

［3-14］2012年5月11日，谷歌旅行社與杭州師範大學就赴日本神戶參加國際音

樂比賽及觀光旅遊等事項，簽訂了一份《出境旅遊合同》，約定由谷歌旅行社安排杭師大83名師生於同年8月2日上午從上海浦東機場出發前往日本，8月9日返回。5月16日，谷歌旅行社通過傳真向途易旅遊公司發送一份《團費確認單》，將上述赴日旅遊團委託途易旅遊公司具體負責，其中載明來回航班、酒店要求，並說明團費為7,650元/人。還特別註明：確認以上航班和酒店，已與客人簽訂合同，故不得修改，若有更改，按照合同賠償客人損失。途易旅遊公司在該確認單附言處加蓋業務專用章予以確認，附言記載：在出票前三個工作日之內付全款的80%，歸國後七天內付清餘款。途易旅遊公司蓋章后又將確認單傳真給谷歌旅行社。谷歌旅行社也先後預付了507,960元的團費，途易旅遊公司依約為該團隊中的旅客購買了機票。2012年7月31日下午，谷歌旅行社與途易旅遊公司就該次赴日旅遊的團費價格問題發生糾紛，雙方前往浙江省旅行社協會進行調解。經該協會秘書長協調，雙方達成口頭一致意見，雙方認可團費報價按之前確認的7,650元/人。但各方對上述口頭意見未簽署書面合同確認。協調之后，途易旅遊公司又提出該團隊在日本的接待車輛沒有安排，並於當日下午15：30分提出該團隊的最新報價為8,589元/人，又於次日向谷歌旅行社發出書面通知要求對新的一份《團費確認單》進行確認，否則即取消赴日旅行的一切安排，谷歌旅行社只得在8月1日的《團費確認單》上蓋章確認。后途易旅遊公司完成全部旅遊項目並帶團回國，通過《出境旅遊服務質量調查表》向遊客徵集了對本次旅遊的意見，旅客普遍較為滿意。但雙方就團費事宜發生爭議，途易旅遊公司訴至法院，要求谷歌旅行社按照8月1日簽訂的《團費確認單》履行合同。谷歌旅行社則請求法院撤銷雙方8月1日簽訂的《團費確認單》。

請思考：人民法院應當支持誰的主張？

解析：本案中存在先後兩份《團費確認單》，第一份為雙方於2012年5月16日簽訂，第二份為雙方於同年8月1日簽訂，即該團隊出發前一日。在簽訂第二份確認單之前，途易旅遊公司已為雙方約定的旅客購買了機票，說明途易旅遊公司已經認可並按照前一份確認單開始履行合同。谷歌旅行社也已經預先支付了第一份確認單中約定團費的80%。但在團隊出發前兩天，途易旅遊公司告知谷歌旅行社日本當地的車輛未安排好，且在無任何正當理由的前提下將團隊報價從7,650元/人提高至8,589元/人。由於該團隊性質特殊，系杭師大學生前往日本參加國際音樂比賽，為確保順利出行，谷歌旅行社遂與途易旅遊公司共同前往省旅行社協會協商。而途易旅遊公司在達成初步口頭意見后又單方面反悔，繼續要求提高團費報價。此時如果谷歌旅行社不接受新的團費報價，途易旅遊公司即停止該團隊的出行活動，谷歌旅行社一方面將要對旅客承擔違約責任，另一方面會造成不利的國際影響，谷歌旅行社臨時亦不可能再行聯繫其他旅遊公司接手該團隊出行工作。基於此，谷歌旅行社簽訂了第二份確認單。由此可見，谷歌旅行社簽訂第二份確認並非自願而是在面臨途易旅遊公司不履行主要合同義務從而導致其合同債權無法實現，以及對於第三人違約甚至更嚴重后果等情勢之下被迫而為的。途易旅遊公司的行為符合「不法地向相對人表示施加壓力，使之恐懼，並且基於此種恐懼而為一定意思表示的行為」的特徵，是一種脅迫行為。根據《合同法》規定，該合同系可變更可撤銷合同，因此谷歌旅行社主張撤銷雙方於8月1日簽

訂的《團費確認單》，人民法院應當予以支持。①

三、效力待定的法律行為

(一) 效力待定的法律行為的概念

效力待定的法律行為，是指法律行為雖然成立但其法律效力還需徵得他人同意或認可，在他人確定的同意或不同意之前，其效力處於不確定狀態的法律行為。

(二) 效力待定的法律行為的種類

根據《民法總則》和《合同法》的規定，效力待定的法律行為主要有以下幾種：

1. 限制民事行為能力人實施的與其年齡、智力、健康狀況不相適應的法律行為。此類行為須經其法定代理人追認方得生效。

2. 無權代理人以被代理人名義實施的法律行為。行為人沒有代理權、超越代理權或代理權終止后，以代理人身分所為的法律行為，除構成表見代理者外，須經被代理人追認才得對被代理人發生效力。

3. 無權處分行為。無處分權人處分他人財產或權利時，當事人行為經權利人追認或事后取得處分權而有效。

【疑難辨析】 中國《合同法》第五十一條規定的理解

中國《合同法》第五十一條規定：「無處分權的人處分他人財產，經權利人追認或者無處分權的人訂立合同后取得處分權的，該合同有效。」該規定依文義解釋系效力待定的合同，亦即，經權利人追認或者無處分權的人訂立合同后取得處分權的，合同有效；未經經權利人追認或者無處分權的人訂立合同后未取得處分權的，該合同無效。於是，就存在一個疑問：無處分權人就他人財產訂立合同，是一個負擔行為還是處分行為？在這裡是否應該將處分行為和負擔行為進行區分？本條規定該理解為合同效力待定，還是「處分行為」的效力待定？

本章將負擔行為和處分行為進行區分。在一個交易關係中，就他人之物訂立買賣合同，並不直接造成該無權利變動，僅在當事人之間設定負擔，因此，該合同不應成為處分行為，而系負擔行為。如果合同是負擔行為，有效與否應該以合同規則來確定。最高人民法院關於買賣合同的司法解釋（法釋【2012】8號）第三條規定，「當事人一方以出賣人在締約時對標的物沒有所有權或者處分權為由主張合同無效的，人民法院不予支持。」「出賣人因未取得所有權或者處分權致使標的物所有權不能轉移，買受人要求出賣人承擔違約責任或者要求解除合同並主張損害賠償的，人民法院應予支持。」但是，有學者認為，合同本身即包含移轉所有權的意思，因此，應將合同與處分行為一體把握，進而認為《合同法》第五十一條規定是適當的。我們認為，如果承認負擔行為和處分行為的區分，而且認同合同並不直接移轉權利，那麼，《合同法》第五十一

---

① 案例及分析均參見顏倩，翟寅生.商事交易中「脅迫訂立合同」的認定 [N].人民法院報，2013-06-20 (07).

條的規定就值得商榷，而最高法院上述司法解釋恰好在一定程度彌補了《合同法》的不足，應得肯定。由此以觀，在負擔行為和處分行為區分的情況下，對於無權處分行為效力待定的問題，應明確此「待定」的不是當事人之間的合同，而應該是直接發生權利變動的「處分行為」。換言之，合同效力是確定的。

(三) 效力待定的法律行為效力的確定

1. 特定當事人享有追認權。效力待定的法律行為制度賦予法定代理人、被代理人或權利人追認權，即享有追認權的當事人行使追認權，則該效力待定的法律行為的效力確定，反之，如果享有追認權的當事人放棄行使追認權，或對相對人的催告明確拒絕或不作表示，則該法律行為自始無效。

2. 善意相對人的撤銷權。為平衡當事人之間的利益，法律賦予相對人撤銷權，即相對人如果不知道與之實施法律行為的人是限制民事行為能力人或無權代理人，在其知道該法律行為為效力待定行為後，行為被享有追認權的當事人追認之前，可以撤銷該行為。相對人行使撤銷權，則該行為自始無效。

【案例解析】

[3-15] 某甲14歲，系某中學學生，因其家境富有，早在其10歲時其父即以其名義購買住房一套。在一次翻找玩具時，甲發現載有其名字的房屋所有權證。2014年某日，甲與某乙商定：以30萬元總價將其房屋出賣。雙方訂立了房屋買賣合同。待其過戶時，登記機關查驗證件時，發現甲為未成年人，於是告知甲乙不能辦理登記。乙認為雙方簽訂的合同由法律效力，於是到法院起訴，要求甲履行合同，否則承擔違約責任。

請思考：乙的訴訟主張能否得到法院支持？

解析：本例中甲年僅14歲，為限制行為能力人，根據《民法總則》規定，其只能從事與其年齡、智力相適應的法律行為，其他行為應由其法定代理人代理，或經其法定代理人追認方得生效。本案出售房屋等事宜顯然已超出其締約能力範圍，亦即，該行為人甲所為法律行為為效力待定的法律行為，須經其法定代理人追認，未經法定代理人追認，或者相對人催告后法定代理人拒絕追認抑或不做表示（視為拒絕），其所訂合同無效。合同已然無效，即不存在違約責任問題，只能按照法律規定依無效行為依法確定當事人之間的責任。所以，本例原告乙的訴訟請求人民法院不應支持。

由此案再行展開，如果甲是成年人，其訂立合同所賣者不是自己的房屋而是其父母的房屋，其法律效力又該如何呢？如果其事先沒有得到父母授權，事後也未得到其父母追認的話，即構成無處分權人就他人財產訂立買賣合同之情形。此時，依前述最高法院關於買賣合同的司法解釋（法釋【2012】8號）第三條的規定，應認定該合同有效，但如果不能取得處分權而不能辦理過戶登記手續的話，應承擔違約責任。由此可見，效力待定的法律行為中，權利人的授權或追認對法律行為效力的最終確認起著決定性作用。

第四節 代理

一、代理概述

(一) 代理的概念與特徵

《民法總則》第一百六十二條規定，「代理人在代理權限內，以被代理人的名義實施民事法律行為，對被公理人發生效力。」由此可見，代理是指代理人在代理權限範圍內，以被代理人的名義與第三人獨立實施民事法律行為，由此產生的法律效果由被代理人承擔。

在代理關係中，代他人實施法律行為的人，稱為代理人；為代理人所代並承受法律行為效果的人，稱為被代理人，亦稱本人；與代理人進行交易實施法律行為的人，稱為第三人。依通說，代理有以下特徵：代理人以代理權為依據實施法律行為、代理人獨立的意思表示或受領第三人意思表示、代理人以被代理人名義實施法律行為的法律效果直接歸屬於被代理人。如圖3-1所示：

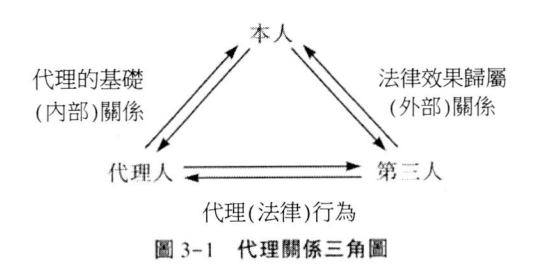

圖 3-1　代理關係三角圖

【案例解析】

[3-16] 某男甲在外地學習期間，委託其母代其觀察房地產變化情況，如價位合適可為其購買二居室住房一套。后甲母以甲名義與一開發商訂立購房合同。

請思考：該案例中的法律關係如何？

解析：該例中，甲母受甲委託購買房屋，后與開發商訂立房屋買賣合同，甲母是為代理人；而甲則為被代理人；該開發商為第三人；甲母以甲名義訂立買賣合同的效果直接歸屬甲，甲將承擔由此產生的付款等義務，也有請求開發商移轉房屋所有權等權利。

(二) 代理的適用範圍

代理制度極大地補充了私法自治，具有重要意義。《民法總則》第一百六十一條規定「民事主體可以通過代理人實施民事法律行為」。「依照法律規定、當事人約定或者民事法律行為的性質，應當由本人親自實施的民事法律行為，不得代理。」依法理和學界通說，除身分行為（如結婚、離婚、遺囑等）外，所有的民事法律行為原則上均可

代理;因代理限於為意思表示和受意思表示,其適用僅限於法律行為;準法律行為原則上可類推適用;事實行為無代理適用之餘地。①

隨著社會發展,代理的適用已不嚴格限於法律行為,某些行政行為——如代理繳稅、代理公司註冊、代理申請專利、商標事務等,以及民事訴訟行為等均可適用代理規則,是為廣義的代理。

(三) 代理的分類

1. 法定代理、委託代理與指定代理

這是以代理權產生的原因為標準對代理的分類。

法定代理,是指代理權因法律規定而當然發生的代理。《民法總則》第二十三條規定:「無民事行為能力人、限制民事行為能力人的監護人是其法定代理人。」

【知識鏈接】 無行為能力人和限制行為能力人監護人的確定

《民法總則》第二十七條規定:「父母是未成年子女的監護人。未成年人的父母已經死亡或者沒有監護能力的,由下列有監護能力的人按順序擔任監護人:(一) 祖父母、外祖父母;(二) 兄、姐;(三) 其他願意擔任監護人的個人或者組織,但是須經未成年人住所地的居民委員會、村民委員會或者民政部門同意。」《民法總則》第三十一條規定:「對監護人的確定有爭議的,由被監護人住所地的居民委員會、村民委員會或者民政部門指定監護人,有關當事人對指定不服的,可以向人民法院申請指定監護人;有關當事人也可以直接向人民法院申請指定監護人。居民委員會、村民委員會、民政部門或者人民法院應當尊重被監護人的真實意願,按照最有利於被監護人的原則在依法具有監護資格的人中指定監護人。」

對於成年人的監護人擔任,《民法總則》第二十八條規定:「無民事行為能力或者限制民事行為能力的成年人,由下列有監護能力的人按順序擔任監護人:(一) 配偶;(二) 父母、子女;(三) 其他近親屬;(四) 其他願意擔任監護人的個人或者組織,但是須經被監護人住所地的居民委員會、村民委員會或者民政部門同意。」

委託代理,是指代理權因本人授權行為而發生的代理,又稱意定代理。

指定代理,是指代理權是根據法院或者指定機關指定而產生的代理。指定代理是在沒有委託代理人和法定代理人的情況下,為無民事行為能力人或者限制民事行為人設定的代理。被指定的代理人,一般在《民法總則》第二十七條、第二十八條中所列的監護人中間產生,此外,在民事訴訟中,沒有訴訟能力又沒有法定代理人的,由法院為其指定訴訟代理人,所指定的訴訟代理人不限於監護人。

2. 概括代理與特別代理

以代理權限的不同,可將代理分為概括代理、特別代理。

概括代理,指被代理人對於代理事項全權委託代理人處理,對代理權限沒有限制的代理。又稱為一般代理。特別代理,指被代理人對代理權限作特別限制的代理。

---

① 參見王澤鑒. 民法概要 [M]. 北京:中國政法大學出版社,2003:125.

3. 單獨代理與共同代理

以代理權屬於一人還是多數人行使來劃分，代理可分為單獨代理與共同代理。

單獨代理，是指代理權由一個代理人單獨行使的代理。共同代理，是指代理權由數個代理人共同行使的代理。

(四) 本代理與復代理

在委託代理中，根據代理人選任的不同，可分為本代理與復代理。

本代理，是指代理權來源於被代理人直接授權或法律規定的代理。復代理，亦稱為再代理或轉代理，這種代理的代理權來源於代理權人將所享有的代理人轉托他人而產生。須注意的是，復代理權人的代理權雖然產生於代理權人的授權，但他仍然是被代理人的代理人而不是本代理人的代理人，其代理行為仍是以被代理人的名義而不是以代理人的名義，其行為的效果直接歸屬於被代理人，其代理權限不能超出代理人的代理權限。

【案例解析】

[3-17] 原告李二嬌的丈夫張亞羅，50 年代向深圳南頭信用合作社投資認購股份二股（1元一股）。1987 年深圳市發展銀行成立時，將上述二股轉為股票180 股。1990 年分紅、擴股時，180 股又增至288 股。原認股人張亞羅於1988 年去世，288 股的股票由原告持有。以前，張亞羅曾委託被告張士輝到證券公司領取股息，辦理擴股等手續。1990 年 4 月，原告將股票交由被告，委託其代領股息。1990 年 4 月 25 日，被告通過證券公司以每股3.56 元的價格，將張亞羅名下的288 股股票，過戶到其妹妹、第三人張士琴的名下。事後，被告扣除稅款和手續費後，托其母吳圓友將過戶股票的股息及賣股票款980 元交給原告。同年8 月 25 日，原告將票據交給女婿看後，發現288 股發展銀行的股票已被被告過戶到張士琴的名下。原告向被告索要股票，被告予以拒絕，遂於1991 年 4 月向法院提起訴訟。

請思考：本案如何處理？

解析：代理是代他人進行法律行為，因此，代理人應當在代理權限內，以被代理人的名義實施民事法律行為。代理人超越代理權的行為，只有經過被代理人的追認，被代理人才承擔民事責任；未經追認的行為，由行為人承擔民事責任。本案被告系受原告委託代領股息事宜，是為本代理，且為單獨代理和特別代理。即原告李二嬌只委託被告張士輝代理其領取股息，但張士輝卻擅自將李二嬌的股票低價出賣並過戶給第三人張士琴，其行為超越代理權，應當承擔民事責任。[1]

---

[1] 本案源自中國民商法網「判解研究」：《李二嬌訴張士輝委託代理糾紛案》，網址：http://www.civillaw.com.cn/article/default.asp？id=34001

二、無權代理

(一) 無權代理的概念

無權代理，即無代理權的人以他人的名義實施的代理行為。

(二) 無權代理的種類

1. 沒有代理權，即行為人從未獲得被代理人的授權，也不存在獲得代理權的其他根據，卻以代理人的身分，對相對人為代理行為。

2. 代理權終止，即在代理權已經消滅后，代理人仍以代理人的身分同相對人為代理行為。

3. 超越代理權，即代理人有代理權，但代理人所實施的代理行為超越了代理權範圍。

(三) 無權代理的效力

1. 本人的追認權

經本人追認，發生與（有權）代理同樣的法律效果。本人不予追認，不發生代理的效果，被代理人不承擔該行為的后果；但如果具備一般民事法律行為的有效要件時，由無權代理人自己作為當事人承擔其法律效果。

2. 相對人的撤銷權與催告權

在本人未追認之前，相對人可以向本人催告其是否追認，本人可以追認或拒絕追認，本人逾期未作表示的視為拒絕追認；同時，相對人還享有撤銷權，在本人對無權代理行為未予追認前，善意相對人可以行使撤銷權，使該行為的效力歸於消滅。須注意的是，根據《民法總則》第一百七十一條第四款的規定，相對人知道或者應當知道行為人無權代理的，相對人和行為人按照各自的過錯承擔責任。

【案例解析】

[3-18] 某工貿公司是由某市電子公司與省電子公司共同出資設立的企業法人單位，某市電子公司的股份占60%，省電子公司占40%。市電子公司法定代表人何某是工貿公司的法定代表人，省電子公司派員擔任總經理。

1997年7月10日，某市電子公司向銀行貸款，將工貿公司的3幢廠房和1幢辦公樓作為抵押物作了抵押。2002年9月，法院裁定將工貿公司被抵押的房產折價576.870,8萬元抵償給銀行，並付諸執行。2001年3月14日，工貿公司董事會做出決議，確認某市電子公司擅自將工貿公司的房地產為其作貸款抵押擔保，損害了另一出資人省電子公司的權益，工貿公司的損失從某市電子公司擁有的60%股權中扣除，但某市電子公司拒不履行決議。工貿公司總經理（省電子公司派員）利用控製公章之便利，未經工貿公司法定代表人同意以工貿公司名義委託律師提起訴訟，請求判令某市電子公司賠償工貿公司損失576.870,8萬元。在法院審理過程中，工貿公司法定代表人何某到庭請求撤銷案件。

請思考：本案的法律關係如何，該如何處理？

解析：法人法定代表人之外的其他工作人員以法人的名義實施民事行為是代理行為，須經法人授權。本案工貿公司總經理未經工貿公司及其法定代表人授權，即利用其掌管公章的便利以工貿公司名義向法院起訴，屬於無權代理。根據《民法總則》第一百七十一條的規定，無權代理的行為只有經被代理人的追認才發生效力。本案中，工貿公司法定代表人在知道公司其他人員無權代理事項後，立即做出否認的意思表示，對無權代理行為拒絕追認，並且向法院提出撤銷無權代理人提出的訴訟，法院應當准許。

當然，本案原告是在有公章使用的基礎上的行為是否可以理解為已經授權呢？一般來說，對第三人來說，公章有其法律效果，但是對於法人內部而言，公章不具有對抗法定代表人的效力，因此，不能以此認為其為授權行為。至於本案涉及的大股東侵害公司和小股東利益的問題，可另行起訴。[1]

三、表見代理

（一）表見代理的概念

表見代理，指第三人基於客觀存在的表見事實相信無權代理人有代理權，並與之實施法律行為的情形。

表見代理屬無權代理，按理對本人應不發生任何效力，但由於具有授予代理權的假象或外觀，成為第三人信其有代理權的理由而與其為法律行為。如果不賦予其代理的法律效果，將有損於第三人利益，危害交易安全。所以法律對此予以規制。可見，表見代理實際上也是無權代理，有些著作將其稱為廣義的無權代理，而本書前述無權代理被稱為狹義無權代理。

（二）表見代理的構成要件

1. 代理人須無代理權。
2. 存在被授予無權代理人代理權的假象，即存在客觀的表見事實。
3. 相對人善意且無過失。
4. 本人具有可歸責性，即本人未盡相應注意義務而成立代理權外觀。
5. 相對人與無權代理人已成立法律行為。

（三）表見代理的效力

構成表見代理即產生與代理相同的法律效果，即表見代理的代理人的行為后果由本人承擔。本人承擔該后果后造成損失的，可以向表見代理的代理人追償。

【案例解析】

[3-19] 沈甲經營一個畜牧場，養殖50頭良種肉牛。由於資金週轉不靈，向銀行

---

[1] 案例及分析均參見陸國甫：《本案法定代表人撤訴是對無權代理的拒絕追認？》，載中國民商法網「判解研究」，網址：http://www.civillaw.com.cn/article/default.asp? id=30546。2014年7月15日瀏覽。

申請貸款。沈甲向銀行出示了其姐姐沈乙夫婦的居民身分證、結婚證、房屋產權證以及沈乙的私章，以沈乙的房屋抵押貸款50萬元。銀行經過審查認為符合要求，於是辦理了抵押登記，為沈甲發放了50萬元的貸款。貸款到期后，沈甲無法按期償還貸款，銀行要求行使抵押權，沈乙此時聲稱自己對於抵押毫不知情。

請思考：本案是否構成表見代理，該如何處理？

解析：對於本案的處理，關鍵的問題在於是否構成表見代理，如果構成表見代理，則抵押成立，即使沈乙對此不知情也不影響抵押權的行使，反之，如果不構成表見代理，則銀行不享有抵押權。本案沈甲所持沈乙夫婦的有關證件是否就形成表見事實？根據居民身分證法與其他法律的規定，居民身分證與其他身分證件，只有權利人自己持有才有效，持有別人的相關權利證件，又沒有經過授權，不能表明權利人對相關事宜認可，即使持有人和權利人存在親屬關係，如果不是監護人，也不例外。因此，沈甲所持沈乙夫婦的有關證件，並不構成銀行相信沈甲經過沈乙夫婦授權的合理理由。更為重要的還在於，作為負有審慎注意義務的銀行應當知道行為人可能無代理權的情況下，因沒有進一步審查，這不能不說是過失，儘管銀行主觀是善意的，本案並沒有充分理由認定其構成表見代理。所以，對於無權代理設定的抵押沒有權利人追認不能成立，銀行不能行使抵押權。[①]

四、代理權的行使與消滅

(一) 代理權行使

1. 代理人親自履行代理義務
2. 代理人須為被代理人利益盡善良管理人義務
3. 代理人的報告與保密義務
4. 濫用代理權之禁止

(1) 禁止自己代理。自己代理，即代理人代理本人與自己為民事行為。為維護被代理人的利益，民法禁止自己代理。

(2) 禁止雙方代理。雙方代理，指代理人同時擔任交易的雙方當事人進行同一項法律行為。雙方代理難以兼顧雙方當事人利益，為法律所禁止。

(3) 禁止惡意串通。代理人和第三人串通，損害被代理人的利益，亦為法律禁止。

(二) 代理權的消滅

《民法總則》第一百七十三條規定，有下列情形之一的，委託代理終止：(一) 代理期間屆滿或者代理事務完成；(二) 被代理人取消委託或者代理人辭去委託；(三) 代理人喪失民事行為能力；(四) 代理人或者被代理人死亡；(五) 作為代理人或者被代理人的法人、非法人組織終止。

《民法總則》第一百七十四條規定：「被代理人死亡后，有下列情形之一的，委託

---

① 案例及分析參見劉文基：《本案是否構成表見代理》，載中國民商法網「判解研究」，網址：http://www.civillaw.com.cn/article/default.asp?id=37951。2014年7月16日瀏覽。

代理人實施的代理行為有效：（一）代理人不知道並且不應當知道被代理人死亡；（二）被代理人的繼承人予以承認；（三）授權中明確代理權在代理事務完成時終止；（四）被代理人死亡前已經實施，為了被代理人的繼承人的利益繼續代理。」

《民法總則》第一百七十五條規定：「有下列情形之一的，法定代理終止：（一）被代理人取得或者恢復完全民事行為能力；（二）代理人喪失民事行為能力；（三）代理人或者被代理人死亡；（四）法律規定的其他情形。」

【案例解析】

[3-20] 某甲律師按照某公司董事長某乙授權與另一家公司丙進行商務談判。在某甲偕其助手與丙公司談判已經進行到實質階段時，某乙因意外事件去世。如果此時終止談判，可能給公司造成巨大的損失。為此，某甲專門致電某乙公司請示此事，因該公司是一家家族企業，處於悲傷中的家庭成員無暇顧及此事，某乙的夫人回電說根據具體情況酌情處理。於是，某甲繼續談判並按授權達成初步協議，請公司對此予以確認並按約定簽訂合同。但是，當某甲完成簽約回到公司匯報談判結果時，已接任董事長的某乙之子某丁認為某乙已經死亡，原來的授權已消滅，屬於無權代理，因此，對於該談判結果不予接受。對此，某甲極為不滿，認為在某乙去世後曾專門致電請示，某乙的夫人回電應理解為對原授權的認可，而且此事不繼續進行將給公司造成極大損失，因此，代理行為是有權代理，對此結果公司應該接受。

請思考：例中某甲代理行為的法律后果如何？

解析：此例中某甲作為委託代理人，其行為自始有代理權。在該委託代理中，法定代表人的行為是職務行為，其授權不是他個人的授權而是公司對代理人的授權，作為被代理人的公司不因其法定代表人死亡而歸於消滅（終止），因此法定代表人死亡對代理權消滅不產生實質影響，即使某乙夫人對代理人的回覆不代表公司，也不影響代理權的繼續存在。因此，對於某甲代理行為的后果，該公司應予接受。

本章小結：

民事法律行為是以意思表示為要素旨在發生私法效果的法律事實，為平衡私人之間以及私人與社會之間利益，法律規定了法律行為成立和生效的要件，並對瑕疵法律行為做出嚴格規定，從而為民事主體設立、變更和終止法律關係確立了準繩。作為法律行為重要內容的代理，是民事主體通過他人實施法律行為以實現自身利益的一種有效方式，是對私法自治的擴張和補充。代理的實施須以有代理權為前提，對於無權代理有嚴格的制度約束，在表見代理場合為保護交易安全得發生代理的效果；代理權的行使須以保護被代理人利益為前提，不得濫用代理權。

本章知識邏輯圖：

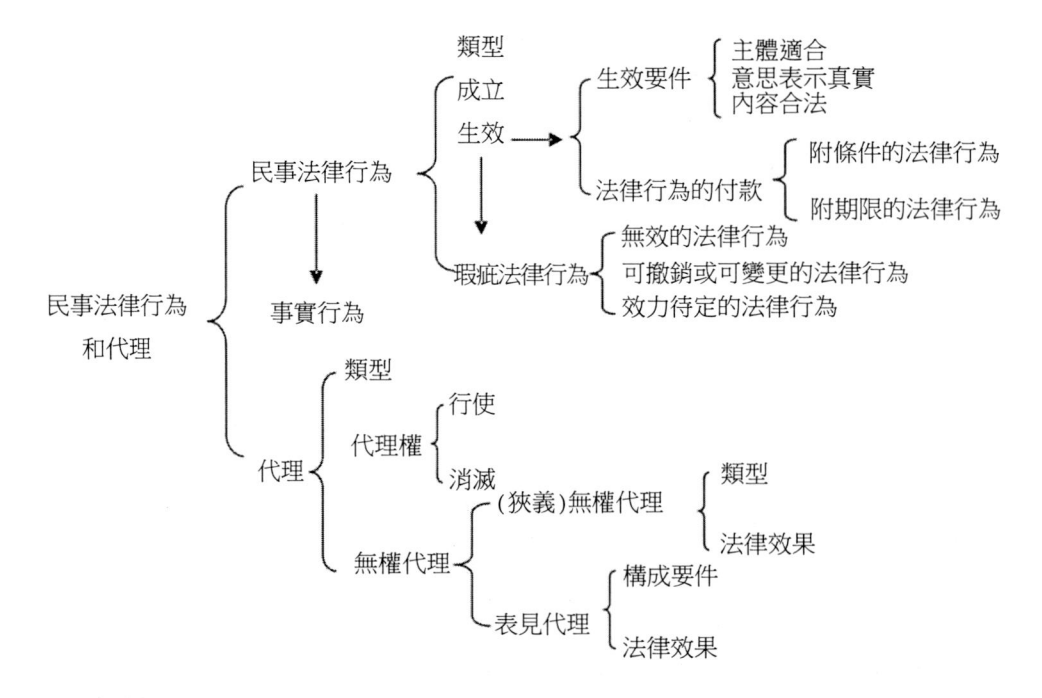

```
                              ┌─ 類型
                              │              ┌─ 生效要件 ┬─ 主體適合
                              │              │          ├─ 意思表示真實
                              ├─ 成立         │          └─ 內容合法
              ┌─ 民事法律行為 ─┤              │
              │               ├─ 生效 ───────┤          ┌─ 附條件的法律行為
              │               │              └─ 法律行為的付款 ┤
              │               │                         └─ 附期限的法律行為
              │               │              ┌─ 無效的法律行為
              │               └─ 瑕疵法律行為 ┼─ 可撤銷或可變更的法律行為
民事法律行為 ─┤                              └─ 效力待定的法律行為
  和代理      │
              │               ┌─ 事實行為
              │
              │               ┌─ 類型
              │               │          ┌─ 行使
              └─ 代理 ────────┼─ 代理權 ─┤
                              │          └─ 消滅
                              │          ┌─ (狹義)無權代理 ┬─ 類型
                              │          │                 └─ 法律效果
                              └─ 無權代理┤
                                         │          ┌─ 構成要件
                                         └─ 表見代理┤
                                                    └─ 法律效果
```

關鍵術語：

　　法律行為　意思表示　事實行為　生效要件　行為能力　瑕疵法律行為　無效法律行為　可撤銷的法律行為　效力待定的法律行為　代理　代理權　無權代理　表見代理

思考與練習：

　　(一) 簡要回答
1. 如何理解法律行為與私法自治的關係？
2. 無效民事法律行為、效力待定的法律行為、可撤銷民事法律行為有何異同？
3. 無權代理的類型和法律後果如何？
4. 何為表見代理？其構成要件有哪些？

　　(二) 選擇題：
1. 下列哪些情形屬於代理？
　　A. 甲請乙從國外代購1套名牌飲具，乙自己要買2套，故乙共買3套一併結帳；
　　B. 甲請乙代購茶葉，乙將甲寫好茶葉名稱的紙條交給銷售員，告知其是為自己朋友買茶葉；

C. 甲律師接受法院指定擔任被告人乙的辯護人；

D. 甲介紹歌星乙參加某演唱會，並與主辦方簽訂了三方協議。①

2. 吳某是甲公司員工，持有甲公司授權委託書。吳某與溫某簽訂了借款合同，該合同由溫某簽字、吳某用甲公司合同專用章蓋章。后溫某要求甲公司還款。下列哪些情形有助於甲公司否定吳某的行為構成表見代理？

A. 溫某明知借款合同上的蓋章是甲公司合同專用章而非甲公司公章，未表示反對

B. 溫某未與甲公司核實，即將借款交給吳某

C. 吳某出示的甲公司授權委託書載明甲公司僅授權吳某參加投標活動

D. 吳某出示的甲公司空白授權委託書已屆期②

(三) 案例分析

1. 某甲和某乙二人簽訂了一份房屋買賣合同，約定房屋買賣價款為 100 萬元。合同簽訂後，為了少繳稅款，二人又重新訂立了一份，將房價減為 40 萬，並以此合同辦理過戶等手續。后因糾紛訴至法院，法院查明事實後認為，當事人惡意串通損害國家利益，遂將該重新訂立的合同確認無效。

問題：你認為法院判決是否適當，為什麼？

2. 2013 年 11 月 15 日，李小天和「王五」簽訂了一份房屋租賃合同。事實上，與李小天簽訂合同的人並非真正的「王五」，而是杜某。杜某與王五系同學，王五出國後，將房屋鑰匙交予杜某，請杜某幫忙有時間看看房屋是否漏水。而杜某卻假冒「王五」的身分將該房屋出租，並將租金占為己有。王五因急事回國發現該房屋被李小天占用居住，於是對李小天發出「逐客令」。③

問題：本案中杜某冒的行為如何定性？是無權代理抑或表見代理？其法律效果如何？

---

① 本題為 2012 年國家司法考試第二題「多項選擇」之第 53 題。

② 本題為 2014 年國家司法考試卷三第 52 題。

③ 案例來源石莉娟：《冒名頂替與無權代理、表見代理的區別》，原載中國民商法網，網址：http://www.civillaw.com.cn/article/default.asp? id=62020。2014 年 7 月 16 日瀏覽。

第四章　訴訟時效

【本章引例】

2007年3月21日，某甲向某乙銀行借款50萬元，借款期限為6個月。某甲以其所有的房屋一套為該借款提供抵押擔保，並分別簽訂了借款合同及抵押合同並進行了抵押登記。由於該銀行怠於催收，借款到期後李某一直未還款付息。2013年10月20日，該銀行向法院提起訴訟要求被告李某歸還借款及利息，並要求王某承擔抵押擔保責任。

請思考：在該例中，某甲向某乙銀行借款合同效力如何？銀行的主張能否得到法院支持？

第一節　時效與訴訟時效

一、時效制度的概念

時效制度就是一定事實狀態的持續達到一定期限，從而產生與該事實狀態相對應的權利、義務的法律效力的法律制度。

時效制度作為法律事實，須有一定事實狀態存在，並持續達法定期限方發生一定的法律後果。因此，時效制度屬於法律的強制性規範，不能由當事人意思自治來加以修改，即當事人不得約定延長或者縮短訴訟時效期間，以及預先放棄訴訟時效利益的[1]。

二、時效的種類

按時效的法律效力，時效分為取得時效與訴訟時效。

1. 取得時效

取得時效，是指持續佔有他人財產達到法定期限，可依法取得該項財產權利的制度。域外立法對此大都有所規定。中國法律目前尚無取得時效的規定。

2. 訴訟時效

訴訟時效，是指權利人在法定期間內不行使權利，其請求權消滅或權利效力減等的法律制度。訴訟時效要求權利人應在法定期間及時行使權利，依《民法總則》第一

---

[1]《最高人民法院關於審理民事案件適用訴訟時效制度若干問題的規定》（法釋〔2008〕11號）第二條規定，當事人違反法律規定，約定延長或者縮短訴訟時效期間、預先放棄訴訟時效利益的，人民法院不予認可。

百九十二條規定，「訴訟時效期間屆滿，義務人可以提出不履行義務的抗辯。」換言之，訴訟時效期間屆滿，權利並不當然消滅，但行使可能會受到義務人抗辯權的阻卻，或不再有實現的可能。

【案例解析】

[4-1] 2010年1月20日，原告鄒某與被告舒某簽訂《關於磚場做工承包合同》，雙方約定合同期為一年，自2010年1月20日至2011年1月20日止，同時為保證合同履行，原告應向被告交納押金4萬元整，以收據為準，承包合同期滿押金全數退還。后鄒某向舒某交付了押金人民幣3萬元。2013年5月3日，鄒某因舒某拒絕返還押金訴至法院，庭審中舒某以鄒某的訴訟請求已過訴訟時效為由進行抗辯。

請思考：鄒某請求返還押金的訴訟時效期間是否屆滿？

解析：訴訟時效制度作為一項基本民事法律制度，在客觀上有督促權利人及時行使權利，及時解決糾紛從而維護法律秩序的穩定的效果。根據現行法律和司法解釋精神，訴訟時效期間屆滿，雖權利本身並不消滅，但是，當事人可以主張訴訟時效抗辯以對抗權利人的請求。本案合同約定「承包合同期滿押金全數退還」，合同期至2011年1月20日止，因此，倘依《民法通則》規定，訴訟時期期間效率計算，押金返還請求權的訴訟時效期間應自合同期滿之日的次日即2011年1月21起計算至2013年1月20日止。因此，鄒某請求返還押金的訴訟時效期間已然屆滿。原告於2013年5月3日向提起訴訟，因被告進行抗辯，且原告未能舉證證明存在訴訟時效中止、中斷或延長的情形，故應駁回原告的訴訟請求。[1] 但依《民法總則》之規定訴訟時效期間以3年計，則訴訟時效期間尚未屆滿。

第二節　訴訟時效的適用範圍與效力

一、訴訟時效的適用範圍

訴訟時效的適用範圍，學界比較一致的認識是適用於請求權，但對物權請求權是否適用的問題存在爭論。我們認為，物權請求權原則上不適用於訴訟時效。按照《民法總則》第一百九十六條規定：「下列請求權不適用訴訟時效的規定：（一）請求停止侵害、排除妨礙、消除危險；（二）不動產物權和登記的動產物權的權利人請求返還財產；（三）請求支付撫養費、贍養費或者扶養費；（四）依法不適用訴訟時效的其他請求權。」

二、訴訟時效的效力

訴訟時效的效力，通常即指訴訟時效期間屆滿的法律效果。在較長時期內，中國

---

[1] 劉雪青：《訴訟時效屆滿可否主張押金返還》，原載人民法院網，轉自中國民商法網，網址：http://www.civillaw.com.cn/article/default.asp? id=60672。2014年7月17日瀏覽。

立法和司法實踐對於訴訟時效期間屆滿法律效果採「勝訴權」消滅說。所謂「勝訴權」消滅，即訴訟時效期間屆滿，權利人則不享有請求人民法院保護的「勝訴權」[①]，由此導致諸多混亂。

最高人民法院關於適用訴訟時效制度的司法解釋（法釋〔2008〕11號）第一條規定：「當事人可以對債權請求權提出訴訟時效抗辯。」第三條規定，「當事人未提出訴訟時效抗辯，人民法院不應對訴訟時效問題進行釋明及主動適用訴訟時效的規定進行裁判。」該規定使訴訟時效屆滿的法律效果得到了明確界定。當事人（原告）勝訴與否的關鍵，在於訴訟時效期間屆滿被告是否提出訴訟時效抗辯。只有訴訟時效屆滿，當事人提出訴訟時效抗辯，權利人才可能敗訴。《民法總則》第一百九十二條明確規定了訴訟時效期間屆滿的，義務人可以提出不履行義務的抗辯。訴訟時效期間屆滿后，義務人同意履行的，不得以訴訟時效期間屆滿為由抗辯；義務人已自願履行的，不得請求返還。由此可見，在中國，訴訟時效屆滿不是消滅「勝訴權」，而是發生權利人的請求權效力減等的效果，即義務人享有提出不履行義務的抗辯權。

【知識鏈接】 普通訴訟時效與特殊訴訟時效

普通訴訟時效，是指普遍適用於請求權的訴訟時效。中國《民法總則》第一百八十八條規定，「向人民法院請求保護民事權利的訴訟時效期間為三年」，此即為普通訴訟時效期間。

特殊訴訟時效，是指由法律專門規定適用的時效。《海商法》第二百五十七條規定：「就海上貨物運輸向承運人要求賠償的請求權，時效期間為一年。」之所以規定較短的訴訟時效期間，是為了促使權利人及時行使權利，避免舉證和法院查證的困難。《合同法》第一百二十九條規定：「因國際貨物買賣合同和技術進出口合同爭議提起訴訟或者申請仲裁的期限為四年。」中國《民法通則》第一百八十八條規定第二款：「……自權利受到侵害之日起超過二十年的，人民法院不予保護」。這是中國《民法總則》規定的最長訴訟時效。

【案例解析】

[4-2] 梁某在2003年與朋友王某因一瑣事發生糾紛，梁某一拳把林某鼻子打成輕微傷，而后出逃。林某向公安機關報案請求處理，公安機關經調查對梁某做出了治安拘留十天的裁決（因梁出逃而未執行），直到2006年3月10日被告才出現。王某當即向人民法院提起民事賠償訴訟。

請思考：2006年王某向人民法院提起民事賠償訴訟，其訴訟時效是否屆滿？

解析：此案發生2006年，應適用《民法通則》及其司法解釋之規定。根據《民法通則》第一百三十六條規定人身賠償的訴訟時效為一年，為特殊訴訟時效。自身體受到傷害時計算。根據最高法院關於適用訴訟時效的司法解釋（法釋〔2008〕11號）第

---

① 《民法通則》第一百三十五條規定，「向人民法院請求保護民事權利的訴訟時效期間為二年，法律另有規定的除外。」

十五條規定，權利人向公安機關、人民檢察院、人民法院報案或者控告，請求保護其民事權利的，訴訟時效從其報案或者控告之日起中斷。據此，本案原告在受傷害後向公安機關報案請求處理，發生訴訟時效中斷的效果。如果直到2006年3月10日被告出現，公安機關對於其民事賠償部份均未有處理意見或其處理意見未告知權利人，那麼，該損害賠償之債的訴訟時效一直處於中斷的狀態。因此，2006年王某向人民法院提起民事賠償訴訟，其訴訟時效尚未屆滿。①

第三節　訴訟時效的計算

一、訴訟時效期間的起算

訴訟時效期間的起算，即訴訟時效期間開始計算。《民法總則》第一百八十八條規定，訴訟時效期間一般從受害人知道或應當知道權利被侵害時起算。這是訴訟時效期間起算的原則規定，對於具體請求權訴訟時效期間的計算，《民法總則》有如下規定：

第一百八十八條規定：「向人民法院請求保護民事權利的訴訟時效期間為三年。法律另有規定的，依照其規定。訴訟時效期間自權利人知道或者應當知道權利受到損害以及義務人之日起計算。法律另有規定的，依照其規定。但是自權利受到損害之日起超過二十年的，人民法院不予保護；有特殊情況的，人民法院可以根據權利人的申請決定延長。第一百八十九條當事人約定同一債務分期履行的，訴訟時效期間自最後一期履行期限屆滿之日起計算。」第一百九十一條規定：「未成年人遭受性侵害的損害賠償請求權的訴訟時效期間，自受害人年滿十八周歲之日起計算。」

【案例解析】

［4-3］2000年3月1日，北京市某貿易公司向美國某滅火設備公司北京辦事處（簡稱某滅火設備公司）借款15萬元，承諾2000年8月31日前還清，同時劉某應該滅火設備公司的要求為該借款提供擔保，承諾由劉某為北京市某貿易公司的借款承擔連帶保證責任。借款到期後經某滅火設備公司多次向北京市某貿易公司催討未果，遂向劉某要求還款。劉某自2000年8月31日至2006年8月31日期間向某滅火設備公司還款15萬元，已經承擔了連帶責任。其中兩筆6萬元是在2000年9月30日、2002年8月10日償還。現劉某訴至法院，要求北京市某貿易公司向劉某支付欠款15萬元。

請思考：對於劉某的追償權法院是否予以認可？

解析：本案適用普通訴訟時效的規定，即借款合同債權的訴訟時效期間為3年。因當事人在合同中約定「承諾2000年8月31日前還清」，且無訴訟時效中斷和中止的事由，因此，主債務的訴訟時效應於2003年8月31日屆滿。又，因當事人雙方未在合

---

① 根據辛萱：《本案原告起訴是否超過訴訟時效？》。有改動。辛文載中國民商法網，網址：http://www.civil-law.com.cn/article/default.asp? id=43054，2014年7月15日瀏覽，有改動。

同中約定保證期間，保證期間適用6個月的法定保證期間，故某滅火設備公司有權自主債務履行期屆滿之日起6個月內，要求原告承擔連帶保證責任。這裡需注意的是，保證之債和主債權是不同的法律關係，因此，即便原告在2000年至2006年中分五次向某滅火公司承擔了保證責任，即保證之債的訴訟時效多次發生中斷，但由於保證之債訴訟時效的中斷對主債務訴訟時效無反作用，因此，主債務訴訟時效不中斷。主債務訴訟時效期間屆滿，保證人享有主債務人的訴訟時效抗辯權；保證人未主張前述訴訟時效抗辯權，承擔保證責任後向主債務人行使追償權的，人民法院不予支持，但主債務人同意給付的情形除外。本案保證人劉某除兩筆6萬元是在主債權訴訟時效期間內償還外，其餘均在主債權訴訟時效期間屆滿後償還，即保證人劉某在主債務訴訟時效期間屆滿而未主張某公司的訴訟時效抗辯權，對其此後承擔的保證責任向某公司行使追償權，人民法院不應予支持。

此外，本案還有一個重要問題是，保證人向債務人追償的訴訟時效是否屆滿？由於後續還款的追償不能夠得到法院支持，那麼，其所能追償者即在主債務訴訟時效期內的兩筆6萬元。自2003年8月31日償還債務後保證人即可追償。換言之，其追償的訴訟時效應即便從第二筆起算，應是2003年9月1日起，到2006年還清債務後再行追償，其訴訟時效已然屆滿。此時，如果債務人北京市某貿易公司行使抗辯權，其追償亦不能得到法院支持，反之，根據《民法總則》第一百九十二條規定：「訴訟時效期間屆滿的，義務人可以提出不履行義務的抗辯。訴訟時效期間屆滿後，義務人同意履行的，不得以訴訟時效期間屆滿為由抗辯；義務人已自願履行的，不得請求返還。」法院對此兩筆款項的追償權亦應予以認可。①

[4-4] 2011年2月10日，李某向周某借款10萬元，雙方約定月息2分，利息按月支付，但未約定還款期限。李某在支付了5個月的利息後就未再支付本金及利息。2014年4月10日，周某向法院起訴，要求李某支付本金及利息，李某辯稱本案支付本金及利息的訴請已過訴訟時效。

請思考：本案支付本金及利息的訴請是否已過訴訟時效？

解析：本案未約定還款期限，債權人隨時可以要求其還款，對此不存異議，因此，當事人周某要求李某支付本金的訴訟請求應得到法院支持。本案關鍵在於借款利息訴訟時效是否屆滿。根據《合同法》規定，借款人向貸款人借款，到期返還借款並支付利息。而且借款人應當按照約定的期限支付利息。對支付利息的期限沒有約定或者約定不明確，依照本法第六十一條的規定仍不能確定，借款期間不滿一年的，應當在返還借款時一併支付；借款期間一年以上的，應當在每屆滿一年時支付，剩餘期間不滿一年的，應當在返還借款時一併支付（第二百零五條）。本案「雙方約定月息2分，利息按月支付」，即借款利息支付屬於定期給付債務（按月計息並予支付）而非同一債務的分期履行，因此，本案的借款利息的訴訟時效應按月分別計算。借款人李某自2011

---

① 根據臧雷：《保證合同中訴訟時效的認定》一文改寫而成，臧文載中國民商法網，網址：http://www.civil-law.com.cn/article/default.asp？id=47543。2014年7月16日瀏覽。

年8月便不再支付利息,貸款人周某知道或應當知道其8月份借款利息支付請求權已被侵害,此時即是8月份借款利息支付請求權訴訟時效計算的開始。由此可見,貸款人於2014年4月10日起訴,因訴訟時效為3年,法院應支持3年的借款利息,即周某請求支付的利息未過訴訟時效。①

四、訴訟時效期間的中止、中斷和延長

(一) 訴訟時效期間的中止

1. 訴訟時效期間中止的概念

訴訟時效期間的中止,指在時效期間即將要屆滿之際,有使權利人無法行使其請求權的事實發生,法律為保護權利而使時效期間暫時停止計算,待該事實消滅,權利人能夠行使權利時繼續計算。

2. 訴訟時效期間中止的條件

《民法總則》第一百九十四條規定:「在訴訟時效期間的最后六個月內,因下列障礙,不能行使請求權的,訴訟時效中止:(一)不可抗力;(二)無民事行為能力人或者限制民事行為能力人沒有法定代理人,或者法定代理人死亡、喪失民事行為能力、喪失代理權;(三)繼承開始後未確定繼承人或者遺產管理人;(四)權利人被義務人或者其他人控制;(五)其他導致權利人不能行使請求權的障礙。自中止時效的原因消除之日起滿六個月,訴訟時效期間屆滿。」按此規定,發生訴訟時效中止需具有中止事由,並且該事由需在時效完成前6個月內發生或存續。

3. 訴訟時效期間中止的法律後果

訴訟時效中止期間,訴訟時效暫時停止計算。從中止時效的原因消除之日起,訴訟時效期間繼續計算。

【案例解析】

[4-5] 2004年10月3日,張某出售了一批貨物給劉某,劉某應在30日內支付貨款2萬元給張某。後劉某未按約付款,張某也一直未催討。2007年7月4日,張某因車禍受傷成為植物人,因種種原因,直到2007年8月4日才最終確定由A擔任監護人。2007年11月5日,A在清理張某的東西時發現尚有劉某欠款2萬元未追回,A於次日向劉某催要欠款,但劉某以該債務已過訴訟時效為由拒絕償還,A遂於2007年11月20日向法院提起訴訟。

請思考:法院對A的請求應否予以支持?

解析:中國《民法總則》第一百九十四條的規定,在訴訟時效期間的最後六個月內,因不可抗力或者其他障礙不能行使請求權的,訴訟時效中止,從中止時效的原因消除之日起,訴訟時效期間繼續計算。本案是買賣合同糾紛的合同之債,適用於普通

---

① 參見艾小川:《未約定還款期限 借款利息是否會過訴訟時效》,載中國法院網,網址:http://www.china-court.org/article/detail/2014/06/id/1314095.shtml。2014年7月19日瀏覽。

的三年訴訟時效。本案債權約定了履行期限，其訴訟時效期間應自履行期限屆滿之次日起計算，即應於2004年11月4日起開始起算。2007年7月4日張某因車禍受傷成植物人，直到2007年8月4日才確定由A擔任監護人，屬於權利人為無民事行為能力人等待確定法定代理人的情形，已構成了訴訟時效中止的事由，且該情形發生在訴訟時效期間的最后6個月內。因此，訴訟時效期間從2007年7月4日中止，從2007年8月4日起繼續計算，期間屆滿日應為2007年12月3日。A於2007年11月20日向法院提起訴訟，並未超過訴訟時效期間。因此，法院對A的請求應予支持。①

(二) 訴訟時效期間的中斷

1. 訴訟時效期間中斷的概念

訴訟時效期間的中斷，是指在時效期間的進行中，因法定事實的發生致使已經進行的期間全部歸於無效，待該事實終止后，訴訟時效期間重新計算。

2. 訴訟時效期間中斷的法定事由

中國《民法總則》第一百九十五條規定：有下列情形之一的，訴訟時效中斷，從中斷、有關程序終結時起，訴訟時效期間重新計算：（一）權利人向義務人提出履行請求；（二）義務人同意履行義務；（三）權利人提起訴訟或者申請仲裁；（四）與提起訴訟或者申請仲裁具有同等效力的其他情形。

法釋〔2008〕11號司法解釋第十二條規定，當事人一方向人民法院提交起訴狀或者口頭起訴的，訴訟時效從提交起訴狀或者口頭起訴之日起中斷。第十三條規定，下列事項之一，人民法院應當認定與提起訴訟具有同等訴訟時效中斷的效力：（一）申請仲裁；（二）申請支付令；（三）申請破產、申報破產債權；（四）為主張權利而申請宣告義務人失蹤或死亡；（五）申請訴前財產保全、訴前臨時禁令等訴前措施；（六）申請強制執行；（七）申請追加當事人或者被通知參加訴訟；（八）在訴訟中主張抵銷；（九）其他與提起訴訟具有同等訴訟時效中斷效力的事項。第十四條規定，權利人向人民調解委員會以及其他依法有權解決相關民事糾紛的國家機關、事業單位、社會團體等社會組織提出保護相應民事權利的請求，訴訟時效從提出請求之日起中斷。第十五條規定，權利人向公安機關、人民檢察院、人民法院報案或者控告，請求保護其民事權利的，訴訟時效從其報案或者控告之日起中斷。上述機關決定不立案、撤銷案件、不起訴的，訴訟時效期間從權利人知道或者應當知道不立案、撤銷案件或者不起訴之日起重新計算；刑事案件進入審理階段，訴訟時效期間從刑事裁判文書生效之日起重新計算。

對於「當事人一方提出要求」，該司法解釋第十條規定，具有下列情形之一的，應當認定為民法通則第一百四十條規定的「當事人一方提出要求」，產生訴訟時效中斷的效力：（一）當事人一方直接向對方當事人送交主張權利文書，對方當事人在文書上簽字、蓋章或者雖未簽字、蓋章但能夠以其他方式證明該文書到達對方當事人的；（二）當事人一方以發送信件或者數據電文方式主張權利、信件或者數據電文到達或者應當到達對方

---

① 參見李光杰：《債權人等待確定法定代理人期間訴訟時效中止》，原載中國法院網，轉自中國民商法網：http://www.civillaw.com.cn/article/default.asp？id=61829。2014年7月20日瀏覽。

當事人的。(三)當事人一方為金融機構，依照法律規定或者當事人約定從對方當事人帳戶中扣收欠款本息的；(四)當事人一方下落不明，對方當事人在國家級或者下落不明的當事人一方住所地的省級有影響的媒體上刊登具有主張權利內容的公告的，但法律和司法解釋另有特別規定的，適用其規定。前款第(一)項情形中，對方當事人為法人或者其他組織的，簽收人可以是其法定代表人、主要負責人、負責收發信件的部門或者被授權主體；對方當事人為自然人的，簽收人可以是自然人本人、同住的具有完全行為能力的親屬或者被授權主體。第十一條規定，權利人對同一債權中的部分債權主張權利，訴訟時效中斷的效力及於剩餘債權，但權利人明確表示放棄剩餘債權的情形除外。

對於義務人「同意履行義務」，包括義務人對權利人採用口頭或書面的承諾。司法解釋第十六條規定，義務人做出分期履行、部分履行、提供擔保、請求延期履行、制定清償債務計劃等承諾或者行為的，應當認定為《民法通則》第一百四十條規定的當事人一方「同意履行義務」。

3. 訴訟時效中斷的效力

訴訟時效中斷的效力表現為：已進行的訴訟時效期間全歸無效；從中斷事由終止時，訴訟時效期間重新起算。

【案例解析】

[4-6] 2009年3月10日，劉某向朋友張某借款10萬元用於經營，約定使用一年並按銀行利率支付利息。到期後，劉某未及時償還借款，張某出於朋友情面考慮也未曾向劉某索要欠款。2013年7月中旬，張某的母親因病住院，劉某得知後主動向張某償還了5萬元借款。后張某於2014年3月向劉某索要餘款，劉某一直推脫未還。張某遂起訴至法院，要求劉某償還剩餘借款5萬元。劉某以張某從未主動索要借款，該筆借款已超過訴訟時效為由抗辯。張某則稱，劉某在2013年的主動還款行為，視為對該筆借款的重新確認，故訴訟時效應重新計算。

請思考：對劉某的主張法院是否予以支持？

解析：本案劉某向朋友張某借款約定使用一年，該債適用一般訴訟時效，即時效期間依約定應於2013年3月10日屆滿。換言之，本案借款之債的訴訟時效已然經過。2013年7月中旬，張某的母親因病住院，劉某得知後主動向張某償還了5萬元借款，此行為應視為超過訴訟時效期間後當事人的「自願履行」行為。根據《民法總則》第一百九十二條第二款的規定，「訴訟時效期間屆滿後，義務人自願履行的，不得以訴訟時效期間屆滿為由抗辯；義務人已自願履行的，不得請求返還」，即張某收受該5萬元還款有法律依據。本案可能的爭議在於，劉某的「自願」還款行為是否是「對該筆借款的重新確認」？最高法院關於執行《民法通則》的意見第一百七十三條曾經規定，「訴訟時效因權利人主張權利或者義務人同意履行義務而中斷後，權利人在新的訴訟時效期間內，再次主張權利或者義務人再次同意履行義務的，可以認定為訴訟時效再次中斷。」因此，訴訟時效的中斷只能發生在訴訟時效期間內，即權利人主張權利或義務人同意履行的行為當然導致訴訟時效中斷，且無次數限制。但本案中，因該筆10萬元借款本身已超過訴訟時效，故劉某主動償還部分借款的行為並不導致訴訟時效中斷。

因此，對劉某的主張法院不應支持。①

[4-7] 2004年1月17日，張某欠李某工程材料費4,500元，書面約定2004年7月31日付清，逾期不還按月息2%付利息，逾期後張某未向李某清償。2005年9月11日，李某將其持有對張某的欠據轉讓給王某，並電話通知了張某，張某表示同意。隨後，張某拒不向王某履行義務。2007年9月3日，王某將張某訴諸法院，張某以超過訴訟時效為由進行抗辯。

請思考：張某抗辯是否成立？

解析：根據中國《民法總則》第一百九十五條的規定，訴訟時效得因提起訴訟、權利人向義務提出履行請求等事由中斷。那麼，合同債權轉讓通知能否產生訴訟時效中斷之效果呢？看本案基本事實：李某將其持有對張某的欠據轉讓給王某，並電話通知了張某，張某表示同意。這一合同債權轉讓的通知行為，應當認為其包含了債權人主張權利的意思（只是未主張向其本人履行而是向他人履行），而債務人同意既包含著債務人認可該債務，也表明其願意向受讓人履行，亦即有「同意履行義務」的意思。因此，可以產生訴訟時效中斷的效果。根據最高法院關於適用訴訟時效司法解釋（法釋〔2008〕11號）第十九條規定：「債權轉讓的，應當認定訴訟時效從債權轉讓通知到達債務人之日起中斷。」倘若此，本案李某將其持有對張某的欠據轉讓給王某，並電話通知了張某，張某表示同意，符合訴訟時效中斷的情形。即王某所持欠據之債權的訴訟時效期間應從2005年9月12日重新計算，在王某起訴之時，訴訟時效期間並未屆滿，張某的抗辯不成立。②

(三) 訴訟時效期間的延長

1. 訴訟時效期間延長的界定

訴訟時效期間延長，是指訴訟時效期間屆滿後，權利人基於正當理由向人民法院起訴時，人民法院認為其理由成立而延展訴訟時效期間。《民法總則》第一百八十八條第二款最後一句規定：「有特殊情況的，人民法院可以根據權利人的申請決定延長。」

2. 關於訴訟時效延長需注意的問題

(1) 時效期間延長僅適用於20年最長訴訟時效期間，一般訴訟時效或特別訴訟時效，由於存在中止、中斷事由，沒有延長的必要。

(2) 訴訟時效是否延長，由法院決定，這與訴訟時效中止、中斷事由法定，有極大不同。

本章小結：

訴訟時效是一項重要的法律事實，也是中國法律上確定的極具運用性的法律制度。

---

① 根據張小梅、張豔：《主動償還部分借款是否引起訴訟時效中斷》。有改動。該文載中國法院網，網址：http://www.chinacourt.org/article/detail/2014/05/id/1306169.shtml。2014年7月19日瀏覽。

② 參見劉建樣：《合同債權轉讓通知應產生訴訟時效中斷之效果》。有改動。該文載中國民商法網，網址：http://www.civillaw.com.cn/article/default.asp？id=42136。2014年7月20日瀏覽。

訴訟時效的客體是請求權，訴訟時效期間屆滿權利人未行使權利，被告將獲得訴訟時效抗辯的權利，因而使權利人權利效力減損，因此，訴訟時效制度客觀上具有促使權利人積極行使權利，並穩定社會秩序的作用。訴訟時效不同於除斥期間，它屬於可變期間，可依法定事由而中止、中斷。

本章知識邏輯圖：

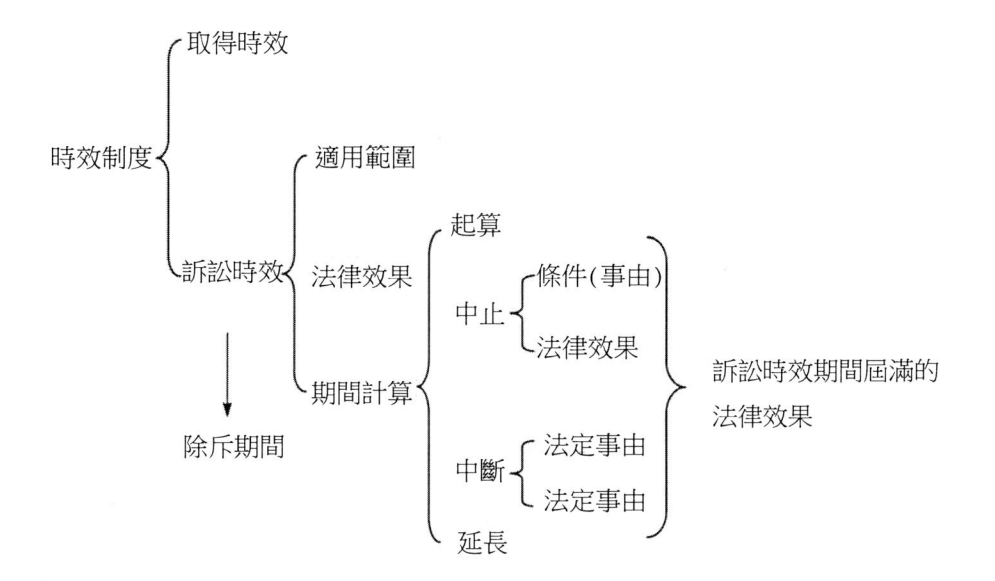

```
                ┌─ 取得時效
                │
      時效制度 ─┤         ┌─ 適用範圍
                │         │
                └─ 訴訟時效┤         ┌─ 起算
                          │         │
                          │─ 法律效果│       ┌─ 條件(事由)
                          │         ├─ 中止 ┤
                          │         │       └─ 法律效果    ⎫
                          │         │                      ⎬ 訴訟時效期間屆滿的
                          └─ 期間計算┤       ┌─ 法定事由    ⎭ 法律效果
                                    ├─ 中斷 ┤
                                    │       └─ 法定事由
                                    │
                                    └─ 延長
         │
         ▼
      除斥期間
```

關鍵術語：

時效　訴訟時效　適用範圍　起算　中止　中斷

思考與練習：

(一) 簡要回答下列問題：
1. 未確定清償期限的債權的訴訟時效期間從何時起算？
2. 訴訟時效的中斷事由有哪些？

(二) 選擇題：
1. 下面關於訴訟時效的敘述，哪一項是正確的？（　　）
A. 甲借乙5萬元，向乙出具借條，約定1周之內歸還。乙債權的訴訟時效期間從借條出具日起計算
B. 甲對乙享有10萬元貨款債權，丙是連帶保證人，甲對丙主張權利，會導致10萬元貨款債權訴訟時效中斷
C. 甲向銀行借款100萬元，乙提供價值80萬元房產作抵押，銀行實現對乙的抵押

權后，會導致剩餘的 20 萬元主債務訴訟時效中斷

D. 甲為乙欠銀行的 50 萬元債務提供一般保證。甲不知 50 萬元主債務訴訟時效期間屆滿，放棄先訴抗辯權，承擔保證責任后不得向乙追償①

2. 下列哪些請求不適用訴訟時效：

A. 當事人請求撤銷合同

B. 當事人請求確認合同無效

C. 業主大會請求業主繳付公共維修基金

D. 按份共有人請求分割共有物②

（三）案例分析

1. 1996 年 10 月，原告吳某因下腹脹痛到被告某醫院診治，被診斷為：「左側卵巢惡性畸胎瘤可能性大，擇期手術。」11 月 4 日，被告在行剖腹探查術時擅自將原告雙側卵巢完全切除，后醫患雙方發生糾紛。

法院經審理認為，被告的行為經鑒定雖不屬於醫療事故，但確有過錯，應當承擔賠償責任。2001 年 11 月 14 日，法院判決：被告賠償原告住院醫療費用、院外治療費、精神撫慰金等共計 12 萬餘元。

2004 年 5 月，原告就后續醫療費再次起訴到法院，並在訴訟中進行了傷殘等級鑒定，增加殘疾賠償金的訴訟請求。③

問題：本案殘疾賠償金的請求是否超過訴訟時效？殘疾賠償金的訴訟時效應何時起算？

2. 1997—1998 年期間，冷某多次售貨給朱某，朱某共欠冷貨款 9,300 元。朱某於 1998 年 6 月 2 日出具欠條給冷某。為追討欠款，冷某於 2009 年 12 月 10 日向法院起訴。

對於冷某在本案中的起訴是否超過訴訟時效，在審理時存在兩種不同的觀點：

第一種意見認為，最高人民法院曾對債權的訴訟時效做出規定，債權有期限的依期限為準，沒有期限的，債權人可隨時主張權利；此外，訴訟權利的行使是以權利被侵害時起計算，而不是從債權成立時起計算，故冷某在本案中的起訴未超過訴訟時效。

第二種意見認為，當事人向人民法院請求保護民事權利的訴訟時效期間為 2 年，朱某於 1998 年 6 月 2 日出具的欠條，冷某 2009 年 12 月 10 日才向人民法院起訴，又未能提供訴訟時效中斷、中止或延長的相關證據，本案已超過訴訟時效，應駁回冷某的訴訟請求。④

問題：對上述觀點，你有何評論？你的觀點是什麼？

---

① 本題為 2012 年國家司法考試第三卷第 5 題。

② 本題為 2014 年國家司法考試卷三第 53 題。

③ 案例源自：汪學勇，李坤. 殘疾賠償金的訴訟時效起算 [N]. 人民法院報，2013-09-12（07）.

④ 案例來源：黃芝芳，幸群. 買賣合同糾紛中拖欠貨款的訴訟時效從何時起算 [EB/OL]. 中國法院網，網址：http://www.chinacourt.org/article/detail/2013/12/id/1166514.shtml。2014 年 7 月 20 日瀏覽。

第五章　物權法

【本章引例】

　　趙某等21人與被告宋某等10人同住平頂山市湛南路70號院0號樓。趙某等21人居住在二至四樓，宋某等10人居住在一樓。2007年前後，宋某等10人經過房管部門同意並辦理了相關手續後，在南側圍牆與0號樓之間相繼自建平房，並將住房及自建平房作為商業用房對外出租。趙某等人認為宋某等人改建的門面用房的噪音嚴重干擾其正常生活，且使南側圍牆失去防護作用，而且被告私建的平房屋頂與二樓住戶陽臺平齊，直接威脅到其財產安全。趙某等21人訴至法院，要求被告恢復0號樓對應南側圍牆及拆除自建房。[1]

　　請思考：本案宋某等10人在南側圍牆與0號樓之間自建平房與趙某等21人之間有何關係？當事人之間的糾紛該如何定性？原告的訴訟請求應否得到法院支持？

第一節　物權與物權法

一、物權

(一) 物權的概念與特徵

　　中國《物權法》第二條第三款規定，「本法所稱物權，是指權利人依法對特定的物享有直接支配和排他的權利，包括所有權、用益物權和擔保物權」。據此規定，物權是指權利主體依法享有的對特定物的直接支配和排他性的權利。

　　由此可見，物權具有以下基本特徵：

　　1. 物權是權利人對物的直接支配權。所謂直接支配，是指物權人可在法律規定範圍內按照自己的意志享有物之利益。如房屋所有權人得依自己的意志將房屋出租或居住，而無須他人的媒介行為即可實現其利益。作為對物直接支配物的權利，必然具有排他性，即物權人有權排除他人對於其行使物上權利的干涉。

　　2. 物權是絕對權。物權確定物的歸屬，物權本身不獨對特定人存續，因此，具有絕對性。絕對性是物權的特性，故物權又稱為絕對權或對世權。[2]

　　3. 物權的客體是特定物。物權的意義在於確定物的歸屬和對物支配的正當性，而

---

[1] 參見張春陽，馬銳紅. 住房改商用房的條件及認定 [N]. 人民法院報，2013-10-10 (06)。略有改動。
[2] 參見王澤鑒. 民法概要 [M]. 北京：中國政法大學出版社，2003：470.

無論是對物歸屬的確定，抑或對物支配的正當性的確定，都需以物的特定化為前提。因此，物權的客體須為特定物。

(二) 物權的客體及其分類

物權的客體為物。物有廣義和狹義之分。廣義之物，即物理意義上之物，泛指自然界之動物、礦物、植物、微生物，甚至人也可包括在內；而狹義之物，即法律意義上的物，是指存在於人身之外，能夠滿足人的某種需要，能為人力所控製和支配的物質對象。

民法上的物根據不同標準可以分為以下類別：

1. 動產和不動產。不動產是指在空間上佔有固定位置，移動后會影響其價值或效用的物，如土地、房屋等。動產則是指空間位置的移動不會損害其價值或效用的物。

2. 主物和從物。這是以物與物之間是否有經濟上的從屬關係為標準對物的分類。在必須結合利用方可發揮效益的兩個獨立物中，起主要效用的物為主物；而起輔助和配合效用的物，則為從物。

3. 特定物和種類物。以是否具有獨立特徵或經當事人指定而特定化為標準，可將物分為特定物和種類物。特定物是指具有獨立特徵或經當事人指定而特定化，不能以其他無替代的物，既包括獨一無二之物，也包括經當事人指定后被特定化的物；而種類物則指具有共同特徵，當事人能以種類、型號、品質、數量等予以確定之物。

4. 流通物、限制流通物和禁止流通物。根據物在流通中是否受到法律的限制，可將物分為流通物、限制流通物和禁止流通物。

流通物是指法律允許在民事主體之間自由流轉的物。限制流通物指依法只能在特定民事主體之間流轉，流通性受到一定程度限制的物。禁止流通物是指法律禁止流轉和交易的物。在中國，大多數物為流通物；限制流通物如麻醉藥品等；禁止流通物如人體器官、黃色淫穢書刊等。

5. 可分物和不可分物。根據物的分割是否損害其經濟效用和價值，可將物分為可分物和不可分物。可分物是指經過實物分割而不改變其經濟效用和價值的物，如布匹、酒、油等；不可分物是指經過實物分割后，性質、原有的經濟用途或價值會改變、喪失或降低的物，如一臺電視機、一輛汽車等。

6. 原物與孳息。根據兩物的相互關係，物可分為原物與孳息。原物是指能使用或產生收益的物，而孳息是指原物所生的收益，包括天然孳息和法定孳息。前者是指原物依自然屬性而產生的新物，如樹木之果實，動物所產之幼仔；后者是指原物基於法律規定或法律關係而產生的收益，如借款所生利息、出租房屋所獲租金等。

7. 單一物、合成物和聚合物。這是根據物在形態上的獨立程度，對物所做的分類。單一物是指能獨立成為一體之物，如一頭牛。合成物是指由幾個物結合而組成的獨立物。數個單一物結合而成為一體，且在觀念上或法律上視為一物的，為合成物，如鑲嵌寶石的鑽戒。聚（集）合物是指由多個單一物或合成物集合而成的，在交易觀念或法律上視為一物的物之總體，如一個企業的全部財產、一群羊、一個圖書館的全部藏書等。

（三）物權的效力

物權的效力，主要指物權所特有的功能和作用。一般認為，物權的效力主要體現在以下幾個方面：

1. 物權的排他效力。所謂物權的排他效力是指同一物之上不得同時成立兩個以上內容互不相容的物權。具體體現為：同一物上不能有數個所有權；同一物上，不得同時成立數個以佔有為內容的他物權。

2. 物權的優先效力。物權的優先效力是指同一物上有數個不同內容或性質的物權存在，或者該物權的標的物也是債權給付的標的物時，成立在先的物權有優先於成立在後的物權的效力，物權有優先於債權的效力。第一，物權優先於債權，同一標的物上既有物權，又有債權時，無論物權成立於債權之前或之後，都優先於債權的效力。第二，物權之間的效力具有先後順序之分。

3. 物權的追及效力。物權的追及效力，是指物權的標的物不管輾轉流通到什麼人手中，所有權人都可以依法向物的佔有人請求返還。

4. 物權請求（權）效力。物權請求（權）效力，指物權的圓滿狀態受到妨害或者有被妨害之危險時，物權人為恢復其物權的圓滿狀態，得請求妨害人為一定行為或不為一定行為的權利。物權請求權包括返還請求權、妨害預防請求權、妨害排除請求權（《物權法》第三十四條、第三十五條）。物權請求權也是傳統民法對物權保護的基本方法，或曰物權的物權法保護方法。

【案例解析】

［5-1］張某遺失的名表被李某拾得。1年後，李某將該表賣給了王某。再過1年，王某將該表賣給了鄭某。鄭某將該表交給不知情的朱某維修，因鄭某不付維修費與朱某發生爭執，張某方知原委。[1]

請思考：張某是否有權要求朱某返還手錶？

解析：本案張某手錶丟失，但並不因此而喪失所有權。根據《物權法》規定，所有權人或者其他權利人有權追回遺失物。該遺失物通過轉讓被他人佔有的，權利人有權向無處分權人請求損害賠償，或者自知道或者應當知道受讓人之日起二年內向受讓人請求返還原物，但受讓人通過拍賣或者向具有經營資格的經營者購得該遺失物的，權利人請求返還原物時應當支付受讓人所付的費用。權利人向受讓人支付所付費用後，有權向無處分權人追償。因此，作為所有權人的張某有權向朱某返還手錶。

［5-2］2007年2月28日，郭某（借款人）向山東省日照某銀行借款18萬元，借款期限一年，同時原告郭某（抵押人）用其所有的位於日照市某小區的房產為涉案借款提供擔保，並辦理了抵押登記。合同到期後，因原告郭某未能償還借款，被告日照某銀行於2014年向日照東港法院提起訴訟，要求原告郭某償還借款本金18萬元及相應利息。因郭某提出該筆借款已逾訴訟時效，且日照某銀行未能舉證證實在借款合同到

---

[1] 本題為2013年國家司法考試第三卷第9題（單項選擇）之題干。

期后兩年內向郭某催要過借款，東港法院認定該筆借款已逾訴訟時效，並駁回了日照某銀行的訴訟請求。后郭某到房管部門查詢，房屋仍處於抵押登記狀態，經協商未果，郭某遂將日照某銀行訴至法院，要求確認原、被告雙方於2007年2月28日就涉案房產所設立的抵押權消滅，並要求銀行協助其辦理解除抵押登記手續。[1]

請思考：本案涉及幾個法律關係？法院是否支持原告的訴訟請求？

解析：本案涉及兩個法律關係，一是郭某與山東省日照某銀行之間的借款糾紛，系債權關係，因該銀行未及時行使債權，債權的訴訟時效已然經過，債務人行使抗辯權，法院判決駁回日照某銀行的訴訟請求，對此應無異議。二是當事人為該債權設定的抵押擔保，因未塗銷而在登記簿上顯示處於抵押登記狀態而發生糾紛。因抵押權系物權，由此債務人能否「解押」存在分歧。物權當然具有與債權不同的法律性質，本案經登記的抵押權不僅對抵押人而言，債權人在抵押權行使條件具備時行使抵押權以實現其債權，而且對第三人具有對抗效力，從這個意義說其具有絕對性似乎並無不妥。但是，抵押權與所有權不同之處在於，它是從屬於債權的。換言之，它並不具有存續的永久性，是有存續期限限制的權利。《物權法》第二百零二條規定，「抵押權人應當在主債權訴訟時效期間行使抵押權；未行使的，人民法院不予保護。」對該條規定的「主債權訴訟時效期間」該作何理解恰是問題所在。很顯然，根據該條不能得出抵押權適用訴訟時效的結論，但是，在主債權訴訟時效期間內不行使權利，人民法院不予保護，是不是意味著抵押權可以作為類似「自然債」那樣的「權利」永久存續呢？如果這樣，不但與抵押本身有期限存續矛盾，又由於「人民法院不予保護」而使其實際上得不到實現。因此，主債權訴訟時效期間理解為抵押權的失權期間可能更為合理。基於此，法院支持原告的訴訟請求，准予「解押」可能更為妥當。

二、物權法及其基本原則

(一) 物權法的概念

物權法概念有廣義和狹義之分。狹義的物權法，又稱為形式意義上的物權法，是指《民法典》中關於物權的規定；廣義的物權法，又稱為實質意義的物權法，是指調整人對物的支配關係為內容的所有法律規範。

(二) 物權法的基本原則

1. 物權法定原則

物權法定原則，又稱物權法定主義，是指物權的種類和內容由法律統一確定，不允許依當事人的意思自由創設。物權法定原則包括以下內容：

（1）物權類型強制，即物權的種類由法律規定，當事人不得創設法律沒有規定的新類型的物權。例如中國法律「居住權」，如果當事人設定居住權，其所設定的權利不產生物權效力。

---

[1] 鄭志剛、王芳芳 魏培培：《主債權逾訴訟時效抵押人是否有「解押權」》，在人民法院網，網址：http://www.chinacourt.org/article/detail/2013/08/id/1045434.shtml。2014年7月24日瀏覽。

（2）物權類型固定，即物權的內容由法律規定，當事人不得創設與物權的法定內容相悖的物權。例如當事人創設不轉移佔有的動產質權，依法律規定將不發生質權設定的效果。

【案例解析】

[5-3] 甲乙二人系各自老伴去世後結識的「黃昏戀」，到談婚論嫁時，雙方均不願因各自名下財產為日後生活留下「隱患」，因此，決定就財產進行約定，各自的財產系屬各自所擁有。但因雙方共同生活，因此，在甲決定將其所有的房屋贈予女兒丙的同時，為自己和乙設定居住權，即贈予女兒的房屋甲和乙享有永久居住的權利。經甲、乙、丙三方簽字后到登記機關辦理登記，登記機關拒絕為其登記。

請思考：公民可否設立「居住權」？

解析：本例中，當事人設立的「居住權」其實是為避免日後可能發生的財產糾紛達成的協議：一方面將房屋所有權贈予丙以明確其權利歸屬，避免甲將來去世可能導致遺產糾紛；另一方面通過約定甲和乙永久在該房屋居住，避免萬一甲去世後乙發生居住的困難。當事人的初衷不難理解。但是，基於物權法定原則，居住權並非中國法律所規定的物權，因此，當事人的約定不具有物權效力，登記機關拒絕為其辦理登記並無不妥。但是，作為三方合同該約定仍有其合同法上的效力。

2. 一物一權原則

一物一權原則，是指一個特定物上僅能成立一個所有權。此原則包括：一物之上只能成立一個所有權；一個物的部分不能單獨成立所有權。

【案例解析】

[5-4] 某甲系個體經營者，經過數年打拼有相當可觀的積蓄。為擴大經營規模，某甲承租了屬於某乙所有的面積達 2,000 餘平方米的營業用房。簽訂租賃合同後，某甲投入數百萬元進行裝修，並向銀行丙貸款 700 萬元組織貨源開張營業。但由於其商場定位偏差和管理不善，勉強經營一年多以后閉門歇業。銀行為追回貸款向法院提起訴訟，並提出訴前保全請求查封商場。但該商場營業房屬於某乙所有而提出異議，某丙銀行認為雖然該房屋所有權屬於某乙，但某甲實施裝修花費不少，其裝修部分仍有價值，遂提出請求查封商場的裝修部分。

請思考：商場裝飾部分能否查封？

解析：本例中，因甲、丙之間的貸款糾紛而訴至法院並無不妥，當事人請求訴前保全亦是其權利，因某乙異議而變更請求亦無不可，但是，其變更請求查封的商場裝修部分能否作為獨立的物存在則不無疑問。裝飾材料未用作裝修時，當可作為獨立物存在，但若經裝修後，就添附為該商場營業房屋的一部分，不可獨立存在並成立單個物權。因此，對其變更后的查封請求不能予以支持。

3. 公示、公信原則

（1）公示原則。公示是指物權變動（產生、變更或者消滅）時，必須將物權變動

的事實通過一定的方法向社會公開，以使第三人知曉。作為物權法的基本原則，公示的意義在於將觀念性存在的物權，以特定方式加以識別，從而使第三人能夠觀察和判斷物權的權屬狀況。在某種程度上說，正是因為公示而使物權具有強烈的效力。公示是物權變動發生物權效力的直接依據。《物權法》第九條規定，「不動產物權的設立、變更、轉讓和消滅，經依法登記，發生效力；未經登記，不發生效力，但法律另有規定的除外。」第二十三條規定，「動產物權的設立和轉讓，自交付時發生效力，但法律另有規定的除外。」由此可見，依法律行為發生的不動產物權變動的公示方法是登記；依法律行為發生的動產物權變動的公示方法是交付，即便作為特殊動產的船舶、航空器和機動車等的物權變動亦以交付作為公示方法，登記僅發生對抗效力，「未經登記，不得對抗善意第三人」（《物權法》第二十四條）。關於不動產登記，依《物權法》第十條規定，由不動產所在地的登記機構辦理，國家對不動產實行統一登記制度。動產交付除現實交付或實際交付外，根據《物權法》規定，還有以下交付形態：

第一，簡易交付。簡易交付是指在物權設立和轉讓前，權利人已經佔有了該動產，物權自法律行為生效時發生效力。

第二，指示交付。指示交付又稱為返還請求權讓與，是指動產物權設立和轉讓前，第三人依法佔有該動產的，負有交付義務的人可以通過轉讓請求第三人返還原物的權利代替交付。

第三，佔有改定。動產物權轉讓時，雙方又約定由出讓人繼續佔有該動產的，物權自該約定生效時發生效力。

（2）公信原則，是指物權變動經過公示后將產生公信力，即物權變動按照法定方法公示以後，即使物的處分人事實上並無此權利，善意相對人基於對公示的信賴予處分人所為的交易，亦受法律保護。公信原則意在保護交易的動的安全，促進交易的便捷。

【知識鏈接】 物權變動的基本規則

依法律行為發生的不動產物權變動須為登記，動產物權變動應為交付。這既是中國法上物權變動的公示方法，也是物權變動的基本規則。但非依法律行為發生的物權變動，則依相關法律事實生效為準。按照中國《物權法》規定，因人民法院、仲裁委員會的法律文書或者人民政府的徵收決定等，導致物權設立、變更、轉讓或者消滅的，自法律文書或者人民政府的徵收決定等生效時發生效力（《物權法》第二十八條）。因繼承或者受遺贈取得物權的，自繼承或者受遺贈開始時發生效力（《物權法》第二十九條）。因合法建造、拆除房屋等事實行為設立或者消滅物權的，自事實行為成就時發生效力（《物權法》第三十條）。須注意的是，依照前述情形而享有不動產物權的，處分該物權時，依照法律規定需要辦理登記的，未經登記，不發生物權效力（《物權法》第三十一條），亦即，非依法律行為而取得的不動產物權，非經登記不得處分。

【案例解析】

[5-5] 甲先后與乙、丙就同一房屋簽訂買賣合同，先交付於乙，而后登記於丙名

下。當事人就該房屋歸屬發生糾紛訴至法院。

請思考:「一物二賣」的法律效力

解析:一物二賣甚至多賣的情形在現實生活中時有發生,妥善處理這類糾紛對於社會和諧有極為重要的意義。就通常情況而言,如本例中甲與乙及丙之間的房屋買賣合同,如無其他違法事由均為有效。但是,根據物權公示的基本原則及中國《物權法》的規定,不動產物權變動須經登記方發生物權效力,因此,丙取得該房屋所有權;乙雖佔有該房屋但並未經法定的公示方法(登記)公示,因此,不能取得該房屋所有權,僅能依合同要求甲承擔違約責任,賠償其損失。

第二節　所有權

一、所有權的概念與權能

所有權,是指所有人依法對歸屬於自己的物享有全面的支配權。所謂全面支配,是指所有權人除法律法規的限制外,得對標的物佔有、使用、收益和處分,他人不得干預。由此可見,所有權具有作為物權的全部權能,即佔有、使用、收益和處分等權能。

佔有,即所有權人對標的物的控制的事實狀態和支配的權能。對標的物使用、收益常以佔有為前提,因此,佔有是所有權的基本權能。

使用,即按照物的性能和用途,對物加以利用,以滿足生產生活需要的權能。

收益,即收取所有物孳息的權能。

處分,即權利人在事實上和法律上對標的物進行處置的權能。處分包括事實上的處分與法律上的處分。事實上的處分,指對物的有形變更或毀損物本體,如拆除房屋等。法律上的處分,則指使標的物權利發生變動的法律行為,如移轉所有權的移轉、設定抵押權等。

以上諸種權能被稱為所有權的積極權能,而所有權人依法排除他人對其所有權及其行使的干涉的權能,則稱為所有權的消極權能。

二、所有權的特徵

所有權是典型的物權,是其他物權的基礎,通常認為,所有權具有以下特徵:

(1) 全面性,即所有人可以對所有物進行全面支配,具有佔有、使用、收益及處分等物權的全部權能。

(2) 整體性,即所有權不是佔有、使用、收益及處分四項權能在量上的總和,而是一個整體的權利。即便在所有物上設定用益物權或擔保物權而使所有權受到限制,但所有權的性質不因此而改變。

(3) 彈力性,即所有權可因他物權受到束縛和限制,但當他物權消滅時,所有權又回覆到圓滿狀態。

（4）永續性。與他物權有時間的限制不同，所有權沒有預定存續期間。

三、所有權的取得

所有權的取得，是指民事主體根據一定的法律事實，獲得某物的所有權。所有權的取得，有原始取得和繼受取得兩種方式。

（1）原始取得。也稱最初取得，是指不以他人已有的所有權和意志為根據，直接依照法律的規定，通過某種方式或行為取得財產所有權。原始取得主要方法有：①勞動生產。②收取孳息，孳息是指由原物孳生、增值、繁衍出來的財產。③國家強制，如沒收、徵收、國有化或稅收等。④無主財產的先占取得。⑤添附，添附包括附和、混合與加工。⑥善意取得，所謂善意取得，是指無權處分人，在不法將動產或不動產轉讓給第三人以後，如果受讓人在取得該動產時出於善意，就可依法取得對該動產或不動產的所有權。《物權法》第一百零六條規定，「無處分權人將不動產或者動產轉讓給受讓人的，所有權人有權追回；除法律另有規定外，符合下列情形的，受讓人取得該不動產或者動產的所有權：（一）受讓人受讓該不動產或者動產時是善意的；（二）以合理的價格轉讓；（三）轉讓的不動產或者動產依照法律規定應當登記的已經登記，不需要登記的已經交付給受讓人。」「受讓人依照前款規定取得不動產或者動產的所有權的，原所有權人有權向無處分權人請求賠償損失。」「當事人善意取得其他物權的，參照前兩款規定。」善意取得的要件一旦具備，受讓人即取得其所有權，故善意取得又稱為即時取得。受讓人善意取得所有權時，該財產上第三人權利歸於消滅。對此，《物權法》第一百零八條規定，「善意受讓人取得動產后，該動產上的原有權利消滅，但善意受讓人在受讓時知道或者應當知道該權利的除外。」善意取得需依法律行為有償取得，因此，無償取得不適用善意取得制度。

（2）繼受取得。也稱傳來取得，指財產所有人通過某種法律事實，從原所有人處取得財產所有權。繼受取得與原始取得不同，它是以原所有人的所有權和原所有人轉讓所有權的意志為根據的。繼受取得主要有買賣、贈予、繼承與遺贈等方法。

【案例解析】

[5-6] 原告楊家輝自 1996 年始在福建省福清市高山鎮高民新村建設房屋。2000 年，楊家輝與其妻經福清市法院主持調解離婚，雙方未對此房屋提出訴求。該房屋陸續建設完畢，為混合結構四層樓房，建設面積計 473.56 平方米。2003 年，該房屋所有權證及土地使用權證被楊家輝之子楊賢熙和楊艇更改在各自的名下。被告葉娟雲於 2005 年以楊艇房產的買受人身分入住該房屋，未辦理產權變更登記手續。在撤銷楊賢熙、楊艇的相關權屬證書后，福清市建設局於 2008 年 10 月 21 日向楊家輝發放了房屋所有權證，福清市人民政府於 2012 年 1 月 5 日向楊家輝發放了土地使用權證。因要求被告葉娟雲搬離該房屋，葉娟雲以其購買時為善意，且與原告楊家輝之子訂立書面買賣合同並支付購了購房款為由予以拒絕。原告楊家輝於 2012 年 9 月 13 日訴至法院。

請思考：原告楊家輝提出的訴求是否符合法律規定？葉娟雲是否應當退還該不動產？

解析：本案爭議焦點在於，被告葉娟雲買受訟爭房屋是否構成善意取得，如其已經善意取得，那麼，原告的訴訟請求將不能得到法院支持，反之，將判令被告搬離該房屋。根據《物權法》第一百零六條規定，無處分權人將不動產或者動產轉讓給受讓人的，所有權人有權追回，除法律另有規定外，符合下列情形的，受讓人取得該不動產或者動產所有權：（一）受讓人受讓該不動產或者動產時是善意的；（二）以合理的價格轉讓；（三）轉讓的不動產或者動產依照法律規定應當登記的已經登記，不需要登記的已經交付給受讓人。本案被告葉娟雲受讓訟爭房屋時，原告楊家輝之子持有合法的房屋所有權證和土地使用權證，使得葉娟雲有充分的理由相信楊家輝之子擁有房屋所有權，葉娟雲在主觀上不知情，是善意的。但葉娟雲沒有辦理房屋所有權轉移登記，而不動產的物權變更登記，是不動產轉移的必備條件，該物權變動登記要件未完成應被視為不動產交易行為未完成，不發生所有權轉移的后果。因此，葉娟雲買受訟爭房屋並不符合物權法關於善意取得的規定。據此，原告楊家輝以所有權人的身分提出的訴求符合法律規定，葉娟雲應當退還該不動產。至於其與楊家輝之子之間的房屋買賣合同雖然有效，但屬另一法律關係，被告可另行主張權利，即可以據此向合同的另一方當事人即楊家輝之子主張違約責任，以彌補其損失。但不能以此對抗原告的請求。①

四、所有權的類型

傳統民法是按標的物對所有權分類為動產所有權和不動產所有權。中國《物權法》依財產所有制的不同，規定了國家所有權、集體所有權和私人所有權等類別。

(一) 國家所有權

國家所有權，即國家對其動產和不動產所享有的佔有、使用、收益處分的權利。

法律規定屬於國家所有的財產，屬於國家所有即全民所有。《物權法》第四十六至五十二條規定了國家所有權的客體，包括：礦藏、水流、海域；城市的土地，以及法律規定屬於國家所有的農村和城市郊區的土地；除法律規定屬於集體所有之外的全部森林、山嶺、草原、荒地、灘塗等自然資源；法律規定屬於國家所有的野生動植物資源；無線電頻譜資源；法律規定屬於國家所有的文物；國防資產；依照法律規定為國家所有的鐵路、公路、電力設施、電信設施和油氣管道等基礎設施；等等。

國家所有權以「國家」作為所有權主體，其特殊性體現在權利行使方面，非由「國家」直接行使而由國務院或國務院授權的地方人民政府代表國家行使所有權，在國家所有權的取得途徑方面，國家所有權依憲法法律規定或強制方法而取得。②

(二) 集體所有權

集體所有權，是指集體組織對集體所有的動產和不動產享有的佔有、使用、收益處分的權利。

中國集體所有權的基本形式有：農民集體所有權和城鎮集體所有權。根據《物權

---

① 參見梅賢明、魏益欽. 不動產善意取得的認定 [N]. 人民法院報，2013-8-22（06）.
② 參見尹田. 物權法 [M]. 北京：北京大學出版社，2013：294-295.

法》第五十八條規定，中國集體所有權的客體主要包括：法律規定屬於集體所有的土地和森林、山嶺、草原、荒地、灘涂；集體所有的建築物、生產設施、農田水利設施；集體所有的教育、科學、文化、衛生、體育等設施；集體所有的其他不動產和動產。

集體所有權的主體是「成員集體」，很顯然，這種集體的所有權不同於通常意義上的共有。按照《物權法》第五十九條和第六十條的規定，凡涉及土地承包方案以及將土地發包給本集體以外的單位或者個人承包，個別土地承包經營權人之間承包地的調整，土地補償費等費用的使用、分配辦法，集體出資的企業的所有權變動等事項，以及法律規定的其他事項，依照法定程序經本集體成員決定。對於集體所有的土地和森林、山嶺、草原、荒地、灘涂等，依照下列規定行使所有權：屬於村農民集體所有的，由村集體經濟組織或者村民委員會代表集體行使所有權；分別屬於村內兩個以上農民集體所有的，由村內各該集體經濟組織或者村民小組代表集體行使所有權；屬於鄉鎮農民集體所有的，由鄉鎮集體經濟組織代表集體行使所有權。

(三) 私人所有權

私人所有權，是指私人對其合法的收入、房屋、生活用品、生產工具、原材料等不動產和動產享有所有權。

對於私人所有權的主體「私人」有不同理解。根據現行法的規定，將其理解為自然人可能較為適當。因此，私人所有權，即指自然人所有權，不包括企業法人或其他法人組織的財產所有權。[1]

【知識鏈接】共有

共有，是指兩個或兩個以上的民事主體共同享有一項財產的所有權的財產所有權形態。如合租他人房屋的甲、乙二人共同出資購得一部電視機，這部電視機的所有權歸二人共享。共有一般分為按份共有與共同共有。

按份共有也稱分別共有，是指兩個或兩個以上的共有人按照各自的份額，分別對其共有財產享有權利和承擔義務的一種共有關係。按份共有是共有的基本類型。

共同共有，指兩個或兩個以上的民事主體基於共同關係，不分份額地共同享有一物的所有權。共同共有以共同關係的存在為前提。共同關係，或由法律直接規定（如家庭關係、夫妻關係等），或由合同約定（如合夥合同等）。共同關係喪失，共同共有通常歸於解體。

共有人按照約定管理共有的不動產或者動產；沒有約定或者約定不明確的，各共有人都有管理的權利和義務。處分共有的不動產或者動產以及對共有的不動產或者動產作重大修繕的，應當經占份額三分之二以上的按份共有人或者全體共同共有人同意，但共有人之間另有約定的除外。按份共有人可以轉讓其享有的共有的不動產或者動產份額。其他共有人在同等條件下享有優先購買的權利。共有人對共有的不動產或者動產沒有約定為按份共有或者共同共有，或者約定不明確的，除共有人具有家庭關係等

---

[1] 參見尹田. 物權法 [M]. 北京：北京大學出版社，2013：298-300.

外，視為按份共有。

因共有的不動產或者動產產生的債權債務，在對外關係上，共有人享有連帶債權、承擔連帶債務，但法律另有規定或者第三人知道共有人不具有連帶債權債務關係的除外；在共有人內部關係上，除共有人另有約定外，按份共有人按照份額享有債權、承擔債務，共同共有人共同享有債權、承擔債務。償還債務超過自己應當承擔份額的按份共有人，有權向其他共有人追償。

五、建築物區分所有權

(一) 建築物區分所有權的概念與特徵

建築物區分所有權，是指業主對建築物內的住宅、經營性用房等專有部分享有所有權，對專有部分以外的共有部分享有共有和共同管理的權利的總稱（《物權法》第七十條）。

由此可見，建築物區分所有權與其他物權形態相比較，具有以下特徵：

(1) 建築物區分所有權複合性。建築物區分所有權是由建築物區分所有人對專有部分的所有權、對共有部分的共有權以及建築物區分所有人的成員權三種權利組成的。

(2) 建築物區分所有權具有整體性與不可分割性。建築物區分所有權是一個權利的集合體，三種權利緊密結合成一個整體，權利人不能對其進行分割行使。

(3) 建築物區分所有權權利主體身分具有多樣性，既是專有部分的所有權人，又是共有部分的共有權人，還是建築物區分所有權人組織的成員。

(4) 在建築物區分所有權的各項權利中，專有部分的所有權居於主導地位。專有部分的所有權，決定了共有部分的持份比例，決定了共有權中的使用與收益的範圍，決定了在行使共同管理權時成員權的大小等。

(二) 專有所有權

《物權法》第七十一條規定，業主對其建築物專有部分享有佔有、使用、收益和處分的權利。業主行使權利不得危及建築物的安全，不得損害其他業主的合法權益。由此可見，作為建築物區分所有權主體，得對建築物專有部分享有所有權。

根據最高法院關於區分所有權司法解釋（法釋〔2009〕7號）第二條的規定，建築物區分所有權客體之專有部分應具有構造上的獨立性能夠明確區分，利用上的獨立性可以排他使用，能夠登記成為特定業主所有權的客體。據此可以認為，專有部分的範圍包括：建築物內業主享有所有權的住宅、經營性用房，建築區劃內業主享有所有權的規劃停車位，以及業主享有所有權的規劃攤位。

業主專有所有權的行使，除「不得危及建築物的安全，不得損害其他業主的合法權益」（《物權法》第七十一條）等一般限制外，還需遵守法律法規的其他限制，尤其「不得違反法律、法規以及管理規約，將住宅改變為經營性用房。業主將住宅改變為經營性用房的，除遵守法律、法規以及管理規約外，應當經有利害關係的業主同意」（第七十七條）。

【案例解析】

[5-7]「本章引例」中，宋某等10人在南側圍牆與O號樓之間相繼自建平房，並將住房及自建平房作為商業用房對外出租，雖然經過房管部門同意並辦理了相關手續，但並未經有利害關係的業主的同意。事實上，被告將私建平房作為經營性用房對外出租，不但商業噪音干擾了原告的正常生活，而且由於被告私建的平房屋頂與二樓住戶陽臺平齊，還為樓上居民的財產安全帶來了隱患。因此，宋某等10人的做法即使從權利行使角度，亦違反了專有所有權行使的限制，原告起訴要求被告恢復O號樓對應南側圍牆及拆除自建房的請求於法有據，人民法院應當予以支持。需要指出的是，所謂有利害關係的業主，最高法院關於區分所有權司法解釋（法釋［2009］7號）第十一條的規定，是指本棟建築物內的其他業主以及能舉證證明其房屋價值、生活質量受到或者可能受到不利影響的本棟建築物之外的業主。

(三) 共有權和共同管理權

1. 共有權

(1) 共有權的含義與範圍

《物權法》第七十二條規定，業主對建築物專有部分以外的共有部分，享有權利，承擔義務。這裡「共有部分」的範圍，根據《物權法》第七十三條、第七十四條、最高法院關於區分所有權司法解釋（法釋［2009］7號）第三條的規定，包括建築物的基礎、承重結構、外牆、屋頂等基本結構部分，通道、樓梯、大堂等公共通行部分，消防、公共照明等附屬設施、設備、避難層、設備層或者設備間等結構部分；建築區劃內的道路；建築區劃內的綠地；建築區劃內的其他公共場所、公用設施和物業服務用房；建築區劃內，規劃停車位、車庫之外的占用業主共有的道路或者其他場地的車位。

(2) 共有權的內容

業主對共有部分享有的權利：對共有部分的使用和收益權；建設單位或者其他行為人擅自占用、處分業主共有部分、改變其使用功能或者進行經營性活動對共有部分造成不法侵害時，權利人請求排除妨害、恢復原狀、確認處分行為無效或者賠償損失（最高法院關於區分所有權司法解釋（法釋［2009］7號）第十四條、第十五條）。

業主對共有部分承擔的義務：按照共有部分的用途合理使用共有部分；不得擅自加以改變；依法依規繳納維修資金，並依約分攤建築物及其附屬設施的費用，沒有約定或者約定不明確的，按照業主專有部分占建築物總面積的比例確定。

【案例解析】

[5-8]「本章引例」中，原、被告所共同居住的O號樓南側圍牆與O號樓之間的區域，非被告專有部分，而屬公共通行部分，其所提供空間應屬公共場所，即「共有」部分。作為建築物共有部分，原、被告對該區域享有共有和共同管理的權利。被告在O號樓南側圍牆與O號樓之間的空地上私建平房，侵害了原告作為業主的共有權利。對於其侵害行為應該予以糾正。

2. 共同管理權

共同管理權，指業主參與對共有部分及相關事務管理的權利。

共同管理權的內容，包括對物的管理與對人的管理。對物的管理包括對建築物、基地以及附屬設施的保存、改良、利用乃至處分等行為；對人的管理不僅指對區分所有人的管理，還包括對出入該建築物的人員的管理。

【知識鏈接】業主會大會和業主委員會

業主會大會，是指在物業所在地的區（縣）人民政府房地產行政主管部門的指導下，由同物業管理區域內所有業主組成，對關係到整體業主利益的事情進行決議的業主自治機構。業主大會會議分為定期會議和臨時會議，根據《物權法》第七十六條規定，下列事項由業主共同決定：制定和修改業主大會議事規則；制定和修改建築物及其附屬設施的管理規約；選舉業主委員會或者更換業主委員會成員；選聘和解聘物業服務企業或者其他管理人；籌集和使用建築物及其附屬設施的維修資金；改建、重建建築物及其附屬設施；有關共有和共同管理權利的其他重大事項。決定籌集和使用建築物及其附屬設施的維修資金；改建、重建建築物及其附屬設施等事項，應當經專有部分占建築物總面積三分之二以上的業主且占總人數三分之二以上的業主同意。決定其他事項，應當經專有部分占建築物總面積過半數的業主且占總人數過半數的業主同意。

業主委員會，則是由業主選舉產生的業主行使共同管理權的常設機構。根據《物業管理條例》的規定，業主委員會執行業主大會的決定事項，履行下列職責：召集業主大會會議，報告物業管理的實施情況；代表業主與業主大會選聘的物業服務企業簽訂物業服務合同；及時瞭解業主、物業使用人的意見和建議，監督和協助物業服務企業履行物業服務合同；監督管理規約的實施；業主大會賦予的其他職責。

第三節　用益物權

一、用益物權的概念與特徵

用益物權，指非所有人對他人所有之物所享有的佔有、使用和收益的權利。用益物權是以「利用」為中心的物權。傳統民法上，用益物權包括地上權、地役權、典權、居住權以及特許物權等。中國法上的用益物權包括：土地承包經營權、建設用地使用權、宅基地使用權、地役權，以及依法取得的探礦權、採礦權、取水權和使用水域、灘塗從事養殖、捕撈的權利等特許物權。用益物權具有如下法律特徵：

1. 用益物權是一種他物權。用益物權表現為權利人對他人之物所享有的使用和收益的權利，因而用益物權人必非所有權人。

2. 用益物權是以使用和收益為內容的限制物權。用益物權的內容為對物的使用和收益，以取得物的使用價值。

3. 用益物權為獨立物權。用益物權雖然以他人所有權的存在為前提，但在法律上這種權利本身仍是獨立的。

4. 用益物權的客體限於不動產。傳統民法的用益物權均以不動產為客體，儘管《物權法》第一百一十七條規定，用益物權的客體為「不動產或者動產」，為動產進入用益物權留下餘地，但就現行法律規定的用益物權的具體形態其客體皆為不動產。

二、土地承包經營權

(一) 土地承包經營權的概念和特徵

土地承包經營權，是承包人「依法對其承包經營的耕地、林地、草地等享有佔有、使用和收益的權利」。中國法上土地承包經營權具有以下特徵：

1. 土地承包經營權以農地為客體，以農業經營為目的

這裡的農地是指農民集體所有和國家所有由農民集體使用的耕地、林地、草地以及其他用於農業的土地。為農業的可持續發展和糧食安全著眼，嚴格將承包土地用於農業用途，即「從事種植業、林業、畜牧業等農業生產」。

2. 土地承包經營權具有身分屬性

土地承包經營權的主體主要是農村集體經濟組織的成員，並以「家庭承包」方式進行承包經營。只有「不宜採取家庭承包方式的荒山、荒溝、荒丘、荒灘等農村土地」（即所謂「四荒地」），才「可以採取招標、拍賣、公開協商等方式」由集體經濟組織以外的人承包（《農村土地承包法》第三條）。

3. 土地承包經營權具有長期性

《物權法》第一百二十六條規定，「耕地的承包期為三十年。草地的承包期為三十年至五十年。林地的承包期為三十年至七十年；特殊林木的林地承包期，經國務院林業行政主管部門批准可以延長。」但在「承包期屆滿，由土地承包經營權人按照國家有關規定繼續承包」。這就決定了承包經營權的長期性。這種長期性是中國社會經濟狀況所決定的。當然，對於「四荒地」使用權按國務院規定「最長不超過50年」。

(二) 土地承包經營權的設立與流轉

1. 土地承包經營權的設立

土地承包經營權自土地承包經營權合同生效時設立。縣級以上地方人民政府應當向土地承包經營權人發放土地承包經營權證、林權證、草原使用權證，並登記造冊，確認土地承包經營權。由此可見，土地承包經營權設定採用「意思主義」物權變動模式，土地承包經營權合同生效時即為設定，而無須登記。

2. 土地承包經營權流轉

土地承包經營權人依照農村土地承包法的規定，有權將土地承包經營權採取轉包、互換、轉讓等方式流轉。流轉的期限不得超過承包期的剩餘期限。未經依法批准，不得將承包地用於非農建設。《農村土地承包經法》第三十二條規定，通過家庭承包取得的土地承包經營權可以依法採取轉包、出租、互換、轉讓或者其他方式流轉。可見，中國法律規定了承包經營權的流轉方式為轉包、出租、互換、轉讓。此外，根據《中

共中央、國務院關於全面推進集體林權制度改革的意見》規定，林地承包經營權人可依法對擁有的林地承包經營權和林木所有權進行轉包、出租、轉讓、入股、抵押或作為出資、合作條件，對其承包的林地、林木可依法開發利用（第（十一）項）。此外，「四荒地」承包經營權可以自由流轉。

土地承包經營權人將土地承包經營權互換、轉讓，當事人要求登記的，應當向縣級以上地方人民政府申請土地承包經營權變更登記；未經登記，不得對抗善意第三人。

(三) 土地承包經營權人的權利和義務

土地承包經營權人最重要的權利就是經營自主權，只要不改變土地的農用地性質，不影響鄰人的種植經營，任何人不得以「規模經營」、「特色經營」為由來干涉農民的經營。[1] 此外，尚有依法流轉權、被依法徵收時獲得相應補償的權利、優先承包權，以及有條件設立抵押的權利，雖然地承包經營權原則上禁止抵押，但「四荒地」承包經營權，經發包人同意可以抵押。

依現行法規定，土地承包經營權人的義務主要有維持土地的農用用途，不得用於非農建設；依法保護和合理利用土地、不得給土地造成永久性損害；法律行政法規規定以及合同約定的其他義務。

【案例解析】

[5-9] 原告李某與被告鄭某系同村社的農民，2003年10月，雙方達成「房屋買賣協議」，原告李某以8,000元的價格購買了鄭某的房屋（房屋實際價值不足5,000元），同時經其所在村社同意被告鄭某的山林和承包地的經營權亦由原告享有。實施退耕還林後，被告流轉給原告的承包地部分退耕，國家給予每年1,500元的退耕還林補助，但該款被被告鄭某領取，為此原告訴訟到法院，請求被告鄭某返還該退耕還林款。

請思考：原告的訴訟請求應該得到法院的支持？

解析：該案李某與鄭某的房屋買賣合同附帶有承包地、山林經營權轉讓合同，是李某與鄭某的真實意思表示，符合合同的生效要件；同時，綜合本案情況看，原告李某以8,000元價格購買實際價值不足5,000元的房屋，實際該價款包含了鄭某的山林、承包地轉包費用。再則，原告李某與被告鄭某之間的山裡和承包地的經營權轉包經過村社（即發包人）同意，因此，該承包經營權轉讓系承包經營權的依法流轉，應該予以保護。此外，退耕還林補助款的目的是補償給土地耕種者因耕地還林後一定時間內不能獲得收益而給予的損失補償。鄭某的承包地、山林流轉給李某後，耕種該土地的收益當然是李某所有，那麼退耕還林補助款也就應當由李某享有。基於此，原告的訴訟請求應該得到支持。[2]

---

[1] 王利明. 物權法論 [M]. 北京：中國政法大學出版社，2003：457.
[2] 該案例改編自伍東風：《以實證探析農村土地承包經營權的流轉》，載中國民商法網「判解研究」，網址：http://www.civillaw.com.cn/article/default.asp?id=41653，2014年7月12日瀏覽。

三、建設用地使用權

(一) 建設用地使用權的概念和類別

建設用地使用權，是指以建造自己的建築物、構築物為目的，對國家所有的土地享有佔有、使用和收益的權利。

《物權法》規定，建設用地使用權可以在土地的地表、地上或者地下分別設立。新設立的建設用地使用權，不得損害已設立的用益物權。設立建設用地使用權，可以採取出讓或者劃撥等方式。可見，依建設用地使用權客體的不同，可將建設用地使用權分為地表、地上和地下建設用地使用權；依建設用地的取得方式不同，建設用地使用權可以分為出讓土地的建設用地使用權和劃撥土地的建設用地使用權。需要注意的是，根據《物權法》第一百七條第三款的規定，國家「嚴格限制以劃撥方式設立建設用地使用權。採取劃撥方式的，應當遵守法律、行政法規關於土地用途的規定」。

(二) 建設用地使用權的取得、轉讓與消滅

1. 建設用地使用權的取得

建設用地使用權可依行政劃撥而取得，但因劃撥使用的嚴格限制，已非主要的取得方式，而以出讓方式取得建設用地使用權則更為經常。出讓建設用地使用權的取得，應由建設用地使用人與政府土地管理部門簽訂建設用地使用的書面合同，並辦理登記，建設用地使用權自登記時設立。為防止國有資產流失，《物權法》第一百三十七條第二款規定，工業、商業、旅遊、娛樂和商品住宅等經營性用地以及同一土地有兩個以上意向用地者的，應當採取招標、拍賣等公開競價的方式出讓。

2. 建設用地使用權的轉讓

劃撥建設用地使用權的轉讓受到嚴格限制，出讓建設用地使用權得為自由轉讓。建設用地使用權人有權將建設用地使用權轉讓、互換、出資、贈予或者抵押。

建設用地使用權轉讓，當事人應當訂立書面合同，並向登記機構申請變更登記，其使用期限由當事人約定，但不得超過建設用地使用權的剩餘期限。

需要注意的是，建設用地使用權轉讓往往採取「房隨地走，地隨房走」的原則，如「以建設用地使用權抵押的，該土地上的建築物一併抵押」。為規範土地市場，法律對於建設用地使用權轉讓設定了一定限制，不僅要求支付全部土地使用權出讓金，並取得土地使用權證書，而且有開發程度要求，即按照出讓合同約定進行投資開發，屬於房屋建設工程的，完成開發投資總額的百分之二十五以上，屬於成片開發土地的，形成工業用地或者其他建設用地條件，否則，不得轉讓（《城市房地產管理法》第三十八條）。

3. 建設用地使用權的消滅

建設用地使用權因使用期限屆滿、因權利人實施違法行為或者基於公共利益的需要而收回土地、土地因自然災害等原因滅失等歸於消滅。建設用地使用權消滅的，出讓人應當及時辦理註銷登記。登記機構應當收回建設用地使用權證書。需要注意的是，「住宅建設用地使用權期間屆滿的，自動續期」。

【案例解析】

[5-10] 2009年4月1日，山東省日照市公路管理局工程處（簡稱工程處）與日照市嵐山區碑廓鎮大朱槽一村簽訂土地租賃合同，約定工程處租賃大朱槽一村土地60畝，用於拌合站安裝和存料使用，租期一年。2010年1月25日，日照德霖木業有限公司（簡稱木業公司）以3,010萬元價格競得2009G號宗地的國有建設用地使用權，面積為14萬平方米。工程處租賃的土地即包含在木業公司競得的土地中。2011年4月3日，木業公司與日照市國土資源局簽訂國有建設用地使用權出讓合同。同年4月29日，木業公司交齊土地出讓金。5月6日，木業公司向有關部門申請權利初始登記。5月20日，木業公司取得涉案土地使用權證。11月5日，工程處將拌合站設備遷出木業公司廠區。

關於工程處占用的土地面積，雙方存在爭議。木業公司稱，工程處占用土地面積為60畝；工程處則辯稱，其施工結束后，已不需要占用60畝土地，其實際占用的土地面積為12畝。木業公司對此存有異議，工程處未提供證據證實自己的主張。2011年9月21日，經原審現場勘查測量，工程處拌合站設備占用土地面積為12畝，木業公司將拌合站周圍放置了木材。經木業公司申請，原審法院依法委託物價部門鑒定涉案土地租賃費為每畝每年1.5萬元。此外，關於木業公司享有土地使用權的時間，雙方也存有爭議。木業公司認為，其於2010年1月25日競得涉案土地使用權后，對涉案土地即享有排他的使用權；工程處則認為，2011年5月20日木業公司辦理了土地使用權證后，才依法享有土地使用權。

請思考：木業公司何時取得建設用地使用權？

解析：本案爭議實為建設用地使用權的取得時間。中國《物權法》規定，「建設用地使用權自登記時設立」。本案中，木業公司雖然是通過競拍方式，交納了土地出讓金並最終與相關部門簽訂了國有土地使用權出讓合同，但此時其尚未完成建設用地使用權的設立，不能取得相應的物權，僅能基於出讓合同取得了債權請求權。木業公司只有進行了設立登記，將設立內容登記在不動產物權登記簿上，才能成為建設用地使用權人，才能享有占有、使用、收益的排他性權利。因此，木業公司自登記機構於2011年5月20日向其下發國有土地使用證之日，取得涉案建設用地使用權。[①]

四、宅基地使用權

（一）宅基地使用權的概念與特徵

宅基地是指農村村民依法享有的，在集體所有的土地上下建造、保有房屋及附屬設施的用益物權。[②] 在中國，宅基地是為解決農村村民的居住問題而專門設立的土地利

[①] 本案例及其分析均參見張賓華、王林林：《設立建設用地使用權應自登記時生效——山東日照中院判決木業公司訴工程處排除妨礙糾紛案》，載中國民商法網，網址：http://www.civillaw.com.cn/article/default.asp? id=56509，2014年8月6日瀏覽。

[②] 江平．中國物權法教程［M］．北京：知識產權出版社，2007：353．

用制度，因此，宅基地使用權的客體是集體所有的土地，設置此權利的目的是為了滿足農民的居住需要；宅基地使用權具有身分和社會屬性，換言之，只有農村村民才能成為宅基地使用權的主體；宅基地使用權是無償取得並無使用期限限制。

(二) 宅基地使用權的取得、轉讓與消滅

宅基地使用權的取得、行使和轉讓，適用土地管理法等法律和國家有關規定。根據中國相關政策法律的規定，中國農村宅基地使用權可依農戶原有住房而取得，亦可因農戶申請經審批而取得。

現有法律法規對宅基地轉讓的規定極不明確，在實務中有諸多限制，但農民可將其住房出租或者出借。

宅基地因自然災害等原因滅失而致宅基地使用權消滅，當然，因土地徵收等亦可導致宅基地使用權消滅。

【案例解析】

[5-11] 某村農民老張夫婦婚后育有甲、乙、丙、丁四個子女，甲、乙、丙為三兄弟，丁最小為妹妹。四個子女出生后，1978年老張申請到本村一處宅基地並建成房屋四間，剩餘一間宅基地尚未建屋。甲於1987年結婚，婚后育有一子一直居住在老屋內，乙於1988年結婚后分戶並申請同村一處宅基地建房安居。丙於1991年考上大學后在城市落戶，丁於1992年嫁至鄰村，戶口同時遷出。2005年，甲與妻子、兒子將戶口遷入城鎮，但甲仍長期居住在老屋。2006年老張妻子與老張先后病故，乙於2008年向甲提出要求分割房屋，丙、丁聲稱自己亦有份額，后各方協商不成，乙於2010年10月訴至法院要求確認三間房屋及一間宅基地的遺產繼承份額。①

請思考：宅基地能否被繼承？

解析：本案涉及房屋和宅基地的繼承問題。應該認為，作為遺產的房屋，其合法繼承人均有繼承權，基於房地關係之「地隨房走」房屋所占宅基地當同時為繼承人所獲得其使用權。但是，對於未建住房及其附屬設施的宅基地能否被繼承呢？學者認為，基於宅基地的身分性以及以戶為基本單位，因此，宅基地使用權的主體應該是「戶」，即凡屬「本戶」的全體村民均為宅基地的準共有人②。本案乙因戶口遷出申請到另一處宅基地；丙因落戶城市，不再是農村居民；丁因嫁至鄰村，戶口遷出；2005年，甲與妻子、兒子遷戶至城鎮，已經失去原農村戶口，故，甲、乙、丙、丁均不再是「本戶」的成員，因此不享有原宅基地的使用權。基於宅基地設置目的及其本身身分性、福利性等特點決定，不宜作為遺產繼承，因此，本案中張妻子與老張病故后，留下的房屋四間及其所占宅基地可以被子女繼承，而其所剩餘一間尚未建房的宅基地不能作為遺產繼承，應由集體經濟組織收回。

---

① 案例源自陳律、吳孫有：《宅基地使用權繼承問題研究》，載中國民商法網，網址：http://www.civillaw.com.cn/article/default.asp? id=57477#m3。2014年8月12日瀏覽。

② 參見陳律、吳孫有：《宅基地使用權繼承問題研究》，載中國民商法網，網址：http://www.civillaw.com.cn/article/default.asp? id=57477#m3。2014年8月12日瀏覽。

五、地役權

(一) 地役權概念與類型

地役權是按照合同約定，利用他人的不動產，以提高自己的不動產的效益的權利。此處所稱他人不動產為供役地，自己的不動產為需役地。

地役權以內容不同為標準可分為：通行地役權、取水或汲水地役權、導水地役權、排水地役權、眺望地役權、採光地役權、支撐地役權、放牧地役權、建造附屬設施或安設臨時附著物的地役權、排污地役權等。

(二) 地役權的取得

地役權可依法律規定、轉讓、繼承等方式取得，而依合同約定設立則是極為常見的取得方式。地役權的約定取得，當事人應當採取書面形式訂立地役權合同。地役權自地役權合同生效時設立。

(三) 地役權的效力

對於地役權的效力，我們可以從其對抗效力、地役權人和供役地人的權利義務三個層面理解：

當事人可以向登記機構申請地役權登記；未經登記，不得對抗善意第三人。因此，地役權非經登記不具有對抗善意第三人的權利。

地役權人有合理利用供役地（《物權法》第一百六十條）以及與之相關為必要的附隨行為、設置附屬設施的權利，當然，亦負有支付費用、維持附屬設施的義務。

供役地人則有請求費用支付、變更使用場所及方法的請求權等權利，負有容忍土地負擔或不作為義務（《物權法》第一百五十九條）。

(四) 地役權的消滅

地役權可因以下事由消滅：期限屆滿、撤銷、拋棄、混同、徵收及土地滅失等。

【案例解析】

[5-12] 原告宋甲、被告宋乙屬同胞兄弟。20世紀80年代末，原告徵得被告同意在被告房屋西邊建一棟房屋。原告房屋前面系被告承包經營的土地，原告及家人進出必須從被告家門前的土地上通行。原告建房時承諾因占用被告承包經營的山地對被告給予補償，但當時對補償什麼，補償多少未確定。因原告20多年前的承諾一直沒有兌現，導致雙方矛盾日益加深。被告因擴展菜地使得原來門前的通道稍有變窄，對人員進出並無影響，三輪車亦可通行。2011年5月18日，原告以被告侵占了通道為由訴來原審法院，要求判決被告讓原告在現有通道上修一條能夠讓貨車進出的通道或另闢一條通道。

請思考：原告要求為其修一條大貨車能夠通行道路的訴求法院是否支持？

解析：地役權，是指為使用自己不動產的便利或提高其效益而按照合同約定利用他人不動產的權利，是基於當事人意思而產生的他物權，法律賦予當事人在處理近鄰不動產的所有和利用關係中的自治權，允許他們自由約定其權利義務，更加充分地實

現不動產的使用價值，這不僅限於經濟上的利益，還包括精神享受上的利益。相鄰權指不動產的所有人或使用人在處理相鄰關係時所享有的權利，是以有利於生產、生活為必要由法律直接賦予的權利。本案中，原告與被告無疑形成了不動產相鄰關係。相鄰各方應給對方的正常通行提供必要的便利，現原告進出房屋必須從被告家門前經過，但被告在自己承包經營的門前山地上留有一條通道，能夠確保行人及非機動車、三輪摩托車通行，已為原告的正常通行提供了便利。原告要求拓寬道路，讓小型機動車通行，其要求高於一般意義上的正常通行的條件，因該道路不是村規劃的公路，拓寬道路也會影響被告對門前山地的經營使用，而被告的承包經營權應受法律保護；除非雙方當事人就地役權達成協議，原告才能依協議約定合理使用供役地從而形成地役權關係。因此，本案原告正常的生產、生活通行便利被告已經提供，原告要求為其修一條大貨車能夠通行道路的訴求已超出了相鄰權的必要範圍，應當予以駁回。[1]

第四節　擔保物權

一、擔保物權的意義

擔保物權，在債務人不履行到期債務或者發生當事人約定的實現擔保物權的情形，權利人依法享有就擔保財產優先受償的權利。

【知識鏈接】擔保與反擔保

擔保，是為實現債權人利益而設定的保障措施。通常情況下，債務人如果不履行到期債務，債權人可以就債務人的財產強制執行，以實現其權利，因此，債務人的全部財產都是實現債權的「責任財產」，這種以債務人的全部財產為債務履行所提供的擔保，稱為「一般擔保」。在一般擔保的情況下，一方面有賴於債務人的信用，如果債務人不守信用藏匿或轉移財產，債權人的利益難以實現；另一方面，債務人財產有限，當債務人無財產可供執行，同樣使債權人利益實現發生困難；再則，如果存在多個債權人，而債務人財產又不足以清償全部債務時，債權人因無「優先」受償的權利，其利益實現仍然面臨困難。因此，為克服一般擔保的不足，法律設立了債的特別擔保制度，賦予債權人優先受償權利。我們通常所謂擔保就是指特別擔保，包括人的擔保、金錢擔保、物的擔保三種：人的擔保就是保證，金錢擔保指的是定金；物的擔保，即擔保物權，包括抵押權、質權、留置權。

反擔保，是相對於本擔保而言的，簡言之，就是為擔保人所提供的擔保。當第三人為債務人履行債務提供擔保以後，如果債務人不履行到期債務，擔保人可能承擔擔保責任，造成對擔保人的不利。為保障擔保人利益，法律規定「可以要求債務人提供

---

[1] 案例及相關分析均參見王力：《相鄰權與地役權之區別應釐清》，載中國民商法網，網址：http://www.civillaw.com.cn/article/default.asp? id=55231。2014年8月11日瀏覽。

反擔保」，反擔保適用有關擔保的法律規定。

【案例解析】

[5-13] 甲銀行與乙擔保公司合作開展貸款擔保業務。雙方簽訂合作協議，約定乙擔保公司在甲銀行開立保證金帳戶，實行專項存儲，專戶管理。乙擔保公司擔保貸款餘額的最高限額為存入保證金帳戶內保證金餘額的五倍，保證金帳戶首期金額不低於500萬元，當保證金餘額不足最低額時，乙擔保公司應在接到甲銀行書面通知後兩日內，按照每次存入保證金帳戶不低於200萬元及時進行補充。若借款人逾期履行債務，甲銀行有權從保證金帳戶中直接扣收逾期貸款本息。合作期內，丙公司等向甲銀行借款，乙擔保公司為丙公司等借款提供連帶責任保證擔保。借款到期後，丙公司沒有按照約定履行還本付息的義務。丁、戊等人因與乙擔保公司之間存在債務糾紛而另案提起訴訟，並向法院申請凍結乙擔保公司在甲銀行處開立的保證金帳戶內的存款。甲銀行遂向法院提起訴訟，要求對乙擔保公司保證金帳戶內的存款享有優先受償權。

請思考：銀行對擔保公司保證金帳戶存款是否享有優先受償權？

解析：本案的關鍵在於保證金帳戶內的存款是否具備擔保的性質，如果具有擔保性質，那麼甲銀行應享有優先受償權，反之，甲銀行則不能優先受償。最高法院關於擔保法的司法解釋第八十五條規定，債務人或者第三人將其金錢以特戶、封金、保證金等形式特定化後，移交債權人佔有作為債權的擔保，債務人不履行債務時，債權人可以以該金錢優先受償。那麼，本案乙擔保公司在甲銀行開立的保證金帳戶是否構成該解釋所謂將金錢特定化後形成的擔保呢？依該司法解釋的規定，此類金錢擔保的形成需滿足三個條件：一是將金錢以特戶、封金、保證金等形式特定化；二是該金錢已經移交債權人實際佔有；三是雙方之間的質押合同依法成立。首先，如果不是僅僅從形式上理解金錢的特定化，那麼，乙擔保公司在甲銀行開立專門的保證金帳戶，甲銀行對其實行專項存儲，專戶管理，在保證金帳戶餘額不足最低額時，乙擔保公司還應及時補足，甲銀行對保證金帳戶的管理形式，已經限制了保證金帳戶中資金的流通功能，足以認定乙擔保公司保證金帳戶中的存款已經特定化；其次，甲銀行與乙擔保公司約定該保證金存款帳戶，實行專項存儲，專戶管理。甲銀行在實際操作中設立專門的保證金帳戶進行日常的管理，就此而言，保證金帳戶的佔有控制權已經交由甲銀行，即乙擔保公司已將保證金交由甲銀行實際佔有；最後，乙擔保公司與甲銀行在合作協議中約定，乙擔保公司在甲銀行開立保證金帳戶，並按照其所開展的全部擔保貸款總額的五分之一向甲銀行繳存保證金，在借款人逾期履行債務的情況下，甲銀行有權從保證金帳戶中直接扣收逾期貸款本息。該約定是針對乙擔保公司所開展的全部擔保業務，包括本案丙公司所涉擔保債務，故能夠認定雙方就保證金帳戶中的存款設立擔保已經形成了合意。因此，甲銀行對保證金帳戶中的存款按債務總額的五分之一享有優先受償權。[1]

---

[1] 案例及分析均參見錢月梅：《銀行對擔保公司保證金帳戶存款的優先受償權》，原載中國法院網，轉引自中國民商法網，網址：http://www.civillaw.com.cn/article/default.asp?id=58876。2014年8月11日瀏覽，略有改動。

二、抵押權

(一) 抵押權的概念

抵押權，是指為擔保債務的履行，債務人或者第三人不轉移財產的佔有，將該財產抵押給債權人，債務人不履行到期債務或者發生當事人約定的實現抵押權的情形，債權人享有就該財產優先受償的權利。提供財產擔保的債務人或者第三人稱為抵押人，債權人稱為抵押權人，提供擔保的財產稱為抵押財產。

(二) 抵押權的取得

抵押權有多種取得方式：依合同設定而取得、基於轉讓而取得、基於繼承或受遺贈而取得、基於法律規定而取得。其中依合同設定押權是抵押權取得最普遍的方式。

1. 抵押合同

抵押合同，是指為設定抵押而訂立的書面合同。抵押合同一般包括下列條款：被擔保債權的種類和數額；債務人履行債務的期限；抵押財產的名稱、數量、質量、狀況、所在地、所有權歸屬或者使用權歸屬；擔保的範圍。

【知識鏈接】哪些財產可以抵押？

凡是當事人有處分權且不為法律所禁止的財產均可抵押。包括動產和不動產。需要注意的是，哪些財產為法律所禁止而不得抵押？明確了不得抵押的財產範圍，可以抵押的財產也就明確了。依《物權法》第一百八十四條規定，下列財產不得抵押：土地所有權；耕地、宅基地、自留地、自留山等集體所有的土地使用權，但法律規定可以抵押的除外（主要是指招標、拍賣、公開協商等方式取得的「四荒地」等的承包經營權）；學校、幼兒園、醫院等以公益為目的的事業單位、社會團體的教育設施、醫療衛生設施和其他社會公益設施；所有權、使用權不明或者有爭議的財產；依法被查封、扣押、監管的財產；法律、行政法規規定不得抵押的其他財產（如法律法規規定禁止流通的財產等）。

2. 抵押權的成立

根據中國《物權法》規定，不同財產設立抵押權，其成立條件不同。動產抵押權因抵押合同生效而成立，未經登記不得對抗善意第三人；而不動產抵押權應當辦理抵押登記，抵押權自登記時設立。

【知識鏈接】流質抵押的禁止

所謂流質抵押，或稱流質約款，是指當事人約定主債權到期未獲清償時，由抵押權人取得抵押物的所有權。各國立法大多禁止流質約款，其原因不外乎有違公平，以及可能導致合同強制等，從而不利於經濟發展和社會穩定。中國《物權法》第一百八十六條規定，「抵押權人在債務履行期屆滿前，不得與抵押人約定債務人不履行到期債務時抵押財產歸債權人所有」。

【案例解析】

[5-14] 2010年5月，某甲向原告某乙借款50萬元，約定2010年10月底前歸還。某丙同意以其自有房產為該債務提供抵押擔保。協議簽訂後，某丙將房屋所有權證交由某甲保管，但未到登記機關辦理抵押登記。借期屆滿後，因某甲無力還款，某乙將某甲、某丙訴至法院，請求法院判決某甲歸還借款，不能歸還部分，要求對擔保人某丙的房產實現抵押權。

請思考：抵押權不成立時抵押人是否擔責？

解析：本案所示的情形在司法實務中並不鮮見。依《物權法》關於抵押權設定的規定，不動產抵押須訂立抵押合同，並辦理抵押登記，抵押權方得成立。本案當事人雖訂立了抵押合同，但未辦理登記，故抵押權不成立。原告請求「對擔保人某丙的房產實現抵押權」不能得到支持。但需注意的是，根據《物權法》第十五條規定，「當事人之間訂立有關設立、變更、轉讓和消滅不動產物權的合同，除法律另有規定或者合同另有約定外，自合同成立時生效；未辦理物權登記的，不影響合同效力。」因此，儘管抵押權未成立，但抵押合同是當事人真實意思表示，應為有效。基於此，如果當事人主張抵押合同繼續履行而要求抵押人辦理抵押登記，法院應當允許；又假如當事人不主張實現抵押權，而僅從債權角度，請求法院依抵押合同將抵押物變現受償（而非優先受償），人民法院亦應支持。對於此，讀者有何看法？歡迎進行討論。

(三) 抵押權的效力

1. 抵押權對於抵押物的效力

抵押權對於抵押物的效力，亦即抵押權所及抵押物範圍。通常認為，抵押物範圍包括抵押物及其從物、從權利。從權利包括約定和法定的從權利、孳息、代位物和添附所生之物等。

2. 抵押人的權利

抵押人將其財產設定抵押權但並不喪失抵押物的所有權，而且不移轉抵押物的佔有。因此，抵押人當然享有一定權利，包括收取抵押物孳息、在抵押物上再為他人設定抵押權和地役權等他物權、出租和轉讓抵押物。

需要注意的是，「抵押權設立后抵押財產出租的，該租賃關係不得對抗已登記的抵押權」(《物權法》第一百九十條)。抵押期間，抵押人經抵押權人同意轉讓抵押財產的，應當將轉讓所得的價款向抵押權人提前清償債務或者提存。轉讓的價款超過債權數額的部分歸抵押人所有，不足部分由債務人清償。抵押期間，抵押人未經抵押權人同意，不得轉讓抵押財產，但受讓人代為清償債務消滅抵押權的除外(《物權法》第一百九十一條)。

3. 抵押權人的權利

抵押權人最重要的權利就是在債務人不履行到期債務或者發生當事人約定的實現抵押權的情形就抵押財產優先受償的權利。然而，除此以外，抵押權人還有其他權利，諸如抵押物保全請求權、抵押權的處分權以及順位權等。

【案例解析】

[5-15] 2009年5月31日，中國建設銀行北京城市建設開發專業支行（簡稱建行城建支行）與北京國發興業投資中心（簡稱國發中心）簽訂了一份人民幣資金借款合同，由國發中心向建行城建支行借款人民幣800萬元，用於資金週轉，借款期限自2009年5月31日至2010年5月30日。為保證按期還款，第三人北京坤厚房地產開發股份有限公司（簡稱坤厚公司）用自有資產作抵押，擔保國發中心到期還款，2009年5月24日和2009年5月31日，城建支行與坤厚公司分別簽訂抵押協議和抵押合同。抵押物是坤厚公司以其擁有的恒昌花園5號樓土地使用權，抵押土地面積9,167.56平方米，抵押設定日期為2009年5月31日。同日，建行城建支行向國發中心發放了貸款。在5月24日的抵押協議中，雙方約定在土地使用權抵押期間，建行城建支行同意坤厚公司預售在抵押的土地上所建的房屋，預售面積在44,186.68建築平方米以內；建行城建支行在處分抵押的土地使用權時，不包括已預售的房屋所占用的土地使用權。2009年9月，雙方辦理了抵押物登記手續，並領取了土地他項權利證明書。由於借款合同到期後，國發中心未能償還全部貸款本金和部分利息，建行城建支行送訴至法院，請求國發中心承擔還款責任，坤厚公司承擔擔保責任。

請思考：國發中心是否承擔還款責任？坤厚公司是否承擔擔保責任？

解析：法院審理認為，建行城建支行與國發中心簽訂的人民幣資金借款合同和建行城建支行與坤厚公司簽訂的抵押合同及建行城建支行與國發中心、坤厚公司簽訂的抵押協議均未違反國家有關法律規定，應為有效。國發中心未依約還貸，屬違約行為，應承擔違約責任。為此判決：①建行城建支行與國發中心簽訂的人民幣資金借款合同和建行城建支行與坤厚公司簽訂的抵押合同及建行城建支行與國發中心、坤厚公司簽訂的抵押協議均有效。②國發中心於判決生效后十日內償還建行城建支行貸款人民幣八百萬元整並支付利息。③建行城建支行對坤厚公司提供的抵押物享有優先受償權。判決后，坤厚公司不服，提出上訴，認為預售商品房所占用的土地使用權面積不應包括在抵押的土地使用權面積之內。

本案土地使用權範圍是否包括設抵押前已預售的商品房所占用範圍的土地使用權？由於土地使用權人預售商品房在先，抵押人和抵押權人曾協議商品房所占用範圍內的土地使用權不包括在抵押的土地使用權範圍內。因此，由於坤厚公司不能提交已登記備案的商品房預售合同和商品房銷售清單，法院不能認定商品房銷售的事實，因此，坤厚公司應承擔舉證不力的后果；同時，從權利設定的先後來看，本案中抵押協議的簽訂日期是2009年5月24日，土地他項權利證明書設定的日期是2009年5月31日，兩者時間不一致時，依照最高法院《關於擔保法若干問題的解釋》第六十一條的規定精神，抵押物以登記記載的內容為準。而土地他項權利證明書上記載的土地使用權面積為9,167.56平方米，此面積包括了已預售的商品房所占用的土地使用權面積。為此，法院認定被上訴人建行城建支行對坤厚公司提供的抵押物享有優先受償權符合《擔保法》規定。

本案中的土地使用權抵押進行了登記並取得他項權利證明書，即其經過登記公示手

續，具有了排他效力，可對抗第三人。而預售商品房的購房人從購房合同依法成立並具有法律效力角度而言，無疑享有對標的物房屋的期待權，但需進行預告登記後方能產生對抗第三人的效力，但因其並未登記，因此，不得對抗業已登記的抵押權人的權利。[1]

【知識鏈接】

1. 抵押物保全請求權

抵押物保全請求權，是請求抵押人保全抵押物價值的權利。《物權法》第一百九十三條規定，抵押人的行為足以使抵押財產價值減少的，抵押權人有權要求抵押人停止其行為。抵押財產價值減少的，抵押權人有權要求恢復抵押財產的價值，或者提供與減少的價值相應的擔保。抵押人不恢復抵押財產的價值也不提供擔保的，抵押權人有權要求債務人提前清償債務。

2. 抵押權人的順位權

抵押權人的順位權，是指在同一抵押物上存在多個抵押權時，抵押權人享有的權利實現的先後順序。《物權法》第一百九十九條規定，同一財產向兩個以上債權人抵押的，拍賣、變賣抵押財產所得的價款依照下列規定清償：（1）抵押權已登記的，按照登記的先後順序清償；順序相同的，按照債權比例清償；（2）抵押權已登記的先於未登記的受償；（3）抵押權未登記的，按照債權比例清償。

（四）抵押權的實現

抵押權的實現，是債務人不履行到期債務或者發生當事人約定的實現抵押權的情形，抵押權利人依法將抵押財產變現並優先受償。抵押權人可以與抵押人協議以抵押財產折價或者以拍賣、變賣方式變現。抵押權人與抵押人未就抵押權實現方式達成協議的，抵押權人可以請求人民法院拍賣、變賣抵押財產。抵押財產折價或者變賣，應當參照市場價格。

【知識鏈接】最高額抵押與動產浮動抵押

1. 最高額抵押

最高額抵押是對於將來發生的債權，預先確定一最高限額而設定的抵押權。最高額抵押所擔保的債權，只有在決算期屆滿時才能確定其數額，此時如果債權額超過最高額時，即以該最高額為抵押權所擔保的數額，其超過部分應為無抵押擔保的債權；如果決算期時債權額比最高額低時，就以實際發生的債權額為抵押權所擔保的數額。《物權法》第二百零六條規定，有下列情形之一的，抵押權人的債權確定：（1）約定的債權確定期間屆滿；（2）沒有約定債權確定期間或者約定不明確，抵押權人或者抵押人自最高額抵押權設立之日起滿二年後請求確定債權；（3）新的債權不可能發生；

---

[1] 參見陳洪：《抵押權登記及其對抗效力——北京坤厚房地產公司與中國建行北京城建支行、北京國發興業投資中心借款合同糾紛案》，載中國民商法網，網址：http://www.civillaw.com.cn/article/default.asp? id=10064。2014年8月11日瀏覽，有改動。

（4）抵押財產被查封、扣押；（5）債務人、抵押人被宣告破產或者被撤銷；（6）法律規定債權確定的其他情形。

2. 動產浮動抵押

動產浮動抵押，是以經營者現在和將來取得的全部或部分動產設定的抵押權。《物權法》第一百八十一條規定，經當事人書面協議，企業、個體工商戶、農業生產經營者可以將現有的以及將有的生產設備、原材料、半成品、產品抵押，債務人不履行到期債務或者發生當事人約定的實現抵押權的情形，債權人有就實現抵押權時的動產優先受償。動產浮動抵押屬於動產抵押，當事人可以向抵押人住所地的工商行政管理部門辦理登記。抵押權自抵押合同生效時設立；未經登記，不得對抗善意第三人。動產浮動抵押不得對抗正常經營活動中已支付合理價款並取得抵押財產的買受人（《物權法》第一百八十九條）。

【案例解析】

[5-17] 甲企業向乙銀行貸款時，以其現有的以及將有的生產設備、原材料、半成品、成品一併抵押給乙銀行，雙方簽訂了書面抵押合同，但未辦理抵押登記。抵押期間，甲企業未經乙銀行同意，將一臺閒置的生產設備出賣給丙公司，並已交付。后甲企業到期無力償還貸款。

請思考：乙銀行能否對甲企業已出賣的生產設備主張抵押權？

解析：本例中，甲企業與乙銀行之間的動產浮動抵押成立。因動產浮動抵押權不能對抗正常經營活動中已支付合理價款並取得抵押財產的買受人，因此，即便甲企業到期無力償還貸款欲實現抵押權，亦不能對已出賣的生產設備主張抵押權。

三、質權

（一）質權的概念與分類

質權，是指為了擔保債權的履行，債務人或第三人將其動產或權利移交債權人佔有，債務人不履行債務或發生當事人約定的實現質權的情形，債權人有就該動產或權利變現並優先受償的權利。當事人設定質權的行為又稱質押，被交付設定質權的動產或權利稱為質物或質押財產，提供質物的債務人或第三人稱為出質人，債權人為質權人，當事人為設定質權訂立的合同為質押合同或質權合同。

中國《物權法》不承認不動產質權，僅規定了動產質權和權利質權：動產質權是以動產為標的物（質物）的質權；權利質權則是設定於具有動產性質的權利之上的質權。這是中國質權的基本類型。此外，出質人與質權人可以協議設立最高額質權。

（二）動產質權

1. 動產質權的取得

動產質權可依設立、轉讓等法律行為取得，亦可依繼承、受遺贈等非法律行為方式取得。動產質權的設立取得，須經當事人訂立書面合同並交付動產而設定。

2. 動產質權當事人的權利和義務

（1）質權人的權利和義務

基於質權本身的成立要件決定質權人有佔有質物和優先受償的權利。根據《物權法》第二百一十三條規定，除合同另有約定的除外，質權人有收取質押財產孳息的權利，當然，孳息應當先充抵收取孳息的費用。此外，質權人還享有質權保全和進行轉質的權利。

質權人可以放棄質權。債務人以自己的財產出質，質權人放棄該質權的，其他擔保人在質權人喪失優先受償權益的範圍內免除擔保責任，但其他擔保人承諾仍然提供擔保的除外。

質權人承擔下列義務：妥善保管質押財產，因保管不善致使質押財產毀損、滅失的，應當承擔賠償責任；不得擅自使用和處分質物，質權人在質權存續期間，未經出質人同意，擅自使用、處分質押財產，給出質人造成損害的，應當承擔賠償責任；不得怠於行使質權，質權人怠於行使權利造成損害的，由質權人承擔賠償責任；返還質物，即債務人履行債務或者出質人提前清償所擔保的債權的，質權人應當返還質押財產。

【知識鏈接】

1. 質權保全

質權保全，即為實現質權的擔保功能，法律規定質權人享有對質物價值保全的權利。《物權法》第二百一十六條規定，因不能歸責於質權人的事由可能使質押財產毀損或者價值明顯減少，足以危害質權人權利的，質權人有權要求出質人提供相應的擔保；出質人不提供的，質權人可以拍賣、變賣質押財產，並與出質人通過協議將拍賣、變賣所得的價款提前清償債務或者提存。

2. 轉質

轉質，指質權人在質權存續時，為了擔保自己或他人的債務，將質物移轉佔有於第三人，於質物上設定新質權的行為。根據轉質是否經過出質人同意，可將轉質分為責任轉質和承諾轉質。《物權法》第二百一十七條規定，質權人在質權存續期間，未經出質人同意轉質，造成質押財產毀損、滅失的，應當向出質人承擔賠償責任。

（2）出質人的權利和義務

出質人的權利與質權人的義務密切聯繫，除質物損害賠償與返還請求權外，出質人主要有對質物保全的權利，即質權人的行為可能使質押財產毀損、滅失的，出質人可以要求質權人將質押財產提存，或者要求提前清償債務並返還質押財產。

出質人的義務主要是保管費用與質物意外損毀滅失的損失承擔。根據《物權法》第一百七十三條規定，保管擔保財產的費用列入擔保的債權範圍可知，在無特別約定時，出質人應承擔該費用；另據第二百一十五條質權人僅承擔保管不善的損害賠償，若質物意外損毀滅失而非因質權人過失，其損失應由出質人承擔。

【案例解析】

[5-18] 甲向其乙借款40萬元，為擔保到期履行還款義務，甲將自己收藏的一幅名人字畫質押給乙。該字畫在乙保有期間被盜，后丙於拍賣行以50萬元競拍購得該字畫。甲在一次書畫展上看到了這幅字畫，要求返還遭到布展方拒絕。

請思考：本案字畫歸誰所有？甲能否要求布展方返還其收藏的字畫？

解析：本例中為擔保債務履行，甲乙之間就一副名人字畫達成質押協議並為交付，質押關係成立。在質押期間，質權人乙負有妥善保管該畫的義務，若因保管不善造成損失應承擔賠償責任。現字畫被盜並被丙所拍得，根據物權法基本理論，盜贓不適用善意取得，因此，丙不能取得該字畫所有權。比照《物權法》第一百零七條的規定，甲和乙均有權要求返還，但因丙系在拍賣行競拍購得，因此，在請求返還時應支付丙所付的50萬元價款。因該字畫系乙保管不善致被盜，因此，支付丙所付的50萬元費用應由乙承擔。

（三）權利質權

債務人或者第三人有權處分的下列權利可以出質：（1）匯票、支票、本票；（2）債券、存款單；（3）倉單、提單；（4）可以轉讓的基金份額、股權；（5）可以轉讓的註冊商標專用權、專利權、著作權等知識產權中的財產權；（6）應收帳款；（7）法律、行政法規規定可以出質的其他財產權利。

這些權利質權標的概而言之，可歸為四種類型：即有價證券（匯票、支票、本票、債券、存款單、倉單、提單）、基金份額與股權、知識產權中的財產權利、應收帳款。

1. 有價證券質權

以匯票、支票、本票、債券、存款單、倉單、提單出質的，當事人應當訂立書面合同。質權自權利憑證交付質權人時設立；沒有權利憑證的，質權自有關部門辦理出質登記時設立。

2. 基金份額與股權質權

以基金份額、股權出質的，當事人應當訂立書面合同。以基金份額、證券登記結算機構登記的股權出質的，質權自證券登記結算機構辦理出質登記時設立；以其他股權出質的，質權自工商行政管理部門辦理出質登記時設立。

基金份額、股權出質后，不得轉讓，但經出質人與質權人協商同意的除外。出質人轉讓基金份額、股權所得的價款，應當向質權人提前清償債務或者提存。

3. 知識產權中的財產權利質權

以註冊商標專用權、專利權、著作權等知識產權中的財產權出質的，當事人應當訂立書面合同。質權自有關主管部門辦理出質登記時設立。

知識產權中的財產權出質后，出質人不得轉讓或者許可他人使用，但經出質人與質權人協商同意的除外。出質人轉讓或者許可他人使用出質的知識產權中的財產權所得的價款，應當向質權人提前清償債務或者提存。

4. 應收帳款質權

以應收帳款出質的，當事人應當訂立書面合同。質權自信貸徵信機構辦理出質登記時設立。

應收帳款出質后，不得轉讓，但經出質人與質權人協商同意的除外。出質人轉讓應收帳款所得的價款，應當向質權人提前清償債務或者提存。

【案例解析】

[5-19] 甲以自己在乙銀行的 100 萬元存款單與乙銀行達成質押協議，並將該存款單交付乙銀行設立質權，以此為擔保行以銀行貸款 80 萬元。甲屆期不能還款，銀行便以該存款單項下之款項受償。甲提出異議，認為銀行無權以該存款單項下之款項直接受償，遂向法院提起訴訟，要求銀行歸還相應的款項。

請思考：乙銀行能否以存款單質押下之款項直接受償？

解析：本例即存款單質押及其實現的問題。當事人訂立質押協議並交付存款單，質押成立。根據法律規定，債務人屆期不能履行債務，質權人當可依法實現質權以保障其權利，如果當事人對擔保範圍沒有特別約定，出質人應就全部債務承擔責任，包括主債務及其利息、違約金、損害賠償金質物保管費用以及實現質權的費用。因此本例中乙銀行有權應就存款單項下的本金與利息，扣除 80 萬元貸款及其利息以及違約金后，將剩餘款項返還給甲。

四、留置權

(一) 留置權的概念

留置權，是債務人不履行到期債務，債權人可以留置已經合法佔有的債務人的動產，並有權就該動產變現並優先受償的權利。在留置權關係中，債權人為留置權人，佔有的動產為留置財產。

留置權無須當事人依法律行為設定，只要符合法定的條件，留置權就依法律的規定成立。因此，留置權是法定的擔保物權。

(二) 留置權的成立條件

1. 債權人合法佔有債務人的動產。這是留置權成立的基礎。佔有方式，無論直接佔有還是間接佔有均可。但單純地持有，例如雇傭人在工作中使用家中的器具，是持有而不是佔有，不能成立留置權。

2. 動產具有可轉讓性且能被留置。可轉讓性是留置權能變現的從而實現留置擔保目的的前提；同時，留置權不能違反基本的法律限制，因此，法律規定或者當事人約定不得留置的動產，以及留置會害及公序良俗者，不得留置。

3. 債權已屆清償期。債權人雖佔有債務人的動產，但在債權尚未屆清償期時，因為不發生債務人不履行債務的問題，所以不發生留置權。只有在債權人仍不履行債務

時，債權人才可以留置債務人的動產。

4. 債權與所佔有的動產有牽連關係。債權人所佔有的債務人的動產必須與其債權的發生有牽連關係，才可產生留置權。債權人留置的動產，應當與債權屬於同一法律關係，但企業之間留置的除外。

(三) 留置權的實現

1. 留置權人的權利和義務

在債務人不履行債務時，債權人便可以留置標的物，拒絕債務人交付標的物的請求。留置權人有權收取留置財產的孳息，孳息應當先充抵收取孳息的費用。

留置權人負有妥善保管留置財產的義務；因保管不善致使留置財產毀損、滅失的，應當承擔賠償責任。

2. 留置權的實現條件和方式

《物權法》第二百三十六條規定，留置權人與債務人應當約定留置財產后的債務履行期間；沒有約定或者約定不明確的，留置權人應當給債務人兩個月以上履行債務的期間，但鮮活易腐等不易保管的動產除外。債務人逾期未履行的，留置權人可以與債務人協議以留置財產折價，也可以就拍賣、變賣留置財產所得的價款優先受償。留置財產折價或者變賣的，應當參照市場價格。

【案例解析】

[5-20] 趙某與錢某訂立一份房屋買賣合同，約定錢某第一次付款 20 萬元，第二次付款 30 萬元。在支付第二次房款的同時，趙某應提供該房屋所有權證交付給錢某，以便為錢某辦理設立 60 萬元抵押權。另約定由趙某將該二層樓的房屋分割成二份獨立的所有權證之後，再提供移轉登記的證件，同時，錢某應給付趙某剩餘款 10 萬元。在錢某支付第二次款時，趙某依約將房屋所有權證交付錢某，並辦妥抵押權登記。可是，錢某在抵押權已登記完畢後，以趙某未履行房屋所有權移轉的義務行使留置權，留置該房屋所有權證，拒絕將所有權證返還給趙某，致影響趙某辦理該二層樓的房屋分割事宜。現趙某以錢某沒有留置權為由，訴請錢某返還所有權證。

請思考：錢某是否享有留置權？

解析：本案訟爭的問題，一是房屋所有權證能否作為留置標的物被留置，二是錢某能否因佔有房產證而成立留置。中國《物權法》第二百三十條第一款規定：「債務人不履行到期債務，債權人可以留置已經合法佔有的債務人的動產，並有權就該動產優先受償。」由此可見，留置權的效力體現為留置和優先受償。變現留置物並優先受償當然可以達到實現債權，但留置債務人財產以促其清償債務，同樣可以達到實現債權的目的。房屋所有權證雖不是其所證明的權利本身，亦不具有可轉讓性，但其屬於動產無疑，且因其被留置給債務人造成不便亦有督促債務人履行債務的作用。因此，房屋所有權證可被留置似乎更具合理性。當然，其可被留置與本案能否成立留置並非一個問題。中國《物權法》第二百三十一條規定，「債權人留置的動產，應當與債權屬於同

一法律關係，但企業之間留置除外。」本案錢某佔有趙某房屋所有權證，但其所主張移轉房屋所有權的債權系基於房屋買賣法律關係，與基於辦理抵押登記而佔有房屋所有權證並非同一法律關係，因此，錢某不得主張留置權。[1]

本章小結：

　　物權的本質在於權利主體對物的直接支配，物權法的功能在於定紛止爭、物盡其用。物權變動是物權法的重要問題。所有權確定物的歸屬，在物權體系中居於核心地位，是用益物權和擔保物權的基礎。用益物權是以「利用」為中心的物權的主要表現，由於各國歷史傳統、民眾生活習慣等多種因素的影響，在立法上各具特色，中國的用益物權體系包括物權法規定了建設用地使用權、土地承包經營權、宅基地使用權和地役權四種典型用益物權，以及由相關法律規定的特許物權。擔保物權意在以擔保物的價值保障債權的實現，在擔保物權中，抵押被稱為擔保之王，發揮著重要的作用，除此以外，還有質權和留置權。總體來說，以所有權為中心，以用益物權和擔保物權為兩翼，構成了中國物權法的體系框架。

本章知識邏輯圖：

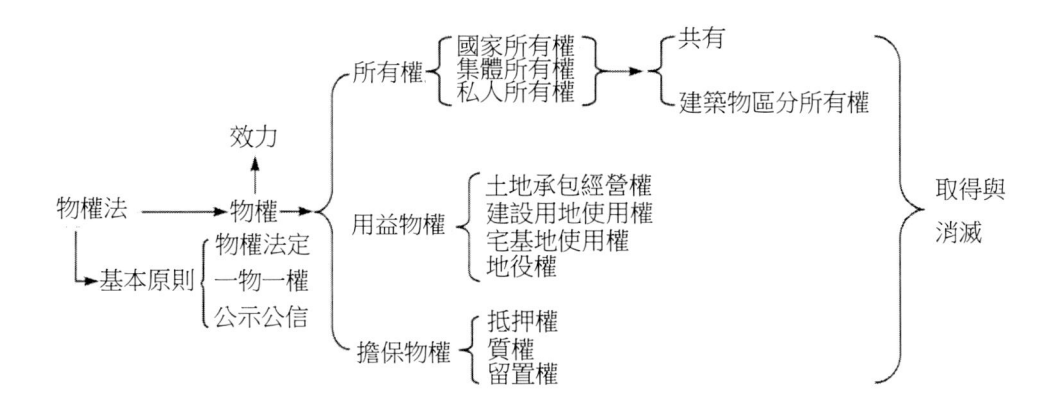

```
                        ┌國家所有權      ┌共有
                  ┌所有權┤集體所有權  →  │
                  │     └私人所有權      └建築物區分所有權
         ┌效力    │
         │       │      ┌土地承包經營權
物權法→物權→     │用益物權┤建設用地使用權     ┌取得與
         │       │      │宅基地使用權       │消滅
         │       │      └地役權
         │物權法定│
└基本原則┤一物一權│      ┌抵押權
         └公示公信└擔保物權┤質權
                          └留置權
```

關鍵術語：

　　物權　物權法　所有權　共有　建築物區分所有權　用益物權　建設用地使用權　地役權　承包經營權　擔保物權　抵押權　質權　留置權

---

[1] 參見喻方德：《房屋所有權證可否作為留置權標的物》，載中國民商法網，網址：http://www.civillaw.com.cn/article/default.asp？id=45588。2014 年 8 月 12 日瀏覽。

思考與練習：

(一) 簡要回答下列各題：

1. 物權法的基本原則有哪些？
2. 如何理解用益物權的特點？
3. 怎樣理解抵押權的效力？

(二) 選擇題：

1. 甲將其1輛汽車出賣給乙，約定價款30萬元。乙先付了20萬元，餘款在6個月內分期支付。在分期付款期間，甲先將汽車交付給乙，但明確約定付清全款后甲才將汽車的所有權移轉給乙。事后，甲又將該汽車以20萬元的價格賣給不知情的丙，並以指示交付的方式完成交付。下列哪一表述是正確的？（　　）①

A. 在乙分期付款期間，汽車已經交付給乙，乙即取得汽車的所有權

B. 在乙分期付款期間，汽車雖然已經交付給乙，但甲保留了汽車的所有權，故乙不能取得汽車的所有權

C. 丙對甲、乙之間的交易不知情，可以依據善意取得制度取得汽車所有權

D. 丙不能依甲的指示交付取得汽車所有權

2. 甲將1套房屋出賣給乙，已經移轉佔有，沒有辦理房屋所有權移轉登記。現甲死亡，該房屋由其子丙繼承。丙在繼承房屋后又將該房屋出賣給丁，並辦理了房屋所有權移轉登記。下列哪些表述是正確的？（　　）②

A. 乙雖然沒有取得房屋所有權，但是基於甲的意思取得佔有，乙為有權佔有；

B. 乙可以對甲的繼承人丙主張有權佔有；

C. 在丁取得房所有權后，乙可以以佔有有正當權利來源對丁主張有權佔有；

D. 在丁取得房屋所有權后，丁可以基於其所有權請求乙返還房屋。

3. 2009年1月1日，甲公司與乙銀行簽訂1,200萬元最高額抵押合同，甲公司以自己的辦公樓作抵押。2009年2月1日，乙銀行辦理了抵押登記，未約定債權確定期間。2010年6月1日，乙銀行將對甲公司的債權轉讓給丙銀行。到2011年2月1日，甲公司累計共計向乙銀行借款1,700萬，2011年3月1日乙銀行要求甲公司還款，甲公司依法將辦公樓拍賣，價款為1,500萬。根據合同法律制度的規定，下列表述中，不正確的是（　　）。

A. 該最高額抵押權設立的時間為2009年2月1日；

B. 2011年2月2日之后，乙銀行可以請求確定債權額；

C. 乙銀行對甲公司的最高額抵押也一併轉讓給丙銀行；

D. 乙銀行只對辦公樓拍賣所得的1,200萬元有優先受償權。

4. 杜某拖欠謝某人民100萬元。謝某請求杜某以登記在其名下的房屋抵債時，杜

---

① 本題為2012年國家司法考試第三卷第9題。
② 本題為2012年國家司法考試第三卷第56題。讀者還可以就該題所涉基本法律關係進行分析。

某稱其已把房屋作價 90 萬元賣給賴某，房屋鑰匙已交，但產權尚未過戶。該房屋市值為 120 萬元。關於謝某權利的保護，下列哪些表述是錯誤的？

A. 謝某可請求法院撤銷杜某、賴某的買賣合同
B. 因房屋尚未過戶，杜某、賴某買賣合同無效
C. 如謝某能舉證杜某、賴某構成惡意串通，則杜某、賴某買賣合同無效
D. 因房屋尚未過戶，房屋仍屬杜某所有，謝某有權直接取得房屋的所有權以實現其債權[1]

（三）案例分析

1. 甲企業與乙銀行簽訂一借款合同。合同約定：甲企業向乙銀行借款 500 萬元，借款期限自 2010 年 8 月 1 日至 2013 年 7 月 31 日，以及利息支付等事項。甲企業將其現有的以及將有的生產設備、原材料、半成品、產品一併抵押給乙銀行，雙方簽訂了抵押合同並辦理了抵押登記。當事人之間未約定擔保權實現的順序。

借款期限屆滿后，甲企業因經營不善，虧損嚴重，無力清償到期借款。乙銀行經調查發現：甲企業可供償債的財產不足 100 萬元；在借款期間，甲企業將一臺生產設備以市價 40 萬元出賣給丙公司，並已交付；甲企業另有一臺生產設備，價值 150 萬元，因操作失誤而嚴重受損，1 個月前被送交丁公司修理，但因甲企業未交付 16 萬元維修費，該生產設備被丁公司留置。查明情況后，乙銀行於 2013 年 8 月 20 分別向丙公司與丁公司主張，就丙公司所購買的生產設備及丁公司所留置的生產設備實現抵押權。

問題：
（1）乙銀行是否有權向丙公司就其購買的生產設備主張抵押權，為什麼？
（2）如果丁公司提出自己有權優先實現留置權，該主張是否合法？
（3）根據現在的狀況，乙銀行能實現哪些權利？

2. 甲公司以其機器設備為乙公司設立了質權。10 日后，丙公司向銀行貸款 100 萬元，甲公司將機器設備又抵押給銀行，擔保其中 40 萬元貸款，但未辦理抵押登記。同時，丙公司將自有房產抵押給銀行，擔保其餘 60 萬元貸款，辦理了抵押登記。20 日后，甲將機器設備再抵押給丁公司，辦理了抵押登記。丙公司屆期不能清償銀行貸款。[2]

問題：
（1）分析本題所涉擔保關係，並就其擔保的權利順位進行排序。
（2）如果銀行主張全部債權，銀行是否對該機器設備享有優先受償權？為什麼？

---

[1] 本題為 2014 年國家司法考試卷三第 54 題。
[2] 本題題干為 2013 年國家司法考試題卷三第 8 題。

第六章　合同法

【本章引例】

　　甲用偽造的乙公司公章，以乙公司名義與不知情的丙公司簽訂食用油買賣合同，以次充好，將劣質食用油賣給丙公司。[1]

　　請思考：如乙公司追認，該合同效力如何？如果丙公司不予追認，該合同效力又如何？

第一節　合同與合同法

一、合同的概念與類型

　　合同是指當事人之間設立、變更、終止民事權利義務關係的協議。

　　基於不同的標準，可以將合同區分為不同的類別：

　　1. 典型合同（有名合同）與非典型合同（無名合同）。這是根據合同是否由法律設有規範並賦予其名稱來劃分的。凡法律設有規範並賦予其一定名稱的合同，稱為典型合同或有名合同，如《合同法》分則所規定的15種合同、《中華人民共和國保險法》所規定的保險合同等。反之，凡法律未作規定也未賦予一定名稱的合同，稱為非典型合同或無名合同。

　　2. 雙務合同和單務合同。這是根據雙方當事人是否互負具有對價意義的義務來劃分的。凡雙方當事人互負有對價意義的債務的合同，稱為雙務合同，如買賣、租賃、承攬等均為典型的雙務合同。只有一方當事人負有給付義務的合同，稱為單務合同，如贈予、無償保管、無償委託等即為單務合同。

　　3. 有償合同與無償合同。這是根據雙方當事人是否因給付而取得對價來劃分的。凡當事人雙方都享有權利並支付相應代價的，稱為有償合同，如買賣、互易、租賃、承攬等均為有償合同；凡一方當事人做出給付而不取得對價的，稱為無償合同，如贈予合同、使用借貸合同等即為無償合同。

　　4. 諾成性合同與實踐性合同。這是根據是否以交付標的物作為合同成立的要件所作的劃分。諾成性合同又稱為不要物合同，是指凡雙方當事人意思表示一致，不須交付標的物即成立的合同

---

[1] 參見國家司法考試2013年卷三第4題。

5. 主合同與從合同。這是根據兩個或多個合同間的關係來劃分的。不依賴他合同而獨立存在的合同，稱為主合同。而需以主合同的有效存在為存在前提的合同，稱為從合同或附屬合同。

6. 要式合同與非要式合同。這是根據合同成立是否有法定的特定要求來劃分的。要式合同是指須按法定的特定要求才能成立的合同；而非要式合同則是其成立沒有法定的特定要求的合同。

7. 預備合同（預約）和本合同（本約）。這是以兩個合同之間存在手段和目的的關係為標準進行的區分。預備合同或預約是指約定將來訂立一定合同的合同；而基於該預約而訂立的合同稱為本合同或本約。

除上述合同類型外，根據合同的內容不同，合同還可分為轉移財產的合同、完成工作的合同、提供勞務的合同、合夥合同等。

【案例解析】

[6-1] 2012 年 6 月 21 日，王某在某公司開發的凱旋華庭樓盤售樓處查看樓盤后，雙方達成購房意向，王某預先支付 2 萬元作為購房意向金。次日，王某選定購買凱旋華庭 24 幢 2101 室商品房，王某又付款 8 萬元。王某先后兩次付款合計 10 萬元，作為購房的預約定金，並由某公司開具定金收據一份。收據載明：「收款事由：凱旋華庭高層 24-2101 定金」。但雙方就合同的其他條款正在協商中，未正式簽訂購房合同。同年 8 月底，某公司將王某訂購的凱旋華庭 24 幢 2101 室商品房出售給他人。王某訴至法院，要求判令某公司雙倍返還購房定金。

請思考：法院是否支持王某的請求？

解析：本案雖未專門訂立定金合同，但定金收據即以書面向形式載明了合同內容，記載了交款人、收款單位、收款事項、收款日期等內容，對買賣標的房屋的指向亦明確具體，已經包括房屋買賣協議的主要條款，且已交付定金，故可認定購房定金合同有效成立。

本案購房定金屬於預約合同，其目的系擔保商品房買賣合同的訂立。從預約和本約的關係看，購房定金具有獨立性，自一方當事人交付購房定金時生效。如因一方原因致使主合同未訂立，則構成對購房定金合同的違反。本案雙方當事人已就適用定金罰則形成合意。某公司擅自單方決定將王某預定的房屋出售給他人，並未舉證證明在出售房屋前曾通知王某限期簽訂合同及逾期簽訂合同的后果，構成違約，應由該公司承擔雙倍返還定金的違約責任。[1]

二、合同法的概念和基本原則

(一) 合同法的概念

合同法，即有關合同的法律規範的總稱，是調整平等主體之間在訂立、履行、變

---

[1] 參見莫愛萍 閔群鋒：《購房定金的認定與適用》，載中國法院網，網址：http://www.chinacourt.org/article/detail/2014/05/id/1293543.shtml。2014 年 8 月 11 日瀏覽。

更和終止合同過程中所發生的社會關係的法律。

(二) 合同法的基本原則

合同法的基本原則是適用於合同立法、司法、執法和當事人合同活動中的根本準則。合同法是民法的組成部分,民法的基本原則當然為合同法的基本原則。除此以外,在合同領域更為強調合同(契約)自由原則與合同正義原則。

1. 合同自由原則

合同自由是指當事人在訂立、履行、變更和終止合同的過程中,享有充分的自主、自願的權利。對於是否以及和誰訂立合同,合同的具體條款如何確定,合同採用什麼形式,在合同成立後是否需要變更或解除合同,等等,都由當事人依法自主決定。換言之,合同自由通常包括以下基本內容:

(1) 締約自由,即當事人有權自由決定是否與他人締結合同;
(2) 選擇相對人的自由,即當事人可以自由決定與何人締結合同;
(3) 合同內容自由,即當事人雙方可以自由決定合同的內容;
(4) 合同方式自由,即當事人可以選擇以何種形式訂立合同;
(5) 變更或解約自由,即當事人可以協商變更或解除合同,或依約定行使解除權解除合同。

中國《合同法》第四條規定,當事人依法享有自願訂立合同的權利,任何單位和個人不得非法干預。

2. 合同正義原則

合同正義強調一方的給付與他方的對待給付之間應具有等值性以及合同上負擔與風險的合理分配[①]。合同正義之給付與對待給付之間的等值應採主觀標準,即以當事人願以此給付換取對待給付即為公平合理。但在有脅迫、欺詐、乘人之危等情形使當事人違背其真實意思而定約時,應以客觀等值原則予以處理。在合同中,除當事人約定的權利義務外,尚有附隨義務、損害賠償等負擔及各種風險,從符合正義與公平的角度講,均應合理配置。對風險負擔,《合同法》對買賣合同之標的物的損毀滅失等,採取交付主義較為合理;在其他合同如承攬、倉儲、保管、貨運等合同中的風險負擔,《合同法》也給予關注並設計相對合理的風險分擔機制,是為合同正義之體現。

【案例解析】

[6-2] 甲出生於20世紀30年代,在20世紀50年代甲與乙成婚,婚後育有三子丙、丁、戊。現甲乙均已年老,由於中國養老保障體系的不健全,甲乙均靠子女供養。因丙與同村孤寡老人己訂立了遺贈撫養協議,丙除供養父母外,還要供養己,於是顯得有些力不從心。於是,丙以自己能力有限為由要求丁、戊照顧父母,自己不再對父母盡照顧之責,丁、戊以為不妥,遂生糾紛。

請思考:丙、丁、戊兄弟三人能否在合同中約定贍養義務問題?

---

① 參見王澤鑒. 債法原理 [M]. 第一冊. 北京:中國政法大學出版社, 2001:74-76.

解析：中國《婚姻法》規定，父母對子女有撫養教育的義務；子女對父母有贍養扶助的義務。子女不履行贍養義務時，無勞動能力的或生活困難的父母，有要求子女付給贍養費的權利。由此可見，子女對父母有贍養的法定義務，無須當事人約定。本例中，年老的甲乙夫婦有三個成年子女，三個子女均有贍養義務。而丙與己之間並無父母子女關係，自然沒有照顧撫養的義務；但因他們之間達成了遺贈撫養協議，基於該協議，丙對己負有撫養義務。換言之，丙對其父母的贍養義務是法定義務，不以其意願決定是否承擔；而丙對己的扶養義務完全是其自願協議的結果。因此，丙不能以對己有扶養義務為由不盡對父母的贍養義務。當然，基於契約自由原則，如果經協商一致，其弟丁、戊願意多承擔贍養義務而減少丙的負擔也是可以的，即丙與丁、戊約定后者承擔一些本應由丙承擔的贍養義務。

第二節　合同的訂立與成立

一、合同的訂立與合同成立

（一）合同的訂立

合同的訂立，是指兩個或兩個以上的當事人為意思表示並達成合意的過程。

合同的成立包括以下三個條件：①有雙方當事人；②具備必要條款；③當事人的合意或當事人雙方的意思表示一致。合同訂立是一個由當事人協商到合同成立的動態過程。

（二）合同的成立

合同的成立，是指合同訂立階段的完成。《合同法》第八條規定，「依法成立的合同，對當事人具有法律約束力。當事人應當按照約定履行自己的義務，不得擅自變更或者解除合同。」

二、合同訂立的程序

合同訂立的程序，也就是雙方當事人的意思表示達成一致的過程。要約和承諾是合同成立的兩個基本階段或程序。

（一）要約

1. 要約的概念與構成

要約，又稱發盤、出盤、發價、出價或報價，是指一方當事人以訂立合同為目的向對方當事人所做的意思表示。發出要約的人稱為要約人，接受要約的人稱為受要約人或相對人。

要約應具有如下要件：①要約必須是特定的當事人所為的意思表示；②要約人須具有與對方簽訂合同的主觀願望並表明一經承諾即受拘束的意旨；③內容須為具體確定；④須為向要約人希望與之訂立合同的特定相對人發出。在實踐中需注意區分要約

與要約邀請，並非當事人發出的所有的意思表示都是要約。

【知識鏈接】 要約邀請

所謂要約邀請或曰要約引誘，是希望他人向自己發出要約的意思表示。下列行為屬於典型的要約邀請：①寄送價目表；②拍賣公告；③招標公告；④招股說明書；⑤商業廣告，但若廣告內容符合要約規定的，視為要約。

2. 要約的形式

要約可以採取口頭形式和書面形式。前者指要約人以直接對話或電話等方式向受要約人進行的要約；后者是採取信函、電報、電傳、電子數據交換或電子郵件等方式進行的要約。

3. 要約的效力

要約的效力，是指要約的生效及其對要約人和受要約人所具有的拘束力。

（1）要約的生效。當事人直接以對話的方式所做出的要約，原則上即時生效。非以對話方式所做出的要約，到達受要約人時生效。採用數據電文形式訂立的合同，收件人指定特定系統接收數據電文的，該數據電文進入該特定系統的時間，視為到達時間；未指定特定系統的，該數據電文進入收件人的任何系統的首次時間，視為到達時間。

（2）要約的存續期間。定有承諾期限的要約，此期限即為要約的存續期間。未定承諾期間的要約，要約的存續期間應依法律的規定：要約以對話方式做出的，除當事人另有約定的以外，應當即時承諾；要約以非對話方式做出的，承諾應在合理期限內到達，此合理期限即為要約的存續期間。關於合理期限，通常應考慮要約與承諾達到對方的在途所需時間、受要約人權衡考慮的時間、行業習慣等。

（3）要約的拘束力的內容。對要約人來說，要約一經生效，即不得隨意撤銷、變更要約；對受要約人來說，在要約生效時即取得依其承諾而成立合同的法律地位，亦即，受要約人取得承諾權。

【知識鏈接】 要約的撤回與撤銷

要約的撤回，是指要約人在要約生效前，取消要約從而使其不發生法律效力的行為。《合同法》第十七條規定：「要約可以撤回。撤回要約的通知應當在要約到達受要約人之前或者與要約同時到達受要約人。」

要約的撤銷，是指要約人在要約生效以後，在受要約人做出承諾之前，將該要約取消，使要約的法律效力歸於消滅的行為。因該行為是在要約已經生效后，因而有可能對受要約人不利，因此，對於要約的撤銷有比較嚴格的法律限制。對此，《合同法》第十九條規定：「有下列情形之一的，要約不得撤銷：（一）要約人確定了承諾期限或者以其他形式明示要約不可撤銷；（二）受要約人有理由認為要約是不可撤銷的，並已經為履行合同作了準備工作。」

4. 要約的失效

根據《合同法》第二十條的規定，要約失效的主要原因有：
(1) 拒絕要約的通知到達要約人；
(2) 要約人依法撤銷要約；
(3) 承諾期限屆滿，受要約人未做出承諾；
(4) 受要約人對要約的內容做出實質性變更。

【案例解析】

[6-3] 甲公司因更新辦公設備向數家辦公設備供應商發函，內稱「我公司急需電腦和複印機10臺，如貴公司有貨，請速告知」。乙公司接函後於次日將10臺某品牌電腦和某型號的複印機送至甲公司，而甲公司以對乙公司所供貨物性能不瞭解，而且價格偏高為由，拒絕接受乙公司送來的複印機，雙方因此發生糾紛。

請思考：甲公司與乙公司之間是否成立合同關係？

解析：本例所涉係典型的要約與要約邀請的區分問題。甲公司的發函內容不具體確定，只是表達了要購買辦公設備的信息，而對於所購設備相關內容極其抽象，根本不具有簽訂合同的條件，且無要受其約束的意思，只是希望他人提出合同的要求。因此，應屬要約邀請而非要約，故甲公司與乙公司之間未成立合同。甲公司拒絕乙公司所送電腦和複印機的行為並無不當。

(二) 承諾

1. 承諾的概念與構成

承諾，是指受要約人同意要約的內容，並向要約人明確表示願意與要約人簽訂合同的意思表示。承諾的法律效力在於，一經承諾並送達要約人，合同即告成立。一項有效的承諾應具有以下要件：

(1) 承諾必須由受要約人做出。
(2) 承諾必須向要約人做出。
(3) 承諾的內容應當與要約的內容一致。承諾是受要約人願意按照要約內容訂約的意思，因此，須與要約內容一致；受要約人對要約的內容做出實質性變更的，為新要約。
(4) 承諾應當承諾期限內到達要約人。要約在其存續期間才有效力，因此，承諾須在此期間做出。受約人超過承諾期發出承諾的，除要約人及時通知受要約人承諾有效的以外，為新要約。

2. 承諾的方式

《合同法》第二十二條規定：「承諾應當以通知的方式做出，但根據交易習慣或者要約表明可以通過行為做出承諾的除外。」承諾的具體方式通常有明示、默示和沉默等方式。

3. 承諾生效與合同成立

按《合同法》規定，承諾通知到達要約人時生效。承諾不需要通知的，根據交易

習慣或者要約的要求做出承諾的行為時生效。

承諾生效，合同成立，但是，當事人採用合同書形式訂立合同的，自雙方當事人簽字或者蓋章時合同成立。當事人採用信件、數據電文等形式訂立合同的，可以在合同成立之前要求簽訂確認書。簽訂確認書時合同成立。儘管法律、行政法規規定或者當事人約定採用書面形式訂立合同，當事人未採用書面形式或在書面合同簽字或蓋章之前，當事人一方已經履行主要義務，對方接受的，該合同成立。

4. 承諾的撤回與締約過失責任

（1）承諾的撤回。

在通常情況下，承諾生效，合同即生效，因此，一項已經生效的承諾是不可能撤銷的。但是，承諾在其生效之前是可以撤回的。承諾的撤回，是指受要約人在發出承諾通知以後阻止承諾發生法律效力的行為。撤回承諾的通知須先於或同時與承諾通知到達要約人。

（2）締約過失責任，是指在締約過程中，一方當事人過失地違反根據誠實信用原則應負擔的先合同義務，在合同不成立、無效或被撤銷而給對方造成損害時，應當承擔的損害賠償責任。

根據中國《合同法》的規定，在下列情形中當事人應承擔締約過失責任①：

①惡意磋商而致對方損害（第四十二條）。

②故意隱瞞與訂立合同有關的重要事實或提供虛假情況而致相對人損害（第四十二條）。

③洩露或不正當使用商業秘密而致相對人損害（第四十三條）。

④因無權代理發生的損害（第四十八條）。

⑤因合同無效或被撤銷而致對方損害（第五十八條）。

⑥其他違背誠實信用原則而致地方損害時發生的損害（第四十二條）。

【案例解析】

[6-4] 2012年11月，原告李雙杰與被告張學萍簽訂《房屋出租合同》，約定由張學萍承租李雙杰368號院的房屋，租期一年，至2013年10月31日，租金每年10萬元，半年一付。2013年租賃合同到期后，雙方通過短信息方式協商續租事宜，張學萍要求李雙杰提供匯款用的銀行帳號，李雙杰予以提供，張學萍向李雙杰匯款4.5萬元（扣除張學萍給李雙杰做防水的費用5,000元），但李雙杰認為扣除防水款後，張學萍應當給付6萬元的租金，張學萍認為半年租金是5萬元，不同意按照半年租金6.5萬元的標準續簽合同，雙方就此發生爭議。李雙杰訴至法院，要求解除《房屋出租合同》，張學萍返還房屋，並按照每日356元的標準支付自2013年11月1日至實際騰退之日止的房屋使用費。法院審理查明：李雙杰與張學萍以短信息的方式協商續租事項時，作為房屋出租人的李雙杰提出按照每年13萬元的租金標準續租合同，但作為承租人的張學萍並未即時做出同意該租金標準的承諾，雖在庭審過程中，張學萍表示同意按照李

---

① 參見李永軍．合同法 [M]．2版．北京：法律出版社，2005：178-179．

雙杰提出的 13 萬元的租金標準繼續履行合同，但李雙杰現不同意與張學萍繼續履行合同，故應當認定李雙杰、張學萍雙方在原書面《房屋出租合同》到期終止後，並未形成事實上的租賃合同關係。據此，判決張學萍騰退房屋並支付房屋使用費。

請思考：法院判決張學萍騰退房屋並支付房屋使用費的理由是什麼？

解析：本案的爭議焦點是雙方協商續租的合同是否成立。需注意的問題：一是承諾的期間；二是無合意之履行行為能否視為合同成立。

合同的訂立，是締約雙方為意思表示並達成合意的過程。當事人發出的要約自受要約人瞭解時生效，受約人得以在一定期間內做出承諾。一般來說，受約人須在要約存續期間內做出承諾；要約以對話方式做出的，應當即時做出承諾，但當事人另有約定除外。本案中，雙方以短信息方式協商續租事宜，雖並非傳統意義上的訂立方式，但由於短信息以即時可收發的狀態，雙方可即時瞭解對方的意思表示，故而本案中雙方訂立合同的方式，可以參照適用合同法規定的以對話方式的協商：一方發出要約後，另一方需即時承諾，否則要約失效。李雙杰要求年租金為 13 萬元，張學萍未即時承諾，該要約失效。同時張學萍要求租金 10 萬元，李雙杰亦未即時承諾，雙方就合同價款未達成合意。雖然在庭審中，張學萍表示願意以 13 萬元的價格承租涉案房屋，但由於李雙杰之要約已經失效，張學萍的承諾不產生合同訂立的效果。

《合同法》第二十二條規定，承諾應當以通知的方式做出，但依據交易習慣或者要約表明可以通過行為做出承諾的除外。本案中張學萍的單方履行行為對李雙杰原要約內容做出實質變更，實際是以單方行為表示了新的要約，但李雙杰未予承諾，雙方合意依然沒有達成，合同未成立。

基於以上理由，法院做出張學萍返還房屋，並支付至騰退之日止的房屋使用費的判決，是符合合同訂立的法律規定的。[1]

【案例解析】

[6-5] 甲公司就一批木材買賣與乙家具廠進行磋商，甲公司傳真乙家具廠表示，這批木材總價款 40 萬元，當年 8 月底以前交貨，如乙家具廠同意即為成交，但須以最後簽訂的合同確認書為準。乙家具廠收到傳真后即認為合同成立，遂向甲公司開具信用證。甲公司收到信用證後認為，合同沒有成立，隨著市場變化，價格還需協商為由拒絕發貨。於是產生糾紛。

請思考：未簽訂確認書的合同是否成立？

解析：甲公司與乙家具廠進行磋商，甲公司傳真乙家具廠表示，這批木材總價款 40 萬元，當年 8 月底以前交貨，是為要約。在通常情況下，乙家具廠接受要約做出承諾合同即為成立。但本例甲公司明確「須以最後簽訂的合同確認書為準」。依合同法第三十三條規定，當事人採用信件、數據電文等形式訂立合同的，可以在合同成立之前要求簽訂確認書。簽訂確認書時合同成立。因此，在確認書簽訂之前甲公司拒絕發貨

---

[1] 參見王忠：《以短信息方式訂立合同的判定》，載中國法院網，網址：http://www.chinacourt.org/article/detail/2014/06/id/1310712.shtml，2014 年 8 月 12 日瀏覽。

是有道理的。

三、合同的形式與內容

（一）合同的形式

合同的形式或合同的方式，是合同雙方當事人意思表示一致的法律行為的外在表現。《合同法》從當事人意思自治的原則出發，對合同形式的規定以不要式為原則，以要式為例外。除法律、行政法規規定採用書面形式的，應當採用書面形式外，當事人都可自行選擇合同形式。

依《合同法》第十條規定，當事人訂立合同可採取書面形式、口頭形式或其他形式。

（二）合同的內容

合同的內容，是指訂立合同的雙方當事人所達成合意所形成的合同條款。《合同法》第十二條規定，合同條款主要包括：當事人的名稱或者姓名和住所；標的；數量；質量；價款或報酬；履行的期限、地點和方式；違約責任；解決爭議的方法；等等。合同內容即條款通常是由當事人協商確定，但格式條款的適用亦不鮮見，訂約之時需予注意。

【知識鏈接】 格式條款

格式條款，是當事人為了重複使用而預先擬定，並且在訂立合同時不與對方協商的合同條款。以格式條款訂立的合同稱為格式合同、標準合同或定型化合同。

格式合同隨社會化大生產和公用型企業的出現而開始使用和推廣。其優點為可節約大量商談合同的時間和人力，大大提高效率；其缺點為合同另一方當事人的權利和利益易受侵犯，合同內容可能違反公平原則。為了保障廣大消費者和勞動者的利益，各國在法律上都有專門規定來解決這個問題。按照中國《合同法》第三十九、四十、四十一條的規定，對其規制的要點是：

（1）提供格式條款的一方應當遵循公平原則確定當事人之間的權利和義務，並採取合理的方式提請對方注意免除或者限制其責任的條款，按照對方的要求，對該條款予以說明。

（2）格式條款有合同法規定合同無效或免責條款無效情形的，或者提供格式條款一方免除其責任、加重對方責任、排除對方主要權利的，該條款無效。

（3）對格式條款的理解發生爭議，應當按照通常理解予以解釋。對格式條款有兩種以上解釋的，應當做出不利於提供格式條款一方的解釋。格式條款和非格式條款不一致的，應當採用非格式條款。

【案例解析】

[6-6] 2013年10月，劉芳在某網站下定金預定購買香水一瓶。現在所購東西可以付款了，但劉的銀行卡裡正好沒錢，於是又點開了支付選項，后發現這個網站規定

點開支付後 24 小時未支付即算訂單作廢，購買的東西不僅拿不到，定金也不予退還。聯繫客服，對方也不給劉芳再次補款的機會。

請思考：本例中「訂單作廢，定金不予返還」的規定是否有效？

解析：本例中訂單作廢，定金不予返還的做法不盡合理。因為，劉芳向該網站交付定金預定香水，即為向該網站的要約，而網站通知劉芳該香水可以付款了，應視為網站的承諾，雙方買賣合同成立；雙方的合同成立後，劉芳未能及時交付貨款，是為遲延履行，但遲延履行並不意味著解除合同的條件成就，依《合同法》第九十四條第三項規定，僅「當事人一方遲延履行主要債務，經催告後在合理期限內仍未履行」才能解除合同，而網站在未予催告的情況下，即解除合同並無法律根據。網站 24 小時付款的規定是合同的格式條款，存在加重對方責任的情形，應當為無效條款。[①]

第三節　合同的效力

一、合同效力的界定

合同效力，又稱合同的法律效力，即法律賦予依法成立的合同所具有的對當事人乃至第三人的強制力。一項合同可能為有效或無效等確定的狀態，亦可能以當事人的意思予以補正或確定，即在法律上呈效力未定、可變更或可撤銷等狀態。

二、合同的有效

合同的有效，是指合同作為一項法律行為符合法律行為的有效要件，其確定的發生當事人所預期的法律後果。因此，合同有效應符合本書前述法律行為的有效要件：即當事人的主體資格合法、意思表示真實、不違反法律、法規的強制性規定或者社會公共利益。另外，法律法規或當事人對合同形式有特別規定或約定的，應符合相應的規定或約定。

【案例解析】

[6-7] 2012 年 2 月 1 日，甲公司與乙公司簽訂買賣合同，根據合同約定，甲公司向乙公司購買一批建築材料，價款為 400 萬元，由甲公司向乙公司支付定金 100 萬元，在 2 月 10 日之前交付，並且約定由某丙建築公司於 3 月 1 日向甲公司交貨，甲公司在驗貨合格後的次日以商業承兌匯票方式結算。2 月 10 日，甲公司如約支付了定金。3 月 1 日，由於建築材料價格上漲，丙建築公司沒有按期向甲公司交貨。經過協商，丙建築公司於 3 月 10 日向甲公司交付了貨物，甲公司當天驗收，質量符合合同標準，於 3 月 12 日開出面值 400 萬元轉帳支票支付貨款，已經交付的定金由甲乙公司之間另行

[①] 參見劉夢三：《網站格式條款約定未及時付款不退定金是否有效》，載中國法院網，網址：http://www.chinacourt.org/article/detail/2014/04/id/1275938.shtml。2014 年 8 月 13 日瀏覽。

結算。

請思考：甲公司是否可以要求乙公司承擔違約責任？雙方約定的定金條款是否有效？

解析：例中甲、乙雙方就建築材料達成協議，成立買賣合同。這是當事人的真實意思表示，亦不違反法律規定，符合合同有效要件；而依合同法規定，當事人可以約定由第三人向債權人履行，只是「第三人不履行債務或者履行債務不符合約定，債務人應當向債權人承擔違約責任」；當事人約定的定金數額超過了《擔保法》規定主合同標的額的20%的限額，超過部分無效。據此，我們認為，丙建築公司沒有按期交貨，甲公司可以要求乙公司承擔違約責任。后經協商，丙建築公司於3月10日向甲公司交付了貨物，甲公司當天驗收，質量符合合同標準，於3月12日開出面值400萬元，使該合同得到履行，保障了各方當事人利益。

三、合同有效要件的欠缺

欠缺有效要件的合同，是指不具備或者不完全具備合同有效的要件，因而不能產生當事人預期的法律后果的合同。一般將欠缺有效要件的合同分為以下三類：

（一）無效的合同

無效的合同，是指雖經當事人雙方協商訂立，但因嚴重欠缺生效要件，在法律上不能按當事人的合意產生效力的合同。無效合同，是當然、自始和確定的無效，不能以當事人的行為予以補正。

無效的合同包括以下幾種：（1）一方以欺詐、脅迫的手段訂立合同，損害國家利益；（2）惡意串通，損害國家、集體或者第三人的利益；（3）以合法形式掩蓋非法目的；（4）損害社會公共利益；（5）違反法律、行政法規的強制性規定。

合同可以全部無效，也可以部分無效。合同部分無效，不影響其餘部分的效力。合同被確認無效，將產生以下法律后果：

（1）返還財產。合同被確認無效后，當事人因該合同取得的財產，應當返還給受損失的一方。不能返還或沒有必要返還的，應當折價補償。

（2）損害賠償。合同被確認無效后，有過錯的一方應當賠償對方因此所受的損失；雙方都有過錯的，應當各自承擔相應的責任。

（3）非民法上的法律后果。當事人行為違反了其他法律規定的，要承擔相應的行政責任包括追處以罰款、吊銷營業執照、吊銷生產許可證、責令停業整頓，甚至刑事責任。

【案例解析】

[6-8] 1999年1月1日，原、被告簽訂1份協議，約定雙方對某刊物的編輯工作及經營活動進行合作。刊物的採、編、寫及發行工作由被告自行組織，刊物的各種廣告活動均由被告代理操作。原告負責提供刊物正常出版手續，被告負責籌措運營的全部資金。雙方合作期間所產生的債權債務及相關的法律責任一律由被告承擔，經營活動盈虧由被告自行負責。無論被告經營狀況如何，被告在3年合作期內共需向原告交

納管理 50 萬元，其中 1999 年為 15 萬元，2000 年為 15 萬元，2001 年為 20 萬元。協議簽訂后，因有員工舉報被關部門查處發現，刊物停刊。

請思考：原、被告簽訂的合同是否有效？

解析：國務院《出版管理條例》第二十一條規定，出版單位不得向任何單位或者個人出售或者以其他形式轉讓本單位的名稱、書號、刊號或者版號版面，並不得出租本單位的名稱、刊號。例中原、被告簽訂的協議違反該規定，應系無效合同。無效合同自始無效。本系原告的印章因合同無效，被告應予返還。此外，因當事人雙方訂立該協議違反了行政法規，屬於違法行為，有關部門應依法對當事人進行處罰。[1]

(二) 可撤銷的合同

可撤銷的合同指當事人有權提請人民法院或仲裁機構變更或撤銷的合同。

《合同法》第五十四條規定，當事人因重大誤解訂立的合同或者訂立合同時合同內容顯失公平的，以及一方以欺詐、脅迫的手段或者乘人之危，使對方在違背真實意思的情況下訂立的合同，屬於可撤銷的合同。

對於可撤銷的合同，當事人有權請求人民法院或仲裁機構予以變更。當事人請求變更的，人民法院或仲裁機構應當酌情予以變更。但撤銷（變更）權的行使須在當事人自知道或者應當知道撤銷事由之日起 1 年內行使。被撤銷的合同自始無效。

【案例解析】

[6-9] 2003 年，某縣房地產開發公司向中行某支行申請「含笑小區」公寓樓按揭貸款支持。2004 年 1 月 16 日雙方簽訂了「樓宇按揭項目合作協議」，協議約定：中行某支行向符合貸款條件的「含笑小區」公寓樓購房人提供按揭貸款支持；雙方同時簽訂了《最高額保證合同》，確定某縣房地產開發公司為該樓盤的購房人向中行某支行借款提供連帶責任擔保。2004 年 3 月 31 日，某縣房地產開發公司與黃某簽了虛假的《商品房買賣合同》、並持虛假的首期付款收據及收入證明等相關證件，與黃某到中行某支行辦理按揭貸款手續。當日，中行某支行與黃某簽訂了《樓宇抵押借款合同》，約定：借款金額為 85,000 元，借款期限為 15 年，月利率為 4.2‰，還款方式為：按月均等額還貸款本息。同日，中行某支行依合同約定將 85,000 元轉入「含笑小區」的開發商戶頭上。此后，中行某支行從黃某在該行的活期普通存折中逐月扣劃應歸還和支付的貸款本息。貸款抵押的房屋已在某縣房地產管理所辦理了在建工程貸款抵押登記手續，明確了抵押權人為中行某支行。截至 2006 年 4 月 30 日，黃某尚欠中行某支行借款本金 76,808.30 元及利息 643.19 元。2005 年 7 月 4 日某縣人民法院以 (2005) 平民保字第 252-1 號民事裁定書查封了上述抵押房屋（含笑小區 8-603 號房）。中行某支行由此得知某縣房地產開發公司與黃某之間簽訂的是虛假的商品房買賣合同，遂引發糾紛，訴至某縣人民法院，請求判令：黃某償還借款本金 76,808.30 元及利息；某縣房地產開

---

[1] 根據張明麗：《無效合同返還財產原則的探討》改編，張文載中國民商法網，網址：http://www.civillaw.com.cn/article/default.asp? id=21986。2012 年 8 月 15 日瀏覽。

發公司負連帶清償責任；中行某支行對「含笑小區」8-603號房享有優先受償權。

一審法院認為：某縣房地產開發公司為套取中行某支行的按揭貸款，與黃某惡意串通，持虛假的購房合同和相關資料與中行某支行簽訂《樓宇抵押借款合同》。該借款合同為無效合同，黃某與某縣房地產開發公司是共同侵權人，對返還貸款本金及賠償利息損失承擔連帶責任。擔保合同是主合同的從合同，主合同無效，擔保合同亦無效。因此，對中行某支行要求對抵押物享有優先受償權的訴訟請求不予支持。據此判決：由黃某、某縣房地產開發公司返還中行某支行借款本金76,808.46元及賠償利息損失；黃某、某縣房地產開發公司對上述債務互負連帶清償責任；駁回中行某支行要求對「含笑小區」8棟603號房屋享有優先受償權的訴訟請求。

中行某支行不服一審判決，上訴至中級人民法院，稱其與黃某簽訂的《樓宇抵押借款合同》為有效合同，其對抵押物享有優先受償權。二審法院審理認為：某縣房地產開發公司與黃某以欺詐手段與中行某支行簽訂的《樓宇抵押借款合同》屬可撤銷合同，享有合同撤銷權的受欺詐方中行某支行在知道撤銷事由後並未主張撤銷權，因此該合同為有效合同。擔保合同的設立亦是擔保人的真實意思表示，且雙方辦理抵押登記，因此擔保亦屬有效。某縣房地產開發公司應當根據《最高額保證合同》的約定承擔保證責任。據此判決：撤銷原判；解除中行某支行與黃某簽訂的《樓宇抵押借款合同》；由黃某向中行某支行償還借款本金76,808.46元及該款利息；某縣房地產開發公司對上述債務承擔連帶清償責任；黃某屆期不履行上述第三項付款義務的，上訴人中行某支行可以與抵押人某縣房地產開發公司協議，以坐落於含笑住宅小區第八棟603號的抵押物折價，或者申請以拍賣、變賣該抵押物所得價款優先受償。抵押物折價或者拍賣、變賣後，其價款超過債權數額的部分歸抵押人某縣房地產開發公司所有，不足部分由被上訴人黃某、某縣房地產開發公司連帶清償。

請思考：主合同屬無效合同還是可撤銷合同？上訴人中行某支行與黃某之間的抵押合同是否有效？

解析：本案經終審定案，但對該案涉及的問題應加思考。首先，主合同屬無效合同還是可撤銷合同，進而認定其有效與否，對債權人擔保權利的實現具有重要意義。被上訴人某縣房地產開發公司在開發「含笑小區」樓項目過程中，為套取上訴人中行某支行的樓宇按揭貸款，與黃某協商簽訂了虛假的《商品房買賣合同》，並偽造黃某的個人資信證明等相關資料，以黃某的名義向上訴人申請按揭貸款，經上訴人審查同意後，上訴人與黃某簽訂了《樓宇抵押借款合同》，合同訂立當日，上訴人依約發放了貸款。因此，黃某與平果縣房地產開發公司之間顯系惡意串通，但對上訴人中行某支行來說，黃某與平果縣房地產開發公司之間的行為則是典型的虛構事實的欺詐行為，使上訴人基於這種虛假的交易關係在違背真實意思表示的情況下與黃某簽訂了《樓宇抵押借款合同》，因此，該合同按照《合同法》第五十四條的規定，屬可撤銷合同，受損害方有權請求人民法院或者仲裁機構變更或者撤銷。對此二審法院認為，享有合同撤銷權的是受欺詐方中行某支行，該行在知道撤銷事由後並未主張撤銷權，因此《樓宇抵押借款合同》為有效合同。

其次，基於虛假的商品房買賣合同，雙方實際上並不存在商品房買賣關係，因此，

合同標的物所有權並沒有發生轉移,即「含笑小區」第八棟603號房屋所有權仍然屬被上訴人某縣房地產開發公司所有。那麼,上訴人與黃某之間的抵押權是否有效呢?從法院查明的事實,我們看到,某縣房地產開發公司為了取得上訴人的按揭貸款,自願將其擁有所有權的含笑住宅小區第八棟603號房以黃某的名義設定抵押,而不是黃某擅自對房產做出處分,而是房屋所有權人的真實意思表示,且辦理了在建工程(商品房預售)抵押登記,抵押權因登記而成立。因此,本案的《樓宇抵押借款合同》中的擔保條款亦為有效合同,上訴人對抵押物應當享有優先受償權。另外,某縣房地產開發公司向中行某支行事先訂立的《最高額保證合同》的有效性當為肯定。據此約定,某縣房地產開發公司應按照該保證合同的約定,對本案貸款本息承擔連帶擔保責任。[1]

(三) 效力未定的合同

效力未定的合同指合同雖然已經成立,但因其不完全具備生效要件,因此,其效力能否發生尚未確定,一般須經有權人表示承認予以補正其才能生效。此類合同主要包括:

(1) 無權代理人訂立的合同。《合同法》第四十八條規定,行為人沒有代理權、超越代理權或者代理權終止後以被代理人的名義訂立的合同,未經被代理人追認,對被代理人不發生效力,由行為人承擔責任。換言之,這類合同只有經過被代理人的追認,被代理人才承擔民事責任。未經追認的合同,被代理人將不承擔民事責任。同時,此類合同相對人可以催告被代理人在1個月內予以追認。被代理人未作表示的,視為拒絕追認。合同被追認之前,善意相對人有撤銷的權利。撤銷應當以通知的方式做出。

(2) 限制民事行為能力人訂立的須經法定代理人追認的合同,但純獲利益的合同或者與其年齡、智力、精神健康狀況相適應而訂立的合同不必經法定代理人追認。相對人可以催告法定代理人在1個月內予以追認。法定代理人未作表示的,視為拒絕追認。合同被追認之前,善意相對人有撤銷的權利。撤銷應當以通知的方式做出。

(3) 無處分權人處分他人財產的合同。《合同法》第五十一條的規定,「無處分權的人處分他人財產,經權利人追認或者無處分權的人訂立合同後取得處分權的,該合同有效」。依主流學者意見和本條之文義解釋,該類合同為效力待定的合同。但如本書關於效力待定的法律行為中所指出,對該條所存爭議不容忽視。依最高人民法院關於買賣合同的司法解釋(法釋【2012】8號)第三條規定,當事人一方以出賣人在締約時對標的物沒有所有權或者處分權為由主張合同無效的,人民法院不予支持。亦即,我們不能以出賣人在締約時對標的物沒有所有權或者處分權為由主張合同無效。對此,讀者還可作進一步思考。

【案例解析】

[6-10] 甲公司業務員王某一直負責與乙公司的購銷業務。王某因故被開除後,甲

---

[1] 參見鄧梅君:《從本案看欺詐行為對合同效力的影響》,載中國法院網,網址:http://www.chinacourt.org/article/detail/2007/08/id/262018.shtml。2014年8月15日瀏覽,有改動。

公司第一時間通知了包括乙公司在內的原來由王某負責業務的企業。但王某用蓋有甲公司公章的空白合同書與乙公司新到負責業務的業務員訂立一份購銷合同。乙公司負責人並未太在意該合同的訂立，依合同約定按時將貨送至甲公司。甲公司拒絕收貨而引起糾紛。

請思考：甲公司拒絕收貨是否有法律依據？

解析：例中王某因故被開除後就不再是甲公司的業務人員，其以甲公司名義進行的活動均為無權代理，若未得甲公司追認，該「代理」行為對甲公司沒有約束力；本例雖然王某用蓋有甲公司公章的空白合同書與乙公司訂立合同，而且利用新到負責業務的業務員訂立一份購銷合同，但因甲公司事先已通知，儘管業務人員不知情，但這是乙公司的內部管理問題，不能以該業務人員不知情為由主張表見代理。因此，甲公司拒絕收貨是有法律依據的。

【案例解析】

[6-11] 某甲欲購一臺小貨車運送自家生產的蔬菜供應訂貨商場。某甲的同學某乙就是二手車收購商。某乙的鄰居某丙曾表示要出售自己的送貨小貨車，並請某乙估價收購，因當時某乙出價 28,000 元，與某丙預期的最少 30,000 元價格有出入而未能成交。某乙得知某甲欲購車的事情就對甲介紹某丙的車輛信息，之後，某乙偕某甲到某丙處看車。二人到達某丙處，某丙因故不在家。某甲看車後表示滿意，願出價 31,000 元購買。於是，某乙認為，現某丙不在家，與某甲直接購買不現實，但買車的事「包在我身上，我做主把該車賣給你，某丙那邊的工作我來做」。於是，某甲與某乙訂立合同將某丙的小貨車出售給某甲，售價 31,000 元，一個星期之內辦理車籍過戶。當天下午某甲就將購車款支付某乙，並催促乙及時同丙溝通交車。但第二天，某乙致電某丙談購車事宜，某丙告訴某乙，他已將車賣給某丁，不可能再向其出售。

請思考：本案中的買賣合同是否有效？

解析：本例中所述由二手車收購商購車再賣他人的事情並不鮮見。雖某甲購車時明知某乙不具有該車的所有權和處分權，但知其作為中間商買賣車輛的情況，因此，相信其能夠辦成買賣事宜，從其手中購得該車不成問題。而且，例中某丙還曾就該車出售一事請某乙估價收購，只是價格與預期相差而未成交，因此，如果某乙出價 30,000 元，完全符合某丙原來的預期，成交應該沒有問題。如果事情順利，某乙同某丙以其原先預期的 30,000 元成交，某乙再將車賣與某甲。既成全了某甲與某丙之買賣，自己還可從中賺得 1,000 塊，三方可謂各得其所。但事有不測，不曾想該車已經出售。如果就此按照《合同法》第五十一條的規定，判定合同無效，對於某甲而言，似乎承擔了本不該由他承擔的風險，畢竟作為二手車買家相信專業的經銷商似乎並不為過，而且對於某丙及其車輛信息等情況某乙更為清楚，與某甲訂立買賣合同也是某乙自願的行為，因此，某乙負擔買車不成的風險似乎更具有合理性。基於此，我們認為應援引最高法院關於買賣合同司法解釋第三條規定，本例應判定買賣合同有效，乙因無法履行交車義務而承擔違約責任。

第四節　合同的履行

一、合同履行規則

合同的履行是指債務人或者第三人為給付，實現合同債權並使合同歸於消滅的過程。合同履行是合同制度的核心，沒有合同的履行，當事人的訂約目的將難以實現。

按約履行合同，須以具體、明確約定為前提，但在實踐中合同總難免有疏漏。當事人對相關事項沒有約定或約定不明，合同履行難免產生糾紛。對此，《合同法》第六十一條規定，當事人可以協議補充；不能達成補充協議的，按照合同的有關條款或者交易習慣確定。依此仍不能確定的，適用《合同法》第六十二條規定處理：

（1）質量要求不明確的，按照國家標準、行業標準履行；沒有國家標準、行業標準的，按照通常標準或者符合合同目的的特定標準履行。

（2）價款或者報酬不明確的，按照訂立合同時履行地的市場價格履行；依法應當執行政府定價或者政府指導價的，按照規定履行。

（3）履行地點不明確，給付貨幣的，在接受貨幣一方所在地履行；交付不動產的，在不動產所在地履行；其他標的，在履行義務一方所在地履行。

（4）履行期限不明確的，債務人可以隨時履行，債權人也可以隨時要求履行，但應當給對方必要的準備時間。

（5）履行方式不明確的，按照有利於實現合同目的的方式履行。

（6）履行費用的負擔不明確的，由履行義務一方負擔。

二、雙務合同的履行抗辯權

雙務合同的履行抗辯權，是指在符合法律規定的條件下，當事人一方得對抗對方當事人的履行請求權，暫時拒絕履行自己義務的權利。

（一）同時履行的抗辯權

同時履行的抗辯權，即在雙務合同得為同時履行時，一方當事人在對方未為對待給付前，有拒絕履行自己債務的權利。

《合同法》第六十六條規定，當事人互負債務，沒有先后履行順序的，應當同時履行。一方在對方履行之前有權拒絕其履行要求。一方在對方履行債務不符合約定時，有權拒絕其相應的履行要求。

【案例解析】

[6-12] 甲電子公司與乙商場在 2008 年 7 月份簽訂一份合同，雙方約定甲應於同年 9 月份向乙交付 800 臺某品牌電視機，乙商場應同時向甲交付貨款 270 萬元。后來甲電子公司因業務往來欠丙公司近 300 萬元。於是甲電子公司與丙公司達成合意，由丙公司接受乙商場支付的貨款。甲丙達成協議后就此事通知了乙商場，乙商場表示到時

將會向丙公司支付該貨款。同年9月份，乙公司準備支付貨款，但甲電子公司卻未向乙商場供貨。乙於是對丙表示，除非甲對其履行，否則，將不會對丙履行支付貨款的義務。雙方發生爭議。為解決與乙商場之間的爭議，丙公司通知甲公司：要麼向乙履行交貨義務，要麼向其履行還款義務。甲不同意，認為已經成立的合同受法律保護，債各有主，支付貨款是乙的義務，與其無關，至於向乙商場交貨的事情會盡快接洽，但與丙公司無關。

請思考：甲公司的回覆是否有法律依據？

解析：在本例中，甲公司與乙商場之間的電視機買賣合同成立並生效，當無疑義。由於沒有約定履行的先後順序，應同時履行。后甲公司將對乙商場的債權轉讓給了丙公司，並通知了債務人乙商場，債權轉讓對乙商場發生效力無疑。由此，作為債務人的乙商場當對丙公司支付貨款，但同時享有得以對甲行使的同時抗辯權，由是之故，在甲未為對待履行的前提下可以對抗丙提出的履行合同的請求權。丙因未得乙商場支付貨款而未能實現其權利，作為債權的受讓人當然可以要求讓與人甲公司承擔瑕疵擔保責任。因此，甲公司的回覆於法無據。

(二) 后履行抗辯權

后履行抗辯權，是指雙方當事人互負之債務有先後履行之順序，在先行履行一方未為履行之前，后履行一方有權拒絕其履行請求並可請求其履行之權利。

《合同法》第六十七條規定，當事人互負債務，有先後履行順序，先履行一方未履行的，后履行一方有權拒絕其履行要求。先履行一方履行債務不符合約定的，后履行一方有權拒絕其相應的履行要求。

【案例解析】

[6-13] 2000年8月10日，河南省喜雨有限公司（以下簡稱喜雨公司）與深圳東南經濟開發公司（以下簡稱開發公司）在河南省鄭州市簽訂購銷合同一份。合同約定：喜雨公司供給開發公司國際中級毛綠豆（含水量2%）3,000噸，每噸價格985元，總貨款2,955,000元，於同年9月20日前交貨，並負責辦理商檢證、免疫證、產地證、供貨證和化驗單。需方開發公司在合同生效后預付22萬元定金，8月底付足貨款的50%，包括定金共1,477,500元，餘下貨款在貨到后付清。合同簽訂后，開發公司於2000年8月11日給付合同定金22萬元，並在收到喜雨公司提供的商檢、產地等證和河南省經貿委的綠豆計劃外銷售批件后，於同年8月25日將合計金額為1,257,500元的兩張匯票交給喜雨公司。喜雨公司收到定金及匯票後，於9月13日向需方發出毛綠豆3,000噸，並要求需方收到貨物后結清餘款。需方開發公司在驗貨後發現：毛綠豆的含水量高出合同約定標準4%，無法制漿，所以，需方以供方履約有瑕疵為由，拒付餘款。而喜雨公司則認為：合同約定需方在「貨到后結清餘款」，但需方在收貨後遲遲未將餘款結清，構成違約，雙方遂發生糾紛。

請思考：需方是否有權拒絕支付餘款？

解析：本案的審理過程中，曾存在兩種不同的意見：一種意見認為，雖然供方交

貨不符合合同所約定的標準，構成違約，但需方在收到貨物后，未按合同約定結清餘下貨款，同樣也構成違約，所以，雙方均應承擔違約責任，其比例按照雙方的過錯大小分攤。另一種意見認為，本合同對於合同雙方的履行時間有明確規定：供方應先於需方履行其供貨義務。因此，供方履行合同不符合約定在先，就無權利要求需方履行付款義務，違約責任應當由供方單獨承擔。

第一種意見在《合同法》出抬前在司法實踐中具有一定代表性。這是由於當時立法上沒有「后履行抗辯權」制度，法院通常引用《民法通則》第一百一十三條的規定，「當事人雙方都違反合同的，應當分別承擔各自應負的民事責任」，認定為雙方違約，要求雙方共同承擔違約責任。這種判決是極不合理的：負先履行合同義務一方是否按約履行合同決定了后履行一方期待利益能否實現。先履行一方違約，使后履行一方所期望的利益不能實現，此時，若不給予相應保護措施，促使先履行一方履行合同，反而要求后履行一方也承擔違約責任，勢必會產生利益上的傾斜，不利於約束先履行一方的違約行為，最終影響交易安全。后履行抗辯制度表明了一方先期違約與另一方中止履行合同的因果關係，為減少司法實踐中存在的「雙方違約」誤區提供了法律依據。因此，關於本案的第二種意見，正確地理解和適用了后履行抗辯權，即在有履約順序的雙務合同中，后履行一方當事人在先履行一方當事人不履行合同或履行合同不符合約定時，有權拒絕先履行一方當事人的履約要求。本案供方履行合同，不僅僅是把貨運送到對方，而是運送交付的貨物還須符合質量標準，即「提供符合約定標準的綠豆」，但供方提供的貨物並不符合合同約定，因此，依《合同法》第七十六條的規定，需方有權拒絕支付餘款。這是后履行抗辯權的正當行使，並非所謂「雙方違約」。[①]

(三) 不安抗辯權

不安抗辯權，是指在雙務合同中負擔債務並應先為給付者，發現他方當事人於締約後有喪失或可能喪失履行債務能力，因而有可能危及其債權實現的情形，在他方未為給付或提供有效擔保之前，該先為給付者可以拒絕他方之履行請求的權利。

《合同法》第六十八條規定，應當先履行債務的當事人，有確切證據證明對方有下列情形之一的，可以中止履行：（一）經營狀況嚴重惡化；（二）轉移財產、抽逃資金，以逃避債務；（三）喪失商業信譽；（四）有喪失或可能喪失履行債務能力的其他情形。

【案例解析】

[6-14] 2013 年 4 月 7 日，甲公司與乙公司簽訂了一份買賣合同，按照買賣合同的約定，由甲公司在 2013 年 5 月 31 日前向乙公司提供貨物，乙公司收到貨物後的 10 天內支付貨款。2013 年 5 月 25 日，甲公司按照合同約定完成全部貨物的生產。5 月 26 日甲公司得到確切證據證明乙公司經營狀況嚴重惡化，可能無力支付貨款。甲公司通

---

① 參見俞里江：《后履行抗辯權》，載中國民商法網，http://www.civillaw.com.cn/article/default.asp?id=21445。2014 年 8 月 16 日瀏覽。

知乙公司中止履行合同，並要求乙公司提供擔保。乙公司承諾，可以請求丙公司和丁公司提供擔保。2013年6月6日，甲公司與丙、丁公司簽訂了保證合同，約定的保證方式為一般保證。

請思考：甲公司是否有權通知乙公司中止履行合同，並要求乙公司提供擔保？甲公司與丙、丁公司簽訂保證合同後，甲公司仍不提供貨物時，應承擔什麼樣的法律後果？

解析：例中甲公司作為應當先履行債務的當事人，在有確切證據證明對方經營狀況嚴重惡化，可能無力支付貨款的情況下，可以行使不安抗辯權。因此，甲公司通知乙公司中止履行，要求對方提供擔保是法律依據的。乙公司承諾，可以請求丙公司和丁公司提供擔保，甲公司於2013年6月6日與丙、丁公司簽訂了保證合同後，已經消除令其「不安」的事由，因此，甲公司應當恢復合同履行，否則，將承擔違約責任。

第五節　合同的擔保與保全

一、合同的擔保與擔保方式

合同的擔保，是為促使債務人履行合同義務，確保債權人實現債權的法律措施。

根據《中華人民共和國擔保法》（以下簡稱《擔保法》）規定，擔保的方式有：保證、抵押、質押、留置和定金等，其中抵押、質押、留置等物的擔保已在《物權法》一章介紹，在此僅介紹保證、定金。

二、保證

(一) 保證的含義

保證，是指債務人以外的第三人作為保證人和債權人約定，當債務人不履行合同債務時，保證人按照約定履行債務或者承擔責任的擔保方式（《擔保法》第六條）。

(二) 保證方式

根據《擔保法》規定，保證方式分為一般保證和連帶責任保證。一般保證，是指當事人在保證合同中約定，債務人不能履行債務時，由保證人承擔保證責任的保證。一般保證的保證人對債權人享有先訴抗辯權。一般保證應由當事人在保證合同中明確約定，若保證合同未明確約定的，《擔保法》第十九條規定「按照連帶責任保證承擔保證責任」。

連帶責任保證，是指當事人在保證合同中約定，保證人與債務人對債務承擔連帶責任的保證。換言之，連帶責任保證的債務人在主合同債務履行期屆滿沒有履行債務，保證人即在其保證範圍內與債務人承擔連帶責任，不享有先訴抗辯權。

【知識鏈接】　先訴抗辯權

先訴抗辯權亦稱檢索抗辯權，是指保證人在主合同糾紛未經審判或者仲裁，並就

債務人財產依法強制執行仍不能履行債務前，可以拒絕債權人要求其履行保證債務的權利。先訴抗辯權是一般保證的保證人所享有的權利，連帶責任保證的保證人不享有此權利。先訴抗辯權使保證人成為第二順序的債務人，他只承擔債務人所不能清償的部分債務，即債務的補充責任，是對保證人責任的限制。但是，根據中國《擔保法》第十七條及最高法院關於擔保法的司法解釋第二十五條之規定，有下列情形之一時，保證人不得行使先訴抗辯權：債務人住所變更、下落不明、移居境外，且無財產可供執行，致使債權人要求其履行債務發生重大困難；人民法院受理債務人破產案件，中止執行程序；保證人以書面形式放棄先訴抗辯權。

【案例解析】

[6-15] 2011年4月20日，借款人吳元凱、孫俠珍因建房需要資金向原告許先貴借款15萬元，約定借款期限為1年，並向原告許先貴出具借據一張，被告徐升、鄭小雷在借據上簽名擔保。借據上註明「借款人到期不能按時還款，擔保人必須按期如數還款」。借款期滿後，經原告許先貴多次催要，因借款人未還款，兩擔保人亦未承擔保證責任，原告遂起訴要求兩被告依連帶責任保證履行還款義務。兩被告則以其為該筆借款提供的是一般保證，不應直接承擔還款責任為由抗辯。

請思考：本案所涉保證屬於一般保證抑或連帶責任保證？

解析：本案的爭議焦點在於，借據註明的「借款人到期不能按時還款，擔保人必須按期如數還款」字樣，系一般保證還是連帶責任保證的甄別問題。根據中國《擔保法》第十七條規定，一般保證，是當事人在保證合同中約定，債務人不能履行債務時，由保證人承擔保證責任；第十八條規定，連帶責任保證，是債務人在主合同規定的債務履行期屆滿沒有履行債務的，債權人可以要求債務人履行債務，也可以要求保證人在其保證範圍內承擔保證責任。第十九條規定，當事人對保證方式沒有約定或者約定不明確的，按照連帶責任保證承擔保證責任。同時，《最高人民法院關於涉及擔保糾紛案件的司法解釋的適用和保證責任方式認定問題的批覆》中規定，保證合同中明確約定保證人在被保證人不履行債務時承擔保證責任，且根據當事人訂立合同的本意推定不出為一般保證責任的，視為連帶責任保證。由此可見，對一般保證還是連帶責任保證的審查甄別應注意各自的側重點：一般保證側重於審查債務人的償債能力，即債務人償債之不能時保證人才承擔責任。換言之，一般保證的保證人在主合同糾紛未經審判或者仲裁，並就債務人財產依法強制執行仍不能履行債務前，對債權人可以拒絕承擔保證責任，此即所謂先訴抗辯權。連帶責任保證則側重於審查債務人的履行期限，即債務人屆期未履行債務時保證人即應承擔責任。易言之，無論債務人有無履行能力，只要主合同約定的債務履行期屆滿，債務人沒有履行義務，保證人就應承擔責任。

就本案而言，借據上載明的保證條款「借款人到期不能按時還款，擔保人必須按期如數還款」字樣，這裡的「不能」，表達的不是債務人沒有能力履行義務，而是債務到期后債務人和擔保人「不」履行還款義務，其實質仍表現為債務人履行期屆滿沒有履行；根據當事人訂立借款合同的本意，尤其是對其「按期如數還款」的強調，都不

能推定為一般保證責任。故,本案保證人應承擔連帶責任保證人之保證責任。[1]

(三) 保證人的資格

《擔保法》第七條規定,「具有代為清償債務能力的法人、其他組織或者公民,可以做保證人」。保證人具有清償能力是保證人應具備的基本條件,但是,本規定僅能理解為提示性規定而不是強制性規定,因此,最高法院關於擔保法司法解釋第十四條規定,「不具有完全代償能力的法人、其他組織或者自然人,以保證人身分訂立保證合同後,又以自己沒有代償能力要求免除保證責任的,人民法院不予支持」。

【知識鏈接】 哪些機構不能做保證人?

基於某些機構或組織本身性質和職能的特性,《擔保法》規定其不得作保證人:國家機關不得為保證人,但經國務院批准為使用外國政府或者國際經濟組織貸款進行轉貸的除外;學校、幼兒園、醫院等以公益為目的的事業單位、社會團體不得為保證人;企業法人的職能部門不得為保證人,企業法人的分支機構有法人書面授權的可以在授權範圍內提供保證。

(四) 保證合同的形式與內容

1. 保證合同的形式

保證合同可以多種形式訂立:既可在主債權合同之外單獨訂立保證合同,也可以保證條款的形式出現在主債權合同中,還可以保證人身分在主合同上簽章承保或者單獨出具保證承諾書等形式。在通常情況,保證應當訂立書面保證合同,以口頭形式訂立保證合同的,應視其未成立。但根據《合同法》第三十六條的規定,當事人雖未按約定或法律規定訂立書面合同,「但一方已履行主要義務,對方接受的,該合同成立」,因此,保證人不得在自願履行保證合同後,又以沒有採用書面形式反悔。

2. 保證合同的內容

保證合同一般包括:被保證的主債權種類、數額;債務人履行債務的期限;保證的方式;保證擔保的範圍;保證的期間;雙方認為需要約定的其他事項。

【知識鏈接】 保證擔保範圍的確定

保證人保證擔保的範圍應該在保證合同中確定。如果保證合同對擔保範圍沒有約定或約定不明的,按《擔保法》第二十一條之規定,應當對全部債務承擔責任,包括主債權及利息、違約金、損害賠償金和實現債權的費用。

同一債務可以由兩個以上保證人共同保證。保證人應當按照合同約定的保證份額承擔保證責任;沒有約定份額的,保證人承擔連帶責任。債權人可以要求任何一個保證人承擔全部保證責任,保證人都負有擔保全部債權實現的義務。已經承擔保證責任

---

[1] 潘玉君、沈小芹、周斌:《一般保證和連帶責任保證的審查——江蘇新沂法院判決許先貴訴徐升等保證合同糾紛案》,載中國民商法網:http://www.civillaw.com.cn/article/default.asp?id=57651。2014年8月16日瀏覽。

的保證人，有權向債務人追償，或者要求承擔連帶責任的其他保證人清償其應承擔的份額。

(五) 保證期間與保證責任

保證期間，是債權人對保證人行使保證債權的期間。當事人可以約定保證期間。保證人與債權人未約定保證期間的，保證期間為主債務履行期屆滿之日起6個月。保證期間自主債務履行期屆滿之日起算，對於沒有約定主債務履行期或其約定不明的，保證期間自債權人要求債務人履行義務的寬限期屆滿之日起計算。在保證期間內，債權人未對債務人提起訴訟或申請仲裁或者債權人未要求保證人承擔保證責任的，保證人免除保證責任。

在保證期間，債權轉讓除非當事人另有約定不影響保證人承擔保證責任；債務轉讓應得保證人書面同意，否則，保證人不承擔保證責任。債權人債務人協議變更合同的，應經保證人書面同意；未經保證人同意的，如果減輕債務人的債務的，保證人仍應對變更後的合同承擔保證責任；如果加重債務人的債務的，保證人對加重的部分不承擔保證責任。債權人與債務人對主合同履行期限作了變動，未經保證人書面同意的，保證期間為原合同約定的或者法律規定的期間。債權人與債務人協議變動主合同內容，但並未實際履行的，保證人仍應承擔保證責任。

此外，同一債權既有保證又有物的擔保的，保證人在債權人放棄權利的範圍內免除保證責任。對於主合同當事人雙方串通、騙取保證人提供保證的，或者主合同債權人採取欺詐、脅迫等手段，使保證人在違背真實意思的情況下提供保證的，保證人不承擔民事責任。

【案例解析】

[6-16] 2011年6月10日某甲因經商資金短缺向某乙借款5萬元，雙方約定月利率為15‰，還款期限為2012年6月10日，某丙在借據上簽名擔保。后因借據丟失，某乙遂與某甲協商，自願放棄部分利息，將月利率減為9‰，並由某甲重新出具借條，同時某乙出具2011年6月10日的借據作廢的說明給甲。后經某乙多次催要，某甲和某丙均未履行還款及保證義務。某乙遂訴至法院，要求某甲立即償還其借款5萬元及利息，並要求某丙承擔連帶責任。法院審理時庭審質證，某丙對其擔保的事實未予否認，但辯稱某甲與某乙雙方重新達成的借款協議未經其同意，故不應承擔擔保責任。

請思考：本案合同變更後，保證人丙是否仍應承擔保證責任？

解析：本案的法律關係並不複雜：某甲和某乙是借貸關係，某丙在借據上簽名擔保，而與某乙構成保證法律關係。因為沒有明確約定保證的方式，根據《擔保法》第十九條的規定，某丙應承擔連帶保證責任。本案爭議的問題在於借貸關係變更後的保證責任承擔問題：是否承擔保證責任，承擔多大責任？本案因借據丟失而重新出具借據，並不導致原借貸關係消滅，只是對原借款關係的再次確認。而某乙自願放棄部分利息，將月利率減為9‰，只是對借貸合同的變更而已。而這一變更並未加重保證人責任，而是減輕了保證人責任，因此，根據最高法院關於擔保法的司法解釋第三十條規

定,「保證期間,債權人與債務人對主合同數量、價款、幣種、利率等內容作了變動,未經保證人同意的,如果減輕債務人的債務的,保證人仍應當對變更后的合同承擔保證責任;如果加重債務人的債務的,保證人對加重的部分不承擔保證責任」。據此,我們認為,本案合同的變更後保證人丙仍應承擔保證責任,故法院可判決甲應按變更后的借款合同履行償還借款及其利息,某乙承擔連帶責任。①

三、定金

定金,是指當事人為確保合同的履行,由當事人一方在合同尚未訂立或合同訂立后、履行前,按合同標的的一定比例先行給付對方的貨幣。

定金合同是實踐性合同,定金合同從實際交付定金之日起生效。定金的種類有:訂約定金、成約定金、證約定金、違約定金和解約定金之分。《民法通則》和《擔保法》所指的定金為違約定金。合同履行后,定金應當抵作價款或者收回。給付定金的一方不履行義務的,無權要求返還定金;接受定金的一方不履行或者不完全履行義務的,應當雙倍返還不履行部分的定金。訂立合同時,應明確定金的性質,不可隨意寫為訂約金、訂金、押金等,它們與定金在法律上是不等同的。

定金的數額由當事人約定,但不得超過主合同標的額的20%。

【案例解析】

[6-17] 某甲與某乙於2012年6月7日口頭達成了房屋買賣協議,約定某甲將一套建築面積為112平方米的房屋以98萬元的價格出售給某乙。為了確保房屋買賣合同的訂立與履行,某乙當即付給某甲5萬元定金,並約定一周內雙方簽訂書面購房合同,為此某甲出具收條寫道:「現收取某乙購房定金5萬元,一周之內本人與某乙訂立房屋買賣書面合同」。某甲收受定金后未與某乙訂立房屋買賣書面合同,而是於2012年6月11日以105萬元的價格將該房屋賣與第三人某丙。某乙要求某甲履約遭到拒絕,遂訴至法院要求某甲雙倍返還定金10萬元。

請思考:本案某甲應否雙倍返還定金?

解析:《擔保法》第八十九條規定,當事人可以約定一方向對方給付定金作為債權的擔保。債務人履行債務后,定金應當抵作價款或者收回。給付定金的一方不履行約定的債務的,無權要求返還定金;收受定金的一方不履行約定的債務的,應當雙倍返還定金。因此,定金是一種金錢擔保,「雙倍返還」即通常所謂定金罰則,正是這種可能使當事人失去一定利益的罰則,擔保債的履行。最高法院關於擔保法的司法解釋第一百一十五條規定,當事人約定以交付定金作為訂立主合同擔保的,給付定金的一方拒絕訂立主合同的,無權要求返還定金;收受定金的一方拒絕訂立合同的,應當雙倍返還定金。此即最高法院司法解釋對「訂約定金」的規定。本案當事人為訂約交付的5萬元定金即為訂約定金——作為訂立主合同的擔保。由此可見,本案原告的訴訟請求

---

① 根據蔣學躍:《主合同的變更對保證責任的影響——兼兼論合同的同一性問題》改寫,蔣文載中國民商法網,網址: http://www.civillaw.com.cn/article/default.asp?id=23751。2014年8月19日瀏覽。

應該得到法院支持。

四、合同的保全

合同保全，是指為防止債務人的財產不當減少給債權人的債權帶來危害的法律措施。《合同法》規定了債權人的代位權和撤銷權兩種保全措施。

(一) 債權人代位權

債權人代位權，是指債權人為了保全自己的債權，以自己的名義行使債務人對第三人權利的權利。

《合同法》第七十三條規定：「因債務人怠於行使其到期債權，對債權人造成損害的，債權人可以向人民法院請求以自己的名義代位行使債務人的債權。但該債權專屬於債務人自身的除外。」「代位權的行使範圍以債權人的債權為限。債權人行使代位權的必要費用，由債務人負擔。」這裡所謂「專屬於債務人自身的」債權，「是指基於扶養關係、撫養關係、贍養關係、繼承關係產生的給付請求權和勞動報酬、退休金、養老金、撫恤金、安置費、人壽保險、人身傷害賠償請求權等權利」（合同法司法解釋（一）第十二條）。債權人向次債務人提起的代位權訴訟經人民法院審理后認定代位權成立的，由次債務人向債權人履行清償義務，債權人與債務人、債務人與次債務人之間相應的債權債務關係即予消滅（合同法司法解釋（一）第二十條）。

【案例解析】

[6-18] 甲公司因業務往來欠乙公司貨款20萬元，屆期未還。丙公司曾欠甲公司貨款30萬元，也已屆期，但甲公司一直未要求丙公司還款。乙公司知道後提出要求丙公司代甲還款，丙公司以與甲公司沒有法律關係為由拒絕。於是甲公司向法院提起代位權訴訟。

請思考：甲公司向法院提起代位權訴訟，其主張能否得到法院支持？

解析：例中作為債權人的乙公司與甲公司是合同當事人，因此，乙公司當向甲公司提出履行還款請求，而無權要求丙公司代甲還款。但倘因甲公司怠於行使其對丙公司的到期債權，且因此而對乙公司造成損害時，乙公司方可行使代位權。所以，本案原告若能舉證甲公司沒有履行能力，而其又不行使對丙公司的到期債權將會乙公司造成損害，其訴訟請求將能得到支持；反之，可能會被駁回訴訟請求。換言之，若甲公司有充足資產，即使未行使其對丙公司的債權也對乙公司利益無損，乙公司亦無權行使代位權。綜上可見，代位權的行使需滿足以下條件：債權人對債務人享有合法的到期債權；債務人享有對第三人的債權且已到期；債務人怠於行使其到期債權對債權人造成損害；債務人的債權不是專屬於債務人自身的債權。

(二) 債權人的撤銷權

債權人的撤銷權，是指債權人在債務人實施處分財產或權利的行為危害債權的實現時，可以請求人民法院對該行為予以撤銷的權利。

《合同法》第七十四條規定：「因債務人放棄其到期債權或者無償轉讓財產，對債權人造成損害的，債權人可以請求人民法院撤銷債務人的行為。債務人以明顯不合理的低價轉讓財產，對債權人造成損害，並且受讓人知道該情形的，債權人也可以請求人民法院撤銷債務人的行為。」「撤銷權的行使範圍以債權人的債權為限。債權人行使撤銷權的必要費用，由債務人負擔。」第七十五條規定，「撤銷權自債權人知道或者應當知道撤銷事由之日起一年內行使。自債務人的行為發生之日起五年內沒有行使撤銷權的，該撤銷權消滅。」債權人行使撤銷權所支付的律師代理費、差旅費等必要費用，由債務人負擔；第三人有過錯的，應當適當分擔（合同法司法解釋（一）第二十六條）。

【案例解析】

[6-19] 2011年間，被告施文穎的丈夫王劼陸續向原告陳麗嬋借款。后陳麗嬋向王劼、施文穎夫婦催討欠款，並於2012年7月23日向兩被告寄出律師函要求償還欠款。同年7月27日，被告施文穎與第三人施劍雄、沈小燕（系夫妻關係，施文穎與施劍雄系親姐弟關係）簽訂《溫州市存量房買賣合同》，將其名下位於洞頭縣北岙街道新城區的某房產以120萬的價格過戶至第三人施劍雄、沈小燕名下；轉讓后的房產至今仍由被告施文穎居住使用。

2012年8月27日，原告陳麗嬋向浙江省洞頭縣人民法院起訴，要求兩被告償還借款。經審理，洞頭法院做出（2012）溫洞商初字第174號民事判決書，判決王劼、施文穎償還陳麗嬋借款本金1,013,079.49元及利息。判決生效后，被告王劼、施文穎至今未予償還。同年8月27日，原告向洞頭法院起訴，要求撤銷施文穎與第三人施劍雄、沈小燕關於洞頭縣北岙街道新城區某房產的買賣行為。洞頭縣人民法院經審理認為，被告施文穎以120萬元的價格轉讓其所有的北岙街道新城區某房產，該房評估的市場價值為161.16萬元至172.57萬元，轉讓價格低於市場價值25.5%至30.4%；且轉讓金額中除房產、裝修價值外，還包括被告一併轉讓給第三人的地暖設備、整套家電、家具。被告及第三人所辯稱的《存量房買賣合同》中約定的房屋轉讓價格120萬元是為了規避國家稅收而低價申報轉讓過戶的辯解觀點，不予採信。被告與第三人之間的房產交易金額應以房管部門登記的《存量房買賣合同》中載明的120萬元為準，該價格明顯屬於不合理的低價，可見被告該轉讓行為存在主觀惡意。此外，第三人在主觀上也明顯存在惡意，不符合正常的房產交易習慣。由於被告和第三人以明顯不合理的低價轉讓房產，導致其責任財產減少，清償債務能力降低，直接造成原告的債權無法實現這一實際損害后果，撤銷權條件具備。法院判決：撤銷被告施文穎與第三人施劍雄、沈小燕簽訂的北岙街道新城區某房屋買賣合同。

請思考：法院本案判決的法律依據是什麼？

解析：本案主要涉及合同法規定的債權人撤銷權的行使條件。在債務人有償轉讓財產的場合，撤銷權行使須滿足的條件有：債務人以明顯不合理的低價轉讓財產；債務人轉讓財產對債權人造成損害；受讓人對債務人的財產轉讓對債權人造成損害知情。以此來看本案中債務人的財產轉讓行為是否可撤銷呢？

首先，涉案房產轉讓價格是否合理？被告施文穎與第三人施劍雄、沈小燕進行房產交易簽訂一份《存量房買賣合同》提交房管部門備案，約定房屋轉讓金額為120萬元，鑒於交易雙方的特殊親屬關係以及在涉案房產交易中的利益一致性，法院因此應認定被告施文穎以120萬元轉讓涉案房屋，該價格明顯低於涉案房屋評估的市場價值，屬於以明顯不合理的價格低價轉讓的非正常交易。

其次，涉案房產轉讓是否對債權人造成損害？原告陳麗嬋與被告施文穎夫婦之間的債權債務關係自2011年被告施文穎丈夫王劼陸續向陳麗嬋借款時已經形成，施文穎在尚未償還到期債務的情況下轉讓涉案房產，積極實施的轉讓涉案房產的行為，客觀上減少了原告陳麗嬋的責任財產，危及債權人債權的實現。

再次，第三人施劍雄、沈小燕是否存在主觀惡意？被告施文穎與第三人施劍雄系親姐弟關係，雙方長期以來都有較為密切的經濟往來。且從本案相關事件發生的時間節點上分析，自施文穎收到原告陳麗嬋郵寄的律師函的一周內，施文穎與第三人施劍雄、沈小燕便完成涉案房產的合同簽訂、償還銀行貸款以及房產過戶等一系列行為，但在房產過戶後直至案件審理期間，涉案房屋的水電仍登記在施文穎名下，足見施文穎與施劍雄、沈小燕之間的房產交易行為不符合一般市場交易的常態。法院因此認定第三人施劍雄、沈小燕在涉案房屋交易中存在主觀惡意。

由此可見，本案符合撤銷權的行使條件，因此，法院對本案的判決是有法律依據的。[1]

第六節　合同的變更和轉讓

一、合同的變更

合同的變更，是指在合同成立后，尚未履行或尚未履行完畢以前，基於法律的規定、當事人的行為或裁判行為，在不改變合同的主體的情況下更改合同內容的情形。

多數情況下，合同的變更是基於當事人協商一致。但根據《合同法》第五十四條、《民法通則》第五十九條等規定基於裁判可變更合同。此外，在債務人履行不能情況下的損害賠償等，亦可視為法定的合同內容的變更。

合同變更，原則上僅指向將來發生效力，除非法律、法規另有規定或當事人另有約定，不具有溯及力；合同變更使合同內容發生變化，其變化后的內容對當事人有約束力，成為債務履行的新的依據。

二、合同的轉讓

合同的轉讓，是指在不改變合同內容的前提下，合同一方當事人將其合同權利、

---

[1] 參見池進峰，周建青. 債權人撤銷權的認定——浙江溫州中院判決陳麗嬋訴施文穎等撤銷權糾紛案［N］. 人民法院報，2013-10-17（06）。略有改動。

義務全部或部分轉讓給第三人的情形。合同的轉讓的方式，包括合同權利的轉讓（合同債權讓與）、合同義務的轉移（合同債務承擔）和合同權利義務一併轉讓（合同債權債務的概括移轉）。

債權人轉讓權利的，應當通知債務人；未經通知，該轉讓對債務人不發生效力。債務人將合同的義務全部或者部分轉移給第三人的，應當經債權人同意。合同的權利義務一併轉讓給第三人的，須經對方當事人同意。

【案例解析】

[6-20] 原告金輝公司生產銷售玻璃鋼水箱，郭某系公司的業務員，作為原告的委託代理人與畢某簽訂了一份《玻璃鋼水箱買賣合同》，約定由原告向畢某出售一臺玻璃鋼水箱，畢某支付貨款2.2萬元。原告按約交付後，畢某僅支付了貨款6,000元。郭某受公司委託向畢某催要餘款，畢某稱張某借其2萬元未還，讓郭某直接去向張某索要1.6萬元代替自己還款。兩人協商，郭某向畢某出具收條一張，內容為：今收到畢某支付玻璃鋼水箱款1.6萬元。同時，畢某向郭某出具取到條一張，內容為：今取到現金1.6萬元，取款人畢某。畢某讓郭某將該取到條交給張某，從張某處領取1.6萬元。當郭某要款時，張某對欠畢某2萬元無異議，但稱未接到畢某通知，拒絕付款。原告遂要求畢某繼續支付所欠貨款，畢某以郭某已經打了收條為由抗辯，不予支付。原告訴至法院。

請思考：畢某以郭某已打收條為由進行抗辯，不予支付。其理由是否成立？

解析：本案涉及合同債權的轉讓問題。根據合同法規定，債權人轉讓債權，不必徵得債務人的同意，但應及時通知債務人，未經通知，其轉讓行為對債務人不發生效力。張某借畢某2萬元未還，畢某與張某之間形成合法的借款合同關係，畢某系張某的合法債權人；同時，畢某與原告之間因買賣合同關係是原告的債務人。畢某與原告的業務員郭某經協商相互出具收條、取到條，約定由郭某持取到條向張某主張1.6萬元貨款，實際上在畢某與原告之間已經形成了一個債權轉讓合同關係，該債權轉讓合同系雙方真實意思的表示，內容不違反法律規定，合法有效。由於畢某沒有履行通知義務，因此，該轉讓行為對張某不發生法律效力，張某拒絕付款並無不妥。因張某拒絕付款，畢某與原告之間的原債權債務關係並未相應消滅，其對原告仍負有支付貨款的義務。畢某以郭某已經打了收條為由抗辯，不予支付的理由不成立，法院不應支持。[①]

[①] 參見王輝，常明軍. 轉讓債權未通知債務人的不發生法律效力 [N]. 人民法院報，2013-10-17（07）。有改動。

第七節　合同權利與義務的終止

一、概述

(一) 合同權利義務終止的含義與法律效果

合同權利義務終止，又稱合同終止或合同消滅，是基於一定的法律事實，導致原合同法律關係的消滅，合同中的權利義務因此而終止。

合同的終止，意味著原合同權利義務關係不復存在，並因此使合同的擔保及其他權利義務歸於消滅。合同終止並不意味著當事人之間就沒有任何關係，《合同法》第九十二條規定，依誠實信用原則，當事人應根據交易習慣履行通知、協助、保密的義務。此即所謂后合同義務。另外，合同的權利義務終止，不影響合同中結算和清理條款的效力。

(二) 合同權利義務終止的原因

合同終止的原因，《合同法》第九十一條規定了下列七種情形：(1) 債務已經按照約定履行；(2) 合同解除；(3) 債務相互抵銷；(4) 債務人依法將標的物提存；(5) 債權人免除債務；(6) 債權債務同歸於一人；(7) 法律規定或者當事人約定終止的其他情形。

二、合同解除

合同解除，是指合同成立后履行完畢之前，因一方或雙方當事人的意思表示終止合同效力，使基於合同而發生的債權債務關係歸於消滅的行為。

合同的解除分為協議解除、約定解除和法定解除。行使解除權解除合同，應當通知對方。合同自通知到達對方時解除。對方有異議的，可以請求人民法院或者仲裁機構確認解除合同的效力。法律、行政法規規定解除合同應當辦理批准、登記等手續的，依其規定。

合同解除后，尚未履行的，終止履行；已經履行的，根據履行情況和合同性質，當事人可以要求恢復原狀、採取其他補救措施，並有權要求賠償損失。

【知識鏈接】合同解除的類型

合同解除主要有以下類型：

(1) 協議解除，即當事人在無法定解除權和約定解除權時，基於雙方合意而使合同效力歸於消滅。亦即，在當事人之間成立一個以解除原合同為內容的新的合同關係。這個新的合同被稱為反對合同。《合同法》第九十三條第一款規定，「當事人協商一致，可以解除合同」。

(2) 約定解除，是訂立合同時，雙方基於合意（訂立合同時或在其后另訂合同）

設定合同解除條款，一旦約定的解除條件成就時，合同便歸於終止或一方取得解除權。《合同法》第九十三條第二款規定，「當事人可以約定一方解除合同的條件。解除合同的條件成就時，解除權人可以解除合同」。當事人約定一定條件成就合同即解除，稱為「失權約款」，此時無須當事人再為意思表示，其往往是當事人為限制合同效力所加的附款；而當事人約定，某種條件成就一方或雙方即享有合同解除權，此即為約定解除權。約定解除權並不使合同當然解除，必須由解除權人行使解除權方能解除合同。

（3）法定解除，則是合同成立后履行完畢之前，合同一方當事人行使法定解除權，而使合同效力歸於消滅的行為。《合同法》第九十四條規定：「有下列情形之一的，當事人可以解除合同：（一）因不可抗力致使不能實現合同目的；（二）在履行期限屆滿之前，當事人一方明確表示或者以自己的行為表明不履行主要債務；（三）當事人一方延遲履行主要債務，經催告后在合理期限內仍未履行；（四）當事人一方延遲履行債務或者有其他違約行為致使不能實現合同目的；（五）法律規定的其他情形。」

三、抵銷

抵銷，是指合同雙方當事人互負債務時，各自用其債權來充當債務的清償，從而使其債務與對方的債務在對等數額內相互消滅。

抵銷應當通知對方，通知到達對方時生效。抵銷不得附條件或者附期限。抵銷使雙方的債權按照抵銷之數額溯及得為抵銷時消滅。

抵銷也使從權利隨抵銷之債的消滅而消滅。

【知識鏈接】法定抵銷與約定抵銷

抵銷基於其根據的不同，可分為法定抵銷和約定（合意）抵銷。

法定抵銷，是指合同當事人就法律規定的條件依法行使抵銷權，從而發生的抵銷。法定抵銷的要件是：①當事人雙方互負債務，互享債權；②當事人雙方互負債務的標的物種類與品質相同；③當事人雙方所負債務已屆清償期；④當事人雙方所負債務非為不能抵銷的債務。

約定抵銷，是指合同當事人雙方經過協商一致而發生的抵銷。約定抵銷可以不受法定抵銷條件的限制，其實質是在當事人之間成立一個以抵銷合同之債為內容的新的合同。

四、提存

提存是指由於債權人的原因使債務人無法向其交付合同標的物時，債務人將該標的物提交提存機關從而消滅債務的制度。

因提存涉及提存人（債務人）、提存機關、債權人三方，故提存的效力在三方之間的表現是：①在債權人和債務人之間，自提存之日起債權債務歸於消滅。標的物提存后，除債權人下落不明以外，債務人應當及時通知債權人或者債權人的監護人、繼承人。標的物提存后，毀損、滅失的風險由債權人承擔。提存期間，標的物的孳息歸債

權人所有。提存費用由債權人負擔。②提存人於提存機關之間，提存人可依據法院的生效判決、裁定或提存之債業已清償的證明取回提存物；提存機關有妥善保管提存物的義務。③提存機關於債權人之間，債權人有權隨時領取提存物，但債權人對債務人負有到期債務的，在債權人未履行債務或者提供擔保之前，提存部門根據債務人的要求應當拒絕其領取提存物。

除有特別約定外，提存機關有權向債權人收取提存費用。債權人領取提存物的權利，自提存之日起 5 年內不行使而消滅，提存物扣除提存費用后歸國家所有。

【知識鏈接】提存的原因

根據《合同法》第一百零一條的規定，提存可能基於以下原因而發生：（1）債權人無正當理由拒絕受領；（2）債權人下落不明；（3）債權人死亡未確定繼承人或者喪失民事行為能力未確定監護人；（4）法律規定的其他情形。

五、債務免除

債務免除是債權人拋棄其全部或部分債權，從而全部或部分消滅合同權利義務的單方法律行為。換言之，免除必須有意思表示，並且必須向債務人做出，其內容為拋棄債權而消滅債權債務關係。

免除可以附條件，也可以附期限。免除發生債權債務全部或部分的絕對消滅之效果。

六、混同

混同是指債權債務同歸於一人而導致債權債務消滅的事實。混同使債權債務絕對消滅。同時，消滅的效力及於債權人和債務人的抗辯權，也及於債權的從權利。

但在法律另有規定或合同標的涉及第三人利益時，混同不發生債權債務消滅的效力。涉及第三人利益，是指債權債務的標的上設有他人的權利，或債權系他人權利之標的。

第八節　違約責任

一、違約責任的歸責原則

違約責任，即「違反合同的民事責任」，是指合同當事人不履行合同義務或者履行合同義務不符合約定而應承擔的民事責任。

《合同法》第一百零七條規定，當事人一方不履行合同義務或者履行合同義務不符合約定的，應當承擔繼續履行、採取補救措施或者賠償損失等違約責任。學者認為中

國合同法對違約責任採用嚴格責任的歸責原則①。但是,由於《合同法》分則第三百零三條、三百二十條、四百零六條及相關條文的規定考慮了當事人行為之過錯。因此,可以認為中國現行法對違約責任的規定,是以無過錯責任為原則,以過錯責任為補充的多元歸責原則。

【知識鏈接】 違約形態

根據《合同法》的規定,我們可將違約分為不履行合同和履行合同不符合約定。其中不履行合同,根據其不履行的時間在合同履行期限是否屆滿,又可分為預期違約(期前違約)和不履行(包括履行期限屆滿后的拒絕履行和根本違約);履行合同不符合約定的形態主要有遲延履行(債權人遲延和債務人遲延)、不適當履行(包括瑕疵給付和加害給付)、不完全履行等。這裡僅就略顯複雜的預期違約略作說明。

預期違約(Anticipatory breach),即在合同履行期限屆滿之前,當事人一方無正當理由而明確地向對方當事人表示或以自己的行為表明其將不履行合同的主要義務。明確表示不履行合同的主要義務的情形稱為明示毀約;以自己的行為表明其不履行合同的主要義務稱為默示毀約。這一制度源於英美法,后被《聯合國國際貨物銷售合同公約》予以採納。中國《合同法》第一百零八條規定,「當事人一方明確表示或以自己的行為表明不履行合同義務的,對方當事人可以在履行期限屆滿之前要求其承擔違約責任」。此即對預期違約兩種情形的規定。同時,《合同法》第九十四條第二項也規定「在履行期限屆滿之前,當事人一方明確表示或者以自己的行為表明不履行主要債務」,對方可以解除合同。

預期違約是發生在合同履行期限到來之前,其與實際違約相比具有以下的特點②:(1)預期違約表現為將來不履行義務;(2)預期違約違反的是不危害給付實現的不作為義務;(3)預期違約侵害的是期待的債權而不是現實的債權;(4)預期違約是一種可能的違約,可能轉化為實際違約;(5)預期違約在補救措施上具有其特點,既可要求違約方承擔責任,也可等到履行期屆滿其不履行義務時再要求其承擔實際違約責任。

二、違約責任形式

根據《合同法》規定,違約責任的具體形式主要有:繼續履行、採取補救措施、賠償損失和支付違約金等。

(一)繼續履行,又叫強制實際履行或依約履行、特定履行等,是承擔違約責任的一種基本方式。

當事人一方不履行合同義務或者履行合同義務不符合約定的,另一方有權請求法院強制違約方按合同的約定繼續履行義務。《合同法》第一百零九條規定了金錢債務的繼續履行:「當事人一方未支付價款或者報酬的,對方可以要求其支付價款或者報酬。」

---

① 參見梁慧星. 從過錯責任到嚴格責任 [M] //民商法論叢:第8卷. 北京:法律出版社,1977.
② 參見王利明. 違約責任論 [M]. 北京:中國政法大學出版社,2000:148-150;孫鵬. 合同法熱點問題研究 [M]. 北京:群眾出版社,2001:360-361.

繼續履行除須有違約行為以及非違約方的請求外，還須有該履行是違約方能夠履行且該合同標的適於強制為要件。《合同法》第一百一十條規定了非金錢債務的繼續履行，當事人一方不履行非金錢債務或者履行非金錢債務不符合約定的，對方可以要求履行，但有下列情形的除外：（1）法律上或者事實上不能履行；（2）債務的標的不適於強制履行或者履行費用過高；（3）債權人在合理期限內未要求履行。

（二）補救措施，是指履行合同不符合約定，當事人得採取措施予以補救使其盡可能符合約定。

依照《合同法》的規定，其常適用於質量不符合約定的合同。《合同法》第一百一十一條規定：「質量不符合約定的，應當按照當事人的約定承擔違約責任。對違約責任沒有約定或者約定不明確，依本法第六十一條的規定仍然不能確定的，受損害方根據標的性質以及損失的大小，可以合理選擇要求對方承擔修理、更換、重作、退貨、減少價款或者報酬等違約責任。」根據該條的規定，補救措施的適用前提是合同對質量不符合約定的違約責任沒有約定或者約定不明確，且依《合同法》第六十一條的規定仍然不能確定。在具體適用時，還要根據標的性質和損害的大小，再合理選擇適當的方式。由於債務人的不當履行給債權人造成損失的，如果採取修理、更換、重作、退貨等方式仍不能彌補全部損失的，債權人還有權請求債務人賠償其不足部分的損失。

（三）賠償損失，也稱損害賠償，它是指債務人因違約行為賠償對方當事人所受的損失。

《民法通則》第一百一十二條規定，「當事人一方因違反合同的賠償責任，應當相當於另一方因此受到的損失」。《合同法》第一百一十三條規定：「當事人一方不履行合同義務或者履行合同義務不符合約定，給對方造成損失的，損失賠償額應當相當於因違約所造成的損失，包括合同履行後可以獲得的利益，但不得超過違反合同一方訂立合同時預見到或者應當預見到的因違反合同可能造成的損失。」這是中國目前對當事人違約損失賠償責任的基本規定。這裡明確了所謂損失，不僅包括積極的損失，既現有財產的減失、損壞和費用的支出，還包括消極的損失，即合同履行後可以獲得的利益，通常簡稱為可得利益如利潤。同時，對損失賠償額又作了最高額的限制，即不得超過違約方在訂立合同時預見到或應預見到的損失程度，此即合理預見規則，這是對違約賠償範圍的限制，違約方對超過合理預見的損失不應賠償，體現了公平原則。《合同法》為方便合同爭議的處理，還規定當事人可以相互約定因違約產生的損失賠償額的計算方法。當事人在訂立合同時有此約定的，在發生爭議時即按其約定的計算方法計算損失賠償額，以減少收集證據、確定損失額的麻煩。

經營者對消費者提供商品或者服務有欺詐行為的，依照《中華人民共和國消費者權益保護法》的規定承擔損害賠償的責任。

（四）違約金，是由當事人約定或法律規定，違約方向對方支付的一定數額的金錢或其他給付。

違約金有法定違約金和約定違約金。由法律直接規定數額和條件的是法定違約金；由當事人約定數額和支付條件的是約定違約金。有法定違約金的應執行法定違約金。法律在規定法定違約金時，又允許當事人約定違約金的，當事人的約定優先。《合同

法》規定的違約金以補償因違約所造成的損失為原則，基本上是補償性的，因而，《合同法》第一百一十四條第二款規定了對違約金的調整和干預，即如果約定的違約金低於造成的損失，當事人可以請求人民法院或者仲裁機構予以增加；如果約定的違約金過分高於造成的損失，當事人可以請求人民法院或者仲裁機構予以適當減少。

此外，當事人還可以約定一方向對方給付定金作為債權的擔保。按照《合同法》第一百一十六條的規定，當事人既約定違約金，又約定定金的，一方違約時，對方可以選擇適用違約金或者定金條款。

【知識鏈接】違約金和違約定金，二者能否並用？

在中國相關法律上，定金不僅有違約定金（《民法通則》第八十九條第三項，《擔保法》第八十九條），還有立約定金（《擔保法司法解釋》第一百一十五條）、成約定金（《擔保法司法解釋》第一百一十六條）及解約定金（《擔保法司法解釋》第一百一十七條）等。在違約定金與違約金二者並存時，二者具有相同功能，宜擇一適用而不並用；而對解約定金與違約金並存時，基於解約定金解除合同時，理論上不同於違約時之合同解除，不存在二者並用問題，除非當事人另有約定，若另有約定則從約定；至於立約定金，可理解為預約的違約金，可準用違約定金的規定①；成約定金與違約金並無關係。

當事人一方因第三人的原因造成違約的，應當向對方承擔違約責任。當事人一方和第三人之間的糾紛，應當依照法律規定或者按照約定另行解決。

因當事人一方的違約行為，侵害對方人身、財產權益的，受損害方有權依照《合同法》要求違約方承擔違約責任，或者依照其他法律規定要求其承擔侵權責任。這種情況稱為責任競合。當事人可在違約責任和侵權責任中選擇其一追究對方責任。

三、違約責任的免除

違約自應承擔違約責任，但並不是一切違約行為都應承擔民事責任。在法律明確規定或當事人另有約定時，不履行合同或履行合同不符合約定也不承擔責任。這種不承擔責任的法定或約定的條件，即為免責條件。

(一) 法定免責

不可抗力系法定免責條件。《合同法》明確規定依據不可抗力的影響來確定是部分免除還是全部免除當事人的責任。在法律有特別規定的情況，如《合同法》分則規定因貨物本身的自然性質、貨物的合理損耗等，亦屬免責範圍。

當事人一方因不可抗力不能履行合同的，應當及時通知對方，以減輕可能給對方造成的損失，並且應當在合理的期限內提供有關不可抗力的證明。

(二) 約定免責

當事人約定免責條款的，依照其約定，但約定不得違反法律和社會公共利益。

---

① 史尚寬. 債法總論 [M]. 北京：中國政法大學出版社，2000：512.

本章小結

　　合同是當事人意思表示一致而設立、變更、終止權利義務的協議。當事人經要約、承諾達成合意成立合同關係；依法成立和生效的合同對當事人具有法律效力，當事人不得擅自變更或者解除合同；合同的變更或解除需協商一致，或者滿足依約定或法律規定的條件。為防止債務人財產的不當減少而危害合同債權，合同法確定了代位權與撤銷權兩種保全措施；而合同的擔保包括物的擔保和人的擔保，則是實現債權人利益不可或缺法律手段；當事人按約履行合同是實現合同目的的重要保障，因而當事人應適當履行合同；為防範一方當事人履行合同以後的不到對方履行的風險，有必要在雙務合同履行中實行抗辯權制度，包括同時履行的抗辯、后履行的抗辯、不安抗辯權。合同作為債的產生原因之一是為實現特定利益或目的服務的，合同可能因為履行使當事人利益實現，或因解除、標的物提存、債務免除等原因合同而歸於消滅。違反合同應承擔違約責任，除非法律有明確規定或當事人另有約定。

本章知識邏輯圖

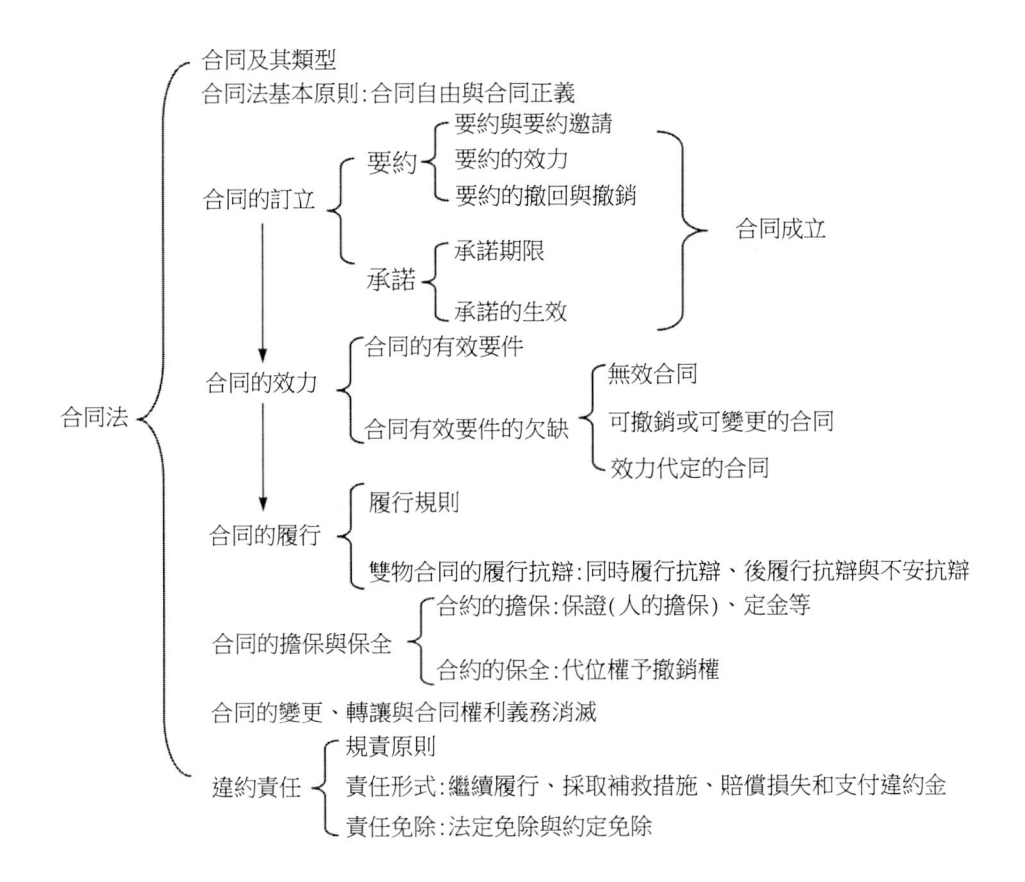

```
              ┌─ 合同及其類型
              │  合同法基本原則：合同自由與合同正義
              │
              │                  ┌─ 要約與要約邀請
              │           ┌─ 要約 ┼─ 要約的效力
              │           │      └─ 要約的撤回與撤銷      ┐
              │  合同的訂立 ┤                             ├ 合同成立
              │           │      ┌─ 承諾期限              ┘
              │           └─ 承諾 ┤
              │                  └─ 承諾的生效
              │    ↓
              │           ┌─ 合同的有效要件
              │           │                   ┌─ 無效合同
  合同法 ──────┤  合同的效力 ┤                   │
              │           └─ 合同有效要件的欠缺 ┼─ 可撤銷或可變更的合同
              │                               └─ 效力代定的合同
              │    ↓
              │           ┌─ 履行規則
              │  合同的履行 ┤
              │           └─ 雙物合同的履行抗辯：同時履行抗辯、後履行抗辯與不安抗辯
              │
              │                   ┌─ 合約的擔保：保證(人的擔保)、定金等
              │  合同的擔保與保全 ┤
              │                   └─ 合約的保全：代位權予撤銷權
              │
              │  合同的變更、轉讓與合同權利義務消滅
              │
              │           ┌─ 規責原則
              └─ 違約責任 ┤  責任形式：繼續履行、採取補救措施、賠償損失和支付違約金
                         └─ 責任免除：法定免除與約定免除
```

關鍵術語

合同　要約　承諾　有效要件欠缺　保全措施　擔保　抗辯權　合同變更　合同轉讓　權利義務終止　違約責任

思考與練習

（一）選擇題[①]

張某、方某共同出資，分別設立甲公司和丙公司。2013年3月1日，甲公司與乙公司簽訂了開發某房地產項目的《合作協議一》，約定如下：「甲公司將丙公司10%的股權轉讓給乙公司，乙公司在協議簽訂之日起三日內向甲公司支付首付款4,000萬元，尾款1,000萬元在次年3月1日之前付清。首付款用於支付丙公司從某國土部門購買A地塊土地使用權。如協議簽訂之日起三個月內丙公司未能獲得A地塊土地使用權致雙方合作失敗，乙公司有權終止協議。」

《合作協議一》簽訂后，乙公司經甲公司指示向張某、方某支付了4,000萬元首付款。張某、方某配合甲公司將丙公司的10%的股權過戶給了乙公司。

2013年5月1日，因張某、方某未將前述4,000萬元支付給丙公司致其未能向某國土部門及時付款，A地塊土地使用權被收回掛牌賣掉。

2013年6月4日，乙公司向甲公司發函：「鑒於土地使用權已被國土部門收回，故我公司終止協議，請貴公司返還4,000萬元。」甲公司當即回函：「我公司已把股權過戶到貴公司名下，貴公司無權終止協議，請貴公司依約支付1,000萬元尾款。」

2013年6月8日，張某、方某與乙公司簽訂了《合作協議二》，對繼續合作開發房地產項目做了新的安排，並約定：「本協議簽訂之日，《合作協議一》自動作廢。」丁公司經甲公司指示，向乙公司送達了《承諾函》：「本公司代替甲公司承擔4,000萬元的返還義務。」乙公司對此未置可否。

據此材料，請回答第1~6題。

1. 關於《合作協議一》，下列表述正確的是：
A. 是無名合同
B. 對股權轉讓的約定構成無權處分
C. 效力待定
D. 有效

2. 關於2013年6月4日乙公司向甲公司發函，下列表述正確的是：
A. 行使的是約定解除權
B. 行使的是法定解除權
C. 有權要求返還4,000萬元

[①] 本題為2014年國家司法考試卷三第86—91題。

D. 無權要求返還 4,000 萬元

3. 關於 2013 年 5 月 1 日張某、方某未將 4,000 萬元支付給丙公司，應承擔的責任，下列表述錯誤的是：

A. 向乙公司承擔違約責任
B. 與甲公司一起向乙公司承擔連帶責任
C. 向丙公司承擔違約責任
D. 向某國土部門承擔違約責任

4. 關於甲公司的回函，下列表述正確的是：

A. 甲公司對乙公司解除合同提出了異議
B. 甲公司對乙公司提出的異議理由成立
C. 乙公司不向甲公司支付尾款構成違約
D. 乙公司可向甲公司主張不安抗辯權拒不向甲公司支付尾款

5. 關於張某、方某與乙公司簽訂的《合作協議二》，下列表述正確的是：

A. 有效
B. 無效
C. 可變更
D. 《合作協議一》被《合作協議二》取代

6. 關於丁公司的《承諾函》，下列表述正確的是：

A. 構成單方允諾
B. 構成保證
C. 構成並存的債務承擔
D. 構成免責的債務承擔

(二) 簡要回答下列問題：

1. 簡要敘述合同訂立的基本程序。
2. 《合同法》對無效合同、可撤銷的合同和效力待定合同有何規定？
3. 簡述雙務合同中不安抗辯權及其行使要件。
4. 如何理解債的保全中的代位權和撤銷權？

(三) 案例分析[①]

甲公司從某銀行貸款 1,200 萬元，以自有房產設定抵押，並辦理了抵押登記。經書面協議，乙公司以其價值 200 萬元的現有的以及將有的生產設備、原材料、半成品、產品為甲公司的貸款設定抵押，沒有辦理抵押登記。后甲公司屆期無力清償貸款，某銀行欲行使抵押權。法院擬拍賣甲公司的房產。甲公司為了留住房產，與丙公司達成備忘錄，約定：「由丙公司參與競買，價款由甲公司支付，房產產權歸甲公司。」丙公司依法參加競買，以 1,000 萬元競買成功。甲公司將從子公司籌得的 1,000 萬元交給丙公司，丙公司將這 1,000 萬元交給了法院。法院依據競拍結果製作民事裁定書，甲公司據此將房產過戶給丙公司。

[①] 本案例系 2011 年國家司法考試卷四第四題，問題部分有刪減。

法院裁定書下達次日，甲公司、丙公司與丁公司簽約：「甲公司把房產出賣給丁公司，丁公司向甲公司支付 1,400 萬元。合同簽訂后 10 日內，丁公司應先付給甲公司 400 萬元，尾款待房產過戶到丁公司名下之后支付。甲公司如果在合同簽訂之日起半年之內不能將房產過戶到丁公司名下，則丁公司有權解除合同，並請求甲公司支付違約金 700 萬元，甲公司和丙公司對合同的履行承擔連帶責任。」

在甲公司、丙公司與丁公司簽訂房產買賣合同的次日，丙公司與戊公司簽訂了房產買賣合同。丙公司以 1,500 萬元的價格將該房產賣給戊公司，尚未辦理過戶手續。丁公司見狀，拒絕履行支付 400 萬元首付款的義務，並請求甲公司先辦理房產過戶手續，將房產過戶到丁公司名下。甲公司則要求丁公司按約定支付 400 萬元房產購置首付款。鑒於各方僵持不下，半年后，丙公司索性把房產過戶給戊公司，並拒絕向丁公司承擔連帶責任。經查，在甲公司、丙公司和丁公司簽訂合同后，當地房地產市場價格變化不大。

請思考下列問題：

1. 乙公司以其現有的及將有的生產設備等動產為甲公司的貸款設立的抵押是否成立？為什麼？

2. 甲公司與丙公司達成的備忘錄效力如何？為什麼？

3. 丙公司與戊公司簽訂房產買賣合同效力如何？為什麼？

4. 丁公司是否有權拒絕履行支付 400 萬元的義務？為什麼？

5. 丁公司是否有權請求甲公司在自己未支付 400 萬首付款的情況下先辦理房產過戶手續？為什麼？

6. 丁公司能否解除房產買賣合同？為什麼？

7. 丙公司能否以自己不是合同的真正當事人為由拒絕向丁公司承擔連帶責任？為什麼？

8. 甲公司可否請求法院減少違約金數額？為什麼？

第七章　知識產權法

【本章引例】

　　2013年11月5日，克拉瑪依區工商局執法人員在依法對克拉瑪依市某有限責任公司進行檢查時發現，該公司對外銷售的「惠普」牌5種型號共計230只打印機硒鼓外包裝標示不清。執法人員在抽取各種型號的樣品後，委託北京新諍信知識產權服務有限公司（惠普公司授權該公司對「惠普」註冊商標權進行保護）進行鑒定。經鑒定，上述惠普硒鼓為假冒商品，因涉案金額較大，克區工商局將該案件移交市公安局經濟犯罪偵查支隊處理。因該公司的違法情節不足以追究刑事責任，市公安局經濟犯罪偵查支隊於2014年3月27日，將該案件移交克拉瑪依區工商局查處。經調查獲知，該公司從一名推銷員手中以每只40元至150元的低廉價格購進5種類型「惠普」硒鼓230只，並以數倍高價對外進行銷售，獲非法經營額高達131,990元。[①]

　　請思考：克拉瑪依市某有限責任公司是否構成侵權？如果構成侵權，構成何種侵權？該公司應該承擔何種責任？工商部門可否對該公司進行行政處罰？

第一節　知識產權與知識產權法

一、知識產權

（一）知識產權的概念與特徵

　　知識產權（Intellectual Property），是指人們對其智力創造性勞動成果和工商業識標記依法享有的專有權利。臺灣地區稱知識產權為「智慧財產權」。

　　作為知識類無形財產權利，知識產權具有以下特徵：

　　（1）專有性。知識產權依法取得後，法律賦予權利人在一定時間內對智力創造性勞動成果和商業識別性標記享有獨占權或者壟斷權，除權利人同意或法律有規定者外，其他任何人不得利用享有知識產權的智力創造性勞動成果和商業識別性標記。

　　（2）地域性。知識產權通常是依照一國法律取得，因而往往局限於取得知識產權的國家領域內有效，在其他國家則失去法律效力。

　　（3）時間性。知識產權在法律規定期限內受到保護，期限屆滿後，知識產權則喪

[①] 案例選自《商標侵權知多少》，轉引自人民網，網址：http://ip.people.com.cn/n/2014/0515/c136655-25020895.html。2014年8月21日瀏覽。

失專有性成為社會公共財富供人們利用而不受專有權人的限制。

(二) 知識產權的範圍

各國關於知識產權的範圍有不同的界定，但大都把專利權、商標權與版權作為知識產權的主要內容。中國知識產權的範圍主要包括著作權、專利權、商標權、商業秘密權、制止不正當競爭權、植物新品種權、集成電路布圖設計權、地理標記權、域名權、發明權、發現權等。

【知識鏈接】國際條約對知識產權範圍的界定

1967年7月14日在斯德哥爾摩簽訂的《建立世界知識產權組織公約》第二條第八款設定的知識產權包括：(1) 與文學、藝術及科學作品有關的權利，即主要指著作權或者版權；(2) 與表演藝術家的表演活動，與錄音製品及廣播有關的權利，即主要指著作鄰接權；(3) 與人類創造性活動一切領域的發明有關的權利，即主要指發明專利權、實用新型專利權、非專利發明權和秘密技術權；(4) 與科學發現有關的權利，即指科學發現權；(5) 與工業品外形設計有關的權利，即指工業品外觀設計專利權；(6) 與商標、服務標誌、商號及其他商業標記有關的權利，即主要指商標權、商號權；(7) 與制止不正當競爭有關的權利；(8) 一切其他來自工業、科學及文學藝術領域的其他智力創作活動所產生的權利。

「關貿總協定」烏拉圭回合談判於1991年年底形成並於1994年4月15日簽署的《與貿易有關的知識產權協議》(簡稱TRIPS)，在世界貿易組織取代關貿總協定之後，構成了《世界貿易組織協定》的一個組成部分。在其第二部分第一條中，對知識產權的範圍規定為：(1) 版權與鄰接權；(2) 商標權；(3) 地理標記權；(4) 工業品外觀設計權；(5) 專利權；(6) 集成電路布圖設計（拓撲圖）權；(7) 未披露過的信息專有權，主要指商業秘密權。

二、知識產權法

知識產權法，是指調整知識產權取得、轉讓、許可實施及法律保護過程中所產生的多種社會關係的法律規範的總稱。

目前，世界各國都沒有頒布統一的知識產權法，許多國家都以單行的「專利法」、「商標法」、「著作權法」規範知識產權。中國知識產權立法亦復如此。

知識產權法可分為形式意義和實質意義上的知識產權法。形式意義的知識產權法，是指單行知識產權法，如前述《專利法》、《商標法》、《著作權法》等；實質意義的知識產權法，是包括形式意義的知識產權法在內的一切調整智力成果和商業識別性標記的法律規範，諸如單行知識產權法和民法、刑法、反不正當競爭法、訴訟法中有關知識產權的規定以及國際法中的有關規範。

【案例解析】

[7-1] 肖先生是南通攝影圈內小有名氣的攝影師。2013年7月，他應邀為當地一

家房地產公司拍攝該公司新推出的一組樓盤的實景照片。雙方口頭約定，拍攝完成後再商定使用數量及使用費。其后，肖先生經精心構思、選景，拍攝了一組該樓盤的外景照和一組南通新城區夜景照，並將標有自己署名水印的照片小樣交給房地產公司，但該公司未予答覆。同年11月，肖先生發現該公司印發的宣傳海報及宣傳冊中各使用了其中一幅照片，在使用過程中，該公司對原照片四周作了裁剪，去除了水印，且兩張照片均未署作者姓名。

請思考：被告是否對原告構成侵犯？

解析：涉案照片系原告借助於攝影器械，通過精心構思、從恰當的取景角度獨立創作完成。樓盤照通過雲彩的瞬間捕捉記錄下樓盤景觀，夜景照通過建築、燈光、夜幕的融合反映南通新城區的繁華，兩照片均達到了一定的創作高度，具有一定的獨創性，應認定為著作權法上的攝影作品。原告作為該作品的作者，對該作品享有著作權。被告在未經原告許可的情況下，擅自在海報、宣傳冊中使用樓盤照和夜景照，進行商業宣傳，且均未表明作者身分，構成對原告著作權中的複製權、發行權、署名權的侵犯。[1]

第二節　著作權法

一、著作權與著作權法

著作權，又稱版權，是指作者對其創作的文學、藝術和科學作品依法享有的人身權利和財產權利的總稱。

著作權法是調整著作權及相關權利的法律規範的總稱。中國著作權法包括《著作權法》及《著作權法實施條例》以及《計算機軟件保護條例》、《集成電路布圖設計保護條例》和相關國際條約和公約，如《保護文學藝術作品的伯爾尼公約》、《世界版權公約》、TRIPS等。

二、著作權的主體和對象

1. 著作權的主體

著作權的主體是指享有著作權的人，即著作權人，包括作者、其他依照本法享有著作權的公民、法人或者其他組織。

在特定條件下，國家可以成為著作權人。如國家接受著作權人的捐獻、遺贈，就可成為捐獻、遺贈作品的著作權人。

(二) 著作權的對象

著作權的對象即作品，包括受法律保護的文學、藝術和自然科學、社會科學、工程技術等作品。

---

[1] 顧建兵, 徐淑華. 擅用他人照片做廣告侵犯著作權被判賠償 [N]. 人民法院報, 2014-07-18 (3).

中國著作權對象的形式依《著作權法》第三條、第六條的規定，有文字作品、口述作品、音樂、戲劇、曲藝、舞蹈、雜技藝術作品、美術、建築作品、攝影作品、電影作品和以類似攝制電影的方法創作的作品、工程設計圖、產品設計圖紙、地圖、示意圖等圖形作品和模型作品、計算機軟件、民間文學藝術作品、法律、行政法規規定的其他作品。

三、著作權的內容和保護期限

（一）著作權的內容

著作權由著作人身權和著作財產權組成。

1. 著作人身權

著作人身權，是指作者對其創作的作品依法所享有的以人身利益為內容的權利。著作人身權包括發表權、署名權、修改權和保護作品完整的權利。

2. 著作財產權

著作財產權，是指著作權人基於對著作權的行使所能得到的財產權利。按照《著作權法》第十條的規定，著作權人享有以複製、發行、出租、展覽、表演、放映、廣播、信息網路傳播、攝制、改編、翻譯、匯編等方式使用作品的權利。

【知識鏈接】 作品使用權釋義

複製權，即以印刷、複印、拓印、錄音、錄像、翻錄、翻拍等方式將作品製作一份或者多份的權利。

發行權，即以出售或者贈予方式向公眾提供作品的原件或者複製件的權利。

出租權，即有償許可他人臨時使用電影作品和以類似攝制電影的方法創作的作品、計算機軟件的權利，計算機軟件不是出租的主要標的除外。

展覽權，即公開陳列美術作品、攝影作品的原件或者複製件的權利。

表演權，即公開表演作品，以及用各種手段公開播送作品的表演的權利。

放映權，即通過放映機、幻燈機等技術設備公開再現美術、攝影、電影和以類似攝制電影的方法創作的作品等的權利。

廣播權，即以無線方式公開廣播或者傳播作品，以有線傳播或者轉播的方式向公眾傳播廣播的作品，以及通過擴音器或者其他傳送符號、聲音、圖像的類似工具向公眾傳播廣播的作品的權利。

信息網路傳播權，即以有線或者無線方式向公眾提供作品，使公眾可以在其個人選定的時間和地點獲得作品的權利。

攝制權，即以攝制電影或者以類似攝制電影的方法將作品固定在載體上的權利。

改編權，即改變作品，創作出具有獨創性的新作品的權利。

翻譯權，即將作品從一種語言文字轉換成另一種語言文字的權利。

匯編權，即將作品或者作品的片段通過選擇或者編排，匯集成新作品的權利。

(二) 著作權的保護期限

著作權的保護期限是指著作權受法律保護的期限。

著作權自作品創作完成之日起產生。因著作人身權和財產權兩種權利的性質不同，法律對它們規定了不同的保護期限。

中國《著作權法》第二十條規定，著作人身權除發表權外，其他的署名權、修改權、保護作品完整權的保護期不受限制。中國《著作權法》第二十一條規定，公民（即自然人）的作品，其發表權和著作財產權的保護期為作者終生及其死亡后50年，截止於作者死亡后第50年的12月31日；如果是合作作品，截止於最后死亡的作者死亡后第50年的12月31日。法人或其他組織的作品和著作權（署名權除外）由法人或非法人單位享有的職務作品，其發表權和著作財產權的保護期為50年，截止於作品首次發表后第50年的12月31日，但作品自創作完成后50年未發表的，不再保護。電影作品和以類似攝制電影的方法創作的作品、攝影作品的發表權、著作財產權的保護期為50年，截止於作品首次發表后第五十年的12月31日，但作品自創作完成后五十年內未發表的，不再保護。

依照中國著作權法實施條例規定，作者生前未發表的作品，如果作者未明確表示不發表，作者死亡后50年內，其發表權可由繼承人或者受遺贈人行使；沒有繼承人又無人受遺贈的，由作品原件的所有人行使；作者身分不明的作品，著作權法規定的著作財產權的保護期截止於作品首次發表后第50年的12月31日，作者身分確定后適用前引著作權法第二十一條關於著作權保護的規定。

【案例解析】

[7-2] 甲的畫作《夢》於1960年發表。1961年3月4日甲去世。甲的唯一繼承人乙於2009年10月發現丙網站長期傳播作品《夢》，且未署甲名。2012年9月1日，乙向法院起訴。[①]

請思考：丙網站是否構成侵權？

解析：作品一經完成，不論是否發表，均依法享有著作權。根據《著作權法》規定，作者的署名權、修改權、保護作品完整權的保護期不受限制；發表權及著作權保護期為作者終生及其死亡后五十年。據此可見，例中作為畫作《夢》作者的唯一繼承人乙在甲去世后繼承其著作權成為著作權人，其有權就作品的侵權行為予以制止和對著作權進行保護，但本例作者去世已逾50年，其財產權利已不在保護的期限內，因此，本例乙向法院起訴可請求丙網站停止實施侵害甲署名權的行為，但不能要求丙網站停止對該作品的信息網路傳播權的行為。

四、著作權的歸屬

著作權屬於作者是著作權歸屬的一般原則。作者可能是自然人、法人和其他社會

---

① 本案例選自2013年國家司法考試卷三第17題。

組織，但著作權人不等於作者；除作者外，其他自然人、法人和社會組織亦可依法成為著作權人。

依《著作權法》規定，演繹作者對演繹作品應享有著作權，但行使著作權時不得侵犯原作品的著作權。合作創作的作品，著作權由合作作者共同享有。沒有參加創作的人，不能成為合作作者。匯編作品，其著作權由匯編人享有，但行使著作權時，不得侵犯原作品的著作權。視聽作品，編劇、導演、攝影、作詞、作曲等作者享有署名權，著作權的其他權利由製片者享有；這類作品中的劇本、音樂等可以單獨使用的作品的作者有權單獨行使其著作權。職務作品中主要是利用法人或者其他組織的物質技術條件創作，並由法人或者其他組織承擔責任的工程設計圖、產品設計圖、地圖、計算機軟件等職務作品，以及法律、行政法規規定或者合同約定著作權由法人或者其他組織享有的職務作品，作者享有署名權，著作權的其他權利由法人或者其他組織享有；其他職務作品的著作權由作者享有。委託作品由委託人和受託人約定著作權的歸屬；未明確約定的，著作權屬於受託人。公民死亡后，其著作財產權在保護期內依照繼承法的規定轉移。此外，因著作財產權部分或全部轉讓的，受讓人因此取得著作權。美術等作品原件所有權的轉移，不視為作品著作權的轉移，但美術作品原件的展覽權由原件所有人享有。

【知識鏈接】作品相關概念釋義

演繹作品，是指改編、翻譯、註釋、整理已有作品而創作產生的新作品。演繹作品必須是演繹作者對演繹作品付出了創造性勞動具有獨創性的作品，僅對原作簡單改換而未有實質性創作的「複製品」不是演繹作品。

合作作品，是指兩個以上合作創作的作品。合作作品包括可以分割使用的合作作品和不可分割使用的合作作品。

匯編作品，是指匯編若干作品、作品的片段或者不構成作品的數據或者其他材料，對其內容的選擇或者編排體現獨創性的作品。

視聽作品，是指電影作品和以類似攝製電影的方法創作的作品，包括作為藝術形式的電影、電視和其他錄音錄像作品。

職務作品，是指公民為完成法人或其他組織工作任務所創作的作品。

委託作品，是指受託人按照委託人的委託而創作的作品。

【案例解析】

[7-3] 據《人民法院報》報導，因「新浪愛問」提供《平凡的世界》下載，路遙之女將北京新浪互聯信息服務有限公司訴至法院，要求新浪公司立即停止侵權行為，並賠償損失22.1萬元。日前，北京市海澱區人民法院受理了此案。

據路女士訴稱，1992年路遙先生去世后，其著作財產權由路女士繼承。2005年，路女士進行了著作權登記。2013年12月，她發現「新浪愛問共享資料」有用戶在未經任何許可的情況下，擅自將《平凡的世界》電子版文本放到「新浪愛問」上供用戶下載或者在線閱讀。截至發現之時，該書在「新浪愛問」累計下載已達265,763次，該

行為嚴重侵害其的合法權益，給其造成了巨大經濟損失，故訴至法院。①

請思考：《平凡的世界》著作權歸誰？「新浪愛問」是否構成侵權？

解析：本報導涉及著名作家路遙先生的長篇小說的侵權問題，本書成稿時本案尚未審結。但據報導情況可以就相關法律問題進行簡要分析。一是作品的著作權歸屬問題，就通常情況而言，如果不是職務作品亦無其他轉讓授權等情形的話，那麼，作者享有作品的著作權。在作者去世後，其繼承人繼承著作財產權成為著作權人當無疑義，至於是否進行著作權登記本身對著作權不構成實質性影響，只是為解決著作權糾紛提供初步證據；二是該作品是否能自由使用的問題，根據中國著作權法規定，著作的發表權和著作財產權的保護期為作者終生及其死亡後 50 年，在此期限內，不享有著作權的人要使用該作品須取得著作權人同意。

【案例解析】

[7-4] 甲公司委託乙公司開發印刷排版系統軟件，付費 20 萬元，沒有明確約定著作權的歸屬。后甲公司以高價向善意的丙公司出售了該軟件的複製品。丙公司安裝使用 5 年后，乙公司訴求丙公司停止使用並銷毀該軟件。②

請思考：乙公司的訴訟請求能否得到法院支持？

解析：中國《著作權法》第十七條規定，「受委託創造的作品，著作權的歸屬由委託人和受託人通過合同約定。合同未作明確約定或者沒有訂立合同的，著作權屬於受託人。」故該軟件的著作權屬於乙公司。另根據《著作權糾紛解釋》第二十八條規定，「侵犯著作權的訴訟時效為二年，自著作權人知道或者應當知道侵權行為之日起計算。權利人超過二年起訴的，如果侵權行為在起訴時仍在持續，在該著作權保護期內，人民法院應當判決被告停止侵權行為；侵權損害賠償數額應當自權利人向人民法院起訴之日起向前推算二年計算。」由此可見，著作權保護有時效限制，但超過二年的時效期限起訴而侵權行為在起訴時仍在持續，且在該著作權保護期內，人民法院仍然應當判決被告停止侵權行為。因此，乙請求丙公司停止使用的請求，只要侵權尚在持續當中，仍可得到法院支持。再據《計算機軟件保護條例》第三十條規定，「軟件的複製品持有人不知道也沒有合理理由應當知道該軟件是侵權複製品的，不承擔賠償責任；但是，應當停止使用、銷毀該侵權複製品。如果停止使用並銷毀該侵權複製品將給複製品使用人造成重大損失的，複製品使用人可以在向軟件著作權人支付合理費用後繼續使用。」綜上所述，乙公司的訴訟請求應該得到法院的支持。

五、鄰接權

鄰接權或者著作鄰接權（Neighboring Rights），原意是相鄰、相近或相聯繫的權利，是指作品傳播者享有的與著作權相鄰、相近或者相關的權利。故又稱傳播者權。中國《著作權法》規定的出版、表演、錄音錄像、播放等與著作權有關的權利就是鄰接權，

---

① 參見文海宣. 路遙之女訴「新浪愛問」侵權[N]. 人民法院報，2014-08-12 (3).
② 本案例選自 2013 年國家司法考試卷三第 63 題。

因此，鄰接權包括出版者權、表演者權、錄音錄像製作者權和廣播電視節目製作者權。

【案例解析】

[7-5] 高某為某影視公司的簽約模特。2011年7月，其依據簽約單位與客戶的拍攝廣告片合同為某汽車公司拍攝了廣告片。合同約定該廣告片的發行媒體為網路媒體，發行區為互聯網，使用期限是一年。該期限的起始日期以客戶第一次將含有高某肖像權的廣告片投放市場之日算起或拍攝完成后30日起計算。但2012年年底，高某發現該汽車公司在其官方網站、汽車展銷會上以及下屬的4S店內使用了其曾經拍攝的廣告片。高某認為，某汽車公司未經授權，以上述方式使用其相關表演，侵犯了其享有的表演者權。故訴至法院，請求判令某汽車公司賠償其經濟損失32萬元及調查取證費2,600元。

請思考：高某可否就涉案廣告片單獨主張表演者權？

解析：涉案廣告片是以一定的腳本為基礎，通過畫面與聲音的銜接共同表達特定的主題內容，具有較高的獨創性，屬於以類似攝制電影的方法創作的作品。根據《著作權法》第十五條規定，電影作品和以類似攝制電影的方法創作的作品的著作權由製片者享有，但編劇、導演、攝影、作詞、作曲等作者享有署名權，並有權按照與製片者簽訂的合同獲得報酬。電影作品和以類似攝制電影的方法創作的作品中的劇本、音樂等可以單獨使用的作品的作者，有權單獨行使其著作權。表演者權在著作權法上是一種鄰接權，是表演者作為作品的傳播者因表演他人作品所享有的一項權利。在著作權與鄰接權的保護上，著作權法保護的重心是著作權，對鄰接權的保護不能超越著作權，因此，表演者不應有權行使上述權利。

本案中，高某作為模特依據其簽約經紀公司與客戶簽訂的《影視短片模特合約》的約定拍攝了涉案廣告片，其作為演員根據廣告創意的腳本將自己的表演行為融入聲音、場景畫面中，通過導演的拍攝形成了以類似攝制電影的方法創作的作品，屬於著作權法上的一種獨立的作品形式，該作品的著作權應歸製片人享有。因此，高某作為出演該作品的演員不能再單獨行使複製、發行等專有權利。基於表演者有權通過與製片者簽訂合同的形式來獲得報酬，高某獲得報酬的權利可以通過合同的形式來實現。事實上，高某在進行涉案廣告片拍攝時是基於合同約定，且已經通過約定獲得了報酬。雖然在該合同中僅約定使用時限為一年，但如果出現某汽車公司在合同到期後繼續使用涉案廣告片的行為，就續約費用事宜應由雙方協商確定，如果產生爭議也應通過合同進行解決。

綜上所述，表演者高某無權單獨就涉案廣告片主張表演者權，某汽車公司使用涉案廣告片的方式與本案無必然關聯性，即便某汽車公司存在超出原合同約定的時間期限和使用方式使用涉案廣告片的行為，亦不應成為本案表演者權受到侵害的依據，如高某認為因此受到了損失，可以通過合同規則進行救濟。①

---

① 張玲玲. 模特不能對廣告片單獨主張表演者權 [N]. 人民法院報，2014-08-06 (07).

六、著作權的保護

著作權受到中國著作權法的保護，禁止任何單位或個人侵犯他人的著作權。對侵犯他人著作權的行為，可以依法追究行政責任、民事責任甚至刑事責任。

第三節　專利法

一、專利和專利權

「專利」一詞有多重含義：專利權、專利技術、專利文獻等。專利權是依法授予發明人、設計人或其所屬單位對其發明創造在法定期限內享有的專有權或獨占權。

專利權期限，即專利權人獨占專利的法定期限。中國專利法規定，發明專利權的期限自專利申請日起 20 年，實用新型和外觀設計專利權的期限自專利申請日起 10 年。

二、專利申請人與專利權人

專利申請人是指依法享有就某項發明創造向中國專利主管機關提出專利申請權利的自然人或社會組織，即享有專利申請權的人。在專利申請被批准後，該專利申請人即為專利權人。

1. 職務發明創造的專利申請權人為單位。在申請被批准後成為專利權人的該單位應當對發明創造的發明人或設計人給予獎勵；發明創造專利實施後應根據其經濟效益，對發明人或者設計人給予合理的報酬。

2. 非職務發明創造申請專利的權利由發明人或設計人享有，申請被批准後，該發明人或者設計人為專利權人。

3. 利用本單位的物質技術條件所完成的發明創造，單位與發明人或者設計人訂有合同，對申請專利的權利和專利權的歸屬做出約定的，從其約定。

4. 兩個以上單位或者個人合作開發完成的發明創造，除當事人另有約定以外，申請專利的權利屬於共同完成的單位或個人，申請被批准後，申請的單位或者個人為專利權人。

5. 委託開發完成的發明創造，專利申請權除當事人另有約定以外，屬於研究開發人，申請被批准后，申請的單位或者個人為專利權人。

6. 在中國有經常居所或營業所的外國人在中國申請專利，適用國民待遇原則，即享有與中國人一樣的待遇；在中國沒有經常居所或營業所的外國人在中國申請專利，必須是其所屬國同中國共同參加了同一國際條約，或者同中國簽訂了雙邊協議，或者按互惠原則辦理，且其申請專利和辦理其他專利事務應當委託中國國務院專利行政部門指定的專利代理機構辦理。

【知識鏈接】發明人或設計人、職務發明創造

1. 發明人或設計人。對發明創造的實質性特點做出創造性貢獻的人，稱為發明人

或設計人。在完成發明創造過程中，只負責組織工作的人、為物質技術條件的利用提供方便的人或者從事其他輔助工作的人，不是發明人或者設計人。發明人或設計人只能是自然人，不可能是任何形式的組織。

　　2. 職務發明創造。職務發明創造，是指發明人或設計人執行本單位的任務，或者主要是利用本單位的物質技術條件所完成的發明創造。執行本單位的任務所完成的職務發明創造是指：在本職工作中做出的發明創造；履行本單位交付的本職工作之外的任務所做出的發明創造；退職、退休或者調動工作後1年內做出的，與其在原單位承擔的本職工作或者原單位分配的任務有關的發明創造。本單位的物質技術條件，是指本單位的資金、設備、零部件、原材料或者不對外公開的技術資料等。

三、專利權的對象與授予條件

(一) 專利權的對象

　　專利權的對象，是指依法能夠申請專利並可以取得專利權的發明創造。中國專利法把發明、實用新型和外觀設計都作為專利權的對象。發明，是表現為技術形式的具有創造性的新成果；實用新型，是指對產品的形狀、構造或形狀和構造的結合所提出的適於適用的新的技術方案；外觀設計，又稱工業設計、工業產品外觀設計，是指就產品的形狀、圖案、色彩或其結合所提出的富有美感並適於工業應用的新的設計。

(二) 專利權的授予條件

　　發明創造必須符合專利法規定的各項條件才能被授予專利權。中國專利法採取原則規定和排除規定相結合的方式規定授予專利權的條件。

　　1. 授予專利權的肯定條件

　　中國專利法根據不同類型的發明創造規定了不同的條件。

　　授予專利權的發明、實用新型應具備的條件：新穎性、創造性和實用性。

　　①新穎性。新穎性的判斷標準：公開的形式標準、時間標準和地域標準來判斷。發明或實用新型公開的形式有出版物公開、使用公開、申請發公開及其他形式公開；公開的時間標準以申請日為準；公開的地域標準根據公開的方式不同而不同，出版物上公開採用世界性地域標準，其他方式公開採用本國地域標準。申請專利的發明創造在申請日以前6個月內，有下列情況之一的，不喪失新穎性：在中國政府主辦或者承認的國際展覽會上首次展出的；在規定的學術會議或者技術會議上首次發表的；他人未經申請人同意而洩露其內容的。

　　②創造性。只有具備新穎性的發明或實用新型，才可能具有創造性。創造性是指同申請日以前已有的技術相比，該發明有突出的實質特點和顯著的進步；該實用新型有實質性的特點和進步。對實用新型創造性要求比發明低，「突出的實質特點」是指發明是一種前所未有的先進技術，它所體現的技術構思、技術解決方案能夠使某一領域的技術性發生質的飛躍。「顯著的進步」是發明與最接近的現有技術相比具有長足的進步，是對科學技術的發展有益的發明。

　　③實用性。實用性可以從以下三個方面判斷：發明或實用新型能夠在生產過程中

製造或使用；發明或實用新型在生產過程中能夠再現，即能夠反覆製造或重複使用；發明或實用新型具有有益性，即能夠滿足社會的需要，促進科學技術進步和經濟的發展。

授予專利權的外觀設計應具備的條件：

授予專利權的外觀設計，應當同申請日以前在國內外出版物上公開發表過或者國內公開使用過的外觀設計不相同和不相近似，並不得與他人在先取得的合法權利相衝突。判斷某一外觀設計是否具有新穎性，在時間上以申請日作為標準；在公開的形式和地域標準上，有不同要求。對出版物上公開，要求在申請日以前在國內外的出版物上沒有公開發表過；對使用公開，只要求在國內沒有公開使用過。

2. 不授予專利權的項目

①不屬於專利法所說的發明創造，不授予專利權。專利法對所要保護的發明作了嚴格界定，不符合專利法規定的智力成果，不是專利法所說的發明創造。以下三項不屬於發明創造的項目，不授予專利權：科學發現；智力活動的規則和方法；疾病的診斷和治療方法。

②不受專利法保護的發明創造，不能授予專利權。基於社會公共利益、社會道德風尚和技術因素等方面的考慮，將以下發明創造排除於專利法的保護範圍之外：違反國家法律、社會公德或妨害公共利益的發明創造；動物和植物品種；用原子核變換方法獲得的物質。但動物和植物品種的生產方法可授予專利權。

【案例解析】

[7-6] 範某在有關骨科病預防與治療方面研究中發現了導致骨癌的特殊遺傳基因，發明了一套幫助骨折病人盡快康復的理療器械、如何精確診斷股骨頭壞死的方法以及一種高效治療軟骨病的中藥製品。對於範某的成果，哪些可在中國申請專利？[①]

中國《專利法》第二十五條規定，「對下列各項，不授予專利權：（一）科學發現；（二）智力活動的規則和方法；（三）疾病的診斷和治療方法；（四）動物和植物品種；（五）用原子核變換方法獲得的物質；（六）對平面印刷品的圖案、色彩或者二者的結合做出的主要起標示作用的設計。」據此，導致骨癌的特殊遺傳基因屬於科學發現，不能授予專利；精確診斷股骨頭壞死的方法屬於疾病的診斷與治療方法，亦不能授予專利。而幫助骨折病人盡快康復的理療器械、高效治療軟骨病的中藥製品應屬創造發明，可以申請專利。

四、專利申請與審批

(一) 專利申請

專利權不是自動取得的。一項發明創造要取得專利權必須按照申請原則依法申請。申請專利權必須向國務院專利行政部門提交申請書。此外，申請發明或實用新型專利

---

① 本案例改編自 2013 年國家司法考試卷三第 64 題。

權還須提交說明書及附圖、權利要求書和摘要；申請外觀設計專利權則還應當提交外觀設計的圖片或照片、外觀設計的簡要說明。

(二) 專利申請權的轉讓

享有專利申請權的人可以申請專利。同時法律規定，專利申請權可以轉讓。通過買賣方式有償轉讓，或通過贈予等方式無償轉讓；非職務發明創造的專利申請權在發明人或設計人死亡后，可由其繼承人繼承或受遺贈人取得。

中國單位或者個人向外國人轉讓專利申請權或者專利權的，必須經國務院有關主管部門批准即須國務院對外經濟貿易主管部門會同國務院科學技術行政部門批准。當事人轉讓專利申請權應當訂立書面合同，並向國務院專利行政部門登記，由國務院專利行政部門予以公告。專利申請權或者專利權的轉讓自登記之日起生效。

(三) 專利申請的原則

專利申請的原則主要包括單一性原則、先申請原則、優先權原則。

1. 單一性原則

單一性原則，即一發明創造一申請的原則。一件發明或者實用新型專利申請應當限於一項發明或者實用新型；屬於一個總的發明構思的兩項以上的發明或者實用新型，可以作為一件申請提出。一件外觀設計專利申請應當限於一項外觀設計；同一產品兩項以上的相似外觀設計，或用於同一類別且成套出售或者使用的產品的兩項以上外觀設計，可以作為一件申請提出。

2. 先申請原則

先申請原則是指當兩個以上的專利申請人分別就同一發明創造申請專利的，專利權授予最先申請的人。國務院專利行政部門收到專利申請文件之日為申請日。如果申請文件是郵寄的，以寄出的郵戳日為申請日。

3. 優先權原則

優先權包括外國優先權和本國優先權。外國優先權是指申請人自發明或者實用新型在外國第一次提出專利申請之日起12個月內，或者自外觀設計在外國第一次提出專利申請之日起6個月內，又在中國就相同主題提出專利申請的，依照該外國同中國簽訂的協議或者共同參加的國際條約，或者依照相互承認優先權的原則，經申請人要求，以其第一次在外國提出申請的日期為申請日。本國優先權，即申請人自發明或者實用新型在中國第一次提出專利申請之日起12個月內，又向國務院專利行政部門就相同主題提出專利申請，經申請人要求，以其第一次在中國申請專利的日期為申請日。申請人要求優先權的，應當在申請的時候提出書面聲明，並且在3個月內提交第一次提出的專利申請文件的副本；未提出書面聲明或者逾期未提交專利申請文件副本的，視為未要求優先權。

(四) 專利申請的審批

1. 發明專利申請的審批

發明專利申請的主要審查程序有初步審查、公開專利申請、請求實質審查和實質

審查。

初步審查，即形式審查，國務院專利行政部門受理專利申請后，首先對專利申請是否符合專利法及其實施細則規定的形式要求以及明顯的實質缺陷進行審查。

公布專利申請，又稱早期公開。國務院專利行政部門對於初步審查合格的專利申請，自申請日起滿18個月，有優先權的自優先權之日起，滿18個月即進行公布，即把發明專利申請文件在《發明專利公報》全文刊載，允許公眾自由閱讀。申請人可以請求早日公布專利申請。

請求實質審查，自申請日起3年內申請人可隨時提出實質審查請求，國務院專利行政部門應對其申請進行實質審；申請人無正當理由逾期不請求實質審查，該申請被視為撤回。

實質審查，國務院專利行政部門認為必要的時候，自行對發明專利申請進行的實質審查。

經國務院專利行政部門實質審查後，認為不符合本法規定的，應當通知申請人，要求其在指定的期限內陳述意見，或者對其申請進行修改；無正當理由逾期不答覆的，該申請即被視為撤回。發明專利申請經申請人陳述意見或者進行修改后，國務院專利行政部門仍然認為不符合本法規定的，應當予以駁回。發明專利申請經實質審查沒有發現駁回理由的，由國務院專利行政部門做出授予發明專利權的決定，發給發明專利證書，同時予以登記和公告。發明專利權自公告之日起生效。

2. 實用新型、外觀設計專利申請的審查

中國專利法規定，對實用新型、外觀設計專利申請只進行初步審查而不進行實質審查，程序與對發明專利申請的初步審查基本相同。

實用新型或外觀設計專利申請經形式審查沒有發現駁回理由的，國務院專利行政部門應做出授予專利權的決定，發給專利證書，並予以登記和公告，並自公告之日起生效。

【知識鏈接】專利復審程序、專利權的無效宣告程序

1. 專利復審程序

專利復審程序，是專利申請人對國務院專利行政部門駁回專利申請的決定不服而請求再審查的程序。專利復審程序實質上是法律補救和監督程序。按照《專利法》第四十一條的規定，國務院專利行政部門設立專利復審委員會。專利申請人對國務院專利行政部門駁回申請的決定不服的，可以自收到通知之日起三個月內，向專利復審委員會請求復審。專利復審委員會復審後，做出決定，並通知專利申請人。專利申請人對專利復審委員會的復審決定不服的，可以自收到通知之日起三個月內向人民法院起訴。

2. 專利權的無效宣告程序

專利權的無效宣告程序，是指認為業已經授予的專利不符合專利法規定而請求專利復審委員會宣告該專利權無效的程序。《專利法》第四十六條規定，專利復審委員會對宣告專利權無效的請求應當及時審查和做出決定，並通知請求人和專利權人。宣告

專利權無效的決定，由國務院專利行政部門登記和公告。對專利復審委員會宣告專利權無效或維持專利權的決定不服的，可以自收到通知之日起三個月內向人民法院起訴。人民法院應當通知無效宣告請求程序的對方當事人作為第三人參加訴訟。

宣告無效的專利權視為自始即不存在。宣告專利權無效的決定，對宣告專利權無效前人民法院做出並已執行的專利侵權的判決、裁定，已經履行或者強制執行的專利侵權糾紛處理決定，以及已經履行的專利實施許可合同和專利權轉讓合同，不具有追溯力。但因專利權人惡意給他人造成的損失，應當給予賠償。依照前述不返還專利侵權賠償金、專利使用費、專利權轉讓費，明顯違反公平原則的，應當全部或者部分返還。

【案例解析】

[7-7] 甲公司開發了一種汽車節能環保技術，並依法獲得了實用新型專利證書。乙公司擬與甲公司簽訂獨占實施許可合同引進該技術，但在與甲公司協商談判過程中，發現該技術在專利申請日前已經屬於現有技術。①

請思考：乙公司是否還需許可才能獲該技術的使用權？

解析：在現有專利技術之上任何人均有權繼續開發新技術，且可無償使用，故乙公司完全可以不與甲公司進行談判取得其許可即可利用該技術；非但如此，根據《專利法》第四十五條規定，自國務院專利行政部門公告授予專利權之日起，任何單位或者個人認為該專利權的授予不符合本法有關規定的，可以請求專利復審委員會宣告該專利權無效。因此，乙公司可以請求專利復審委員會宣告甲公司該實用新型專利無效。

五、專利權的內容

專利權的內容包括專利權人依法享有的權利和應履行的義務。

(一) 專利權人的權利

按照專利權人享有權利性質的不同，可將專利權人的權利區分為財產權利和人身權利。基本內容包括：

1. 獨占權。作為專利權人最基本的權利，獨占權即專利權人排他地利用其專利的權利。包括：獨占製造、使用、許諾銷售、銷售、進口其專利產品的權利；獨占使用專利方法以及使用、許諾銷售、銷售、進口依照該專利方法直接獲得的產品的權利；獨占製造、銷售、進口外觀設計專利產品的權利。

2. 轉讓權。專利權人有權處分其專利，轉讓權即專利權人依法將其專利權轉讓給他人的權利。專利權原則上可以自由轉讓，但中國單位或個人向外國人轉讓專利權的，必須經國務院有關主管部門批准。轉讓專利權時，轉讓人與受讓人之間必須訂立書面專利轉讓合同，向國務院專利行政部門登記，由國務院專利行政部門予以公告，專利權的轉讓自登記之日起生效。

---

① 本案例選自2013年國家司法考試題卷三第18題。

3. 許可權。專利權人允許其他單位或個人實施其全部或部分專利的權利即許可權。任何單位或個人實施他人專利的，除本法第十四條規定的計劃許可外，都必須與專利權人訂立書面實施許可合同，向專利權人支付專利使用費，非經專利權人特別授權，無權允許合同規定以外的任何單位或個人實施該專利。

4. 專利標記權。專利權人在其專利產品或該產品的包裝上標明專利標記和專利號的權利，即為專利標記權（標明「專利」或者「中國專利」字樣）。

5. 放棄專利權的權利。專利權人可以通過書面申請或以不交年費的方式放棄其權利。

(二) 專利權人的義務

1. 繳納專利年費的義務。專利權人應當自被授予專利權的當年開始繳納年費。未按規定交納專利年費的，將導致專利權在其期限屆滿前提前終止。

2. 充分公開專利內容的義務。專利權人如果沒有充分公開專利內容，任何人都可以以此為由請求專利復審委員會宣告此專利權無效。

3. 履行國家有關機關頒發的計劃許可的義務。

六、對專利權的限制與保護

(一) 對專利權的限制

1. 強制許可對專利權的限制

(1) 請求給予的強制許可。國務院專利行政部門根據具備實施條件的單位或者個人的申請，可以給予實施發明專利或者實用新型專利的強制許可：專利權人自專利權被授予之日起滿三年，且自提出專利申請之日起滿四年，無正當理由未實施或者未充分實施其專利的；專利權人行使專利權的行為被依法認定為壟斷行為，為消除或者減少該行為對競爭產生的不利影響的。

(2) 基於國家利益的強制許可。在國家出現緊急狀態，或者非常情況時，或者為了公共利益的目的，國務院專利行政部門可以給予實施發明或實用新型專利的強制許可。這種強制許可無須經過任何單位或個人的請求。

(3) 促進新發明實施的強制許可

一項取得專利權的發明或者實用新型比前已經取得專利權的發明或者實用新型具有顯著經濟意義的重大技術進步，其實施又有賴於前一發明或者實用新型的實施的，國務院專利行政部門根據後一專利權人的申請，可以給予實施前一發明或者實用新型的強制許可。在依照前述規定給予實施強制許可的情形下，國務院專利行政部門根據前一專利權人的申請，也可以給予實施后一發明或者實用新型的強制許可。

2. 計劃許可（推廣應用）對專利權的限制

國有企業事業單位的發明專利，對國家利益或者公共利益具有重大意義的，國務院有關主管部門和省、自治區、直轄市人民政府報經國務院批准，可以決定在批准的範圍內推廣應用，允許指定的單位實施，由實施單位按照國家規定向專利權人支付使用費。

3. 不視為侵犯專利權的行為

中國《專利法》第六十九條規定，下列情形不視為侵犯專利權：專利產品或者依照專利方法直接獲得的產品，由專利權人或者經其許可的單位、個人售出後，使用、許諾銷售、銷售、進口該產品的；在專利申請日前已經製造相同產品、使用相同方法或者已經作好製造、使用的必要準備，並且僅在原有範圍內繼續製造、使用的；臨時通過中國領陸、領水、領空的外國運輸工具，依照其所屬國同中國簽訂的協議或者共同參加的國際條約，或者依照互惠原則，為運輸工具自身需要而在其裝置和設備中使用有關專利的；專為科學研究和實驗而使用有關專利的；為提供行政審批所需要的信息，製造、使用、進口專利藥品或者專利醫療器械的，以及專門為其製造、進口專利藥品或者專利醫療器械的。

【知識鏈接】 強制許可

強制許可，又稱非自願許可，是指國務院專利行政部門依照專利法規定，不經專利權人同意，通過行政程序允許其他單位或個人利用專利發明，並向其頒發利用發明的強制許可證。強制許可的目的是使授予專利權的發明創造盡早得到實施，造福於社會。強制許可實施專利只是許可使用不必經專利權人同意，但並非無償的，任何取得實施強制許可的單位或個人都必須向專利權人支付合理的使用費。使用費的數額，可以由專利權人和取得強制許可的單位或個人根據專利發明或實用新型的價值和實施后的預計效益進行協商后確定，雙方不能達成協議的由國務院專利行政部門裁決。

(二) 專利權的保護

1. 專利權的保護範圍

專利權的保護範圍是專利權效力所及的發明創造範圍。中國《專利法》第五十九條規定，發明或者實用新型專利權的保護範圍以其權利要求的內容為準，說明書及附圖可以用於解釋權利要求的內容。外觀設計專利權的保護範圍以表示在圖片或者照片中的該產品的外觀設計為準，簡要說明可以用於解釋圖片或者照片所表示的該產品的外觀設計。

2. 專利侵權行為的表現形式

未經專利權人許可，實施其專利，即侵犯其專利權。侵犯專利權的行為主要表現在：未經專利權人許可，為生產經營目的製造、使用、許諾銷售、銷售或者進口專利產品；或者使用專利方法及使用、許諾銷售、銷售、進口依照該專利方法直接獲得的產品；或者製造、銷售、進口外觀設計專利產品。假冒他人專利行為：未經許可，在其製造或者銷售的產品、產品的包裝上標註他人的專利號；未經許可，在廣告或者其他宣傳材料中使用他人的專利號，使人將所涉及的技術誤認為是他人的專利技術；未經許可，在合同中使用他人的專利號，使人將合同涉及的技術誤認為是他人的專利技術；偽造或者變造他人的專利證書、專利文件或者專利申請文件。

【案例解析】

[7-8] A. 甲公司與專利權人簽訂獨占實施許可合同后，許可其子公司乙公司實施該專利技術；

B. 獲得強制許可實施權的甲公司許可他人實施該專利技術；

C. 甲公司銷售不知道是侵犯他人專利的產品並能證明該產品來源合法；

D. 為提供行政審批所需要的信息，甲公司未經專利權人的同意而製造其專利藥品。[1]

請思考：上述哪些行為是侵犯專利的行為？

解析：獨占實施許可，是指讓與人在約定許可實施專利的範圍內，將該專利僅許可一個受讓人實施，讓與人依約定不得實施該專利。A 例中，案甲公司與專利權人簽訂獨占實施許可合同后，又許可其子公司乙公司實施該專利技術，顯然非「獨占實施」，其行為應屬侵犯專利權行為。

強制許可是出於法律政策考量對專利權的限制，因此，《專利權法》第五十六條規定，「取得實施強制許可的單位或者個人不享有獨占的實施權，並且無權允許他人實施」。可見，B 例中的甲公司獲得強制許可實施權后，無權許可他人實施該專利技術。故其許可他人實施該專利技術是侵犯專利的行為。

中國《專利權法》第七十條規定，「為生產經營目的使用、許諾銷售或者銷售不知道是未經專利權人許可而製造並售出的專利侵權產品，能證明該產品合法來源的，不承擔賠償責任。」因此，C 例中甲公司在不知情的狀態下銷售了侵犯他人專利權的產品並能證明該產品來源合法，可不承擔賠償責任。這只是對「善意侵權」的責任限制，但不承擔賠償責任，並不能改變該銷售專利侵權產品行為的性質，也不能免除諸如停止侵權等民事責任。由是之故，甲公司的行為依然構成侵權行為。

中國《專利權法》第六十九條第（五）項規定，「為提供行政審批所需要的信息，製造、使用、進口專利藥品或者專利醫療器械的，以及專門為其製造、進口專利藥品或者專利醫療器械的」行為，不視為侵犯專利。因此，D 例中，甲公司為提供行政審批所需要的信息未經專利權人的同意而製造其專利藥品，其行為不屬於侵犯專利的行為。

3. 專利侵權的民事責任

對於專利侵權，專利權人可直接向人民法院起訴，請求停止侵權、賠償損失、消除影響。此外，專利權人或者利害關係人還可請求專利管理部門處理，責令停止侵權，並可就侵犯專利權的賠償數額進行調解。

七、專利權的終止

根據中國專利法的規定，專利權因下列原因而終止：專利權因法定的專利權有效

---

[1] 本組案例選自 2012 年國家司法考試卷三第 18 題。

期限屆滿而自然終止；專利權因專利權人沒有按照專利法規定繳納專利年費而終止；專利權因專利權人書面聲明放棄專利權而終止；專利權因專利權人（自然人）死亡後無人繼承而終止，或因專利權人（企業）消滅后無繼受單位而終止；專利權因被專利復審委員會宣告無效而終止。

專利權終止后，由專利局登記並公告。專利權終止後，發明創造成為社會公有財富，人人都可以自由無償使用。

第四節　商標法

一、商標和商標法

（一）商標

商標（Trademark, Trade mark），俗稱牌子，是生產者或經營者在自己所製造、加工、揀選或經銷的商品上或者服務提供者在其提供的服務上採用以區別於他人商品或服務的，由文字、圖形、字母、數字、三維標誌、顏色組合和聲音，或上述要素組合的具有顯著特徵的標誌。簡言之，即商品或服務的標示。

商標有註冊商標和非註冊商標，經商標局核準註冊的商標為註冊商標，包括商品商標、服務商標、集體商標和證明商標。

【知識鏈接】商品商標、服務商標、集體商標和證明商標

商品商標，是指生產者或經營者使用於商品上的商標。服務商標，是指服務提供者為標示其服務所使用的商標。集體商標，是指以團體、協會或者其他組織名義註冊，供該組織成員在商事活動中使用，以表明使用者在該組織中的成員資格的標誌。證明商標，是指由對某種商品或者服務具有監督能力的組織所控製，而由該組織以外的單位或者個人使用於其商品或者服務，用以證明該商品或者服務的原產地、原料、製造方法、質量或者其他特定品質的標誌。

（二）商標法

商標法是調整商標的註冊、使用、管理和對商標專用權保護所發生的各種社會關係的法律規範的總稱。中國商標法除了《商標法》及其《商標法實施條例》外，還包括國家商標管理機關為貫徹《商標法》所制定的一系列規範性文件，以及最高人民法院在適用《商標法》時所作的司法解釋以及其他有關法律、法規中關於保護商標專用權的條款。

二、商標權的取得

（一）商標權的取得方式

商標權的取得可分為原始取得和繼受取得。

1. 商標權原始取得

各國商標權的原始取得大體上可分使用取得、註冊取得和混合取得。這又被稱為商標權取得三原則：使用取得，即誰先使用商標，商標權就屬於誰；註冊取得，誰最先申請商標註冊，商標權就授予誰；混合取得，即使用原則和註冊原則的折中，無論註冊還是使用都可取得商標權，商標專用權原則上屬於商標的首先註冊人，但商標的首先使用人可以在一定期限內提出撤銷指控，如果法定期限內無人提出指控，則商標的首先註冊人可取得無可辯駁的專用權。

2. 商標權的繼受取得

繼受取得是指商標權人的商標權系依法從原商標權人承繼而來。取得方式主要是：轉讓、贈予和繼承。

(二) 中國商標的註冊取得

1. 商標註冊條件及其限制

中國《商標法》第八條規定，任何能夠將自然人、法人或者其他組織的商品與他人的商品區別開的可視性標誌，包括文字、圖形、字母、數字、三維標誌、顏色組合和聲音等，以及上述要素的組合，均可以作為商標申請註冊。第九條規定，申請註冊的商標，應當有顯著特徵，便於識別。可見，商標註冊的基本條件是：符合法定構成要素；有顯著特徵，便於識別。

《商標法》同時規定了商標註冊的限制。首先，下列標誌不得作為商標使用：同中華人民共和國的國家名稱、國旗、國徽、國歌、軍旗、軍徽、軍歌、勛章等相同或者近似的，以及同中央國家機關的名稱、標誌、所在地特定地點的名稱或者標誌性建築物的名稱、圖形相同的；同外國的國家名稱、國旗、國徽、軍旗等相同或者近似的，但經該國政府同意的除外；同政府間國際組織的名稱、旗幟、徽記等相同或者近似的，但經該組織同意或者不易誤導公眾的除外；與表明實施控製、予以保證的官方標誌、檢驗印記相同或者近似的，但經授權的除外；同「紅十字」、「紅新月」的名稱、標誌相同或者近似的；帶有民族歧視性的；帶有欺騙性，容易使公眾對商品的質量等特點或者產地產生誤認的；有害於社會主義道德風尚或者有其他不良影響的。此外，縣級以上行政區劃的地名或者公眾知曉的外國地名，不得作為商標。但是，地名具有其他含義或者作為集體商標、證明商標組成部分的除外；已經註冊的使用地名的商標繼續有效（《商標法》第十條）。不得做商標的標示當然不得申請註冊。其次，下列標誌不得作為商標註冊：僅有本商品的通用名稱、圖形、型號的，僅直接表示商品的質量、主要原料、功能、用途、重量、數量及其他特點的，其他缺乏顯著特徵的，但這些標誌經過使用取得顯著特徵，並便於識別的，可以作為商標註冊（《商標法》第十一條）。再次，以三維標誌申請註冊商標的，僅由商品自身的性質產生的形狀、為獲得技術效果而需有的商品形狀或者使商品具有實質性價值的形狀，不得註冊（《商標法》第十二條）。此外，為相關公眾所熟知的商標，持有人認為其權利受到侵害時，可以依照本法規定請求馳名商標保護，依法不予註冊並禁止使用（《商標法》第十三條）。

2. 商標的國內註冊

中國商標法實行自願註冊的原則，即商標註冊與否取決於商標使用人的意願，法

律不予強制，但是，如菸草製品等法律、行政法規規定必須使用註冊商標的商品，必須申請商標註冊，未經核準註冊的，不得在市場銷售。同時，在商標註冊時實行申請在先和優先權原則。

中國商標註冊按照申請、審查、核準、復審的程序進行。

（1）申請。商標的註冊申請是取得商標專用權的前提，每一件商標註冊申請應當向商標局提交《商標註冊申請書》1份、商標圖樣5份，指定顏色的，應當提交著色圖樣5份、黑白稿1份；以三維標誌申請註冊商標的，應當在申請書中予以聲明，並提交能夠確定三維形狀的圖樣；以顏色組合申請註冊商標的，應當在申請書中予以聲明，並提交文字說明；申請註冊集體商標、證明商標的，應當在申請書中予以聲明，並提交主體資格證明文件和使用管理規則；商標為外文或者包含外文的，應當說明含義。

（2）審查。中國商標註冊申請的審查一般要經過形式審查、實質審查、公告、異議幾個階段。只有經過形式審查合格的，國家商標局才進行登記申請日期和編定申請號，並正式受理申請。國家商標局受理商標註冊申請後，進入實質審查程序，審查申請註冊的商標是否符合商標獲準註冊的條件。經實質審查，認為合格的，予以初步審定，編定初步審定號，刊登在《商標公告》上，向社會公告。自公告之日起3個月內，任何人均可提出異議，商標局應對異議調查核實，並做出撤銷初步審定或駁回異議的裁定。

（3）核準。對初步審定的商標，如在審定公告之日起3個月內無人提出異議，或者雖有異議但經裁定異議不能成立，商標局即正式予以核準註冊，發給商標註冊證，並再次在《商標公告》上公告。商標註冊申請人自初審公告三個月期滿之日取得商標專用權。

（4）復審。商標評審委員會對於當事人因駁回商標註冊申請、商標局異議裁定不服，在收到通知15天內再次申請進行審查，該程序即為復審。

【知識鏈接】 申請在先原則和優先權原則

申請在先原則，即兩個或兩個以上的商標註冊申請人在同一種商品、服務或者類似商品、服務上，以相同或近似的商標申請註冊，註冊申請在先的商標；同一天申請註冊的，註冊使用在先的商標；同日使用或者均未使用的，各申請人自行協商，不願協商或者協商不成的，以抽簽的方式確定一個申請人。

優先權原則，是指商標註冊申請人自商標在外國第一次提出商標註冊申請之日起六個月內，又在中國就相同商品以同一商標提出商標註冊申請的，依照該外國同中國簽訂的協議或者共同參加的國際條約，或者按照相互承認優先權的原則，可以享有優先權。商標在中國政府主辦或者承認的國際展覽會（在中國境內舉辦的除外）展出的商品上首次使用的，自該商品展出之日起六個月內，該商標的註冊申請人可以享有優先權。

3. 商標的國外註冊

商標權的地域性決定其有必要在國外註冊。商標的國外註冊包括國際註冊和逐一註冊。（1）國際註冊。馬德里協定成員國民或在某一成員國有住所或有真實有效的工

商營業所的申請人，就其在本國已經註冊的商標，均可申請商標國際註冊。其程序大致是：申請人或其代理人向本國商標註冊主管機關提交國際註冊申請書，並繳納國際註冊申請費等；本國商標註冊主管機關對國際註冊申請進行形式審查，經形式審查合格的，轉呈世界知識產權組織國際局；國際局對申請案進行形式審查，審查申請是否符合協定及其議定書的要求，如果通過了形式審查，申請案就獲得了國際註冊。國際局將國際註冊登記並公布，通知申請人所指定的請求保護的國家；指定國在收到國際局通知之日起1年內，根據本國法律的規定，可以聲明對國際註冊商標不予保護；指定國於一年內未做出拒絕保護聲明的，國際註冊才轉變為指定國的國內註冊。國際註冊有效期為20年，期滿可續展。(2) 逐一國家註冊。非馬德里協定成員國申請商標國外註冊時，申請人可通過代理人、經銷商或者其他方式逐一向相關國家申請商標註冊。

三、商標權的內容

商標權的內容包括商標權人依法享有的權利和應履行的義務。

(一) 商標權人的權利

1. 獨占使用權。商標權人有權在核定的商品、服務上獨占使用註冊商標，任何人未經商標權人許可，不得在同一種或類似商品、服務上使用與註冊商標相同或相近似的商標。否則，構成對獨占使用權的侵犯。

2. 禁止權。商標權人有權禁止他人使用註冊商標的權利，包括未經商標註冊人的許可，在同一種商品上使用與其註冊商標相同的商標的；未經商標註冊人的許可，在同一種商品上使用與其註冊商標近似的商標，或者在類似商品上使用與其註冊商標相同或者近似的商標，容易導致混淆的；銷售侵犯註冊商標專用權的商品的；偽造、擅自製造他人註冊商標標示或者銷售偽造、擅自製造的註冊商標標示的；未經商標註冊人同意，更換其註冊商標並將該更換商標的商品又投入市場的；故意為侵犯他人商標專用權行為提供便利條件，幫助他人實施侵犯商標專用權行為的；給他人的註冊商標專用權造成其他損害的（《商標法》第五十七條）。但需注意的是，註冊商標中含有的本商品的通用名稱、圖形、型號，或者直接表示商品的質量、主要原料、功能、用途、重量、數量及其他特點，或者含有的地名，註冊商標專用權人無權禁止他人正當使用。三維標誌註冊商標中含有的商品自身的性質產生的形狀、為獲得技術效果而需有的商品形狀或者使商品具有實質性價值的形狀，註冊商標專用權人無權禁止他人正當使用。商標註冊人申請商標註冊前，他人已經在同一種商品或者類似商品上先於商標註冊人使用與註冊商標相同或者近似並有一定影響的商標的，註冊商標專用權人無權禁止該使用人在原使用範圍內繼續使用該商標，但可以要求其附加適當區別標示（《商標法》第五十九條）。

3. 轉讓權。商標註冊人既可通過合同方式有償轉讓其註冊商標，也可以繼承方式、遺贈、贈予方式無償轉讓註冊商標。

4. 許可使用權。商標權人通過簽訂註冊商標許可使用合同形式，許可他人有償使用其註冊商標的權利。

(二) 商標權人的義務

1. 固定和連續使用註冊商標。商標權人不得自行改變註冊商標的文字、圖形或者其組合；不得自行改變註冊商標的註冊人名義、地址或者其他註冊事項；不得自行轉讓註冊商標；不得連續3年停止使用註冊商標。

2. 保證使用註冊商標的商品質量穩定，不得粗制濫造、以次充好、欺騙消費者。

3. 有繳納諸如授權註冊費、續展註冊費、轉讓註冊費等費用的義務。

【案例解析】

[7-9] 甲公司生產「美多」牌薰衣草保健枕，「美多」為註冊商標，薰衣草為該枕頭的主要原料之一。其產品廣告和包裝上均突出宣傳「薰衣草」，致使「薰衣草」保健枕被消費者熟知，其他廠商也推出「薰衣草」保健枕。后「薰衣草」被法院認定為馳名商標。

請思考：甲公司可否在一種商品上同時使用兩件商標？甲公司是否對「美多」享有商標專用權，而對「薰衣草」不享有商標專用權？「薰衣草」敘述了該商品的主要原料，是否可以申請註冊？[1]

解析：在一件商品上使用的商標數量並無限制，因此，甲公司可以在一種商品上同時使用兩件商標。《商標法》第三條規定，「經商標局核準註冊的商標為註冊商標，包括商品商標、服務商標和集體商標、證明商標；商標註冊人享有商標專用權，受法律保護。」「美多」為註冊商標，「薰衣草」不是註冊商標，只有註冊商標才享有專用權，因此，甲公司對「美多」享有商標專用權，而對「薰衣草」不享有商標專用權。《商標法》第十二條規定，「下列標誌不得作為商標註冊：（一）僅有本商品的通用名稱、圖形、型號的；（二）僅僅直接表示商品的質量、主要原料、功能、用途、重量、數量及其他特點的；（三）缺乏顯著特徵的。前款所列標誌經過使用取得顯著特徵，並便於識別的，可以作為商標註冊。」薰衣草儘管是主要原料，但是，經過長期使用，已經具有了顯著特徵，而且，被法院認定為馳名商標，因此，可以申請註冊。

三、商標權的終止

(一) 註冊商標的註銷

1. 過期註銷。商標權是有期限限制的，中國《商標法》規定註冊商標的有效期為自核準註冊之日起10年。註冊商標有效期滿，需要繼續使用的，應當在期滿前6個月內提出續展申請；在此期間未能提出申請的，可以給予6個月的寬展期。每次續展註冊的有效期為10年。續展註冊經核準后，予以公告。寬展期滿仍未提出申請的，註銷其註冊商標。

2. 申請註銷。商標權人自願申請放棄其商標權，並向商標局辦理了註銷手續。

3. 商標權人消滅而註銷。作為商標權人的自然人死亡或法人消滅，無人繼承或無人辦理其註冊商標專用權轉移手續而是該商標權歸於消滅，因此而註銷其註冊商標。

---

[1] 本案例選自2013年國家司法考試卷三第65題，有改動。

(二) 註冊商標的撤銷

　　1. 商標註冊人在使用註冊商標的過程中，自行改變註冊商標、註冊人名義、地址或者其他註冊事項的，由地方工商行政管理部門責令限期改正；期滿不改正的，由商標局撤銷其註冊商標。

　　2. 註冊商標成為其核定使用的商品的通用名稱或者沒有正當理由連續三年不使用的，任何單位或者個人可以向商標局申請撤銷該註冊商標。商標局應當自收到申請之日起九個月內做出決定。有特殊情況需要延長的，經國務院工商行政管理部門批准，可以延長三個月。

(三) 註冊商標被宣告無效

　　1. 已經註冊的商標，違反本法第十條、第十一條、第十二條規定的，或者是以欺騙手段或者其他不正當手段取得註冊的，由商標局宣告該註冊商標無效；其他單位或者個人可以請求商標評審委員會宣告該註冊商標無效。

　　2. 已經註冊的商標，違反本法第十三條第二款和第三款、第十五條、第十六條第一款、第三十條、第三十一條、第三十二條規定的，自商標註冊之日起五年內，在先權利人或者利害關係人可以請求商標評審委員會宣告該註冊商標無效。對惡意註冊的，馳名商標所有人不受五年的時間限制。

　　3. 對於國際註冊商標，指定中國的領土延伸申請辦理轉讓的，轉讓人未將其在相同或者類似商品或者服務上的相同或者近似商標一併轉讓的，商標局通知註冊人自發出通知之日起3個月內改正；期滿未改正或者轉讓容易引起混淆或者有其他不良影響的，商標局做出該轉讓在中國無效的決定，並向國際局做出聲明。指定中國的領土延伸申請辦理刪減，刪減后的商品或者服務不符合中國有關商品或者服務分類要求或者超出原指定商品或者服務範圍的，商標局做出該刪減在中國無效的決定，並向國際局做出聲明。

　　註冊商標被撤銷、被宣告無效或者註銷的，除註冊商標專用權終止外，自撤銷、宣告無效或者註銷之日起一年內，商標局對與該商標相同或者近似的商標註冊申請，不予核准。

四、註冊商標專用權的保護

　　對侵犯他人註冊商標專用權的行為，可以依法追究民事責任、行政責任甚至刑事責任。

(一) 侵害註冊商標專用權的侵權行為

　　根據《商標法》第五十七條規定，下列行為均屬侵犯註冊商標專用權的行為：未經商標註冊人的許可，在同一種商品上使用與其註冊商標相同的商標的；未經商標註冊人的許可，在同一種商品上使用與其註冊商標近似的商標，或者在類似商品上使用與其註冊商標相同或者近似的商標，容易導致混淆的；銷售侵犯註冊商標專用權的商品的；偽造、擅自製造他人註冊商標標示或者銷售偽造、擅自製造的註冊商標標示的；未經商標註冊人同意，更換其註冊商標並將該更換商標的商品又投入市場的；故意為侵犯他人商標專用權行為提供便利條件，幫助他人實施侵犯商標專用權行為的；給他

人的註冊商標專用權造成其他損害的。《商標法實施細則》第五十條規定,「有下列行為之一的,屬於商標法第五十二條第(五)項所稱侵犯註冊商標專用權的行為:(一)在同一種或者類似商品上,將與他人註冊商標相同或者近似的標誌作為商品名稱或者商品裝潢使用,誤導公眾的;(二)故意為侵犯他人註冊商標專用權行為提供倉儲、運輸、郵寄、隱匿等便利條件的。」

根據《商標法實施條例》第七十五、七十六條規定,為侵犯他人商標專用權提供倉儲、運輸、郵寄、印製、隱匿、經營場所、網路商品交易平臺等,屬於故意為侵犯他人商標專用權行為提供便利條件。在同一種商品或者類似商品上將與他人註冊商標相同或者近似的標誌作為商品名稱或者商品裝潢使用,誤導公眾的,屬於未經商標註冊人的許可,在同一種商品上使用與其註冊商標近似的商標,或者在類似商品上使用與其註冊商標相同或者近似的商標,容易導致混淆的侵犯註冊商標專用權的行為。

【案例解析】侵犯商標權的行為

[7-10] 甲公司為其生產的啤酒申請註冊了「冬雨之戀」商標,但在使用商標時沒有在商標標示上加註「註冊商標」字樣或註冊標記。如果乙公司誤認為該商標屬於未註冊商標,故在自己生產的啤酒產品上也使用「冬雨之戀」商標,或丙公司明知某公司假冒「冬雨之戀」啤酒而予以運輸,抑或丁飯店將購買的甲公司「冬雨之戀」啤酒倒入自製啤酒桶,自製「俠客」牌散裝啤酒出售,再如戊公司不知某企業生產假冒「冬雨之戀」啤酒而向其出租倉庫。

請思考:本案這些行為是否構成對甲公司商標專用權的侵害?[1]

解析:本例涉及侵害商標權的行為,根據《商標法》第五十七條、《商標法實施條例》第五十條規定,未經許可在同一種商品上使用他人註冊商標的行為、明知某公司假冒「冬雨之戀」啤酒而予以運輸、將更換註冊商標後又將商品投入市場的,均構成侵犯商標權。其中,將更換註冊商標後又將商品投入市場的行為,構成反向假冒侵權。而不知為假冒他人商標的商品還為倉儲提供便利,不構成侵權。

(二)馳名商標的特別保護

中國根據《巴黎公約》、《TRIPS協議》的精神,在《商標法》、《商標法實施條例》、《馳名商標認定與保護規定》等法律法規對馳名商標做出了特別保護的規定。

1. 不予註冊和禁止使用。已如前述,《商標法》第十三條規定的禁止註冊並不得使用,即就相同或者類似商品申請註冊的商標是複製、模仿或者翻譯他人未在中國註冊的馳名商標,容易導致混淆的,不予註冊並禁止使用;就不相同或者不相類似商品申請註冊的商標是複製、模仿或者翻譯他人已經在中國註冊的馳名商標,誤導公眾,致使該馳名商標註冊人的利益可能受到損害的,不予註冊並禁止使用。

2. 宣告已註冊的商標無效。按照《商標法》第四十五條規定,已經註冊的商標,違反本法第十三條規定的,自商標註冊之日起五年內,在先權利人或者利害關係人可

---

[1] 本案例選自2013年國家司法考試卷三第19題。有改動。

以請求商標評審委員會宣告該註冊商標無效。對惡意註冊的，馳名商標所有人不受五年的時間限制。

3. 禁止將他人馳名商標登記為企業名稱進行不正當競爭。根據《商標法》第五十八條規定，將他人註冊商標、未註冊的馳名商標作為企業名稱中的字號使用，誤導公眾，構成不正當競爭行為的，依照《中華人民共和國反不正當競爭法》處理。

【知識鏈接】馳名商標

「馳名商標」，也稱為知名商標、周知商標或者世所共知商標。中國國家工商行政管理總局 2014 年 7 月 3 日發布的《馳名商標認定和保護規定》將馳名商標定義為：馳名商標是在中國為相關公眾所熟知的商標。相關公眾包括與使用商標所標示的某類商品或者服務有關的消費者，生產前述商品或者提供服務的其他經營者以及經銷渠道中所涉及的銷售者和相關人員等。馳名商標認定遵循個案認定、被動保護的原則。認定馳名商標應當考慮下列因素：相關公眾對該商標的知曉程度；該商標使用的持續時間；該商標的任何宣傳工作的持續時間、程度和地理範圍；該商標作為馳名商標受保護的記錄；該商標馳名的其他因素。

商標局、商標評審委員會根據當事人請求和審查、處理案件的需要，負責在商標註冊審查、商標爭議處理和工商行政管理部門查處商標違法案件過程中認定和保護馳名商標。當事人依照《商標法》第三十三條規定向商標局提出異議，並依照《商標法》第十三條規定請求馳名商標保護的，可以向商標局提出馳名商標保護的書面請求並提交其商標構成馳名商標的證據材料。當事人在商標不予註冊復審案件和請求無效宣告案件中，依照《商標法》第十三條規定請求馳名商標保護的，可以向商標評審委員會提出馳名商標保護的書面請求並提交其商標構成馳名商標的證據材料。涉及馳名商標保護的商標違法案件由市（地、州）級以上工商行政管理部門管轄。當事人請求工商行政管理部門查處商標違法行為，並依照《商標法》第十三條規定請求馳名商標保護的，可以向違法行為發生地的市（地、州）級以上工商行政管理部門進行投訴，並提出馳名商標保護的書面請求，提交證明其商標構成馳名商標的證據材料。

(三) 侵犯註冊商標專用權的民事責任

商標註冊人或者利害關係人對侵犯其註冊商標專用權的行為可向法院起民事訴訟，請求責令被侵權人停止侵害、賠償損失、消除影響等民事責任。

第五節 其他知識產權

一、商業秘密權

商業秘密權，是指商業秘密所有人對商業秘密依法享有的專有權利。它是一種無形產權，具有財產權的性質，受到法律保護。

【知識鏈接】 商業秘密

商業秘密，是指不為公眾知悉，能為權利人帶來經濟利益，具有實用性並經權利人採取保密措施的技術信息和經營信息。因此，商業秘密具有秘密性、價值性、實用性、採取了保密措施等條件。中國通常將分為技術信息和經營信息，包括設計、程序、產品配方、製作工藝、產銷策略、招投標中的標底及標書內容等信息。

二、制止知識產權領域的不正當競爭行為之權利

將知識產權領域內的不正當競爭行為納入反不正當競爭法的保護範圍已廣為接受。因此，知識產權領域內的反不正當競爭行為成了知識產權體系中的重要組成部分。

中國《反不正當競爭法》直接涉及工業產權領域的不正當競爭行為包括：商業混同行為、侵犯商業秘密行為等。有關制止工業產權領域其他不正當競爭行為本書第九章還將涉及。

【知識鏈接】 商業混同行為、侵犯商業秘密行為

商業混同行為，是指經營者為了占領市場、推銷自己的商品、提高營業額，往往採取商業混同行為，造成消費者對商品或營業主體來源的混淆和誤認。商業混同行為包括：商品主體混同。中國反不正當競爭法所列舉的商品主體混同行為包括經營者在自己的商品上或其包裝上假冒他人的註冊商標；擅自使用他人知名商品的特有名稱、包裝、裝潢或與知名商品相近似的名稱、包裝、裝潢，造成和他人的知名商品相混淆，使購買者誤認為是該知名商品。營業主體混同，經營者在自己的營業活動中使用他人的企業名稱、姓名，造成與他人的企業名稱、姓名相混同，使消費者誤認為是他人企業的商品。商品質量混同，經營者將自己的商品質量混同於名優商品質量或者名優商品產地。

侵犯商業秘密行為包括：以盜竊、利誘、脅迫或者其他不正當手段獲取權利人的商業秘密；披露、使用或者允許他人使用以前項手段獲取的權利人的商業秘密；與權利人有業務關係的單位和個人違反合同約定或者違反權利人保守商業秘密的要求，披露、使用或者允許他人使用其所掌握的權利人的商業秘密；權利人的職工違反合同約定或者違反權利人保守商業秘密的要求，披露、使用或者允許他人使用其所掌握的權利人的商業秘密。第三人明知或者應知上列違法行為，獲取、使用或者披露他人的商業秘密，視為侵犯商業秘密。

【案例解析】 侵害技術秘密糾紛

[7-11] 甲公司向乙公司轉讓了一項技術秘密。技術轉讓合同履行完畢后，經查該技術秘密是甲公司通過不正當手段從丙公司獲得的，但乙公司對此並不知情，且支付

了合理對價。[1]

請思考：本例的法律效果如何？

解析：技術秘密依法受到保護。例中甲通過不正當手段從丙公司獲得技術秘密，系對於丙技術成果的侵害。因此進行的轉讓行為，根據《合同法》第三百二十九條「侵害他人技術成果的技術合同無效」的規定，甲公司向乙公司技術秘密轉讓合同無效。另據《最高人民法院關於審理技術合同糾紛案件適用法律若干問題的解釋》第十二條之規定，「根據《合同法》第三百二十九條的規定，侵害他人技術秘密的技術合同被確認無效后，除法律、行政法規另有規定的以外，善意取得該技術秘密的一方當事人可以在其取得時的範圍內繼續使用該技術秘密，但應當向權利人支付合理的使用費並承擔保密義務。」因此，本題中乙作為受讓人不知情的善意的當事人，可以在取得的範圍內繼續使用該技術，但應向權利人支付報酬並保守秘密。至於因甲乙之間合同無效導致乙的損害，可因錯在甲公司，故乙公司可向甲主張締約過失之損害賠償。

三、地理標記權

地理標記，是貨源標記和原產地名稱的統稱，是指用來表示該商品來源於某國、某地區或某地的一種產品標誌，如郫縣豆瓣、涪陵榨菜、景德鎮瓷器等。地理標記具有商品來源識別和標示產品具有某種特定質量或特殊性能的作用。因此，地理標記具有財產性質，應受法律保護。地理標誌，可以依照商標法及其實施條例的規定，作為證明商標或者集體商標申請註冊。以地理標誌作為證明商標註冊的，其商品符合使用該地理標誌條件的自然人、法人或者其他組織可以要求使用該證明商標，控製該證明商標的組織應當允許。以地理標誌作為集體商標註冊的，其商品符合使用該地理標誌條件的自然人、法人或者其他組織，可以要求參加以該地理標誌作為集體商標註冊的團體、協會或者其他組織，該團體、協會或者其他組織應當依據其章程接納為會員；不要求參加以該地理標誌作為集體商標註冊的團體、協會或者其他組織的，也可以正當使用該地理標誌，該團體、協會或者其他組織無權禁止。

本章小結：

知識產權是兼具一定人身性的財產權利，範圍包括著作權、專利權、商標權、商業秘密權、制止不正當競爭權等，其中著作權、專利權、商標權是其主要內容。作者完成作品即享有著作權，作者以外的人基於一定法律事實亦可成為著作權人；著作權內容包括著作人身權和著作財產權，著作的發表權和著作財產權保護具有期限限制，超過法定期限，著作財產權歸於消滅；作品的傳播者享有鄰接權。對發明創造的保護產生了專利制度，最為常見的受專利權利保護的對象包括發明、實用新型和外觀設計；發明創造能被授予專利的實質要件體現為新穎性、創造性和實用性；專利雖為專利權

---

[1] 本案例選自2013年國家司法考試卷三第16題。

人獨占的權利,但可許可使用或轉讓為其他人所利用。商標權是商標權人對註冊商標享有的專有使用權;凡符合法律規定條件的商標均可申請註冊成為註冊商標;商標權具有使用期限限制,但可續展使用;各國法律對馳名商標有特別的保護措施。此外,諸如商業秘密、地理標記等其他權利在現代社會亦顯其重要性,亦應重視。

本章關鍵術語:

　　知識產權　著作權　鄰接權　專利　專利權　發明　職務發明　實用新型
　　外觀設計　強制許可　商標　註冊商標　馳名商標　商標權　商業秘密

本章知識邏輯圖:

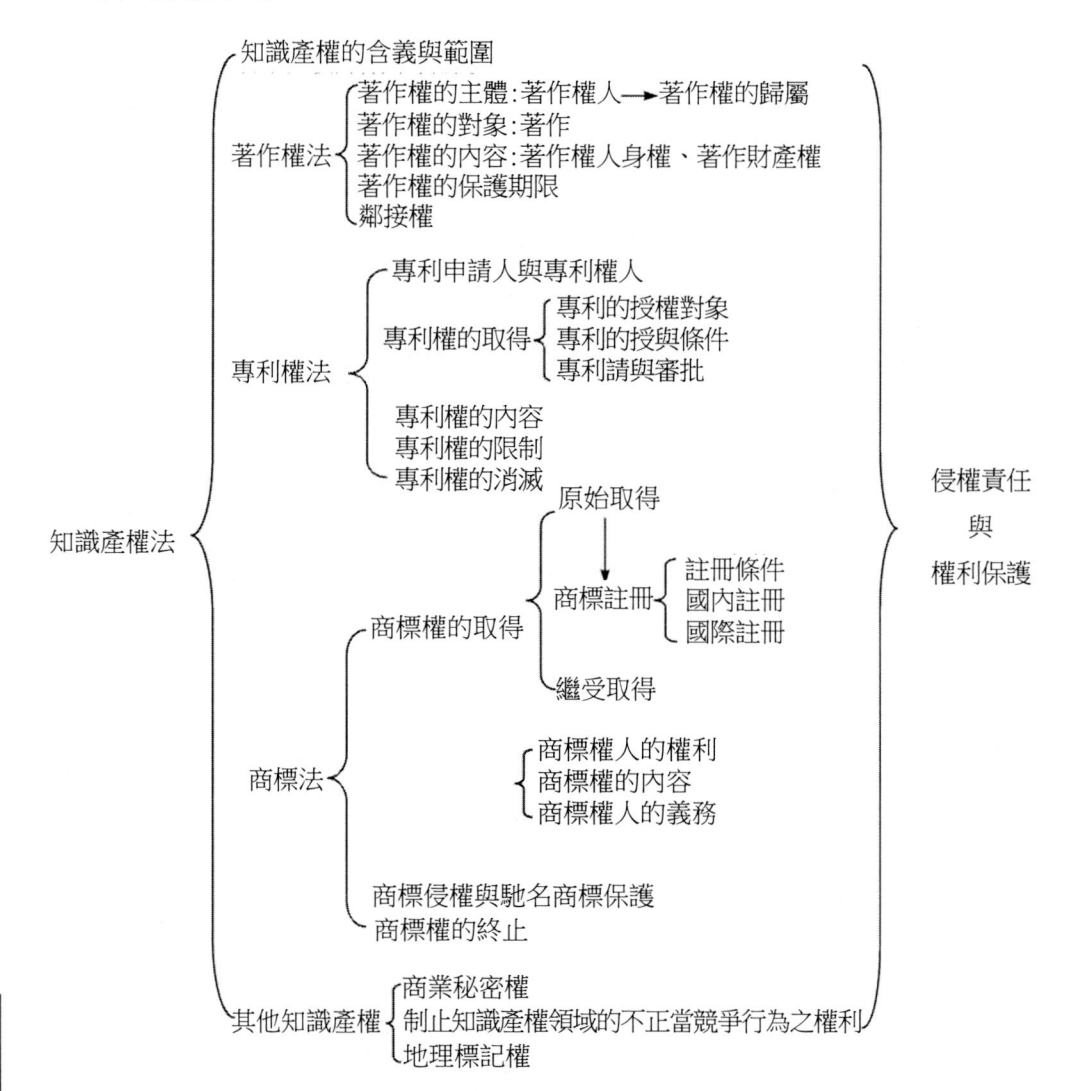

```
                  ┌ 知識產權的含義與範圍
                  │
                  │          ┌ 著作權的主體:著作權人 → 著作權的歸屬
                  │          │ 著作權的對象:著作
                  │  著作權法 ┤ 著作權的內容:著作權人身權、著作財產權
                  │          │ 著作權的保護期限
                  │          └ 鄰接權
                  │
                  │          ┌                ┌ 專利申請人與專利權人
                  │          │                │                ┌ 專利的授權對象
                  │          │  專利權的取得 ┤ 專利的授權對象 ┤ 專利的授與條件
                  │  專利權法 ┤                │                └ 專利請與審批
                  │          │                │
                  │          │ 專利權的內容
                  │          │ 專利權的限制
                  │          └ 專利權的消滅                                ┐
知識產權法 ┤                                                              │ 侵權責任
                  │                   ┌ 原始取得                          ├   與
                  │                   │         ┌ 註冊條件                │ 權利保護
                  │                   │ 商標註冊┤ 國內註冊                │
                  │          ┌ 商標權的取得    └ 國際註冊                │
                  │          │        │                                   │
                  │          │        └ 繼受取得                          │
                  │  商標法 ┤                                              │
                  │          │         ┌ 商標權人的權利                   │
                  │          │         │ 商標權的內容                     │
                  │          │         └ 商標權人的義務                   │
                  │          │                                             │
                  │          │ 商標侵權與馳名商標保護                     │
                  │          └ 商標權的終止                               ┘
                  │
                  │              ┌ 商業秘密權
                  └ 其他知識產權 ┤ 制止知識產權領域的不正當競爭行為之權利
                                 └ 地理標記權
```

思考與練習：

（一）選擇題[1]

1. 甲研究院研製出一種新藥，向中國有關部門申請專利後，與乙制藥公司簽訂了專利申請權轉讓合同，並依法向國務院專利行政主管部門辦理了登記手續。下列哪一表述是正確的？

　　A. 乙公司依法獲得藥品生產許可證之前，專利申請權轉讓合同未生效

　　B. 專利申請權的轉讓合同自向國務院專利行政主管部門登記之日起生效

　　C. 專利申請權的轉讓自向國務院專利行政主管部門登記之日起生效

　　D. 如該專利申請因缺乏新穎性被駁回，乙公司可以不能實現合同目的為由請求解除專利申請權轉讓合同

2. 甲展覽館委託雕塑家葉某創作了一座巨型雕塑，將其放置在公園入口，委託創作合同中未約定版權歸屬。下列行為中，哪一項不屬於侵犯著作權的行為？

　　A. 甲展覽館許可乙博物館異地重建完全相同的雕塑

　　B. 甲展覽館仿照雕塑製作小型紀念品向遊客出售

　　C. 個體戶馮某仿照雕塑製作小型紀念品向遊客出售

　　D. 遊客陳某未經著作權人同意對雕塑拍照紀念

3. 甲電視臺經過主辦方的專有授權，對籃球俱樂部聯賽進行了現場直播，包括在比賽休息時舞蹈演員跳舞助興的場面。乙電視臺未經許可截取電視信號進行同步轉播。關於乙電視臺的行為，下列哪一表述是正確的？

　　A. 侵犯了主辦方對籃球比賽的著作權

　　B. 侵犯了籃球運動員的表演者權

　　C. 侵犯了舞蹈演員的表演者權

　　D. 侵犯了主辦方的廣播組織權

4. 甲公司在汽車產品上註冊了「山葉」商標，乙公司未經許可在自己生產的小轎車上也使用「山葉」商標。丙公司不知乙公司使用的商標不合法，與乙公司簽訂書面合同，以合理價格大量購買「山葉」小轎車後售出，獲利100萬元以上。下列哪一說法是正確的？

　　A. 乙公司的行為屬於仿冒註冊商標

　　B. 丙公司可繼續銷售「山葉」小轎車

　　C. 丙公司應賠償甲公司損失100萬元

　　D. 工商行政管理部門不能對丙公司進行罰款處罰

---

[1] 本題系2014年國家司法考試卷三第16~19題。

（二）案例分析

1. 2013年12月18日，義烏某採購公司委託義烏市某報關代理有限公司向義烏海關申報出口塑料獎杯等貨物至阿聯酋。經海關查驗，發現有50個有特殊圖案並標有「adidas」商標標示的足球。2014年2月24日，原告阿迪達斯有限公司以上述足球侵害其著作權為由將義烏某採購公司訴至義烏市人民法院。阿迪達斯有限公司訴稱其通過受讓方式獲得Brazuca桑巴榮耀——2014年巴西世界杯的官方比賽用球圖形作品著作權。2013年12月3日，該作品在巴西里約熱內盧舉行的2014年巴西世界杯官方比賽用球「桑巴榮耀」的揭幕活動上公開發表。被告出口的被海關查驗到的50個足球外觀與該作品完全相同，涉嫌侵害其著作權。要求被告停止侵權，登報導歉並賠償經濟損失及合理支出20萬元。法院審理查明：本案中的涉案足球表面平均分佈6個淺色十字形圖案，每三個十字邊緣分別被橙、綠、藍三種顏色色帶包裹，色帶交接處形成藏青色三角圖形。其色彩選取、線條、色帶的楺合方式與分佈表達了作者獨立的想法，具有獨創性，屬於中國《著作權法》上的美術作品。被告出口的足球與原告涉案作品比對，除十字圖形顏色不同外，表面圖案與原告涉案作品基本相同，差異細微，構成實質性相似，應屬侵權行為。①

問題：被告的出口行為是著作權法意義上的什麼行為？原告要求被告登報導歉的訴訟請求法院應否支持，為什麼？

2. 原告福建省漳州市越遠食品公司通過獨占許可方式獲得「工藝品（鳳梨拼盤）」的外觀設計專利，屬《國際外觀設計分類表》第11裝飾類中「11-02小裝飾品，桌子、壁爐臺和牆的裝飾，花瓶和花盆」。2011年12月15日，原告公證購買了「旺來拼盤吸凍」，其外觀與原告的外觀設計專利相同，生產商是被告晉江維多利食品公司。原告起訴要求被告停止侵權並賠償損失。②

問題：維多利公司是否侵權，為什麼？

3. 原告馬斯公司是依照美國法律成立的一家跨國公司。原告的「脆香米」文字商標在第30類「巧克力」等商品上取得國際註冊，並於1998年12月11日延伸至中國，核定使用商品為巧克力、巧克力製品等。2004年11月7日，原告的「脆香米」花體商標獲得註冊，註冊證號為1965525，核定使用商品包括巧克力、巧克力糖果等，註冊有效期自2004年11月7日至2014年11月6日。原告在使用「脆香米」文字商標及花體商標時多與「德芙」商標一起使用。被告福建雅客食品有限公司（簡稱雅客公司）成立於2002年4月28日，經營範圍為糖果製品、果凍、膨化食品、糖果類（硬質夾心）保健食品等。原告經調查發現，被告未經原告許可，擅自在其生產、銷售的巧克力產品包裝上使用了「脆香米」字樣，侵犯其商標權。2010年12月，為固定侵權證據，原告先後在安徽合肥和被告門店對其生產、銷售被控侵權產品的行為進行了公證。被告

---

① 版案例選自孟煥良，等. 義烏審結一起世界杯用球著作權糾紛案 [N]. 人民法院報，2014-06-17（03）. 網路資源出自：http://rmfyb.chinacourt.org/paper/html/2014-06/17/content_83410.htm。

② 本案例參見歐群山. 國際外觀設計分類表不是認定產品同類唯一依據 [N]. 人民法院報，2014-05-22（06）. 網路資源出自：http://rmfyb.chinacourt.org/paper/html/2014-05/22/content_82348.htm?div=-1。

對生產、銷售被控侵權產品的行為並沒有異議，但認為其對「脆香米」的使用並非作為商標使用，而是用於表明本商品中含有「脆香米」原料，屬於正當使用，不構成侵權。原告馬斯公司起訴認為，被告使用的「脆香米」標示與原告的「脆香米」商標相同，被告在同種商品上的使用無疑會使消費者產生混淆。被告的行為構成商標侵權行為，依法應承擔相應的法律責任。①

問題：被告雅客公司的行為是否構成商標侵權行為，為什麼？

---

① 案例選自蔡偉．歐群山．商標是否為商品通用名稱的判斷［N］．人民法院報，2013-12-12（06）．網路資源出自：http://rmfyb.chinacourt.org/paper/html/2013-12/12/content_74255.htm。

第八章 公司法

【本章引例】

2012年3月，建築施工企業原野公司股東王某和張某向工商局提出增資擴股變更登記的申請，將註冊資本由200萬元變更為800萬元。工商局根據王某、張某提交的驗資報告等材料辦理了變更登記。后市公安局向工商局發出10號公函稱，王某與張某涉嫌虛報註冊資本被採取強制措施，建議工商局吊銷原野公司營業執照。工商局經調查發現驗資報告有塗改變造嫌疑，向公司發出處罰告知書，擬吊銷公司營業執照。王某、張某得知此事后迅速向公司補足了600萬元現金，並向工商局提交了證明材料。工商局根據此情形做出責令改正、繳納罰款的20號處罰決定。公安局向市政府報告，市政府召開協調會，形成3號會議紀要，認為原野公司虛報註冊資本情節嚴重，而工商局處罰過輕，要求工商局撤銷原處罰決定。后工商局做出吊銷原野公司營業執照的25號處罰決定。原野公司不服，向法院提起訴訟。

請思考：王某、張某是否構成虛報註冊資本騙取公司登記的行為？對在工商局做出20號處罰決定前補足註冊資金的行為如何認定？市政府能否以會議紀要的形式要求工商局撤銷原處罰決定？[①]

第一節 公司與公司法

一、公司的概念與種類

（一）公司的概念與特徵

公司是現代社會中重要的經濟組織形式，通常是指為公司法所規範和調整的具有法人資格的營利性社團。公司具有如下要素：

第一，公司是法人。公司依法成立，經登記而取得法人資格。作為法人，公司有獨立的財產，享有法人財產權。公司以其全部財產對公司債務承擔責任。

第二，公司是社團法人。公司以股東的結合為基礎而實現其目的，這與以財產的集合為基礎成立的財團法人有根本區別。

第三，公司是營利的社團法人。營利性是公司區別於其他社團法人的根本特徵，公司的目的就是通過經營獲取利潤並將其分配給成員。

---

① 參見2014年國家司法考試卷四第七題。

(二) 公司的種類

根據不同標準，可以將公司分為若干類型，比如人合公司、資合公司以及人合兼資合公司，封閉式公司、開放式公司，本國公司、外國公司、跨國公司等。

以股東對公司的責任形式為標準可以將公司分為：有限責任公司、股份有限責任公司、無限公司、兩合公司。

（1）有限責任公司，股東以其匯繳的出資額為限對公司債務承擔有限責任，公司以其全部資產對公司債務承擔責任的公司。

（2）股份有限責任公司，公司全部資本為等額股份，股東以其認購的股份為限對公司債務承擔有限責任，公司以其全部資產對公司債務承擔責任的公司。

（3）無限公司，股東對公司的債務負無限責任的公司。

（4）兩合公司，即由無限責任股東與有限責任公司股東組成的公司。兩合公司中，無限責任股東對公司債務承擔無限責任，有限責任公司股東只以其對公司的出資額為限對公司承擔責任；無限責任股東負責公司的經營管理。

中國《公司法》只規定了有限責任公司和股份有限公司兩種公司形態。

【案例解析】

[8-1] 璋平公司是一家從事家具貿易的有限責任公司，註冊地在北京，股東為張某、劉某、姜某、方某四人。公司成立兩年後，擬設立分公司或子公司以開拓市場。

請思考：下列哪一表述是正確的？

A. 在北京市設立分公司，不必申領分公司營業執照
B. 在北京市以外設立分公司，須經登記並領取營業執照，且須獨立承擔民事責任
C. 在北京市以外設立分公司，其負責人只能由張某、劉某、姜某、方某中的一人擔任
D. 在北京市以外設立子公司，即使是全資子公司，亦須獨立承擔民事責任①

解析：分公司是公司為業務需要設立的不具有法人資格的分支機構，分公司經本公司授權具有經營資格。中國公司法規定，設立分公司，應當向公司登記機關申請登記，領取營業執照。分公司因不具有獨立的財產和人格，因此，不能獨立承擔民事責任。子公司是受母公司支配，但具有獨立法人資格的公司，獨立承擔責任。由此可見，上列各選項中，只有 D 是正確的。

二、公司法

公司法是規範公司的設立、組織和解散以及其他與公司組織有關的對內對外關係的法律規範的總稱。公司法的性質大體體現在如下幾方面：

第一，公司法既是組織法，又是行為法。公司法包括了公司的設立、變更和清算、公司權利能力和行為能力、公司的組織機構等內容，所以是組織法。同時，公司法對公司組織機構的管理活動和公司的某些行為進行規範，所以公司法也是行為法。

---

① 本題為 2014 年國家司法考試卷三第 25 題。

第二，公司法既是實體法，又是程序法。一方面，公司法中規定了公司和公司內部各個機關的組織機構的實體權力、權利、義務和責任，所以公司法是實體法。另一方面，公司法又規定了相應的程序來實現這些權利、落實這些義務，所以公司法又是程序法。

第三，公司法既是強制法，又是任意法。公司法中的規定既有強制性的，體現國家干預的原則；同時，公司法是私法，因此體現其任意性。

【知識鏈接】 形式意義上的公司法和實質意義上的公司法

公司法有形式意義上的公司法和實質意義上的公司法之分。形式意義上的公司法是指以公司法命名的法律規範，在中國即為現行《公司法》。實質意義上的公司法是指包括一切有關公司的法律、行政法規、最高法院的司法解釋等法律規範。

【案例解析】

[8-2] 甲公司用偽造的乙公司公章，以乙公司名義與不知情的丙公司簽訂食用油買賣合同，以次充好，將劣質食用油賣給丙公司。丙公司向法院起訴乙公司。[1]

請思考：乙公司是否對此后果承擔責任？為什麼？

解析：公司作為法人有獨立的行為能力並依法以其全部財產對公司的債務承擔責任。本例中，甲公司偽造印章並以乙公司的名義與善意的丙公司訂立合同，從代理角度，此行為屬於無權代理。如果乙公司不予追認，則該合同於乙公司而言無效，乙公司對此后果不承擔責任；如果乙公司予以追認，則合同在乙公司、丙公司之間產生效力，乙公司對此后果承擔責任。但因甲公司簽訂合同時，以次充好，是典型的欺詐行為，依《合同法》第五十四條規定該合同可撤銷，即丙公司可請求法院或者仲裁機構撤銷。當然，在乙公司追認之前，作為善意第三人的丙公司可享有催告和撤銷權。

第二節 有限責任公司

一、有限責任公司的設立

（一）有限公司設立的條件

《公司法》第二十三條規定，設立有限責任公司，應當具備下列條件：股東符合法定人數；有符合公司章程規定的全體股東認繳的出資額；股東共同制定公司章程；有公司名稱，建立符合有限責任公司要求的組織機構；有公司住所。

1. 股東符合法定人數。《公司法》規定，有限責任公司的股東人數為 50 人以下，既可以是自然人，也可以是法人。

2. 公司資本。《公司法》不再規定最低註冊資本，以在公司登記機關登記的全體

---

[1] 本例參見 2013 年國家司法考試卷三第 4 題。

股東認繳的出資額作為有限責任公司的註冊資本；法律、行政法規以及國務院決定對有限責任公司註冊資本實繳、註冊資本最低限額另有規定的，從其規定。

3. 公司章程。公司章程是記載公司組織規範及其行動準則的書面文件。《公司法》第二十五條規定，有限責任公司章程應當載明下列事項：公司名稱和住所；公司經營範圍；公司註冊資本；股東的姓名或者名稱；股東的出資方式、出資額和出資時間；公司的機構及其產生辦法、職權、議事規則；公司法定代表人；股東會會議認為需要規定的其他事項。

4. 公司名稱。公司名稱是公司的標誌。公司的名稱須符合法律法規的規定，公司只能使用一個名稱，並應當經公司登記機關預先核準登記。

5. 公司的組織機構。公司作為一個依法成立的組織體，設立時應具備法律規定的組織機構。有限責任公司一般應具備股東會、董事會或執行董事、監事會或執行監事等。

6. 公司住所。公司住所是指公司主要辦事機構所在地。經公司登記機關登記的公司住所只能有一個。

【知識鏈接】公司章程的地位與內容

公司章程是公司的內部自治規範，是公司與其股東、董事或監事之間權利、義務和責任的法律依據。有學者將其稱為公司的「憲法」。全體股東應當在公司章程上簽名、蓋章，其對公司、所有股東具有約束力。

根據公司章程內容重要性程度的不同，以及是否屬於法律強制性地規定，可將公司章程記載事項分為：絕對必要記載事項，相對必要記載事項，任意記載事項。絕對必要記載事項，是指每個公司章程都必須記載的法定事項，缺少其中的任何一項或任何一項記載不合法，將導致整個章程無效。相對必要記載事項，是指法律列舉了、由章程制定人自行決定是否予以記載的事項。如果選擇記載，就發生法律效力，如果選擇不記載，就不發生法律效力。如公司的股份種類、特別股的權利和義務等。任意記載事項，是指法律沒有列舉，不強制要求公司章程記載，由發起人根據自身實際需要記入章程的事項。

法律之所以列舉這些事項，主要是起到規範、提示當事人的作用。中國《公司法》對章程記載事項未作以上區分，使用「應當載明」一詞，所以中國《公司法》列舉的事項均屬於絕對必要記載事項。

(二) 有限公司設立程序

有限責任公司設立應按下列程序辦理：首先，股東制定公司章程；其次，按期足額繳納公司章程規定的股東所認繳的出資；再次，由全體股東指定的代表或共同委託的代理人向公司登記機關報送公司登記申請書、公司章程等文件，申請公司登記。最後，由公司登記機關登記為有限責任公司並頒發公司法人營業執照。公司法人營業執照簽發日期為公司成立日期。

【案例解析】

[8-3] 甲、乙、丙三人分別出資10萬元、20萬元和30萬元，成立一家有限責任公司。其中，甲、乙的出資為現金均已繳納，丙的出資為未作評估作價的房產。公司成立經營不久即出現虧損，拖欠丁公司債務70餘萬元。在訴訟過程中經法院委託的評估機構評估，丙作為出資的房產僅值12萬元，其現有可執行的個人財產5萬元。

請思考：對於丙以未作評估的房產出資，后經評估其出資房產「價額顯著低於公司章程所定價額」時，應該怎麼處理？

解析：《公司法》第三十條規定，有限責任公司成立后，發現作為設立公司出資的非貨幣財產的實際價額顯著低於公司章程所定價額的，應當由交付該出資的股東補足其差額；公司設立時的其他股東承擔連帶責任。另據最高法院公司法司法解釋（三）第九條規定，出資人以非貨幣財產出資，未依法評估作價，公司、其他股東或者公司債權人請求認定出資人未履行出資義務的，人民法院應當委託具有合法資格的評估機構對該財產評估作價。評估確定的價額顯著低於公司章程所定價額的，人民法院應當認定出資人未依法全面履行出資義務。本例中，丙出資房產未作評估，現經評估其「價額顯著低於公司章程所定價額」，「人民法院應當認定」其「未依法全面履行出資義務」，應當由丙補足其差額；公司設立時的其他股東即甲和乙承擔連帶責任。亦即，應由丙以現有財產5萬元補交差額，不足部分的13萬元由甲、乙補足。

【知識鏈接】公司設立

公司作為法律主體，是依照法律規定創設的。創設的過程就是公司設立的過程。公司設立行為包括為使公司成立、取得法人資格而依據法定程序進行的一系列行為。公司設立的圓滿結果是公司成立，也就是說使擬成立的公司獲得法律認可，取得法人資格，具有從事經營活動的能力。當然，設立行為亦可能中途夭折，致使擬設立的公司不能成立。一言以蔽之，公司設立是創辦公司的過程，是公司成立的前提；公司成立是公司設立的目的和理想結果。

二、有限責任公司的組織機構

（一）股東會

1. 股東會及其職權

有限責任公司股東會是公司的權力機構，由全體股東組成。股東會依法行使下列職權：決定公司的經營方針和投資計劃；選舉和更換非由職工代表擔任的董事、監事，決定有關董事、監事的報酬事項；審議批准董事會的報告；審議批准監事會或者監事的報告；審議批准公司的年度財務預算方案、決算方案；審議批准公司的利潤分配方案和彌補虧損方案；對公司增加或者減少註冊資本作出決議；對發行公司債券作出決議；對公司合併、分立、解散、清算或者變更公司形式作出決議；修改公司章程；公司章程規定的其他職權。

股東會通過股東會會議的形式實現其職權。但對上述事項，如果股東以書面形式一致表示同意的，可以不召開股東會會議，直接做出決定，但必須由全體股東在決定文件上簽名、蓋章。

2. 股東會的形式

股東會會議分為定期會議和臨時會議。定期會議應當依照公司章程的規定按時召開。臨時會議是由代表十分之一以上表決權的股東，三分之一以上的董事，監事會或者不設監事會的公司的監事提議召開的股東會議。

3. 股東會的召開

設立董事會的有限責任公司，股東會會議由董事會召集，董事長主持；董事長不能履行職務或者不履行職務的，由副董事長主持；副董事長不能履行職務或者不履行職務的，由半數以上董事共同推舉一名董事主持。

不設董事會的有限責任公司，股東會會議由執行董事召集和主持。董事會或者執行董事不能履行或者不履行召集股東會會議職責的，由監事會或者不設監事會的公司的監事召集和主持；監事會或者監事不召集和主持的，代表十分之一以上表決權的股東可以自行召集和主持。

4. 股東會決議

股東會會議一般由股東按照出資比例行使表決權，但是，公司章程另有規定的除外。股東會的議事方式和表決程序，除法律有規定的外，也由公司章程規定。但是，股東會會議作出修改公司章程、增加或者減少註冊資本的決議，以及公司合併、分立、解散或者變更公司形式的決議，必須經代表三分之二以上表決權的股東通過。

【案例解析】

[8-4] 甲、乙、丙三人出資成立一家技術開發與服務有限公司，約定公司註冊資本100萬元，甲、乙、丙各按45%、40%、15%的比例出資。經過數年發展，該公司已具相當規模。現丙提議召開臨時股東會，擬將公司並更為股份有限公司。表決時，甲、丙兩股東表示同意變更，但乙表示反對。

請思考：本次臨時股東會能否召開？關於變更公司形式的議案是否通過？

解析：根據《公司法》第三十九條規定，代表十分之一以上表決權的股東，三分之一以上的董事，監事會或者不設監事會的公司的監事提議召開臨時會議的，應當召開臨時股東會。本例提議召開臨時股東會的丙占公司股權15%，符合公司法規定，應當召開會議。易言之，本次臨時股東會的召開合法。根據《公司法》第四十三條規定，股東會會議做出修改公司章程、增加或者減少註冊資本的決議，以及公司合併、分立、解散或者變更公司形式的決議，必須經代表三分之二以上表決權的股東通過。本例中，對變更公司形式的議案，同意的股東甲、丙的股份只占60%，未達到法定三分之二以上多數的表決要求，故本次股東會關於變更公司形式的議案未獲通過。

(二) 董事會

董事會是股東會的執行機構，對股東會負責。

1. 董事會的組成

有限責任公司董事會的成員為3~13人；股東人數較少或者規模較小的有限責任公司，可以不設董事會，設一名執行董事。兩個以上的國有企業或者兩個以上的其他國有投資主體投資設立的有限責任公司，其董事會成員中應當有公司職工代表；其他有限責任公司董事會成員中可以有公司職工代表。董事會中的職工代表由公司職工通過職工代表大會、職工大會或者其他形式民主選舉產生。董事會設董事長一人，可以設副董事長。董事長、副董事長的產生辦法由公司章程規定。董事任期由公司章程規定，但每屆任期不得超過三年。董事任期屆滿，連選可以連任。董事任期屆滿未及時改選，或者董事在任期內辭職導致董事會成員低於法定人數的，在改選出的董事就任前，原董事仍應當依照法律、行政法規和公司章程的規定，履行董事職務。

2. 董事會的職權

《公司法》第四十六條規定，董事會行使以下職權：召集股東會會議，並向股東會報告工作；執行股東會的決議；決定公司的經營計劃和投資方案；制訂公司的年度財務預算方案、決算方案；制訂公司的利潤分配方案和彌補虧損方案；制訂公司增加或者減少註冊資本以及發行公司債券的方案；制訂公司合併、分立、解散或者變更公司形式的方案；決定公司內部管理機構的設置；決定聘任或者解聘公司經理及其報酬事項，並根據經理的提名決定聘任或者解聘公司副經理、財務負責人及其報酬事項；制定公司的基本管理制度；公司章程規定的其他職權。依法不設董事會的公司，其執行董事的職權由公司章程規定。

3. 董事會的召開

董事會的職權主要通過召開董事會會議來實現。董事會會議由董事長召集和主持；董事長不能履行職務或者不履行職務的，由副董事長召集和主持；副董事長不能履行職務或者不履行職務的，由半數以上董事共同推舉一名董事召集和主持。

4. 董事會的決議

董事會的議事方式和表決程序，除法律有規定的外，由公司章程規定。董事會應當對所議事項的決定作成會議記錄，出席會議的董事應當在會議記錄上簽名。董事會決議的表決，實行一人一票。

【案例解析】

[8-5] 甲公司與乙公司均為國有企業，合資設立丙有限責任公司，出資比例分別為30%與70%。甲、乙公司就丙公司董事會組成進行磋商，乙公司代表提出如下意見：甲公司作為僅占30%股份的小股東依法不能派員擔任丙公司董事長，董事長只能由乙公司委派。甲公司代表提出如下意見：儘管乙公司占絕大部分股份，但是，甲公司的技術人員是丙公司經營的關鍵，而且作為國有企業在確定董事會成員時應考慮職工代表進入董事會。雙方磋商無果。

請思考：丙公司董事會成員中是否必須包括公司職工代表？乙公司以甲公司為小股東，不能委派人員出任丙公司董事長的理由是否成立？

解析：根據《公司法》第四十四條的規定，兩個以上的國有企業或者兩個以上的

其他國有投資主體投資設立的有限責任公司，其董事會成員中應當有公司職工代表；其他有限責任公司董事會成員中可以有公司職工代表。本例中，甲公司、乙公司均為國有企業，他們組建丙公司時，董事會成員中應當有職工代表。根據《公司法》規定：董事長、副董事長的產生辦法由公司章程規定。因此，如果公司章程事先規定董事長由小股東甲公司委派的人擔任的話，那麼丙公司的董事長即由小股東甲公司委派的人擔任。當然，如果乙公司反悔，可以通過提議召開臨時股東會議，修改公司章程，從而使其委派的人員擔任董事長。從本案實際看，乙公司出資比例達70%，其代表的表決權已超過三分之二，其完全可以通過修改公司章程使甲公司委派的人員無法當選董事長，但不能以小股東不能派員擔任公司董事長為由拒絕。

5. 經理

中國《公司法》第四十九條規定，有限責任公司可以設經理，由董事會決定聘任或者解聘。

經理對董事會負責，行使下列職權：主持公司的生產經營管理工作，組織實施董事會決議；組織實施公司年度經營計劃和投資方案；擬訂公司內部管理機構設置方案；擬訂公司的基本管理制度；制定公司的具體規章；提請聘任或者解聘公司副經理、財務負責人；決定聘任或者解聘除應由董事會決定聘任或者解聘以外的負責管理人員；董事會授予的其他職權。公司章程對經理職權另有規定的，從其規定。

經理列席董事會會議。

(三) 監事會

1. 監事會及其組成

監事會是公司的監督機構。

中國《公司法》第五十一、五十二條規定，有限責任公司設監事會，其成員不得少於三人。股東人數較少或者規模較小的有限責任公司，可以設一至二名監事，不設監事會。

監事會應當包括股東代表和適當比例的公司職工代表，其中職工代表的比例不得低於三分之一，具體比例由公司章程規定。監事會中的職工代表由公司職工通過職工代表大會、職工大會或者其他形式民主選舉產生。監事會設主席一人，由全體監事過半數選舉產生。監事會主席召集和主持監事會會議；監事會主席不能履行職務或者不履行職務的，由半數以上監事共同推舉一名監事召集和主持監事會會議。董事、高級管理人員不得兼任監事。監事的任期每屆為三年。監事任期屆滿，連選可以連任。監事任期屆滿未及時改選，或者監事在任期內辭職導致監事會成員低於法定人數的，在改選出的監事就任前，原監事仍應當依照法律、行政法規和公司章程的規定，履行監事職務。

2. 監事會的職權

依照《公司法》第五十三條、五十四條規定，監事會、不設監事會的公司的監事行使下列職權：檢查公司財務；對董事、高級管理人員執行公司職務的行為進行監督，對違反法律、行政法規、公司章程或者股東會決議的董事、高級管理人員提出罷免的

建議；當董事、高級管理人員的行為損害公司的利益時，要求董事、高級管理人員予以糾正；提議召開臨時股東會會議，在董事會不履行本法規定的召集和主持股東會會議職責時召集和主持股東會會議；向股東會會議提出提案；依照《公司法》第一百五十二條的規定，對董事、高級管理人員提起訴訟；公司章程規定的其他職權。監事可以列席董事會會議，並對董事會決議事項提出質詢或者建議。監事會、不設監事會的公司的監事發現公司經營情況異常，可以進行調查；必要時，可以聘請會計師事務所等協助其工作，費用由公司承擔。

3. 監事會決議

《公司法》第五十五條規定，監事會每年度至少召開一次會議，監事可以提議召開臨時監事會會議。監事會的議事方式和表決程序，除本法有規定的外，由公司章程規定。監事會決議應當經半數以上監事通過。監事會應當對所議事項的決定作成會議記錄，出席會議的監事應當在會議記錄上簽名。

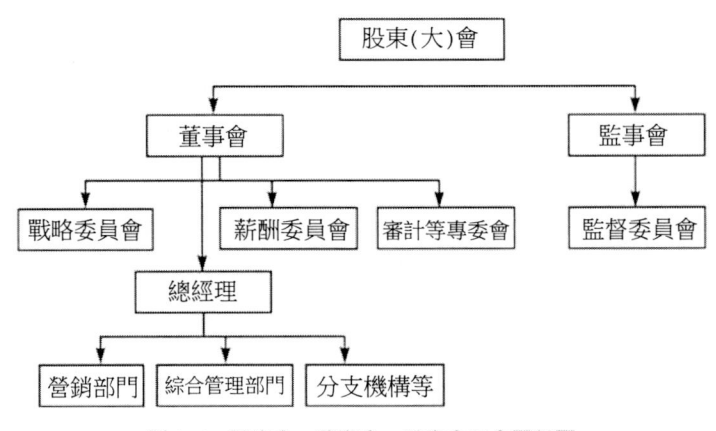

圖 8-1　股東會、董事會、監事會三會關係圖

三、有限責任公司的股權轉讓

(一) 股東依法行使股權

股東依法享有股東權。依公司法規定，股東享有資產受益權、參與重大決策權以及選擇管理者等權利。但股東不得濫用其權利，《公司法》第二十條規定，公司股東應當遵守法律、行政法規和公司章程，依法行使股東權利，不得濫用股東權利損害公司或者其他股東的利益；不得濫用公司法人獨立地位和股東有限責任損害公司債權人的利益。公司股東濫用股東權利給公司或者其他股東造成損失的，應當依法承擔賠償責任。公司股東濫用公司法人獨立地位和股東有限責任，逃避債務，嚴重損害公司債權人利益的，應當對公司債務承擔連帶責任。此外，《公司法》第二十一條規定，公司的控股股東……不得利用其關聯關係損害公司利益。這裡所謂控製股東，是指其出資額佔有限責任公司資本總額百分之五十以上或者其持有的股份佔股份有限公司股本總額百分之五十以上的股東；出資額或者持有股份的比例雖然不足百分之五十，但依其出

資額或者持有的股份所享有的表決權已足以對股東會、股東大會的決議產生重大影響的股東。

需指出的是，公司股東濫用公司法人獨立地位和股東有限責任，逃避債務，嚴重損害公司債權人利益時，將對公司債務承擔連帶責任。這種情形在公司法上被稱作「公司人格否認制度」。

【知識鏈接】公司人格否認制度

公司人格否認制度（disregard of corporate personality），又稱「刺破公司的面紗」（piercing the corporation』s veil）或「揭開公司面紗」（lifting the veil of the corporation），指為阻止公司獨立法人人格的濫用和保護公司債權人利益及社會公共利益，就具體法律關係中的特定事實，否認公司的獨立人格，責令公司的股東對公司的債權或公共利益直接負責的法律措施。公司人格否認制度首先起源於美國，其后相繼在其他國家和地區的公司法律制度中確立，成為公司人格獨立理論漏洞填補的重要制度。

公司人格否認制度實施的條件通常是股東利用其控製地位，進而濫用公司的獨立人格，嚴重損害債權人利益或社會公共利益。比如通過使公司空殼化、公司資產嚴重不足以及股東強迫公司實施有損公司利益的行為等，均為股東濫用其控製權的表現，在這種情形，即可否認公司的獨立人格及股東的有限責任，責令股東對公司的債務承擔無限連帶的責任。

(二) 有限責任公司股東股權轉讓

有限責任公司的股東之間可以相互轉讓其全部或者部分股權。股東向股東以外的人轉讓股權，應當經其他股東過半數同意。股東應就其股權轉讓事項書面通知其他股東徵求同意，其他股東自接到書面通知之日起滿三十日未答覆的，視為同意轉讓。其他股東半數以上不同意轉讓的，不同意的股東應當購買該轉讓的股權；不購買的，視為同意轉讓。經股東同意轉讓的股權，在同等條件下，其他股東有優先購買權。兩個以上股東主張行使優先購買權的，協商確定各自的購買比例；協商不成的，按照轉讓時各自的出資比例行使優先購買權。公司章程對股權轉讓另有規定的，從其規定。

人民法院依照法律規定的強制執行程序轉讓股東的股權時，應當通知公司及全體股東，其他股東在同等條件下有優先購買權。其他股東自人民法院通知之日起滿二十日不行使優先購買權的，視為放棄優先購買權。

依法轉讓股權后，公司應當註銷原股東的出資證明書，向新股東簽發出資證明書，並相應修改公司章程和股東名冊中有關股東及其出資額的記載。對公司章程的該項修改不需再由股東會表決。

(三) 有限責任公司股東的退出機制

《公司法》規定了有限責任公司股東有條件的退出機制。有下列情形之一的，對股東會該項決議投反對票的股東可以請求公司按照合理的價格收購其股權：(一) 公司連續五年不向股東分配利潤，而公司該五年連續盈利，並且符合本法規定的分配利潤條

件的；（二）公司合併、分立、轉讓主要財產的；（三）公司章程規定的營業期限屆滿或者章程規定的其他解散事由出現，股東會會議通過決議修改章程使公司存續的。即在以上情形，對股東會該項決議投反對票的股東均可以通過請求公司按照合理的價格收購其股權的方式退出公司。同時，自股東會會議決議通過之日起六十日內，股東與公司不能達成股權收購協議的，股東可以自股東會會議決議通過之日起九十日內向人民法院提起訴訟。

四、一人有限責任公司的特別規定

一人有限責任公司，是指只有一個自然人股東或者一個法人股東的有限責任公司。既為有限責任公司，其當為獨立法人，具有獨立的權利能力、行為能力和責任能力。一人有限責任公司的設立和組織機構適用《公司法》有關特別規定；沒有特別規定的，適用《公司法》關於有限責任公司的規定。《公司法》對於一人有限責任公司的特別規定主要體現在：

（1）一個自然人只能投資設立一個一人有限責任公司。該一人有限責任公司不能投資設立新的一人有限責任公司。

（2）一人有限公司章程由股東制定。

（3）一人有限責任公司應當在公司登記中註明自然人獨資或者法人獨資，並在公司營業執照中載明。

（4）一人有限責任公司不設股東會。法律規定的有限責任公司股東會職權由股東行使，股東行使職權做出決定時，應當採用書面形式，並由股東簽名后置備於公司。

（5）一人有限責任公司應當在每一會計年度終了時編制財務會計報告，並經會計師事務所審計。

（6）一人有限責任公司的股東不能證明公司財產獨立於股東自己的財產的，應當對公司債務承擔連帶責任。

【案例解析】

[8-6] 某甲系中國公民，因長期經商累積了一定資金，於2010年7月獨資設立了一家以經營農副產品的一人公司，公司經營情況良好，業務進展順暢，現已處於盈利階段。最近因當地經濟發展較快，很多人家購置了轎車，而轎車的維修網點不足。甲覺得這是一個商機，欲註冊成立新的以維修為主業的一人公司。但在註冊時遇阻，甲認為，自己有資金實力和良好的信譽，開辦多家企業並無不妥，工商管理部門不予對公司作設立登記，是為行政不作為。

請思考：對於例中甲設立第二家一人公司遇阻，工商管理部門的做法有無不妥？

解析：根據《公司法》第五十八條規定，一個自然人只能投資設立一個一人有限責任公司。該一人有限責任公司不能投資設立新的一人有限責任公司。換言之，依現行公司法規定，不僅甲本人不能設立第二家一人公司，其所設立的一人公司已不能投資成立新的一人公司。當然，對此限制，理論上並非沒有不同意見。有學者認為，《公司法》允許設立多家一人公司。首先，手頭資本寬裕的誠實股東在設立一家一人公司

之後，有可能願意繼續投資於其他產業，但又無法找到投資夥伴。立法者不宜以偏概全，僅僅由於個別投資者的不誠信而剝奪全體投資者的投資自由。其次，允許一人設立多家一人公司並不必然削弱股東或者一人公司的債務清償能力。因為，如果股東濫用法人資格，一人公司的債權人即可長驅直入，追究股東的連帶債務清償責任，並在必要時把該股東在其他一人公司的股權作為償債財產。該股東投資設立的一人公司越多，該債權人越安全；如果股東沒有濫用法人資格，一人公司的債權人當然不能追究股東的連帶清償責任，至於股東對外投資於多少一人公司，與該債權人無涉。再次，《歐盟第 12 號公司法指令》第二條第二項亦未徹底禁止股東設立多家一人公司、一人公司再投資設立一人公司，而是授權各個成員國在充分注意到這個問題的重要性的基礎上，採取各自認為妥當的立法措施。此外，禁止一人公司再設一人公司，而允許股權多元化公司再設一人公司，有違一人公司與股權多元化公司之間的平等原則。[1] 學者的觀點值得重視，今後修改法律時可加參考。

五、國有獨資公司的特別規定

國有獨資公司，是指國家單獨出資、由國務院或者地方人民政府授權本級人民政府國有資產監督管理機構履行出資人職責的有限責任公司。

依《公司法》規定，國有獨資公司的設立和組織機構，適用本法的特別規定；沒有特別規定的，適用有關有限責任公司的規定。《公司法》對國有獨資公司的特別規定主要體現在：

（1）國有獨資公司章程由國有資產監督管理機構制定，或者由董事會制訂報國有資產監督管理機構批准。

（2）國有獨資公司不設股東會，由國有資產監督管理機構行使股東會職權。國有資產監督管理機構可以授權公司董事會行使股東會的部分職權，決定公司的重大事項，但公司的合併、分立、解散、增加或者減少註冊資本和發行公司債券，必須由國有資產監督管理機構決定；其中，重要的國有獨資公司合併、分立、解散、申請破產的，應當由國有資產監督管理機構審核後，報本級人民政府批准。這裡所稱重要的國有獨資公司，按照國務院的規定確定。

（3）國有獨資公司設董事會，依照法律規定有限責任公司董事會的職權和上述國有資產監督管理機構的授權行使職權。董事每屆任期不得超過三年。董事會成員中應當有公司職工代表。董事會成員由國有資產監督管理機構委派；但是，董事會成員中的職工代表由公司職工代表大會選舉產生。董事會設董事長一人，可以設副董事長。董事長、副董事長由國有資產監督管理機構從董事會成員中指定。

（4）國有獨資公司設經理，由董事會聘任或者解聘。國有獨資公司經理的職權適用《公司法》對有限責公司經理職權的規定。經國有資產監督管理機構同意，董事會成員可以兼任經理。

---

[1] 參見劉俊海：《一人公司制度難點問題研究》，http://www.civillaw.com.cn/article/default.asp? id = 29805，2014 年 10 月 5 日瀏覽。

（5）國有獨資公司的董事長、副董事長、董事、高級管理人員，未經國有資產監督管理機構同意，不得在其他有限責任公司、股份有限公司或者其他經濟組織兼職。

（6）國有獨資公司監事會成員不得少於五人，其中職工代表的比例不得低於三分之一，具體比例由公司章程規定。監事會成員由國有資產監督管理機構委派；但是，監事會成員中的職工代表由公司職工代表大會選舉產生。監事會主席由國有資產監督管理機構從監事會成員中指定。監事會行使《公司法》第五十三條規定的有限責任公司監事會第（1）項至第（3）項規定的檢查公司財務；對董事、高級管理人員的行為進行監督，對違反法律、行政法規、公司章程或者股東會決議的董事、高級管理人員提出罷免的建議；當董事、高級管理人員的行為損害公司利益時，要求董事、高級管理人員予以糾正等職權和國務院規定的其他職權。

第三節　股份有限公司

一、股份有限公司的設立

(一) 股份有限公司的設立方式

股份有限公司的設立，可以採取發起設立或者募集設立的方式。

發起設立，是指由發起人認購公司應發行的全部股份而設立公司。募集設立，是指由發起人認購公司應發行股份的一部分，其餘股份向社會公開募集或者向特定對象募集而設立公司。因募集設立涉及廣大投資者利益，故法律對其規定了較發起設立更為嚴格的程序。

(二) 股份有限公司的設立條件

設立股份有限公司，應當具備下列條件：

1. 發起人符合法定人數。發起人，即發起籌辦創建公司的人。設立股份有限公司應當有2人以上200人以下為發起人，其中須有半數以上的發起人在中國境內有住所。

2. 有符合公司章程規定的全體發起人認購的股本總額或者募集的實收股本總額。股份有限公司採取發起設立方式設立的，註冊資本為在公司登記機關登記的全體發起人認購的股本總額。在發起人認購的股份繳足前，不得向他人募集股份。股份有限公司採取募集方式設立的，註冊資本為在公司登記機關登記的實收股本總額。法律、行政法規以及國務院決定對股份有限公司註冊資本實繳、註冊資本最低限額另有規定的，從其規定。

3. 股份發行、籌辦事項符合法律規定。

4. 發起人制訂公司章程，採用募集方式設立的經創立大會通過。設立股份有限公司必須依法制定章程。股份有限公司章程應當載明下列事項：公司名稱和住所；公司經營範圍；公司設立方式；公司股份總數、每股金額和註冊資本；發起人的姓名或者名稱、認購的股份數、出資方式和出資時間；董事會的組成、職權和議事規則；公司

法定代表人；監事會的組成、職權和議事規則；公司利潤分配辦法；公司的解散事由與清算辦法；公司的通知和公告辦法；股東大會會議認為需要規定的其他事項。

5. 有公司名稱，建立符合股份有限公司要求的組織機構。
6. 有公司住所。

(三) 股份有限公司的設立程序

1. 發起設立方式設立股份有限公司的程序

（1）發起人應當書面認足公司章程規定其認購的股份，並按照公司章程規定繳納出資。以非貨幣財產出資的，應當依法辦理其財產權的轉移手續。發起人不依照前述規定繳納出資的，應當按照發起人協議承擔違約責任。

（2）選舉董事會和監事會。發起人認足公司章程規定的出資後，應當選舉董事會和監事會。

（3）申請設立登記。發起人選舉董事會和監事會後，由董事會向公司登記機關報送公司章程以及法律、行政法規規定的其他文件，申請設立登記。公司登記機關依法登記頒發公司營業執照，公司即告成立。

【知識鏈接】股份有限公司的股份

股份有限公司的資本劃分為股份，每一股的金額相等。公司的股份採取股票的形式。股票是公司簽發的證明股東所持股份的憑證。在中國按股東權力，可將股票分為普通股、優先股和混合股；按票面形式，可分為記名股票和無記名股票，有面額股票和無面額股票；按持股主體，可分為國家股、發起人股和社會公眾股；按發行對象，可分為 A 股、B 股、H 股、N 股、S 股。

2. 募集設立方式設立股份有限公司的程序

（1）發起人認購股份。發起人認購的全部股份的總額不得少於公司股份總數的百分之三十五；但是，法律、行政法規另有規定的，從其規定。

（2）發起人向社會公開募集股份。公開募集股份，必須公告招股說明書，並製作認股書。認股書由認股人填寫認購股數、金額、住所，並簽名、蓋章。認股人按照所認購股數繳納股款。

【知識鏈接】招股說明書與股款繳納

招股說明書是供社會公眾瞭解發起人和將要設立公司的情況，說明公司股份發行的有關事宜，指導公眾購買公司股份的規範性文件。招股說明書應當附有發起人制訂的公司章程，並載明下列事項：發起人認購的股份數；每股的票面金額和發行價格；無記名股票的發行總數；募集資金的用途；認股人的權利、義務；本次募股的起止期限及逾期未募足時認股人可以撤回所認股份的說明。

發起人向社會公開募集股份，應當由依法設立的證券公司承銷，簽訂承銷協議；同時，應當同銀行簽訂代收股款協議。代收股款的銀行應當按照協議代收和保存股款，向繳納股款的認股人出具收款單據，並負有向有關部門出具收款證明的義務。根據最

高法院《公司法解釋三》的規定，認股人未按期繳納所認購股份股款的，經發起人催繳後在合理期限內仍未繳納的，發起人對該股份另行募集的，人民法院應認定該募集行為有效；認股人遲延繳納股款給公司造成損失的，公司請求該認股人承擔賠償責任的，人民法院應予支持。

【知識鏈接】 股份的發行與轉讓

《公司法》第一百二十六條規定，股份的發行，實行公平、公正的原則，同種類的每一股份應當具有同等權利。同次發行的同種類股票，每股的發行條件和價格應當相同；任何單位或者個人所認購的股份，每股應當支付相同價額。即股票發行須遵循公平、公正及同股同價原則。股票發行價格可以按票面金額，也可以超過票面金額，但不得低於票面金額。公司發行新股，股東大會應當對下列事項做出決議：新股種類及數額；新股發行價格；新股發行的起止日期；向原有股東發行新股的種類及數額。

股份有限公司股份的持有人可依法將自己的股份向他人轉讓。股東轉讓其股份，應當在依法設立的證券交易場所進行或者按照國務院規定的其他方式進行。記名股票，由股東以背書方式或者法律、行政法規規定的其他方式轉讓；轉讓後由公司將受讓人的姓名或者名稱及住所記載於股東名冊。股東大會召開前二十日內或者公司決定分配股利的基準日前五日內，不得進行前款規定的股東名冊的變更登記。但是，法律對上市公司股東名冊變更登記另有規定的，從其規定。無記名股票的轉讓，由股東將該股票交付給受讓人后即發生轉讓的效力。同時，《公司法》對股份轉讓做出了一定的限制性規定，即，發起人持有的本公司股份，自公司成立之日起一年內不得轉讓。公司公開發行股份前已發行的股份，自公司股票在證券交易所上市交易之日起一年內不得轉讓。公司董事、監事、高級管理人員應當向公司申報所持有的本公司的股份及其變動情況，在任職期間每年轉讓的股份不得超過其所持有本公司股份總數的百分之二十五；所持本公司股份自公司股票上市交易之日起一年內不得轉讓。上述人員離職後半年內，不得轉讓其所持有的本公司股份。公司章程可以對公司董事、監事、高級管理人員轉讓其所持有的本公司股份做出其他限制性規定。對於上市公司的董事、監事和高級管理人員除以上限制外，還需遵守《上市公司董事、監事和高級管理人員所持本公司股份及其變動管理規則》的約束，即上市公司董事、監事和高級管理人員在任職期間，每年通過集中競價、大宗交易、協議轉讓等方式轉讓的股份不得超過其所持本公司股份總數的25%，因司法強制執行、繼承、遺贈、依法分割財產等導致股份變動的除外。若上市公司董事、監事和高級管理人員所持股份不超過1,000股的，可一次全部轉讓，不受前述轉讓比例的限制。此外，上市公司董事、監事和高級管理人員在下列期間不得買賣本公司股票：上市公司定期報告公告前30日內；上市公司業績預告、業績快報公告前10日內；自可能對本公司股票交易價格產生重大影響的重大事項發生之日或在決策過程中，至依法披露後2個交易日內；證券交易所規定的其他期間。

《公司法》還對公司收購自身股票做出了限制性規定。公司不得收購本公司股份。但是，有下列情形之一的除外：(1) 減少公司註冊資本；(2) 與持有本公司股份的其他公司合併；(3) 將股份獎勵給本公司職工；(4) 股東因對股東大會做出的公司合併、

分立決議持異議，要求公司收購其股份的。公司因前述第（1）項至第（3）項的原因收購本公司股份的，應當經股東大會決議。公司依照前述規定收購本公司股份后，屬於第（1）項情形的，應當自收購之日起十日內註銷；屬於第（2）項、第（4）項情形的，應當在六個月內轉讓或者註銷。

公司依照前述第（3）項規定收購的本公司股份，不得超過本公司已發行股份總額的百分之五；用於收購的資金應當從公司的稅后利潤中支出；所收購的股份應當在一年內轉讓給職工。

同時，公司不得接受本公司的股票作為質押權的標的。

記名股票被盜、遺失或者滅失，股東可以依照《中華人民共和國民事訴訟法》規定的公示催告程序，請求人民法院宣告該股票失效。人民法院宣告該股票失效后，股東可以向公司申請補發股票。上市公司的股票，依照有關法律、行政法規及證券交易所交易規則上市交易。

（3）召開創立大會。發行股份的股款繳足后，必須經依法設立的驗資機構驗資並出具證明。發起人應當自股款繳足之日起三十日內主持召開公司創立大會。創立大會由發起人、認股人組成。發起人應當在創立大會召開十五日前將會議日期通知各認股人或者予以公告。創立大會應有代表股份總數過半數的發起人、認股人出席，方可舉行。

【知識鏈接】創立大會的職權

創立大會是在募集設立股份有限公司過程中召開並由參與公司設立並認購股份的人員參加的大會。創立大會是設立中公司的議事機關，其決議涉及公司設立行為、公司能否成立等有關事項。

根據《公司法》第九十條規定，創立大會行使下列職權：審議發起人關於公司籌辦情況的報告；通過公司章程；選舉董事會成員；選舉監事會成員；對公司的設立費用進行審核；對發起人用於抵作股款的財產的作價進行審核；發生不可抗力或者經營條件發生重大變化直接影響公司設立的，可以做出不設立公司的決議。對此所列事項做出決議，必須經出席創立大會的認股人所持表決權過半數通過。

發行的股份超過招股說明書規定的截止期限尚未募足的，或者發行股份的股款繳足后，發起人在三十日內未召開創立大會的，認股人可以按照所繳股款並加算銀行同期存款利息，要求發起人返還。發起人、認股人繳納股款或者交付抵作股款的出資后，除未按期募足股份、發起人未按期召開創立大會或者創立大會決議不設立公司的情形外，不得抽回其股本。

（4）申請設立登記。董事會應於創立大會結束后三十日內，向公司登記機關報送相關文件，申請設立登記。公司登記機關核准登記頒發公司法人營業執照之日起，公司即告成立。

公司設立登記應該報送的文件。《公司法》第九十二條規定，申請設立登記時，應向公司登記機關報送下列文件：公司登記申請書；創立大會的會議記錄；公司章程；驗資證明；法定代表人、董事、監事的任職文件及其身分證明；發起人的法人資格證

明或者自然人身分證明；公司住所證明。以募集方式設立股份有限公司公開發行股票的，還應當向公司登記機關報送國務院證券監督管理機構的核准文件。

【知識鏈接】 股份公司發起人的責任

《公司法》第九十三條規定，股份有限公司成立后，發起人未按照公司章程的規定繳足出資的，應當補繳；其他發起人承擔連帶責任。股份有限公司成立后，發現作為設立公司出資的非貨幣財產的實際價額顯著低於公司章程所定價額的，應當由交付該出資的發起人補足其差額；其他發起人承擔連帶責任。

根據《公司法》第九十四條規定，股份有限公司的發起人還應當承擔下列責任：

（1）公司不能成立時，對設立行為所產生的債務和費用負連帶責任。最高法院《公司法司法解釋三》第四條規定，公司因故未成立，債權人請求全體或者部分發起人對設立公司行為所產生的費用和債務承擔連帶清償責任的，人民法院應予支持。部分發起人依照前款規定承擔責任后，請求其他發起人分擔的，人民法院應當判令其他發起人按照約定的責任承擔比例分擔責任；沒有約定責任承擔比例的，按照約定的出資比例分擔責任；沒有約定出資比例的，按照均等份額分擔責任。

（2）公司不能成立時，對認股人已繳納的股款，負返還股款並加算銀行同期存款利息的連帶責任。

（3）在公司設立過程中，由於發起人的過失致使公司利益受到損害的，應當對公司承擔賠償責任。最高法院《公司法司法解釋三》第四條規定，因部分發起人的過錯導致公司未成立，其他發起人主張其承擔設立行為所產生的費用和債務的，人民法院應當根據過錯情況，確定過錯一方的責任範圍。該解釋第五條規定，發起人因履行公司設立職責造成他人損害，公司成立后受害人請求公司承擔侵權賠償責任的，人民法院應予支持；公司未成立，受害人請求全體發起人承擔連帶賠償責任的，人民法院應予支持。公司或者無過錯的發起人承擔賠償責任后，可以向有過錯的發起人追償。

此外，最高法院《公司法司法解釋三》還規定了公司設立階段的合同責任。該解釋第二條規定，發起人為設立公司以自己名義對外簽訂合同，合同相對人請求該發起人承擔合同責任的，人民法院應予支持。公司成立后對前款規定的合同予以確認，或者已經實際享有合同權利或者履行合同義務，合同相對人請求公司承擔合同責任的，人民法院應予支持。第三條規定，發起人以設立中公司名義對外簽訂合同，公司成立后合同相對人請求公司承擔合同責任的，人民法院應予支持。公司成立后有證據證明發起人利用設立中公司的名義為自己的利益與相對人簽訂合同，公司以此為由主張不承擔合同責任的，人民法院應予支持，但相對人為善意的除外。

【案例解析】

[8-7] 華昌有限公司有8個股東，麻某為董事長。2013年5月，公司經股東會決議，決定變更為股份公司，由公司全體股東作為發起人，發起設立華昌股份公司。

請思考：下列哪些選項是正確的？為什麼？

A. 該股東會決議應由全體股東一致同意

B. 發起人應書面認足其所認購的股份，並依章程規定繳納出資
C. 變更後股份公司的董事長，當然由麻某擔任
D. 變更後的股份公司在其企業名稱中，可繼續使用「華昌」字號

解析：《公司法》第四十三條規定：「股東會的議事方式和表決程序，除本法有規定的外，由公司章程規定。股東會會議做出修改公司章程、增加或者減少註冊資本的決議，以及公司合併、分立、解散或者變更公司形式的決議，必須經代表三分之二上表決權的股東通過。」據此，華昌有限公司變更為華昌股份公司的決議，非全體股東通過，只需經過代表三分之二上表決權的股東通過即可。故 A 選項顯系錯誤。

《公司法》第八十三條規定：「以發起設立方式設立股份有限公司的，發起人應當書面認足公司章程規定其認購的股份，並按照公司章程規定繳納出資。以非貨幣財產出資的，應當依法辦理其財產權的轉移手續」。B 選項正確。

《公司法》第一百零九條規定：「董事會設董事長一人，可以設副董事長。董事長和副董事長由董事會以全體董事的過半數選舉產生。」華昌有限公司變更為華昌股份公司後，公司股東可以重新選舉董事，董事長也由董事會重新選舉產生，麻某並非當然的董事長。故 C 選項錯誤。

企業變更組織形式不影響企業的各項權益，變更後的股份公司在其企業名稱中，當然可以繼續使用原來的字號，故 D 選項項正確。[1]

二、股份有限公司的組織機構

股份有限公司的組織機構包括：股東會、董事會和監事會。

(一) 股東會

1. 股東大會及其職權。股份有限公司股東大會由全體股東組成。股東大會是公司的權力機構，依法行使職權。股份有限公司股東大會的職權與有限責任公司股東會職權基本相同。

【知識鏈接】上市公司股東會的職權

根據《上市公司章程指南》第四十條的規定，上市公司股東會除股份公司股東會通常的職權外，還有下列職權：對公司聘用、解聘會計師事務所做出決議。審議批准公司下列對外擔保行為：本公司及本公司控股子公司的對外擔保總額，達到或超過最近一期經審計淨資產的 50% 以後提供的任何擔保；公司的對外擔保總額，達到或超過最近一期經審計總資產的 30% 以後提供的任何擔保；為資產負債率超過 70% 的擔保對象提供的擔保；單筆擔保額超過最近一期經審計淨資產 10% 的擔保；對股東、實際控制人及其關聯方提供的擔保。審議公司在一年內購買、出售重大資產超過公司最近一期經審計總資產 30% 的事項。審議批准變更募集資金用途事項。審議股權激勵計劃。

---

[1] 本例根據「好學教育」網載 2013 年國家司法考試卷三第 69 題，略有改編。網址：http://www.5haoxue.net/sifa/zixun/20140401/41511_7.html。2014 年 10 月 9 日瀏覽。

2. 股東大會的形式。股份有限公司股東大會分為年會和臨時股東會。每年召開一次年會,有下列情形之一的,應當在兩個月內召開臨時股東大會:董事人數不足本法規定人數或者公司章程所定人數的三分之二時;公司未彌補的虧損達實收股本總額三分之一時;單獨或者合計持有公司百分之十以上股份的股東請求時;董事會認為必要時;監事會提議召開時;公司章程規定的其他情形。

3. 股東大會的召開。股東大會會議由董事會召集,董事長主持;董事長不能履行職務或者不履行職務的,由副董事長主持;副董事長不能履行職務或者不履行職務的,由半數以上董事共同推舉一名董事主持。董事會不能履行或者不履行召集股東大會會議職責的,監事會應當及時召集和主持;監事會不召集和主持的,連續九十日以上單獨或者合計持有公司百分之十以上股份的股東可以自行召集和主持。

召開股東大會會議,應當將會議召開的時間、地點和審議的事項於會議召開二十日前通知各股東;臨時股東大會應當於會議召開十五日前通知各股東;發行無記名股票的,應當於會議召開三十日前公告會議召開的時間、地點和審議事項。

單獨或者合計持有公司百分之三以上股份的股東,可以在股東大會召開十日前提出臨時提案並書面提交董事會;董事會應當在收到提案後二日內通知其他股東,並將該臨時提案提交股東大會審議。臨時提案的內容應當屬於股東大會職權範圍,並有明確議題和具體決議事項。股東大會不得對前兩款通知中未列明的事項做出決議。無記名股票持有人出席股東大會會議的,應當於會議召開五日前至股東大會閉會時將股票交存於公司。

4. 股東大會的決議。股東出席股東大會會議,所持每一股份有一表決權。但是,公司持有的本公司股份沒有表決權。股東大會做出決議,必須經出席會議的股東所持表決權過半數通過。但是,股東大會做出修改公司章程、增加或者減少註冊資本的決議,以及公司合併、分立、解散或者變更公司形式的決議,必須經出席會議的股東所持表決權的三分之二以上通過。

公司法和公司章程規定公司轉讓、受讓重大資產或者對外提供擔保等事項必須經股東大會做出決議的,董事會應當及時召集股東大會會議,由股東大會就上述事項進行表決。股東大會選舉董事、監事,可以依照公司章程的規定或者股東大會的決議,實行累積投票制。

【知識鏈接】 累積投票制

累積投票制,是指股東大會選舉董事或者監事時,每一股份擁有與應選董事或者監事人數相同的表決權,股東擁有的表決權可以集中使用。比如,某股東持有某股份有限公司股票10,000股,按每股一票,選舉7名董事,按照一般規則,該股東可將其選票分別向7位候選人投出,每位候選人10,000票。在適用累積投票制的情況下,該股東可將其所有選票70,000票(7名候選人×10,000票)累計投給一位候選人。這樣,累積投票制就擴大了股東表決權的數量,限制了大股東對董事、監事選舉過程的絕對控製力,避免大股東壟斷全部董事或監事席位。

(二) 董事會、經理

　　1. 股份公司董事會的組成及其職權

　　股份有限公司設董事會，其成員為五人至十九人。董事會成員中可以有公司職工代表。董事會中的職工代表由公司職工通過職工代表大會、職工大會或者其他形式民主選舉產生。董事會設董事長一人，可以設副董事長。董事長和副董事長由董事會以全體董事的過半數選舉產生。

　　股份有限公司董事會的職權與有限責任公司董事會職權基本相同。

　　2. 董事會的召開

　　董事長召集和主持董事會會議，檢查董事會決議的實施情況。副董事長協助董事長工作，董事長不能履行職務或者不履行職務的，由副董事長履行職務；副董事長不能履行職務或者不履行職務的，由半數以上董事共同推舉一名董事履行職務。

　　董事會每年度至少召開兩次會議，每次會議應當於會議召開十日前通知全體董事和監事。代表十分之一以上表決權的股東、三分之一以上董事或者監事會，可以提議召開董事會臨時會議。董事長應當自接到提議后十日內，召集和主持董事會會議。董事會召開臨時會議，可以另定召集董事會的通知方式和通知時限。

　　3. 董事會的決議

　　董事會會議應有過半數的董事出席方可舉行。董事會做出決議，必須經全體董事的過半數通過。董事會決議的表決，實行一人一票。

　　董事會會議，應由董事本人出席；董事因故不能出席，可以書面委託其他董事代為出席，委託書中應載明授權範圍。董事會應當對會議所議事項的決定作成會議記錄，出席會議的董事應當在會議記錄上簽名。

　　董事應當對董事會的決議承擔責任。董事會的決議違反法律、行政法規或者公司章程、股東大會決議，致使公司遭受嚴重損失的，參與決議的董事對公司負賠償責任。但經證明在表決時曾表明異議並記載於會議記錄的，該董事可以免除責任。

　　4. 經理

　　股份有限公司設經理，由董事會決定聘任或者解聘。有限責任公司經理職權的規定，適用於股份有限公司經理。公司董事會可以決定由董事會成員兼任經理。

【案例解析】

　　[8-8] 某股份有限公司擬於2014年10月10日召開董事會討論下列事項：(1) 有關公司董事的薪酬；(2) 解聘甲的經理職務，擬聘董事長乙為公司經理；(3) 制訂公司的利潤分配方案和彌補虧損方案。

　　請思考：本次董事會討論的事項是否合法？

　　解析：根據公司法規定，有關公司董事的薪酬的決定，屬於股東大會的職權，因此，本次董事會第一項議程違反公司法規定。解聘或聘任經理、制訂公司的利潤分配方案和彌補虧損方案均屬董事會職權，因此，本次董事會第二、三項議程合法。

(三) 監事會

1. 監事會及其組成

監事會是公司的監督機構。股份有限公司應當依法設立監事會。股份有限公司監事會成員不得少於 3 人，應當包括股東代表和適當比例的公司職工代表，其中，職工代表的比例不得少於 1/3，具體比例由公司章程規定。監事會中的職工代表由公司職工通過職工代表大會、職工大會或者其他形式民主選舉產生。監事會設主席一人，可以設副主席。監事會主席和副主席由全體監事過半數選舉產生。董事、高級管理人員不得兼任監事。股份有限公司監事的任期與有限責任公司監事任期相同。股份有限公司監事會的職權與有限責任公司監事會職權基本相同。

2. 監事會的召開

監事會主席召集和主持監事會會議；監事會主席不能履行職務或者不履行職務的，由監事會副主席召集和主持監事會會議；監事會副主席不能履行職務或者不履行職務的，由半數以上監事共同推舉一名監事召集和主持監事會會議。監事會每六個月至少召開一次會議。監事可以提議召開臨時監事會會議。監事會的議事方式和表決程序，除《公司法》法有規定的外，由公司章程規定。監事會決議應當經半數以上監事通過。監事會應當對所議事項的決定作成會議記錄，出席會議的監事應當在會議記錄上簽名。

(四) 上市公司組織機構的特別規定

《公司法》對上市公司的組織機構及其職權的特別規定主要體現在以下幾個方面：

1. 股東大會特別決議事項

上市公司在一年內購買、出售重大資產或者擔保金額超過公司資產總額百分之三十的，應當由股東大會做出決議，並經出席會議的股東所持表決權的三分之二以上通過。

2. 設立獨立董事

根據證監會《關於在上市公司建立獨立董事制度的指導意見》（證監發【2001】102 號），要求上市公司設立獨立董事。對立董事除依法行使股份有限公司董事的職權外，取得全體獨立董事的二分之一以上同意，獨立董事可以對重大關聯交易（指上市公司擬與關聯人達成的總額高於 300 萬元或高於上市公司最近經審計淨資產值的 5% 的關聯交易）、聘用或解聘會計師事務所等重大事項進行審核、確認並發表獨立意見；向董事會提請召開臨時股東大會；提議召開董事會；獨立聘請外部審計機構和諮詢機構；可以在股東大會召開前公開向股東徵集投票權。此外，獨立董事還應就提名、任免董事，聘任或解聘高級管理人員，公司董事、高級管理人員的薪酬，上市公司的股東、實際控製人及其關聯企業對上市公司現有或新發生的總額高於 300 萬元或高於上市公司最近經審計淨資產值的 5% 的借款或其他資金往來，以及公司是否採取有效措施回收欠款，獨立董事認為可能損害中小股東權益的事項，以及公司章程規定的其他事項向董事會或股東大會發表獨立意見。

【知識鏈接】上市公司

上市公司是股份有限公司的一種，即其股票在證券交易所上市交易的股份有限公司。顧名思義，與上市公司相對應的非上市公司，即股票沒有上市交易的股份有限公司。公司股票上市交易，除了必須經過批准外，還必須符合一定的條件。就通常情況而言，股票上市需滿足以下條件：股票經國務院證券監督管理機構核準已向社會公開發行。公司股本總額不少於人民幣三千萬元。開業時間在三年以上，最近三年連續盈利；原國有企業依法改建而設立的，或者本法實施后新組建成立，其主要發起人為國有大中型企業的，可連續計算。持有股票面值達人民幣一千元以上的股東人數不少於一千人，向社會公開發行的股份達公司股份總數的百分之二十五以上。公司股本總額超過人民幣四億元的，其向社會公開發行股份的比例為10%以上。公司在最近三年內無重大違法行為，財務會計報告無虛假記載。國務院規定的其他條件。因上市公司涉及面廣，法律對其規制較普通股份有限公司更為嚴格。

【知識鏈接】獨立董事

獨立董事是指獨立於公司股東且不在公司內部任職，並與公司或公司經營管理者沒有重要的業務聯繫或專業聯繫，並對公司事務做出獨立判斷的董事。獨立董事制度最早起源於20世紀30年代，目的在於防止控制股東及管理層的內部控製，損害公司整體利益。

獨立董事的職業特徵在於其獨立性和專業性。所謂「獨立性」，是指獨立董事必須在人格、經濟利益、產生程序、行權等方面獨立，不受控股股東和公司管理層的限制；所謂「專業性」是指獨立董事必須具備一定的專業素質和能力，能夠憑自己的專業知識和經驗對公司的董事和經理以及有關問題獨立地做出判斷和發表有價值的意見。

獨立董事的任職條件：根據法律、行政法規及其他有關規定，具備擔任上市公司董事的資格；具有證監會《指導意見》所要求的獨立性；具備上市公司運作的基本知識，熟悉相關法律、行政法規、規章及規則；具有五年以上法律、經濟或者其他履行獨立董事職責所必需的工作經驗；公司章程規定的其他條件。此外，下列人員不得擔任獨立董事：在上市公司或者其附屬企業任職的人員及其直系親屬、主要社會關係(直系親屬是指配偶、父母、子女等；主要社會關係是指兄弟姐妹、岳父母、兒媳女婿、兄弟姐妹的配偶、配偶的兄弟姐妹等)；直接或間接持有上市公司已發行股份1%以上或者是上市公司前十名股東中的自然人股東及其直系親屬；在直接或間接持有上市公司已發行股份5%以上的股東單位或者在上市公司前五名股東單位任職的人員及其直系親屬；最近一年內曾經具有前三項所列舉情形的人員；為上市公司或者其附屬企業提供財務、法律、諮詢等服務的人員；公司章程規定的其他人員；中國證監會認定的其他人員。

3. 設立董事會秘書

上市公司設董事會秘書,負責公司股東大會和董事會會議的籌備、文件保管以及公司股東資料的管理,辦理信息披露事務等事宜。

4. 關聯關係董事的表決權排除制度

上市公司董事與董事會會議決議事項所涉及的企業有關聯關係的,不得對該項決議行使表決權,也不得代理其他董事行使表決權。該董事會會議由過半數的無關聯關係董事出席即可舉行,董事會會議所作決議須經無關聯關係董事過半數通過。出席董事會的無關聯關係董事人數不足三人的,應將該事項提交上市公司股東大會審議。

【案例解析】

[8-9] 某甲上市公司董事會由11名董事組成。現根據公司章程規定召開臨時董事會,討論與乙公司簽訂重要採購合同事宜。董事丙是乙公司董事長。因丁、戊二董事出國考察不能參會,會議表決時另外2名董事不同意該採購項目。

請思考:該董事會會議及其通過的董事會決議是否有效?

解析:根據《公司法》規定,上市公司董事與董事會會議決議事項所涉及的企業有關聯關係的,不得對該項決議行使表決權,也不得代理其他董事行使表決權。該董事會會議由過半數的無關聯關係董事出席即可舉行,董事會會議所作決議須經無關聯關係董事過半數通過。本例中,因董事丙是乙公司董事長,依法不能參加不能對決議進行表決,因此,能夠行使表決權的董事實際上只有10人。此次董事會會議有8名董事參加,超過法定過半數的無關聯關係董事出席,會議舉行無礙。且董事會會議所作決議經無關聯關係董事過半數(6名)通過,該採購項目的決議有效。

第四節 公司董事、監事、高級管理人員的資格和義務

一、公司董事、監事、高級管理人員的資格

公司董事、監事、高級管理人員作為公司組織機構的組成人員,其素質和品行對公司的發展至關重要。為了保證公司董事、監事、高級管理人員具備履職的能力和條件,各國無不對其任職資格做出限制性規定。

中國《公司法》第一百四十六條規定,有下列情形之一的,不得擔任公司的董事、監事、高級管理人員:無民事行為能力或者限制民事行為能力;因貪污、賄賂、侵占財產、挪用財產或者破壞社會主義市場經濟秩序,被判處刑罰,執行期滿未逾五年,或者因犯罪被剝奪政治權利,執行期滿未逾五年;擔任破產清算的公司、企業的董事或者廠長、經理,對該公司、企業的破產負有個人責任的,自該公司、企業破產清算完結之日起未逾三年;擔任因違法被吊銷營業執照、責令關閉的公司、企業的法定代表人,並負有個人責任的,自該公司、企業被吊銷營業執照之日起未逾三年;個人所負數額較大的債務到期未清償。

公司違反前述規定選舉、委派董事、監事或者聘任高級管理人員的，該選舉、委派或者聘任無效。董事、監事、高級管理人員在任職期間出現上述所列情形的，公司應當解除其職務。

【知識鏈接】 高級管理人員

公司高級管理人員，顧名思義，就是公司管理層中擔任重要職務、負責公司經營管理、掌握公司重要信息的人員。中國《公司法》第二百一十六條將公司高級管理人員界定為「公司的經理、副經理、財務負責人，上市公司董事會秘書和公司章程規定的其他人員」。對於經理、副經理、財務負責人以及上市公司董事會秘書的選任與職責，《公司法》有明確規定；「公司章程規定的其他人員」，則是由公司章程明文規定的相關的管理人員，這些人員應具備其他高級管理人員同樣的任職資格，履行法律和公司章程規定的職責和任務。

二、公司董事、監事、高級管理人員的義務

根據《公司法》第一百四十七條至第一百五十條的規定，董事、監事、高級管理人員應當遵守法律、行政法規和公司章程，對公司負有忠實義務和勤勉義務。董事、監事、高級管理人員不得利用職權收受賄賂或者其他非法收入，不得侵占公司的財產。

董事、高級管理人員不得有下列行為：挪用公司資金；將公司資金以其個人名義或者以其他個人名義開立帳戶存儲；違反公司章程的規定，未經股東會、股東大會或者董事會同意，將公司資金借貸給他人或者以公司財產為他人提供擔保；違反公司章程的規定或者未經股東會、股東大會同意，與本公司訂立合同或者進行交易；未經股東會或者股東大會同意，利用職務便利為自己或者他人謀取屬於公司的商業機會，自營或者為他人經營與所任職公司同類的業務；接受他人與公司交易的佣金歸為己有；擅自披露公司秘密；違反對公司忠實義務的其他行為。董事、高級管理人員違反前述規定所得的收入應當歸公司所有。董事、監事、高級管理人員執行公司職務時違反法律、行政法規或者公司章程的規定，給公司造成損失的，應當承擔賠償責任。

股東會或者股東大會要求董事、監事、高級管理人員列席會議的，董事、監事、高級管理人員應當列席並接受股東的質詢。董事、高級管理人員應當如實向監事會或者不設監事會的有限責任公司的監事提供有關情況和資料，不得妨礙監事會或者監事行使職權。

【知識鏈接】 股東訴訟

公司董事、監事、高級管理人員或他人違反法律、法規或者公司章程給公司造成損失的，公司可以向違法行為人請求損害賠償；如果公司拒絕或怠於向違法行為人請求損害賠償時，具有法定資格的股東有權代表其他股東提起訴訟，請求違法行為人賠償公司損失。此為股東代表訴訟，或曰股東間接訴訟。其目的是保護公司利益和股東整體利益。董事、高級管理人員執行職務時違反法律、法規或者公司章程給公司造成

損失的，有限責任公司的股東、股份有限公司連續 180 日以上單獨或者合計持有公司百分之一以上股份的股東，可以書面請求監事會或者不設監事會的有限責任公司的監事向人民法院提起訴訟；監事執行職務時違反法律、法規或者公司章程給公司造成損失的，前述股東可以書面請求董事會或者不設董事會的有限責任公司的執行董事向人民法院提起訴訟。

監事會、不設監事會的有限責任公司的監事，或者董事會、執行董事 收到有限責任公司股東、股份有限公司連續 180 日以上單獨或者合計持有公司百分之一以上股份的股東書面請求后拒絕提起訴訟，或者自收到請求之日起 30 日內未提起訴訟，或者情況緊急、不立即提起訴訟將會使公司利益受到難以彌補的損害的，有限責任公司股東、股份有限公司連續 108 日以上單獨或者合計持有公司百分之一以上股份的股東有權為了公司的利益以自己的名義直接向人民法院提起訴訟。

公司董事、監事、高級管理人員以外的其他人侵犯公司合法權益，給公司造成損失的，有限責任公司股東、股份有限公司連續 180 日以上單獨或者合計持有公司百分之一以上股份的股東可以通過監事會或者監事、董事會或董事向人民法院提起訴訟，或者依照前述規定直接向人民法院提起訴訟。

此外，公司董事、監事、高級管理人員違反法律、法規或者公司章程損害股東利益的，股東可依法直接向人民法院提起訴訟。

【案例解析】

[8-10] 李方為平昌公司董事長。債務人姜呈向平昌公司償還 40 萬元時，李方要其將該款打到自己指定的個人帳戶。隨即李方又將該款借給劉黎，借期一年，年息 12%。

請思考：下列哪些表述是正確的？

A. 該 40 萬元的所有權，應歸屬於平昌公司

C. 在姜呈為善意時，其履行行為有效

B. 李方因其行為已不再具有擔任董事長的資格

D. 平昌公司可要求李方返還利息

【解析】《公司法》規定，董事、監事、高級管理人員應當遵守法律、行政法規和公司章程，對公司負有忠實義務和勤勉義務。董事、監事、高級管理人員不得利用職權收受賄賂或者其他非法收入，不得侵占公司的財產。董事、高級管理人員不得有下列行為：挪用公司資金；將公司資金以其個人名義或者以其他個人名義開立帳戶存儲；違反公司章程的規定，未經股東會、股東大會或者董事會同意，將公司資金借貸給他人或以公司財產為他人提供擔保……董事、高級管理人員違反前款規定所得的收入應當歸公司所有。例中，平昌公司董事長李方將公司債務人的還款存入自己的私人帳戶，並擅自將公司資金借貸給他人使用，顯然違反了董事對公司所負有的忠實義務。據此，李方將公司資金借給劉黎所得的利息應當返還給平昌公司，D 選項正確。至於李方擅自借給劉黎的 40 萬元，李方有義務返還給公司，但因貨幣乃是特殊動產，佔有變更所有權即變動，該 40 萬元的所有權應歸屬於劉黎，故 A 選項錯誤。

《公司法》第十三條規定：「公司法定代表人依照公司章程的規定，由董事長、執行董事或者經理擔任，並依法登記。公司法定代表人變更，應當辦理變更登記。」李方為平昌公司董事長，通常是平昌公司的法定代表人，姜呈可以信賴李方的指示而進行相應的債務履行行為。如果姜呈為善意，則其履行行為有效，C選項正確。

《公司法》第一百四十六條規定了若干不得擔任公司的董事、監事、高級管理人員的情形：無民事行為能力或者限制民事行為能力；因貪污、賄賂、侵占財產、挪用財產或者破壞社會主義市場經濟秩序，被判處刑罰，執行期滿未逾五年，或者因犯罪被剝奪政治權利，執行期滿未逾五年……本例中，董事長李方雖然違反對公司的忠實義務，但不存在法定的解除董事職務的事由，是否解除其董事長職務由公司決定，並非當然不再具有擔任董事長的資格，故B選項錯誤。[1]

第五節　公司債券

一、公司債券及其種類

公司債券，是指公司依照法定程序發行、約定在一定期限還本付息的有價證券。公司債券反映的是其發行人和投資者之間的債權債務關係，是一種「借貸」關係，公司債券到期不但要償還，而且還需在本金之外支付一定的「利息」。

公司債券依不同標準，可以分為不同類別：

（1）按是否記名可分為：記名公司債券和無記名公司債券。記名公司債券，即在券面上登記持有人姓名，支取本息要憑印鑒領取，轉讓時必須背書並到債券發行公司登記的公司債券。無記名公司債券，即券面上不需載明持有人姓名，還本付息及流通轉讓僅以債券為憑，不需登記。

（2）按分配利潤的依據可分為：參加公司債券和非參加公司債券。參加公司債券，指除了可按預先約定獲得利息收入外，還可在一定程度上參加公司利潤分配的公司債券。非參加公司債券，指持有人只能按照事先約定的利率獲得利息的公司債券。

（3）按是否可提前贖回可分為：可提前贖回公司債券和不可提前贖回公司債券。可提前贖回公司債券，即發行者司在債券到期前購回其發行的全部或部分債券。不可提前贖回公司債券，即只能一次到期還本付息的公司債券。

（4）是否可轉換為公司股票可分為可轉換公司債券和不可轉換公司債券。可轉換公司債券是可以轉換為公司股票的債券，這種債券在具備條件時，債券持有人有將其轉換為公司股票的選擇權。不可轉換公司債券，是指不能轉換為公司股票的債券。

---

[1] 本例源自「好學教育」網載2013年國家司法考試第70題。解析部分有所改動。網址：http://www.5haoxue.net/sifa/zixun/20140401/41511_7.html，2014年10月10日瀏覽。

二、公司債券的發行與轉讓

(一) 公司債券的發行

因公司債券是一種公司發行的有價證券,因此,《公司法》只原則規定,公司發行公司債券應當符合《中華人民共和國證券法》規定的發行條件,即按照證券法規定的發行條件發行。

《公司法》規定,發行公司債券的申請經國務院授權的部門核準后,應當公告公司債券募集辦法。公司債券募集辦法中應當載明下列主要事項:公司名稱;債券募集資金的用途;債券總額和債券的票面金額;債券利率的確定方式;還本付息的期限和方式;債券擔保情況;債券的發行價格、發行的起止日期;公司淨資產額;已發行的尚未到期的公司債券總額公司債券的承銷機構。公司以實物券方式發行公司債券的,必須在債券上載明公司名稱、債券票面金額、利率、償還期限等事項,並由法定代表人簽名,公司蓋章。

公司發行公司債券應當置備公司債券存根簿。發行記名公司債券的,應當在公司債券存根簿上載明下列事項:債券持有人的姓名或者名稱及住所;債券持有人取得債券的日期及債券的編號;債券總額,債券的票面金額、利率、還本付息的期限和方式;債券的發行日期。發行無記名公司債券的,應當在公司債券存根簿上載明債券總額、利率、償還期限和方式、發行日期及債券的編號。發行可轉換為股票的公司債券,應當在債券上標明可轉換公司債券字樣,並在公司債券存根簿上載明可轉換公司債券的數額。

(二) 公司債券的轉讓

《公司法》規定,公司債券可以轉讓,轉讓價格由轉讓人與受讓人約定。公司債券在證券交易所上市交易的,按照證券交易所的交易規則轉讓。記名公司債券,由債券持有人以背書方式或者法律、行政法規規定的其他方式轉讓;轉讓后由公司將受讓人的姓名或者名稱及住所記載於公司債券存根簿。無記名公司債券的轉讓,由債券持有人將該債券交付給受讓人后即發生轉讓的效力。

【案例解析】

[8-11] 2012年6月30日,甲公司經證監部門批准發行可轉換的公司債券若干,其中乙公司購得350萬元無記名債券。按照甲公司債券募集辦法載明內容,該債券還本付息期限為3年。后乙公司將該債券轉讓並交付於自然人丙。該債券到期後,丙要求甲公司按照募集辦法將該債券轉換為股票,甲公司以公司沒有增資計劃為由予以拒絕。隨致糾紛成訟。

請思考:甲公司以公司沒有增資計劃為由拒絕乙公司的理由是否合法?

【解析】可轉換公司債券,即可以轉換為公司股票的債券,這種債券在具備條件時,債券持有人有將其轉換為公司股票的選擇權。甲公司經證監部門批准發行可轉換的公司債券,乙公司購得350萬元無記名債券,乙公司將其所持債券轉讓。凡此過程

並無不妥。因此，債券到期，作為無記名債券的持有人有權選擇要求甲公司還本付息或將該債券轉換為公司股票。甲公司的增資計劃本應在債券發行時予以考慮，故不得以此為由拒絕將該債券轉換為股票。

第六節　公司的財務、會計

一、公司的財務、會計及其制度要求

中國《公司法》規定，公司應當依照法律、行政法規和國務院財政部門的規定建立本公司的財務、會計制度。公司財務、會計制度是公司財務制度與會計制度的統稱，即法律、法規及公司章程中所確立的一系列公司財務會計規程。公司建立財務會計制度的顯著標誌，是依法編制公司的財務會計報告。

公司財務會計報告一般應當包括：（1）資產負債表。該表反映了靜態下公司的財務狀況。（2）損益表。損益表是反映公司在一定期間的經營成果及盈虧狀況的報表。（3）財務狀況變動表。該表反映了一定會計期間內營運資金來源和運用及其增減變動的情況。（4）財務情況說明書。是指對以上各表所列示的資料和未能列示的但對公司財務狀況有重大影響的其他事項所作的必要說明的報表。（5）利潤分配表。是反映公司年度利潤狀況與年末未分配利潤情況的會計報表，在會計實務中常作為損益表的附表。

二、公積金制度

公積金是指依照法律、公司章程或股東大會決議而從公司營業利潤或其他收入中提取的一種儲備金。建立公積金制度意在彌補公司的虧損、擴大公司生產經營或者轉為增加公司資本。《公司法》第一百六十六條規定，公司分配當年稅后利潤時，應當提取利潤的百分之十列入公司法定公積金。公司法定公積金累計額為公司註冊資本的百分之五十以上的，可以不再提取。

三、公司分配

公司分配有廣、狹義之分。廣義上的公司分配，是指公司將其經營所得依法進行分割的整個過程，包括納稅、彌補虧損、提取法定公積金、向股東分配股利等內容。狹義上的公司分配就是向股東分配股利，中國《公司法》規定，公司彌補虧損和提取公積金后所餘稅后利潤，有限責任公司依法分配；股份有限公司按照股東持有的股份比例分配，但股份有限公司章程規定不按持股比例分配的除外。

公司應當按法定順序分配：①彌補以前年度的虧損，但不得超過稅法規定的彌補期限；②依法繳納所得稅；③彌補稅前利潤彌補虧損之後仍存在的虧損；④提取法定公積金；⑤提取任意公積金。任意公積金的提取比例和提取方法由公司章程或股東大會決議決定；⑥向股東分配股利。股東會、股東大會或者董事會違反法律規定，在公司彌補虧損和提取法定公積金之前向股東分配利潤的，股東必須將違反規定分配的利

潤退還公司。公司持有的本公司股份不得分配利潤。

【案例解析】

[8-12] 2010年9月，曲某、陳某、吳某三人共同投資設立某紙業有限責任公司，其中曲某、陳某各占40%股權份額，吳某20%股權份額。公司成立后，經營狀況良好，據公司財務報表反映，2011年公司實現利潤28萬元，2012年實現利潤32萬元。吳某提議按股東股權份額分配利潤，但曲某、陳某不同意，認為應將利潤投入擴大生產，吳某遂向法院起訴，要求判令某紙業有限責任公司向其分配2011—2012年利潤10萬元餘元。對於某紙業有限責任公司應否向吳某分配利潤存在兩種不同觀點：第一種意見：吳某系某紙業有限責任公司的股東，其有權根據自身所占股權份額要求公司向其分配盈利，其訴訟請求應當得到法院支持。第二種意見：是否分配利潤系公司自主經營行為，司法不應介入商業主體的內部行為，吳某訴訟請求不應得到支持。

請思考：吳某在本案中的訴訟請求是否應得到支持？

【解析】 投資設立公司獲得利潤無可厚非，但是否必須分配利潤則是一個依法決議的問題。有限責任公司是中國市場經濟體系中的一類重要主體，其決策機構是公司股東會，公司股東會可以根據自身經營的需要做出各項決議。由於曲某、陳某在某紙業公司占80%的股權份額，他們的意見實際就是該公司股東會的決議，而公司股東會有權自主決定公司的經營發展方針，法院不應也無權介入公司內部經營方針的確定。關於有限責任公司小股東利益的保護，現行《公司法》第七十四條規定，「有下列情形之一的，對股東會該項決議投反對票的股東可以請求公司按照合理的價格收購其股權：（一）公司連續五年不向股東分配利潤，而公司該五年連續盈利，並且符合本法規定的分配利潤條件的……自股東會會議決議通過之日起六十日內，股東與公司不能達成股權收購協議的，股東可以自股東會會議決議通過之日起九十日內向人民法院提起訴訟。」由此可知，有限責任公司小股東保護自身利益的方式不是請求法院強行判令公司分配利潤，而是在一定條件下請求公司按照合理的價格收購其股權，故吳某在本案中的訴訟請求不應得到支持。[①]

第七節　公司的合併、分立、減資與增資

一、公司的合併

公司合併是指兩個以上的公司依法達成合意歸並為一個公司的法律行為。公司合併可以採取吸收合併或者新設合併。吸收合併，即一個公司吸收其他公司，被吸收的公司解散。甲公司同乙公司合併后，甲公司存續，而乙公司解散。新設合併，即兩個

[①] 案例及解析均參見熊鶯：《請求公司分配經營利潤的訴訟請求不應得到支持》，中國法院網，網址：http://www.civillaw.com.cn/article/default.asp?id=61135。2014年10月7日瀏覽。

以上公司合併設立一個新的公司，合併各方解散。如前述甲乙兩公司均解散，而成立新的公司丙，即其適例。

《公司法》第一百七十三條規定，公司合併，應當由合併各方簽訂合併協議，並編制資產負債表及財產清單。公司應當自做出合併決議之日起十日內通知債權人，並於三十日內在報紙上公告。債權人自接到通知書之日起三十日內，未接到通知書的自公告之日起四十五日內，可以要求公司清償債務或者提供相應的擔保。公司合併時，合併各方的債權、債務，應當由合併後存續的公司或者新設的公司承繼。公司合併，登記事項發生變更的，應當依法向公司登記機關辦理變更登記；公司解散的，應當依法辦理公司註銷登記；設立新公司的，應當依法辦理公司設立登記。

【案例解析】

[8-13] 某江海集團有限公司成立於1990年12月，註冊資金3.66億元。隨後，該公司為擴展業務陸續投資或合資設立江海焦化有限公司、江海化纖有限公司、江海尼龍工業有限公司、江海仿真化纖有限公司、江海廣大紡織有限公司等五家生產型核心子公司。受國際金融危機影響，以石油製品為原料的化纖企業江海集團等六公司發生重大財務危機。為收縮業務範圍，2009年5月10日，江海集團決定將五家子公司進行整合，擬將江海焦化有限公司並入集團公司，另四家子公司分別根據業務門類兩兩合併組成江海化纖有限公司、江海紡織有限公司。江海集團有限公司等六家公司將合併決議在報紙上公告，之後按照合併方案合併重組。后因原江海廣大紡織有限公司和江海仿真化纖有限公司的債權人甲公司和乙公司稱其未接到其合併的通知，分別提出要求江海化纖有限公司、江海紡織有限公司對原公司債務承擔責任。后因故發生糾紛訴至法院。

請思考：法院對債權人要求江海化纖有限公司、江海紡織有限公司對原公司債務承擔責任的訴訟主張是否給予支持？

【解析】根據公司法的規定，公司合併不僅要在經股東會決議，而且還需由擬合併的公司之間達成合併協議，編制資產負債表及財產清單，並在做出合併決議之日起十日內通知債權人，三十日內在報紙上公告。債權人自接到通知書之日起三十日內，未接到通知書的自公告之日起四十五日內，可以要求公司清償債務或者提供相應的擔保。即便債權人未提出求公司清償債務或者提供擔保，合併均不應該影響債權人債權的實現，合併各方的債權、債務，應當由合併後存續的公司或者新設的公司承繼。因此，本例中債權人要求江海化纖有限公司、江海紡織有限公司對原公司債務承擔責任，並無不妥。法院對其訴訟主張應予支持。

二、公司的分立

公司分立，是指被分立公司依法將部分或全部營業分別轉讓給兩個或兩個以上現存或新設的公司的行為。

公司分立主要採取兩種方式：（1）存續分立，也叫派生分立，指分立后原公司繼續存在的分立形式。（2）解散分立，也叫新設分立，指分立后原公司消滅的分立形式。

《公司法》規定，公司分立，應當編制資產負債表及財產清單。公司應當自做出分立決議之日起十日內通知債權人，並於三十日內在報紙上公告。公司分立，其財產作相應的分割，並編制資產負債表及財產清單。公司應當自做出分立決議之日起十日內通知債權人，並於三十日內在報紙上公告。公司分立前的債務由分立後的公司承擔連帶責任。但是，公司在分立前與債權人就債務清償達成的書面協議另有約定的除外。公司分立，登記事項發生變更的，應當依法向公司登記機關辦理變更登記。

三、公司減資與增資

（一）公司減少註冊資本

公司需要減少註冊資本時，必須編制資產負債表及財產清單。公司應當自做出減少註冊資本決議之日起十日內通知債權人，並於三十日內在報紙上公告。債權人自接到通知書之日起三十日內，未接到通知書的自公告之日起四十五日內，有權要求公司清償債務或者提供相應的擔保。公司減資後的註冊資本不得低於法定的最低限額。公司需要減少註冊資本應當依法辦理變更登記。

（二）公司增加註冊資本

有限責任公司增加註冊資本時，股東認繳新增資本的出資，依照本法設立有限責任公司繳納出資的有關規定執行。股份有限公司為增加註冊資本發行新股時，股東認購新股，依照本法設立股份有限公司繳納股款的有關規定執行。公司增加註冊資本，應當依法向公司登記機關辦理變更登記。

【案例解析】

[8-14] 重慶某某教育諮詢服務有限公司於2009年8月25日在工商行政管理部門登記設立，股東為唐某某、尹某某。2010年年初，尹某某和被告約定由被告新增入股款4.9萬元到重慶某某教育諮詢服務有限公司，占總股份的49%。該公司的另兩名股東尹某某、唐某某占總股份的51%，由三個股東共同投資經營某某教育諮詢有限公司。被告分別於2010年3月8日和3月18日向尹某某支付入股資金共計4.9萬元。之後，重慶某某教育諮詢服務有限公司未召開股東會形成增資擴股的決議，也未進行增資擴股的工商變更登記，尹某某收取原告的4.9萬元也未提供證據證明已交歸該公司。重慶某某教育諮詢服務有限公司未進行2010年工商年檢，處於停業經營狀態。被告向原告支付入股金後，參與了重慶某某教育諮詢服務有限公司的經營管理工作並與該公司形成了一定的債權債務關係。原重慶市大足縣人民法院（2011）足法民初字第01389號民事判決書判決陳某某與尹某某簽訂的入股協議未生效；尹某某返還陳某某入股金4.9萬元。2011年12月26日，重慶某某教育諮詢服務有限公司以被告不具有重慶某某教育諮詢服務有限公司股東身分，依據《民法通則》第九十二條「沒有合法根據，取得不當利益，造成他人損失的，應當將取得的不當利益返還給受損失的人」之規定，提出如上訴訟請求。法院認為，作為重慶某某教育諮詢服務有限公司股東之一的尹某某與被告簽訂入股協議後因糾紛訴至原重慶市大足縣人民法院，該院做出的（2011）

足法民初字第 01389 號民事判決書，判決該入股協議未生效，雖然該判決書中載明陳某某向尹某某支付入股金後，參與了重慶某某教育諮詢服務有限公司的辦學等經營管理工作並分得部分節餘款，但原告並無證據證明被告所分得的節餘款系因股權而享有的利潤分配。雖然原告舉示了一份「記帳單」，但因無其他證據證明該「記帳單」所載的內容已實際兌現並與股權利潤分配相關聯，故原告無充分證據證明被告沒有合法根據，已取得了不當利益，造成了其損失，法院對其訴訟請求不予支持。法院遂判決：駁回原告重慶某某教育諮詢服務有限公司的訴訟請求。

請思考：法院駁回原告重慶某某教育諮詢服務有限公司的訴訟請求的法律依據？

【解析】本案的爭議焦點是被告是否應返還本案所涉款項。案件的重點在於原告公司新增資本的程序是否合法及新增資本的有效性。公司增資通常須經過股東會或者股東大會決議、修改或補充增資章程、投入新增資金（包括貨幣增資、實物增資、無形資產、實物增資、無形資產增資需聘請資產評估公司對實物和無形資產進行評估以確定價值）、會計師事務所出具驗資報告、辦理工商變更登記。中國《公司法》第一百七十九條規定：「有限責任公司增加註冊資本時，股東認繳新增資本的出資，依照本法設立有限責任公司繳納出資的有關規定執行。股份有限公司為增加註冊資本發行新股時，股東認購新股，依照本法設立股份有限公司繳納股款的有關規定執行。」《公司法》第二十七條到第三十條對有限責任公司出資做了詳細規定，新增註冊資本也不必符合公司法關於有限責任公司出資的規定，履行股東會決議、驗資、變更登記等法定程序，完成全部的法定程序新增註冊資本才可被認定為有效。

就本案而言，原告公司股東尹某某單方與被告約定由被告新增入股款，是採用增加新股東、吸收外來投資的方式進行增資，按照公司增加註冊資本的程序，原告並未進行股東會決議、在尹某某與被告簽訂增資協議後也未進行增資擴股工商變更登記，在程序上不符合法定條件，因此，其增資並未進行，應屬無效。就此而言，重慶大足縣人民法院的入股協議無效判決也對增資的效果進行了無效判定。增資入股無效，被告並沒有取得原告公司的股東資格，也未進行股東身分的變更登記，原告亦沒有證據證明被告的利益來源是基於股東身分及所持股份的收益，因此，對原告的訴訟請求不予支持。[1]

第八節　公司的解散與清算

一、公司解散

公司解散是指出現法定事由、章定事由或公司行為違法，而使公司人格歸於消滅的原因性行為。

---

[1] 參見唐青林等. 新增資本認購糾紛案例評析 [M] //公司訴訟法律實務精解與百案評析. 北京：中國法制出版社，2013. 略有改動。

《公司法》第一百八十條規定，公司因下列原因解散：公司章程規定的營業期限屆滿或者公司章程規定的其他解散事由出現；股東會或者股東大會決議解散；因公司合併或者分立需要解散；依法被吊銷營業執照、責令關閉或者被撤銷；人民法院依法予以解散。

公司有上述第一種情形（公司章程規定的營業期限屆滿或者公司章程規定的其他解散事由出現）的，可以通過修改公司章程而存續。依此修改公司章程，有限責任公司須經持有三分之二以上表決權的股東通過，股份有限公司須經出席股東大會會議的股東所持表決權的三分之二以上通過。公司經營管理發生嚴重困難，繼續存續會使股東利益受到重大損失，通過其他途徑不能解決的，持有公司全部股東表決權百分之十以上的股東，可以請求人民法院解散公司。

此外，根據最高法院《公司法》司法解釋的規定，單獨或者合計持有公司全部股東表決權百分之十以上的股東，以下列事由之一提起解散公司訴訟，並符合公司法相關規定的，人民法院應予受理：公司持續兩年以上無法召開股東會或者股東大會，公司經營管理發生嚴重困難的；股東表決時無法達到法定或者公司章程規定的比例，持續兩年以上不能做出有效的股東會或者股東大會決議，公司經營管理發生嚴重困難的；公司董事長期衝突，且無法通過股東會或者股東大會解決，公司經營管理發生嚴重困難的；經營管理發生其他嚴重困難，公司繼續存續會使股東利益受到重大損失的情形。股東以知情權、利潤分配請求權等權益受到損害，或者公司虧損、財產不足以償還全部債務，以及公司被吊銷企業法人營業執照未進行清算等為由，提起解散公司訴訟的，人民法院不予受理。股東提起解散公司訴訟應當以公司為被告。

【案例解析】

[8-15] 小孫、小張等四人是多年好友，1999年，四人決定合作經商，成立了一家經營鋼鐵貿易的公司。2002年，公司成立時，小孫和小張資金有限，兩人共擁有公司24%的股權份額；而小段由於資金雄厚，一人就擁有公司66%的股權，另一位股東小陳擁有10%的股權。章程約定：修改公司章程必須經全體股東一致通過；公司經營期限為十年，滿十年公司即行解散，並在30日內辦理註銷登記。如需延長，則在經營期限屆滿前75日做出決議並辦理變更登記註冊手續。

後來，幾位股東之間產生矛盾。小孫和小張認為小段作為大股東，聯合小陳操縱了公司的日常經營，自己無法瞭解公司的真實經營狀況。多次協商無果，嚴重影響了公司經營。

2012年，按照公司章程規定，公司經營期限屆滿，究竟是解散公司還是繼續經營，雙方產生激烈矛盾。8月，公司監事提議召開臨時股東會，超過三分之二以上表決權的股東同意形成股東會決議：修改公司章程，公司繼續存續，因股東小張、小孫不同意公司繼續存續，由小段和小陳按合理價格對其持有的公司股份進行收購。

小張和小孫對此不滿。他們認為股東會無權決定收購其股份，這項股東會決議應為無效。遂將大股東小段、大股東的「聯盟」小陳以及公司告上法庭，要求確認股東會決議無效。被告方認為，大股東願意以合理價格收購兩位小股東的股權，不會對小

孫和小張造成任何損害。請求法院駁回二人的訴訟請求。

一審法院經當事人申請委託資產評估公司對公司資產進行評估，結論為：在公司存續的情況下，股東全部權益評估值為1,000萬元；在公司進行清算的情況下，公司的清算價值為1,020萬元。雖然公司清算的售價高於收購的價格20萬元，但這20萬元是不考慮清算中折現及需支付的稅費因素。大股東向法院表示，為最大程度上保護小孫、小張的權益，願以公平、合理的價格收購兩人的股權。

當事人因不服一審判決上訴。

請思考：章程規定的營業期限屆滿公司是否一定解散？二審法院該如何判決？

【解析】公司能否存續，大股東「強制收購」小股東的股權是否有效，都取決於股東會決議的效力。如果股東會決議有效，公司可以繼續經營；如果股東會決議被認定為無效，則公司將被解散。中國公司法規定，對「公司章程規定的營業期限屆滿或者章程規定的其他解散事由出現，股東會會議通過決議修改章程使公司存續的」投反對票的股東可以請求公司按照合理價格收購其股權。該規定表明，公司法對於公司與股東之間或股東之間就延長公司經營期限所形成的僵局，可以通過股權收購方式加以解決，即小股東在不願繼續經營卻又無力阻止公司存續經營的股東會決議通過的情況下，可以通過公司收購其股權的方式退出。但是，對於本案中大股東要求通過強制收購小孫、小張所持公司股權延長經營期限的問題，不違反中國法律的禁止性規定。而且，倘其以「合理價格收購」——保證兩人的股權轉讓或收購價格合理且不低於公司解散清算所能獲得的利益，即不致損害小股東利益。基於此，法院可以股東會決議不違反中國法律的禁止性規定、合法有效，駁回小孫、小張的訴訟請求。[①]

二、公司的清算

公司清算，是指公司解散時，清結公司債權債務，分配公司剩餘財產，最終向公司登記機關申請註銷登記，使公司法人資格歸於消滅的法律行為。

(一) 清算機關

清算機關也叫清算組或清算人，是指在清算中依法代表被解散公司執行清算事務的機關。中國《公司法》規定除因公司合併或者分立需要解散外的其他解散事由出現之日起十五日內成立清算組，開始清算。逾期不成立清算組進行清算的，債權人可以申請人民法院指定有關人員組成清算組進行清算。人民法院應當受理該申請，並及時組織清算組進行清算。同時，最高法院公司法司法解釋二規定，有下列情形之一，債權人申請人民法院指定清算組進行清算的，人民法院應予受理：公司解散逾期不成立清算組進行清算的；雖然成立清算組但故意拖延清算的；違法清算可能嚴重損害債權人或者股東利益的。成立清算組但故意拖延清算，而債權人未提起清算申請，公司股東申請人民法院指定清算組對公司進行清算的，人民法院亦應予受理。

有限責任公司的清算組由股東組成，股份有限公司的清算組由董事或者股東大會

---

① 本例根據王偉. 經營期限屆滿，公司應否存續誰說了算？[N]. 人民法院報，2014-07-02 (03).

確定的人員組成。根據最高法院公司法司法解釋二的規定人民法院受理公司清算案件，應當及時指定有關人員組成清算組。清算組成員可以從下列人員或者機構中產生：公司股東、董事、監事、高級管理人員；依法設立的律師事務所、會計師事務所、破產清算事務所等社會仲介機構；依法設立的律師事務所、會計師事務所、破產清算事務所等社會仲介機構中具備相關專業知識並取得執業資格的人員。人民法院指定的清算組成員有下列情形之一的，人民法院可以根據債權人、股東的申請，或者依職權更換清算組成員：有違反法律或者行政法規的行為；喪失執業能力或者民事行為能力；有嚴重損害公司或者債權人利益的行為。

【案例解析】

[8-16] 2012 年 5 月，東湖有限公司股東申請法院對公司進行司法清算，法院為其指定相關人員組成清算組。

請思考：關於該清算組成員，下列哪一選項是錯誤的？
A. 公司債權人唐某　　　　B. 公司董事長程某
C. 公司財務總監錢某　　　D. 公司聘請的某律師事務所①

解析：根據最高人民法院《關於適用（中華人民共和國公司法）若干問題的規定（二）》第八條規定，人民法院受理公司清算案件，應當及時指定有關人員組成清算組。清算組成員可以從下列人員或者機構中產生：公司股東、董事、監事、高級管理人員；依法設立的律師事務所、會計師事務所、破產清算事務所等社會仲介機構；依法設立的律師事務所、會計師事務所、破產清算事務所等社會仲介機構中具備相關專業知識並取得執業資格的人員。由此可見，BCD 選項中的人員或機構均可以作為法院指定的清算組成員，A 選項中的債權人不能作為清算組成員。故，A 選項錯誤。

(二) 清算組的職權

《公司法》規定，清算組在清算期間行使下列職權：清理公司財產，分別編制資產負債表和財產清單；通知、公告債權人；處理與清算有關的公司未了結的業務；清繳所欠稅款以及清算過程中產生的稅款；清理債權、債務；處理公司清償債務後的剩餘財產；代表公司參與民事訴訟活動。

(三) 清算的程序

1. 通知、公告債權人申報債權

清算組應當自成立之日起十日內通知債權人，並於六十日內在報紙上公告。債權人應當自接到通知書之日起三十日內，未接到通知書的自公告之日起四十五日內，向清算組申報其債權。債權人申報債權，應當說明債權的有關事項，並提供證明材料。清算組應當對債權進行登記。在申報債權期間，清算組不得對債權人進行清償。

根據公司法司法解釋二的規定，債權人在規定的期限內未申報債權，在公司清算程序終結前補充申報的，清算組應予登記。債權人補充申報的債權，可以在公司尚未

---

① 本例選自 2012 年國家司法考試卷三第 28 題。

分配財產中依法清償。公司尚未分配財產不能全額清償，債權人主張股東以其在剩餘財產分配中已經取得的財產予以清償的，除債權人因重大過錯未在規定期限內申報債權除外，人民法院應予支持。所謂公司清算程序終結，是指清算報告經股東會、股東大會或者人民法院確認完畢。

2. 清理公司財產，制訂清算方案

清算組應當對公司財產進行清理，編制資產負債表和財產清單后，制訂清算方案，並報股東會、股東大會或者人民法院確認。未經確認的清算方案，清算組不得執行。執行未經確認的清算方案給公司或者債權人造成損失，公司、股東或者債權人主張清算組成員承擔賠償責任的，人民法院應依法予以支持。

清算組在清理公司財產、編制資產負債表和財產清單后，發現公司財產不足清償債務的，應當依法向人民法院申請宣告破產。公司經人民法院裁定宣告破產后，清算組應當將清算事務移交給人民法院。

另依公司法司法解釋二的規定，人民法院指定的清算組在清理公司財產、編制資產負債表和財產清單時，發現公司財產不足清償債務的，可以與債權人協商製作有關債務清償方案。債務清償方案經全體債權人確認且不損害其他利害關係人利益的，人民法院可依清算組的申請裁定予以認可。債權人對債務清償方案不予確認或者人民法院不予認可的，清算組應當依法向人民法院申請宣告破產。

3. 按法定順序清償公司債務

清算組必須按照法定順序清償債務：①支付清算費用、職工的工資、社會保險費用和法定補償金；②繳納所欠稅款；③償還公司債務。

清償公司債務后的剩餘財產，有限責任公司按照股東的出資比例分配，股份有限公司按照股東持有的股份比例分配。

4. 公告公司終止

公司清算結束后，清算組應當製作清算報告，報股東會、股東大會或者人民法院確認，並報送公司登記機關，申請註銷公司登記，公告公司終止。

需要注意的是，最高法院公司法司法解釋二規定，公司未經清算即辦理註銷登記，導致公司無法進行清算，債權人主張有限責任公司的股東、股份有限公司的董事和控股股東，以及公司的實際控制人對公司債務承擔清償責任的，人民法院應依法予以支持。公司未經依法清算即辦理註銷登記，股東或者第三人在公司登記機關辦理註銷登記時承諾對公司債務承擔責任，債權人主張其對公司債務承擔相應民事責任的，人民法院應依法予以支持。

【案例解析】

[8-17] 原告白雲公司訴稱，夏天公司註冊資本為 2,000 萬元，其中夏某出資 1,020 萬元，喬某出資 980 萬元，耿某擔任法定代表人。夏天公司欠白雲公司工程款 500 萬元，該債權經生效判決確認，但夏天公司未履行付款義務。2006 年 11 月 28 日，夏天公司被工商局吊銷企業法人營業執照。2011 年 8 月，白雲公司申請法院對夏天公司進行強制清算，但夏天公司的清算義務人以及公司帳冊、重要文件下落不明，無法查清其財產情況，強制清算程序被迫終結。白雲公司認為，夏某、喬某、耿某怠於履

行清算義務，應對夏天公司的債務承擔連帶清償責任，請求法院判令夏某、喬某、耿某連帶清償債務500萬元。

被告夏某辯稱，夏天公司被吊銷營業執照時，公司沒有意識到清算問題，且公司的主要負責人是喬某的丈夫，夏某不掌握公司財產和帳冊，沒有清算責任。

被告喬某經法院傳票傳喚無正當理由未參加訴訟。被告耿某辯稱，自己僅擔任夏天公司的辦公室主任一職，不是公司股東，不應承擔清算責任。

法院經審理認為，公司法規定，有限責任公司的股東應當於公司被吊銷營業執照之日起15日內成立清算組開始清算，工商部門出具的行政處罰決定書中亦對股東的清算義務做出明確說明，對於夏某辯稱未意識到清算責任的抗辯理由，法院不予採信。此外，夏某是否實際掌握公司財產、帳冊等清算依據、是否能夠聯繫到實際控製人，均屬公司內部管理及責任分擔事宜，無法構成對所負清算義務的免除理由，亦無法對抗公司外部債權人，故對於夏某稱其並非公司實際控製人的抗辯理由，法院亦未採信。公司法司法解釋明確規定，有限責任公司的股東因怠於履行義務，導致公司主要財產、帳冊、重要文件等滅失，無法進行清算，債權人主張其對公司債務承擔連帶清償責任的，人民法院應依法予以支持；上述情形系實際控製人原因造成，債權人主張實際控製人對公司債務承擔相應民事責任的，人民法院應依法予以支持。據此，夏某、喬某作為公司股東，因怠於履行清算義務導致無法清算，應對夏天公司所負500萬元債務承擔連帶清償責任，對於白雲公司的該項訴訟請求，法院予以支持。耿某雖系夏天公司的法定代表人，但並無任何證據顯示其對該公司享有實際控製權，因此，對於白雲公司要求耿某承擔清償責任的訴訟請求，法院予以駁回。①

請思考：法院駁回原告白雲公司訴訟請求的法律依據？

解析：中國《公司法》規定，公司因依法被吊銷營業執照而解散的，應當在解散事由出現之日起十五日內成立清算組，開始清算。有限責任公司的清算組由股東組成，股份有限公司的清算組由董事或者股東大會確定的人員組成。逾期不成立清算組進行清算的，債權人可以申請人民法院指定有關人員組成清算組進行清算。人民法院應當受理該申請，並及時組織清算組進行清算。公司法司法解釋明確規定，有限責任公司的股東因怠於履行義務，導致公司主要財產、帳冊、重要文件等滅失，無法進行清算，債權人主張其對公司債務承擔連帶清償責任的，人民法院應依法予以支持。本案被告所陳未能意識到清算等理由顯然不能成立。根據公司法及司法解釋的規定，法院做出判決於法有據，被告夏某、喬某應對公司所負債務承擔連帶責任。耿某雖系夏天公司的法定代表人，但其既非公司股東，又無任何證據顯示其對該公司享有實際控製權，因此，法院判決駁回原告白雲公司要求耿某承擔清償責任的訴訟請求，亦屬適當。

---

① 參見記者劉曉燕，等. 公司吊銷7年未清算500萬元債務股東還［N］. 人民法院報，2014-01-15（03）.

第九節　違反公司法的法律責任

違反《公司法》規定將依法承擔法律責任，這些責任既包括民事賠償責任，亦包含繳納罰款等行政責任，如果違法行為構成犯罪，還將依法追究刑事責任。

一、公司發起人、股東的法律責任

虛報註冊資本、提交虛假材料或者採取其他欺詐手段隱瞞重要事實取得公司登記的，由公司登記機關責令改正，對虛報註冊資本的公司，處以虛報註冊資本金額百分之五以上百分之十五以下的罰款；對提交虛假材料或者採取其他欺詐手段隱瞞重要事實的公司，處以五萬元以上五十萬元以下的罰款；情節嚴重的，撤銷公司登記或者吊銷營業執照。

公司的發起人、股東虛假出資，未交付或者未按期交付作為出資的貨幣或者非貨幣財產的，由公司登記機關責令改正，處以虛假出資金額百分之五以上百分之十五以下的罰款。

公司的發起人、股東在公司成立后，抽逃其出資的，由公司登記機關責令改正，處以所抽逃出資金額百分之五以上百分之十五以下的罰款。

【案例解析】

[8-18] 甲公司作為乙股份有限公司的主要發起人，以其經營性資產出資，並認購了相應的發起人股份。但其並未將作為出資的資產交付給乙股份有限公司，而是作為自己的資產繼續使用。

請思考：對此甲公司應承擔何種責任？

解析：《公司法》第二十八條規定，股東應當按期足額繳納公司章程中規定的各自所認繳的出資額。股東以貨幣出資的，應當將貨幣出資足額存入有限責任公司在銀行開設的帳戶；以非貨幣財產出資的，應當依法辦理其財產權的轉移手續。股東不按照前款規定繳納出資的，除應當向公司足額繳納外，還應當向已按期足額繳納出資的股東承擔違約責任。例中乙公司的主要發起人甲公司應該交付作為出資的資產而未為交付，構成虛假出資。根據《公司法》第一百九十條的規定，應由公司登記機關責令改正，處以虛假出資金額百分之五以上百分之十五以下的罰款。如果構成犯罪，還應依法追究刑事責任。

二、公司的法律責任

公司違反法律規定，在法定的會計帳簿以外另立會計帳簿的，由縣級以上人民政府財政部門責令改正，處以五萬元以上五十萬元以下的罰款。

公司在依法向有關主管部門提供的財務會計報告等材料上作虛假記載或者隱瞞重要事實的，由有關主管部門對直接負責的主管人員和其他直接責任人員處以三萬元以

上三十萬元以下的罰款。

公司不依照本法規定提取法定公積金的，由縣級以上人民政府財政部門責令如數補足應當提取的金額，可以對公司處以二十萬元以下的罰款。

公司在合併、分立、減少註冊資本或者進行清算時，不依照本法規定通知或者公告債權人的，由公司登記機關責令改正，對公司處以一萬元以上十萬元以下的罰款。

公司在進行清算時，隱匿財產、對資產負債表或者財產清單作虛假記載或者在未清償債務前分配公司財產的，由公司登記機關責令改正，對公司處以隱匿財產或者未清償債務前分配公司財產金額百分之五以上百分之十以下的罰款；對直接負責的主管人員和其他直接責任人員處以一萬元以上十萬元以下的罰款。

公司在清算期間開展與清算無關的經營活動的，由公司登記機關予以警告，沒收違法所得。

公司成立后無正當理由超過六個月未開業的，或者開業后自行停業連續六個月以上的，可以由公司登記機關吊銷營業執照。

公司登記事項發生變更時，未依照本法規定辦理有關變更登記的，由公司登記機關責令限期登記；逾期不登記的，處以一萬元以上十萬元以下的罰款。

外國公司違反本法規定，擅自在中國境內設立分支機構的，由公司登記機關責令改正或者關閉，可以並處五萬元以上二十萬元以下的罰款。

公司違反法律規定，應當承擔民事賠償責任和繳納罰款、罰金的，其財產不足以支付時，先承擔民事賠償責任。

三、清算組的法律責任

清算組不依照本法規定向公司登記機關報送清算報告，或者報送清算報告隱瞞重要事實或者有重大遺漏的，由公司登記機關責令改正。

清算組成員利用職權徇私舞弊、謀取非法收入或者侵占公司財產的，由公司登記機關責令退還公司財產，沒收違法所得，並可以處以違法所得一倍以上五倍以下的罰款。

四、評估、驗資或者驗證機構的法律責任

承擔資產評估、驗資或者驗證的機構提供虛假材料的，由公司登記機關沒收違法所得，處以違法所得一倍以上五倍以下的罰款，並可以由有關主管部門依法責令該機構停業、吊銷直接責任人員的資格證書，吊銷營業執照。

承擔資產評估、驗資或者驗證的機構因過失提供有重大遺漏的報告的，由公司登記機關責令改正，情節較重的，處以所得收入一倍以上五倍以下的罰款，並可以由有關主管部門依法責令該機構停業、吊銷直接責任人員的資格證書，吊銷營業執照。

承擔資產評估、驗資或者驗證的機構因其出具的評估結果、驗資或者驗證證明不實，給公司債權人造成損失的，除能夠證明自己沒有過錯外，在其評估或者證明不實的金額範圍內承擔賠償責任。

【案例解析】

[8-19] 甲資產評估公司收取 10 萬元評估費後，在對發起人 A、B 操作為出資的

機器設備等未作評估的情況下，直接出具了虛假的資產評估報告，使其騙取工商登記設立了乙有限責任公司。

請思考：甲資產評估公司應承擔何種責任？

解析：根據《公司法》的規定，承擔資產評估的機構提供虛假材料的，由公司登記機關沒收違法所得，處以違法所得一倍以上五倍以下的罰款，並可以由有關主管部門依法責令該機構停業、吊銷直接責任人員的資格證書，吊銷營業執照。因此，公司登記機關可沒收甲公司所得10萬元評估費，處最高50萬元罰款；有關主管部門依法責令其停業、吊銷直接責任人員的資格證書，吊銷該公司營業執照。

五、其他主體的法律責任

公司登記機關對不符合本法規定條件的登記申請予以登記，或者對符合本法規定條件的登記申請不予登記的，對直接負責的主管人員和其他直接責任人員，依法給予行政處分。

公司登記機關的上級部門強令公司登記機關對不符合本法規定條件的登記申請予以登記，或者對符合本法規定條件的登記申請不予登記的，或者對違法登記進行包庇的，對直接負責的主管人員和其他直接責任人員依法給予行政處分。

未依法登記為有限責任公司或者股份有限公司，而冒用有限責任公司或者股份有限公司名義的，或者未依法登記為有限責任公司或者股份有限公司的分公司，而冒用有限責任公司或者股份有限公司的分公司名義的，由公司登記機關責令改正或者予以取締，可以並處十萬元以下的罰款。

本章小結：

公司法是最為重要的商事主體法，中國公司法所規範的公司是依法在中國境內設立的有限責任公司和股份有限公司。在中國的公司制度中，我們必須掌握公司的設立制度、公司組織機構及其職權、公司財務會計制度、股東的權利、董事的任職資格及義務、公司的解散與清算、違法公司法的法律責任等。除此以外，中國公司法理論研究有不少新的成果，公司立法亦有諸多新的變化，這是學習本章特別需要注意的問題。

關鍵術語：

公司 有限責任公司 股份有限公司 一人公司 國有獨資公司 上市公司 公司章程 股東 股東權 股東會 董事 董事會 董事的義務 監事 監事會 高級管理人員 股票 債券 增資 減資 利潤分配 公積金 合併 分立 解散 虛假出資 清算 清算組

本章知識邏輯圖：

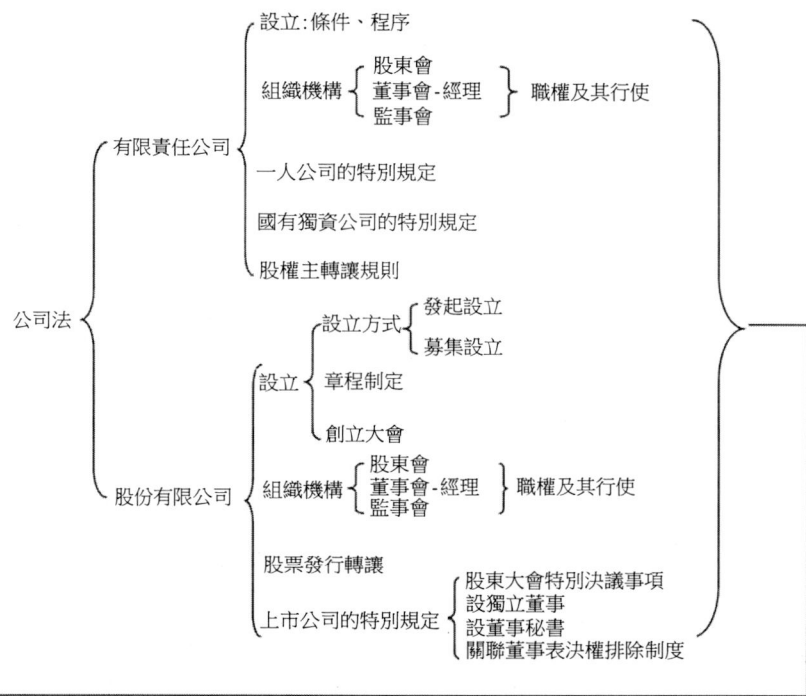

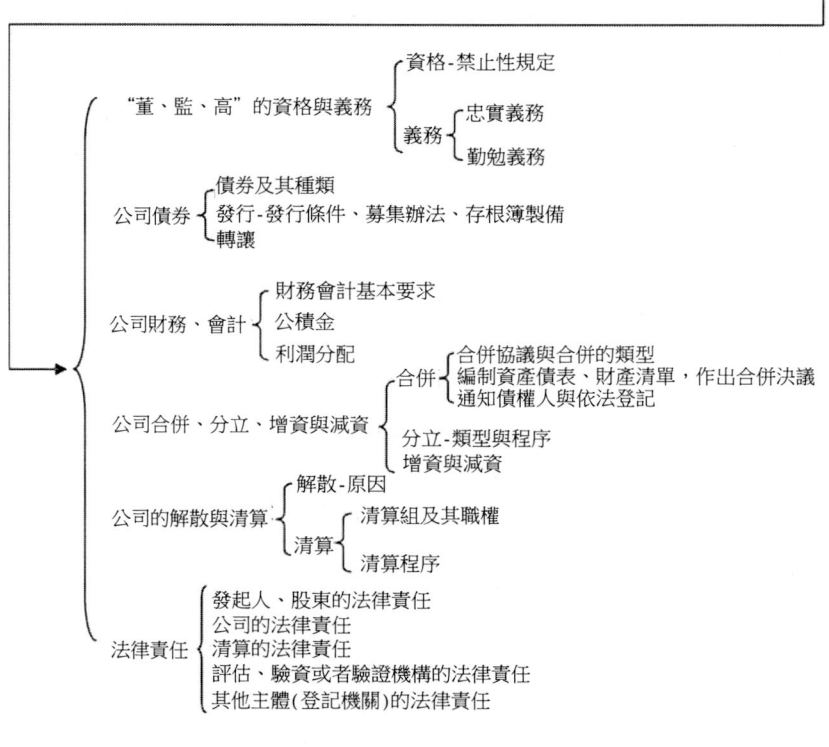

- 公司法
  - 有限責任公司
    - 設立：條件、程序
    - 組織機構
      - 股東會
      - 董事會-經理
      - 監事會
      - } 職權及其行使
    - 一人公司的特別規定
    - 國有獨資公司的特別規定
    - 股權主轉讓規則
  - 股份有限公司
    - 設立
      - 設立方式
        - 發起設立
        - 募集設立
      - 章程制定
      - 創立大會
    - 組織機構
      - 股東會
      - 董事會-經理
      - 監事會
      - } 職權及其行使
    - 股票發行轉讓
    - 上市公司的特別規定
      - 股東大會特別決議事項
      - 設獨立董事
      - 設董事秘書
      - 關聯董事表決權排除制度
  - "董、監、高"的資格與義務
    - 資格-禁止性規定
    - 義務
      - 忠實義務
      - 勤勉義務
  - 公司債券
    - 債券及其種類
    - 發行-發行條件、募集辦法、存根簿製備
    - 轉讓
  - 公司財務、會計
    - 財務會計基本要求
    - 公積金
    - 利潤分配
  - 公司合併、分立、增資與減資
    - 合併
      - 合併協議與合併的類型
      - 編制資產債表、財產清單，作出合併決議
      - 通知債權人與依法登記
    - 分立-類型與程序
    - 增資與減資
  - 公司的解散與清算
    - 解散-原因
    - 清算
      - 清算組及其職權
      - 清算程序
  - 法律責任
    - 發起人、股東的法律責任
    - 公司的法律責任
    - 清算的法律責任
    - 評估、驗資或者驗證機構的法律責任
    - 其他主體(登記機關)的法律責任

思考與練習：

(一) 選擇題①

1. 瑋平公司是一家從事家具貿易的有限責任公司，註冊地在北京，股東為張某、劉某、姜某、方某四人。公司成立兩年后，擬設立分公司或子公司以開拓市場。對此，下列哪一表述是正確的？

　A. 在北京市設立分公司，不必申領分公司營業執照

　B. 在北京市以外設立分公司，須經登記並領取營業執照，且須獨立承擔民事責任

　C. 在北京市以外設立分公司，其負責人只能由張某、劉某、姜某、方某中的一人擔任

　D. 在北京市以外設立子公司，即使是全資子公司，亦須獨立承擔民事責任

2. 甲與乙為一有限責任公司股東，甲為董事長。2014年4月，一次出差途中遭遇車禍，甲與乙同時遇難。關於甲、乙股東資格的繼承，下列哪一表述是錯誤的？

　A. 在公司章程未特別規定時，甲、乙的繼承人均可主張股東資格繼承

　B. 在公司章程未特別規定時，甲的繼承人可以主張繼承股東資格與董事長職位

　C. 公司章程可以規定甲、乙的繼承人繼承股東資格的條件

　D. 公司章程可以規定甲、乙的繼承人不得繼承股東資格

3. 嚴某為鑫佳有限責任公司股東。關於公司對嚴某簽發出資證明書，下列哪一選項是正確的？

　A. 在嚴某認繳公司章程所規定的出資后，公司即須簽發出資證明書

　B. 若嚴某遺失出資證明書，其股東資格並不因此喪失

　C. 出資證明書須載明嚴某以及其他股東的姓名、各自所繳納的出資額

　D. 出資證明書在法律性質上屬於有價證券

4. 某經營高檔餐飲的有限責任公司，成立於2004年。最近四年來，因受市場影響，公司業績逐年下滑，各董事間又長期不和，公司經營管理幾近癱瘓。股東張某提起解散公司訴訟。對此，下列哪一表述是正確的？

　A. 可同時提起清算公司的訴訟

　B. 可向法院申請財產保全

　C. 可將其他股東列為共同被告

　D. 如法院就解散公司訴訟作出判決，僅對公司具有法律拘束力

5. 2014年5月，甲、乙、丙三人共同出資設立一家有限責任公司。甲的下列哪一行為不屬於抽逃出資行為？

　A. 將出資款項轉入公司帳戶驗資后又轉出去

　B. 虛構債權債務關係將其出資轉出去

---

① 本題第1~5題係2014年國家司法考試卷三第25~29題；第6題係2012年國家司法考試卷三第92、93、94題。

C. 利用關聯交易將其出資轉出去

D. 製作虛假財務會計報表虛增利潤進行分配

6. 高才、李一、曾平各出資40萬元，擬設立「鄂漢食品有限公司」。高才手頭只有30萬元的現金，就讓朋友艾瑟為其墊付10萬元，並許諾一旦公司成立，就將該10萬元從公司中抽回償還給艾瑟。而李一與其妻聞菲正在鬧離婚，為避免可能的糾紛，遂與其弟李三商定，由李三出面與高、曾設立公司，但出資與相應的投資權益均歸李一。公司於2012年5月成立，在公司登記機關登記的股東為高才、李三、曾平，高才為董事長兼法定代表人，曾平為總經理。

(1) 公司成立后，高才以公司名義，與艾瑟簽訂一份買賣合同，約定公司向艾瑟購買10萬元的食材。合同訂立後第2天，高才就指示公司財務轉帳付款，而實際上艾瑟從未經營過食材，也未打算履行該合同。對此，下列表述正確的是：

A. 高才與艾瑟間墊付出資的約定，屬於抽逃出資行為，應為無效

B. 該食材買賣合同屬於惡意串通行為，應為無效

C. 高才通過該食材買賣合同而轉移10萬元的行為構成抽逃出資行為

D. 在公司不能償還債務時，公司債權人可以在10萬元的本息範圍內，要求高才承擔補充賠償責任。

(2) 關於李一與李三的約定以及股東資格，下列表述正確的是：

A. 二人間的約定有效

B. 對公司來說，李三具有股東資格

C. 在與李一的離婚訴訟中，聞菲可以要求分割李一實際享有的股權

D. 李一可以實際履行出資義務為由，要求公司變更自己為股東

(3) 2012年7月，李三買房缺錢，遂在徵得其他股東同意后將其名下的公司股權以42萬元的價格，出賣給王二，並在公司登記機關辦理了變更登記等手續。下列表述正確的是：

A. 李三的股權轉讓行為屬於無權處分行為

B. 李三與王二之間的股權買賣合同為有效合同

C. 王二可以取得該股權

D. 就因股權轉讓所導致的李一投資權益損失，李一可以要求李三承擔賠償責任

(二) 簡要回答下列問題

1. 簡要敘述中國公司設立的方式。

2. 簡要說明中國公司法規定的董事義務。

(三) 案例分析

1. 鄭賀為甲有限公司的經理，利用職務之便為其妻吳悠經營的乙公司謀取本來屬於甲公司的商業機會，致甲公司損失50萬元。甲公司小股東付冰認為鄭賀的行為損害了公司利益，欲通過訴訟維護公司利益。

問題：請你簡要說明付冰能否提起訴訟？如果能夠訴訟，在程序上應該如何辦理？[①]

[①] 本題根據2012年國家司法考試卷三第27題改編。

2. 2010年9月26日，被告甲、乙、丙、丁申請設立四川欣綠農業開發有限責任公司（簡稱欣綠公司）。9月28日，經四川某縣縣工商行政管理局批准，欣綠公司成立。在經營過程中，欣綠公司以先供貨后付款的方式多次在原告戊處購買紅磚。2011年11月18日，原告與被告乙進行結算，欣綠公司欠原告貨款5,392.50元。2012年5月23日，欣綠公司成立清算小組，由甲擔任清算小組組長，乙、丙、丁任清算小組成員。5月28日，清算小組做出清算報告，四名被告在清算報告上簽字確認。10月30日，欣綠公司編制資產負債表，對清算報告內容予以確認。12月19日，欣綠公司出具公司註銷登記申請書，載明債權債務已清理完結，但未進行公告。12月26日，某縣工商行政管理局核準欣綠公司註銷。在欣綠公司清算過程中，原告未收到關於申報債權的通知，因而其債權未得任何清償。原告戊將甲、乙、丙、丁訴至法院，要求其承擔清償責任。

問題：本案被告應承擔何種責任，為什麼？

第九章　競爭法

【本章引例】

　　原告上海精密科學儀器有限公司（以下簡稱精科公司）系由上海光學儀器廠、上海分析儀器廠、上海雷磁儀器廠、上海天平儀器廠等15個單位於1988年3月合併成立，在業內知名度極高，通常被簡稱為精科公司、上海精科、精科。

　　被告上海精學科學儀器有限公司（以下簡稱精學公司）成立於2009年，經營範圍為科學儀器（除醫療器械）加工、生產、銷售，儀器儀表、一類醫療器械等的銷售，從事科學儀器領域內技術開發、技術諮詢、技術轉讓、技術服務等。2010年發現在其官網主頁和產品包裝上標有「上海・精科」標示。

　　被告成都科析儀器成套有限公司（以下簡稱科析公司）成立於1999年，經營範圍為科學儀器儀表的生產、銷售等。其於2001年8月申請並獲註冊第1916351號「精科」商標，該商標被核定使用的商品為第9類光度計、恒溫器、精密天平、理化試驗和成分分析用儀器和量器、實驗室試驗用烘箱、天平（秤）、物理學設備和儀器、顯微鏡、黏度計、砝碼。註冊有效期限為2002年11月28日至2012年11月27日。

　　2009年11月，兩被告與案外人上海舜宇恒平科學儀器有限公司（以下簡稱舜宇公司）簽訂定牌製造（OEM）協議書，約定被告科析公司將其註冊商標「精科」許可被告精學公司委託舜宇公司在生產的分光光度計、電子天平等相關產品上使用。許可使用的期限自2009年12月18日起至2012年11月26日止。兩被告就此向商標局辦理了商標許可使用合同的備案手續。

　　原告精科公司訴稱：原告是具有悠久歷史底蘊的國內儀器儀表行業的大型知名企業，在國內分析儀器行業內具有重要影響力，上海精科和精科在本行業迅速成為原告企業名稱的簡稱、知名商品特有名稱及未註冊商標。現被告精學公司在明知原告企業知名度的情況下，在2009年設立登記時使用了與原告企業名稱近似的名稱。被告精學公司在其設立的公司網站的頁面及產品宣傳上還使用「上海・精科」標示，在生產的產品上使用「精科」商標。被告科析公司與原告有十多年的經銷關係，在明知「精科」與原告的關係及影響力的情況下，於2001年8月在未告知原告的情況下向國家商標局申請在第9類商品上註冊「精科」商標。在被核准註冊後，長期潛伏不用，直至2010年5月才辦理了許可被告精學公司使用上述商標的備案，開始使用上述商標。兩被告的行為構成不正當競爭。故請求法院判令被告精學公司停止使用其企業名稱，被告精學公司停止在產品或產品宣傳上使用「上海・精科」標示，兩被告停止在第9類

商品上使用「精科」商標，兩被告賠償原告經濟損失人民幣 50 萬元。[1]

請思考：如果原告訴稱情況查明屬實，你認為兩被告的行為是否構成對原告的不正當競爭行為？

第一節　市場競爭與競爭法

一、市場競爭與現代競爭法

競爭是市場經濟的靈魂。正常和正當的市場競爭在實現企業優勝劣汰的同時，促進資源的優化配置，因而極大地推動了經濟的發展。但若對競爭機制不以適當規制，則可能帶來經濟力量的過度集中而害及市場結構，抑或產生不正當競爭行為破壞市場秩序，進而危害經濟發展。

市場經濟國家無不以法律規制競爭行為。這些調整市場結構，規範市場行為，保護和規制競爭的法律被稱為競爭法。競爭法不但保護和促進競爭，而且為經濟各部門或各方面的立法提供了一般性依據，因此，學者稱其為國家的「經濟憲法」。

二、競爭法的基本內容

現代競爭法包括反不正當競爭法和反壟斷法兩大支柱。

(一) 反不正當競爭法

由於各國（地區）立法模式不同，有將反不正當競爭法和反壟斷法合併（臺灣地區的「公平交易法」）或分別（日本《反不正當競爭法》和《禁止壟斷法》）的立法例。中國將二者分別規制，1993 年制定了《反不正當競爭法》。

(二) 反壟斷法

反壟斷亦是保護競爭的重要法律手段。二戰以後各市場經濟國家先後制定了反壟斷法。隨著中國經濟的發展，壟斷行為已成為經濟發展的嚴重障礙。2007 年中國制定了《反壟斷法》，以預防和制止壟斷行為，保護市場經濟的健康發展。

【知識鏈接】不正當競爭與壟斷、限制競爭的邏輯關係

不正當競爭與壟斷、限制競爭是現代競爭法的幾個關鍵詞。

「壟斷行為」，簡稱為「壟斷」，主要是指少數大企業或經濟組織之間為攫取高額利潤，利用正當或不正當競爭手段，彼此達成協議形成對一定市場的獨占或控制。競爭導致壟斷，但壟斷並沒有消滅競爭，而是凌駕於競爭之上，使壟斷組織內部、壟斷組織之間以及壟斷組織與局外企業之間的競爭更加尖銳，更加激烈，最終導致市場結構的不合理，使競爭機制作用失敗。

---

[1] 案例轉引自黃匯、謝中文. 商標與企業名稱簡稱相同的不正當競爭認定 [J]. 人民司法, 2013 (2).

「限制競爭行為」，簡稱為「限制競爭」，主要是指經營者濫用經濟優勢，或幾個經營者通過協議等聯合方式損害競爭對手的利益。限制競爭行為的實施主體多種多樣，它既可以是壟斷企業的行為，也可以是普通企業的行為；既可以是單個企業的行為，也可以是幾個企業聯合進行的行為，還可能是政府濫用行政權力的行為。因此，中國《反不正當競爭法》與《反壟斷法》均對其作了規定。

「不正當競爭行為」，簡稱為「不正當競爭」，一般泛指商業活動中與自願、平等、誠實信用、公平交易的商業道德相背離的各種行為。不正當競爭行為與限制競爭行為之間沒有十分嚴格的界限，所以呈現出有的國家將它們合併立法，有的國家則分別立法的狀況。

中國《反不正當競爭法》規定，不正當競爭行為，包含了限制競爭行為在內部分壟斷行為。由於壟斷（包括限制競爭行為）以及不正當競爭都使競爭機制難以正常運行，所以當屬於現代競爭法制的對象，歸入現代競爭法的範疇，但是，不正當競爭行為與壟斷行為有本質的區別。不正當競爭行為並不排斥、限制競爭，它是在承認並允許其他競爭對手參與競爭的前提下，採取了不正當、不合法的手段從事經營活動，它屬於競爭的範疇，是競爭範疇的逾常行為；而壟斷、限制競爭行為從本質上看，從根本上排斥、限制了競爭，是競爭的對立物，與競爭不存在相容性，不能納入競爭的範疇。因此，不正當競爭與壟斷、限制競爭在邏輯上並不交叉或包容，兩者是不同範疇的概念。[①]

第二節　反不正當競爭法

一、中國反不正當競爭法的基本原則

反不正當競爭法，是指調整反不正當競爭關係的法律規範的總稱。根據《反不正當競爭法》的規定，不正當競爭，是指經營者違反《反不正當競爭法》的規定，損害其他經營者的合法權益，擾亂社會經濟秩序的行為。中國制定《反不正當競爭法》的宗旨是，保障社會主義市場經濟健康發展，鼓勵和保護公平競爭，制止不正當競爭行為，保護經營者和消費者的合法權益。

根據《反不正當競爭法》的規定，反不正當競爭法基本原則主要是：

（1）制止不正當競爭行為，保護經營者和消費者合法權益的原則。換言之，反不正當競爭行為的基本目的就是保護經營者和消費者的合法權益。

（2）必須依法進行市場交易的原則。《反不正當競爭法》規定：「經營者在市場交易中，應當遵守自願、平等、公平、誠實信用的原則，遵守公認的商業道德。」這是對依法交易的基本要求，也為經營者的具體競爭行為提供了模式。

（3）對不正當競爭行為進行監督檢查的原則。為了有效地制止不正當競爭行為，

---

① 姜玉梅，等. 現代競爭法 [M] //高晉康. 經濟法. 成都：西南財經大學出版社，2012：360-361.

各級人民政府應當採取措施對不正當競爭行為進行監督檢查。

二、不正當競爭行為的類型

《反不正當競爭法》列舉了不正當競爭行為的 11 種類型。

(一) 假冒行為

假冒行為，是假借和冒充他人商品名稱、商標、質量和產地標示，以使人混淆產生誤解的行為。《反不正當競爭法》第五條規定，經營者不得採取下列不正當競爭手段從事市場交易，損害競爭對手：假冒他人的註冊商標；擅自使用知名商品特有的名稱、包裝、裝潢，或者使用與知名商品近似的名稱、包裝、裝潢，造成和他人的知名商品相混淆，使購買者誤以為是該知名商品；擅自使用他人的企業名稱或者姓名，引人誤認為是他人的商品；在商品上偽造或者冒用認證標誌、名優標誌等質量標誌，偽造產地，對商品質量作引人誤解的虛假表示。前三項行為屬商業混同行為，后一項屬欺騙性質量標示行為。

【案例解析】

[9-1] 甲欲買「全聚德」牌的快餐包裝烤鴨，臨上火車前誤購了商標不同而外包裝十分近似的顯著標明名稱為「仝聚德」的烤鴨，遂向「全聚德」公司投訴。「全聚德」公司發現，「仝聚德」烤鴨的價格僅為「全聚德」的 1/3。

請思考：「仝聚德」烤鴨的制售行為屬於什麼性質？

解析：根據《反不正當競爭法》第五條的規定，經營者不得採取下列不正當手段從事市場交易，損害競爭對手：假冒他人的註冊商標；擅自使用知名商品特有的名稱、包裝、裝潢，或者使用與知名商品近似的名稱、包裝、裝潢，造成和他人的知名商品相混淆，使購買者誤認為是該知名商品……。「全聚德」是知名商品特有的名稱，「仝聚德」與其近似，極易使人誤認。故「仝聚德」烤鴨的制售行為屬於不正當競爭行為之假冒行為。[①]

(二) 限購排擠行為

《反不正當競爭法》第六條規定，限購排擠行為，即公用企業或者其他依法具有獨占地位的經營者，限定他人購買其指定的經營者的商品，排擠其他經營者公平競爭的行為。這實際上是一種濫用市場支配地位的壟斷行為。

(三) 政府濫用行政權力限制競爭和地方封鎖行為

《反不正當競爭法》第七條規定，政府及其所屬部門不得濫用行政權力，限定他人購買其指定的經營者的商品，限制其他經營者正當的經營活動，限制外地商品進入本地市場或者本地商品流向外地市場。這種行為與政府及其部門的權力有極大關係，《反壟斷法》對其做了進一步的規制。

---

① 參見 2003 年國家司法考試卷一第 15 題及其參考答案。

(四) 商業賄賂行為

商業賄賂行為，是指經營者採用財物或者其他手段進行賄賂以銷售或者購買商品的行為。經營者銷售或者購買商品，可以以明示方式給對方折扣，可以給中間人佣金。經營者給對方折扣、給中間人佣金的，必須如實入帳。接受折扣、佣金的經營者必須如實入帳。而在帳外暗中給予對方單位或者個人回扣的，或對方單位或者個人在帳外暗中收受回扣的，均構成商業賄賂。

【知識鏈接】商業賄賂、「回扣」、折扣與佣金

根據商業賄賂的性質，大致可分為商業行賄和商業受賄。商業行賄，是指經營者為了銷售或購買商品，違反規定向交易對象或有關個人給付財物或其他利益的不正當競爭行為。商業受賄，是指經營者或其內部工作人員，違反國家規定，索取或接受他人財物或其他利益，為他人謀取經濟利益的行為。

在中國當商業賄賂常以「回扣」的形式出現。所謂回扣，是指經營者為了銷售或購買商品，通過帳外秘密方式暗中給付交易對象或有關人員的財物。其主要方式是：現金回扣、實物回扣、其他物質利益的回扣。回扣多為「順向回扣」，即由賣方支付給買方或其代理人的回扣；但，有時買方為了購買緊俏商品或以優惠條件成交而向賣方支付回扣，即「逆向回扣」。在「回扣」之外，在現實經濟生活中還存在價格折扣的讓利行為，既包括賣方在原定價格基礎之上給買方一定比例的減讓，並以公開明示的方式返還給買方的一種交易上的優惠（「順向折扣」），也包括買方為了購買商品而向賣方以公開明示的方式支付的額外價款或財物（「逆向折扣」）。按照財政部《企業財務通則》第二十九條第二款，「企業發生的銷售退回、銷售折讓、銷售折扣，衝減當期營業收入」，《企業會計準則》第四十六條，「銷售退回、銷售折讓和銷售折扣，應作為營業收入的抵減項目記帳」等規定，凡以明示方式給予對方的「順向折扣」及「逆向折扣」都是合法的。如果是「暗扣」，則屬商業賄賂行為。

此外，交易中還存在「佣金」。佣金，是指經營者以公開明示的方式付給促成交易的中間人的報酬。「中間人」，泛指為促成交易而為交易雙方從事信息介紹、代理服務等活動的單位和個人，既包括以從事仲介服務為職業的經紀人，也包括偶爾從事仲介服務的非職業人員，但國家公務人員不能作「中間人」。支付和接受佣金的經營者都必須明示入帳，否則，構成商業賄賂行為。

【案例解析】

[9-2] 甲市某酒廠釀造的「藍星」系列白酒深為當地人喜愛。甲市政府辦公室發文指定該酒為「接待用酒」，要求各機關、企事業單位、社會團體在業務用餐時，飲酒應以「藍星」系列為主。同時，酒廠公開承諾：用餐者憑市內各酒樓出具的證明，可以取得消費100元返還10元的獎勵。

請思考：例中甲市政府辦公室發文行為如何定性？酒廠公開「承諾」是否構成商業賄賂？

解析：《反不正當競爭法》第七條規定：「政府及其所屬部門不得濫用行政權力，限定他人購買其指定的經營者的商品，限制其他經營者正當的經營活動」。甲市政府發文「要求各機關、企事業單位、社會團體在業務用餐時，飲酒應以『藍星』系列為主」，限制了其他白酒經營者的正當經營活動，屬於政府濫用行政權力限制競爭的行為，既屬《反不正當競爭法》規定的不正當競爭行為，也是《反壟斷法》規定的壟斷行為。對此，按《反不正當競爭法》規定，可由上級機關責令其改正；情節嚴重的，由同級或者上級機關對直接責任人員給予行政處分。被指定的經營者借此銷售質次價高商品或者濫收費用的，監督檢查部門應當沒收違法所得，可以根據情節處以違法所得一倍以上三倍以下的罰款。商業賄賂是指經營者為爭取交易機會，暗中給予交易對方有關人員和能夠影響交易的其他相關人員以財物或其他好處的行為，本例中酒廠的行為非暗中給付，亦未直接影響交易關係，因而不構成商業賄賂。[1]

(五) 虛假宣傳行為

根據《反不正當競爭法》第九條的規定，經營者不得利用廣告或者其他方法，對商品的質量、製作成分、性能、用途、生產者、有效期限、產地等作引人誤解的虛假宣傳的行為，即為虛假宣傳行為。廣告的經營者亦不得在明知或者應知的情況下，代理、設計、製作、發布虛假廣告。

【案例解析】

[9-3] 2011年10月8日，當事人安陽市某紙業公司建立網站，在網站公司介紹中宣稱：「安陽市某公司 (原安陽市某靜電複印紙廠)，創建於1995年，是一個有著十多年生產複印紙、電腦打印紙的老企業」、「並在2007年順利通過ISO9001：2000質量管理體系認證等內容」。經查，當事人成立於2010年8月26日，是有限責任公司，由兩個自然人投資或控股，企業狀態在業。安陽市某靜電複印紙廠是1996年5月9日成立的集體所有制企業，企業狀態在業。雖然兩個企業的法定代表人是同一個人，但是兩個企業都在業，一個是有限責任公司，一個是集體所有制企業，不存在當事人是原安陽市某靜電複印紙廠一說。ISO9001：2000質量管理體系認證是安陽市某靜電複印紙廠於2007年6月22日取得的，而非當事人取得的，並已於2010年6月21日到期。當事人在網上用安陽市某靜電複印紙廠的名義和取得的ISO9001：2000質量管理體系認證 (已過期) 為自己用來宣傳，構成了引人誤解的虛假宣傳行為。2011年11月24日，安陽市工商局文峰分局依法責令當事人停止違法行為，消除影響，並做出了罰款10,000元上繳國庫的行政處罰。

請思考：安陽市工商局文峰分局的處罰是否有法律依據？

解析：該公司利用互聯網進行不實虛假宣傳，是引人誤解虛假宣傳的不正當競爭行為。《反不正當競爭法》第九條：「經營者不得利用廣告或者其他方法，對商品的質量、製作成分、性能、用途、生產者、有效期限、產地等作引人誤解的虛假宣傳」的

---

[1] 參見2004年國家司法考試卷一第19題及參考答案。

规定。而本案当事人安阳市某纸业公司网站的宣传内容均系虚假，尤其是以过期的ISO9001：2000质量管理体系认证进行宣传，极易引人误解。因此，工商部门处罚有据。①

（六）侵犯商业秘密行为

侵犯商业秘密行为，是指经营者采用不正当的手段获取、披露、使用或者允许他人使用权利人商业秘密的行为。《反不正当竞争法》第十条规定，经营者不得采用下列手段侵犯商业秘密：以盗窃、利诱、胁迫或者其他不正当手段获取权利人的商业秘密；披露、使用或者允许他人使用以前述手段获取的权利人的商业秘密；违反约定或者违反权利人有关保守商业秘密的要求，披露、使用或者允许他人使用其所掌握的商业秘密。第三人明知或者应知前款所列违法行为，获取、使用或者披露他人的商业秘密，视为侵犯商业秘密。

【案例解析】

[9-4] 九头鸟航天酒家、九头鸟管理公司诉称：①石送军、石保军、吴素玲原为我方管理人员，2002年1月在未与我方作任何协商，亦未解除劳动合同的情况下，利用其在任职期间形成的便利条件及研究成果，私自成立九头凤餐饮公司。上述人员及九头凤餐饮公司未经我方同意使用了我方的客户名单及研发的菜肴，侵犯了我方的商业秘密。②九头凤餐饮公司向就餐客人讲述损害我方形象的语言，并向记者提供虚假的陈述，误导记者做出失实的且有损我方形象的报导，损害了我方的商业信誉。③九头凤餐饮公司擅自使用与我方作为知名商品相近似的名称、包装、装潢及宣传资料，构成了不正当竞争的行为。故请求判令九头凤餐饮公司、石送军、石保军、吴素玲立即停止使用我方商业秘密，立即停止损害我方商业信誉的行为，立即停止使用与我方近似的名称、包装、装潢、宣传资料，连带赔偿我方经济损失50万元。

请思考：被告的行为是否侵权了原告的商业秘密？是否构成不正当竞争？

解析：商业秘密，是指不为公众所知悉、能为权利人带来经济利益、具有实用性并经权利人采取保密措施的技术信息和经营信息。原告诉称客户名单及研发的菜肴系其商业秘密，但并无相关证据证明其采取了有效的保密措施，因此，不能认定被告的行为侵犯了原告的商业秘密。本案原告经营以湖北菜为特色的「九头鸟」酒家，并采用发展连锁店的经营方式，通过五年的市场经营，已经形成了自己的经营特色，这些经营特色除湖北风味菜外，还包括店面、招牌、菜单、订餐卡、窗帘等装饰设计风格和「九头鸟」的服务名称。这些经营特色已具有具体含义，具有区别原告与其他经营湖北菜的餐饮公司的识别意义。被告石送军、石保军、吴素玲曾为原告的管理人员，在擅自离开后，以九头凤餐饮公司的名义开办了「九头凤酒家」。被告九头凤餐饮公司成为与原告经营相同湖北特色菜的同业竞争对手，其不但使用了与原告具有一字之别

---

① 参见安阳市工商局：《2011年度反不正当竞争典型案例》，载大河网，网址：http://newpaper.dahe.cn/jrabybb/html/2012-03/15/content_679535.htm？div=-1。2014年10月23日浏览。

的服務名稱，還使用了與原告服務名稱相近似的字體及裝飾設計風格相近似的店面招牌、訂餐卡、窗帖設計等。被告的上述使用行為沒有合理的依據，且從二者經營時間上看，被告九頭鳳餐飲公司是在原告方使用「九頭鳥」服務名稱和店面裝飾設計大約5年的時間並已在同行業產生了一定的影響力的前提下使用「九頭鳳」的服務名稱和與原告相近似的店面裝飾設計的。因此，其利用原告已有的聲譽搭便車的主觀故意明顯，易使相關消費者對二者產生聯想，對此服務提供者與彼服務提供者之間是否存在關聯產生誤認。同時，被告九頭鳳餐飲公司通過此搭車行為，利用了原告已有的特色服務在相關消費者中的影響，使其所提供的相近似的服務更容易使消費者接受。因此，應認定原告九頭鳥航天酒家、九頭鳥管理公司所提供的服務為知名服務，「九頭鳥」服務名稱及店面招牌、訂餐卡、窗帖裝飾設計風格為其所特有。被告九頭鳳餐飲公司使用「九頭鳳」的服務名稱及與原告相近似的店面招牌、訂餐卡、窗帖等行為構成了不正當競爭，九頭鳳餐飲公司應對此承擔相應的法律責任。①

（七）不正當虧本銷售行為

不正當虧本銷售行為，是指以排擠競爭對手為目的，以低於成本的價格銷售商品的行為。但銷售鮮活商品，處理有效期限即將到期的商品或者其他積壓的商品，季節性降價，因清償債務、轉產、歇業降價銷售商品等行為，不屬於不正當競爭行為。

【案例解析】

[9-5] 何氏公司成立於2004年，經營範圍為裝飾設計、施工。南通市鼎好廚衛用品有限公司成立於2008年，經營範圍包括廚房用品、衛生潔具等銷售，系科勒衛浴產品在南通地區唯一授權銷售商。2011年4月，何氏公司在當地媒體上刊登多期廣告，主題為整裝團購，並在顯著位置載明「原價2,180元科勒馬桶，何氏補貼價：599元！」另其在「南通首屆整裝團購節」上散發的宣傳單中也記載「原價2,180元科勒馬桶，特價搶購：599元！」同月，何氏公司與其客戶簽訂《住宅室內裝飾裝修工程施工合同》，其預算書中記載「科勒馬桶，科勒K-4728T-0皮諾，1套，599元」。

鼎好公司認為，其系科勒衛浴產品在南通地區唯一授權銷售商，何氏公司通過廣告形式宣傳原價2,180元的科勒坐便器以599元銷售，屬於低於成本價銷售，構成不正當競爭。請求法院判令何氏公司立即停止不正當競爭行為；銷毀相關宣傳資料，並賠禮道歉。

法院審理另查明，科勒公司K-4728T-0科勒坐便器在2011年3至4月出廠價為850元，建議展廳標價2,180元，何氏公司的同期進貨價約為1,030元，其599元的銷售價遠低於出廠價。

法院審理認為，反不正當競爭法禁止以排擠競爭對手為目的低價傾銷行為。這裡的競爭關係應作狹義理解，競爭主體應為相同行業，經營相同或近似商品，競爭目的

---

① 參見周曉冰：《「九頭鳳」搭乘「九頭鳥」便車構成不正當競爭》，原載自北京第二中級人民法院網，轉自中國民商法網，網址：http://www.civillaw.com.cn/article/default.asp?id=24225，2014年10月23日瀏覽。

系為爭奪同一群體的消費公眾。本案何氏公司經營範圍為裝飾設計、施工，鼎好公司的經營範圍為廚房用品、衛生潔具等銷售，兩者並非同一行業。雖然何氏公司在實際經營中亦銷售與鼎好公司相同的商品，但兩者的客戶和消費群體不盡相同，應當不會產生因為何氏公司的低價銷售行為而使鼎好公司在銷售科勒衛生潔具的市場中難以繼續經營或被排擠出市場的情形。此外，何氏公司製作的宣傳廣告明確載明：「原價2,180元科勒馬桶，何氏補貼價：599元！」表明其係為推廣裝修服務通過自身補貼而低價銷售，目的在於吸引消費者選擇其裝修服務，而非占領該類衛生潔具銷售市場。遂判決被告行為不構成不正當競爭，駁回原告的訴求。①

請思考：法院駁回原告訴求的法律依據。

解析：中國《反不正當競爭法》第十一條規定，「經營者不得以排擠競爭對手為目的，以低於成本的價格銷售商品。」這一條規定了壓低價銷售排擠競爭對手的不正當競爭行為，即所謂不當虧本銷售。準確理解不當虧本銷售，必須把握幾個基本要件：行為主體須是作為賣方地位的經營者、行為人須具有排擠競爭對手的目的或故意、行為人在客觀上實施了低於成本價格銷售商品的行為、行為侵犯了市場正常競爭秩序。② 本案中何氏公司的確以低於成本的價格銷售商品，但正如法院審理認為，何氏公司低於成本銷售的目的在於吸引消費者選擇其裝修服務，而非占領該類衛生潔具銷售市場，因此，在主觀上不具有排擠競爭對手的目的，且何氏公司在銷售科勒衛生潔具事實上也不具有市場優勢，其低價銷售行為不足以「排擠競爭對手」，因此，法院不認定其低價銷售行為構成不正當競爭是有道理的。

(八) 搭售行為

搭售行為，是指經營者銷售商品時，違背購買者的意願搭售商品或者附加其他不合理條件的行為。搭售行為與經營者所具有的經濟優勢不無關聯，否則，很難在違背交易相對人的意願下，搭售滯銷商品或附加不合理義務。因此，在《反壟斷法》實施以後，應由《反壟斷法》將其以壟斷行為予以規制。

(九) 不正當有獎銷售行為

不正當有獎銷售行為，是指經營者違反法律規定而進行的不正當銷售商品或者提供服務的行為。有獎銷售作為一種促銷手段並不為法律禁止，但不正當的有獎銷售，不僅會損害競爭者利益，還會損害消費者利益，危害交易秩序，因此，為中國反不正當競爭法所禁止。《反不正當競爭法》第十三條規定，經營者不得從事下列有獎銷售：採取謊稱有獎或者故意讓內定人員中獎的欺騙方式進行有獎銷售；利用有獎銷售的手段推銷質次價高的商品；抽獎式的有獎銷售，最高獎的金額超過5,000元。

---

① 參見顧建兵．裝飾公司為攬客虧本賣潔具 廚衛公司起訴要求停止侵權 一審認定非同一行業不構成不正當競爭 [N]．人民法院報，2012-06-01 (3)．

② 參見中國人民大學出版社教學資源庫——經濟法，http://zyke.crup.cn/economic/ShowArticle.asp? ArticleID=2861．

【案例解析】

[9-6] 2011年8月5日至8月8日，某百貨有限公司某地分公司舉行了抽獎式有獎銷售活動，最高獎項為CK情侶表一對。2011年8月9日11時，某消費者憑購物小票抽中最高獎項CK情侶表一對，每塊表價格2,650元，合計5,300元，中獎者領取獎品時當場交納了個人所得稅1,040元。2011年9月23日，工商局以當事人違反《反不正當競爭法》第二十六條為由，做出了責令停止違法行為，罰款10,000元上繳國庫的行政處罰。

請思考：該公司的行為是否構成不正當競爭？

解析：有獎銷售作為一種促銷手段，對於活躍商品流通、搞活企業有一定的積極作用，但不正當有獎銷售對於市場競爭秩序和消費者利益保護均有不利影響，因此，在允許抽獎式有獎銷售的同時，《反不正當競爭法》規定最高金額不得超過5,000元。例中某消費者憑購物小票抽中最高獎項CK情侶表一對，每塊表價格2,650元，合計5,300元，已超過法定限額。故該商場的行為已涉嫌不正當競爭。[1]

（十）商業誹謗行為

商業誹謗行為是經營者捏造、散布虛偽事實，損害競爭對手的商業信譽、商品聲譽的行為。商業誹謗行為嚴重侵害競爭對手的人格權權益，違反商業道德和市場秩序，為《反不正當競爭法》禁止。

（十一）串通招標投標行為

串通招標投標行為，是指投標者在招標投標過程中，串通投標，抬高標價或者壓低標價，或者投標者為排擠競爭對手而與招標者相互勾結的行為。由此可見，串通招標投標行為包括兩種類型：一是投標者串通投標，抬高標價或者壓低標價；二是投標者和招標者相互勾結，以排擠競爭對手的公平競爭。《反不正當競爭法》第十五條規定，投標者不得串通投標，抬高標價或者壓低標價。投標者和招標者不得相互勾結，以排擠競爭對手的公平競爭。投標者串通投標會造成對其他投標者不利的局面，具有壟斷協議的性質，《反壟斷法》應對其調整。

【案例解析】

[9-7] J公司拍賣房屋一幢，底價為人民幣6萬元。拍賣公告后，O先生串通本街區20人故意壓低標價。拍賣時O先生僅以高於低價200元的價格報價中標，在場20餘人均不競標。拍賣結束后，O先生與在場19人離開拍賣現場，暗自協商再抬高標價拍賣。拍賣人即向法院提起訴訟要求保護自己的權利。法院經審理查明O先生等人的行為，判決：拍賣無效，由公司重新組織投標；O先生賠償500元；並決定對O先生予以罰款1,000元。后該幢房屋在經拍賣以9.2萬元成交。

---

[1] 參見安陽市工商局：《2011年度反不正當競爭典型案例》，載大河網，網址：http://newpaper.dahe.cn/jrabybb/html/2012-03/15/content_679535.htm?div=-1。2014年10月23日瀏覽。

請思考：法院為何判決拍賣無效？

—— 解析：串通投標，是投標者在招投標過程中，串通投標，抬高標價或者壓低標價，或者投標者為排擠競爭對手而與招標者相互勾結的行為。《反不正當競爭法》第十五條規定，「投標者不得串通投標，抬高標價或者壓低標價。投標者和招標者不得相護勾結，以排擠競爭對手的公平競爭。」第二十七條規定，「投標者串通投標，抬高標價或者壓低標價；投標者和招標者相互勾結，以排擠競爭對手的公平競爭的，其中標無效。監督檢查部門可以根據情節處以一萬元以上二十萬元以下的罰款。」該案例中，O 先生等人為了牟取非法利益相互串通壓低標價，法院判決首次投標無效正是根據其行為的性質做出的認定。而第二次拍賣，同一幢房屋以 9.2 萬元拍賣成交，價格明顯高於第一次拍賣，證明 O 先生等人的行為確實侵害了拍賣人的合法權益。[①]

三、對不正當競爭行為的監督檢查

（一）監督檢查部門

《反不正當競爭法》第三條規定，縣級以上人民政府工商行政管理部門對不正當競爭行為進行監督檢查；法律、行政法規規定由其他部門監督檢查的依照其規定。由此可見，在中國對不正當競爭行為進行監督檢查的部門主要是縣級以上的工商行政管理部門，以及法律、行政法規規定的其他部門。后者如技術監督管理部門、工業信息化部門、衛生行政部門、住建部門、銀行證券保險監管部門等，可依法在各自的職責範圍內進行反不正當競爭活動。

（二）監督檢查部門的職權

（1）詢問權，即監督檢查部門在監督檢查不正當競爭行為時，有權按照規定程序詢問被檢查的經營者、利害關係人、證明人，並要求提供證明材料或者與不正當競爭行為有關的其他資料。

（2）查詢、複製權，即監督檢查部門在監督檢查不正當競爭行為時，有權查詢、複製與不正當競爭行為有關的協議、帳冊、單據、文件、記錄、業務函電和其他資料。

（3）檢查權，即監督檢查部門在監督檢查不正當競爭行為時，有權檢查前述假冒行為，必要時可以責令被檢查的經營者說明該商品的來源和數量，暫停銷售，聽候檢查，不得轉移、隱匿、銷毀該財物。

（4）行政處罰權，即監督檢查部門有權對從事不正當競爭的經營者依法給予行政處罰，諸如責令停止違法行為、沒收違法所得、罰款、吊銷營業執照等。

四、違反《反不正當競爭法》的法律責任

中國《反不正當競爭法》規定了經營者和監督檢查部門工作人員的法律責任。

[①] 參見「找法網」文章：《串通投標行為的法律責任 案例》，網址：http://china.findlaw.cn/jingjifa/jingzheng/ctzt/1057218.html。2014 年 10 月 22 日瀏覽。

1. 經營者的法律責任

經營者違反反不正當競爭法規定，給被侵害的經營者造成損害的，應當承擔損害賠償的民事責任，被侵害的經營者的損失難以計算的，賠償額為侵權人在侵權期間因侵權所獲得的利潤；此外，侵權人還應當承擔被侵害的經營者因調查該經營者侵害其合法權益的不正當競爭行為所支付的合理費用。

經營者因其違法行為還可能承擔行政責任，構成犯罪的還應承擔刑事責任。

【知識鏈接】經營者的行政或刑事責任

（1）假冒行為的法律責任。經營者假冒他人的註冊商標，擅自使用他人的企業名稱或者姓名，偽造或者冒用認證標誌、名優標誌等質量標誌，偽造產地，對商品質量作引人誤解的虛假表示的，依照《中華人民共和國商標法》、《中華人民共和國產品質量法》的規定處罰。經營者擅自使用知名商品特有的名稱、包裝、裝潢，或者使用與知名商品近似的名稱、包裝、裝潢，造成和他人的知名商品相混淆，使購買者誤認為是該知名商品的，監督檢查部門應當責令停止違法行為，沒收違法所得，可以根據情節處以違法所得一倍以上三倍以下的罰款；情節嚴重的，可以吊銷營業執照；銷售偽劣商品，構成犯罪的，依法追究刑事責任。

（2）商業賄賂的法律責任。經營者採用財物或者其他手段進行賄賂以銷售或者購買商品，構成犯罪的，依法追究刑事責任；不構成犯罪的，監督檢查部門可以根據情節處以一萬元以上二十萬元以下的罰款，有違法所得的，予以沒收。

（3）限購排擠行為的法律責任。公用企業或者其他依法具有獨占地位的經營者，限定他人購買其指定的經營者的商品，以排擠其他經營者的公平競爭的，省級或者設區的市的監督檢查部門應當責令停止違法行為，可以根據情節處以五萬元以上二十萬元以下的罰款。被指定的經營者借此銷售質次價高商品或者濫收費用的，監督檢查部門應當沒收違法所得，可以根據情節處以違法所得一倍以上三倍以下的罰款。

（4）虛假宣傳的法律責任。經營者利用廣告或者其他方法，對商品作引人誤解的虛假宣傳的，監督檢查部門應當責令停止違法行為，消除影響，可以根據情節處以一萬元以上二十萬元以下的罰款。廣告的經營者，在明知或者應知的情況下，代理、設計、製作、發布虛假廣告的，監督檢查部門應當責令停止違法行為，沒收違法所得，並依法處以罰款。

（5）侵犯商業秘密的法律責任。侵犯商業秘密的，監督檢查部門應當責令停止違法行為，可以根據情節處以一萬元以上二十萬元以下的罰款。

（6）不當有獎銷售的法律責任。經營者違反法律規定進行有獎銷售的，監督檢查部門應當責令停止違法行為，可以根據情節處以一萬元以上十萬元以下的罰款。

（7）串通招標投標的法律責任。投標者串通投標，抬高標價或者壓低標價；投標者和招標者相互勾結，以排擠競爭對手的公平競爭的，其中標無效。監督檢查部門可以根據情節處以一萬元以上二十萬元以下的罰款。

（8）抗拒檢查和處罰的法律責任。經營者有違反被責令暫停銷售，不得轉移、隱匿、銷毀與不正當競爭行為有關的財物的行為的，監督檢查部門可以根據情節處以被

銷售、轉移、隱匿、銷毀財物的價款的一倍以上三倍以下的罰款。

此外，針對政府濫用行政權力限制競爭和地方封鎖行為，《反不正當競爭法》規定，政府及其所屬部門違反法律規定，限定他人購買其指定的經營者的商品、限制其他經營者正常的經營活動，或者限制商品在地區之間正常流通的，由上級機關責令其改正；情節嚴重的，由同級或者上級機關對直接責任人員給予行政處分。被指定的經營者借此銷售質次價高商品或者濫收費用的，監督檢查部門應當沒收違法所得，可以根據情節處以違法所得一倍以上三倍以下的罰款。

2. 監督檢查部門工作人員的法律責任

監督檢查不正當競爭行為的國家機關工作人員濫用職權、玩忽職守，構成犯罪的，依法追究刑事責任；不構成犯罪的，給予行政處分；徇私舞弊，對明知有違反法律規定構成犯罪的經營者故意包庇不使他受追訴的，依法追究刑事責任。

第三節　反壟斷法

一、壟斷與反壟斷法

壟斷，是與自由競爭相對的一個概念，是指排斥、限制競爭的各種行為的總稱。一般而言，壟斷本身也是競爭發展的必然結果。自由競爭引起生產集中，生產高度集中往往引起壟斷。壟斷在某些情況下可能具有一定合理性和對經濟發展的積極作用，但從長遠和總體而言，壟斷必然損害市場競爭，阻礙經濟發展。因此，各國往往通過立法對壟斷行為進行規制。壟斷行為形式多樣，中國《反壟斷法》規定的壟斷行為包括：經營者達成壟斷協議；經營者濫用市場支配地位；具有或者可能具有排除、限制競爭效果的經營者集中。

反壟斷法，是指預防和制止壟斷行為，保護市場公平競爭的法律規範的總稱。就其本質而言，反壟斷法是國家干預經濟，限制市場支配力量的濫用，實現經濟自由、民主發展、優化市場競爭結構的法律制度，對於修復、發揮市場機制具有重要作用。反壟斷立法在不同時期和不同國家側重點有所不同，存在結構主義和行為主義的不同思路。

處於轉型時期的中國，市場經濟體制還在不斷完善之中，除少數在競爭中形成的壟斷外，多數壟斷都不同程度地帶有原有經濟體制的遺跡。因此，制止行政性壟斷和防止經濟性壟斷，是中國反壟斷的重要任務，基於此，中國《反壟斷法》第八條明確規定，行政機關和法律、法規授權的具有管理公共事務職能的組織不得濫用行政權力，排除、限制競爭。

【知識鏈接】經濟性壟斷與行政性壟斷

經濟性壟斷，是經營者利用自己的經濟優勢或者通過聯合組織或合謀等方式，限制、排斥或阻礙市場競爭的行為。經濟性壟斷通常是市場經濟發展到一定階段的產物，

但是，中國的經濟性壟斷卻是經濟生活不正常所導致的，相對於發達的市場經濟國家，中國現階段的經濟性壟斷表現得並不充分，但其可能的危害卻不能低估，因此，必須予以預防和制裁。

行政性壟斷，在中國主要是指國家經濟主管部門和地方政府，或者具有某些政府管理職能或背景的行政「公司」，濫用行政權力，排斥、限制或阻礙市場競爭的行為。行政性壟斷不但破壞市場的競爭秩序，損害消費者的利益，而且可能擾亂國家的行政秩序，必須通過立法堅決禁止。

二、中國反壟斷法規定的壟斷行為壟斷行為

1. 壟斷協議

壟斷協議，是指排除、限制競爭的協議、決定或者其他協同行為。壟斷協議是常見的市場壟斷行為，往往造成固定價格、劃分市場以及阻礙和限制其他經營者進入等限制和排除競爭的后果，故為各國立法所禁止。但是，有些協議在某些情況下對於技術進步、保護社會公共利益又有一定積極意義，各國反壟斷法大都對這類協議予以豁免。

壟斷協議，有橫向限制競爭行為和縱向限制競爭行為協議、具有競爭關係的經營者之間的壟斷協議和經營者與交易相對人達成的壟斷協議等的類型劃分。反壟斷法特別規定，行業協會不得組織本行業的經營者從事反壟斷法所禁止的壟斷行為。

《反壟斷法》禁止的具有競爭關係的經營者達成的壟斷協議包括：固定或者變更商品價格；限制商品的生產數量或者銷售數量；分割銷售市場或者原材料採購市場；限制購買新技術、新設備或者限制開發新技術、新產品；聯合抵制交易；國務院反壟斷執法機構認定的其他壟斷協議。

《反壟斷法》禁止的經營者與交易相對人達成的壟斷協議有：固定向第三人轉售商品的價格；限定向第三人轉售商品的最低價格；國務院反壟斷執法機構認定的其他壟斷協議。

按照中國《反壟斷法》第十五條規定，經營者能夠證明所達成的協議屬於下列情形之一，且不會嚴重限制相關市場的競爭，並且能夠使消費者分享由此產生的利益的，不適用《反壟斷法》禁止的具有競爭關係的經營者達成的壟斷協議的規定：為改進技術、研究開發新產品的，為提高產品質量、降低成本、增進效率、統一產品規格、標準或者實行專業化分工的，為提高中小經營者經營效率，增強中小經營者競爭力的，為實現節約能源、保護環境、救災救助等社會公共利益的，因經濟不景氣，為緩解銷售量嚴重下降或者生產明顯過剩的。經營者能夠證明所達成的協議屬於下列情形之一的，不適用《反壟斷法》禁止的經營者與交易相對人達成的壟斷協議的規定：為保障對外貿易和對外經濟合作中的正當利益的，法律和國務院規定的其他情形。

【知識鏈接】 壟斷豁免制度

反壟斷法反對的並非規模經濟，而是濫用經濟優勢妨害競爭。因此，確立壟斷豁

免制度，對於維護整體經濟利益、社會公共利益有著重大意義的行業或領域，以及那些對市場競爭關係影響不大卻有利於整體利益的限制競爭行為，實施豁免，充分體現了法律的內在價值。豁免制度的具體內容，主要包括：①自然壟斷的豁免。自然壟斷，是指國家對某些行業的價格和進入實行全行業管制，只允許一家企業壟斷全部生產而形成的壟斷。各國反壟斷實踐中，多給自然壟斷預留了豁免的制度空間。②政策性壟斷的豁免。政策性壟斷，是指國家基於社會經濟總體和長遠利益及政治、國防、外貿和其他國計民生等方面的政策性考慮，對於某些特定行業、特定主體和特定行為的壟斷，予以法律規制的例外許可，或法律規定予以鼓勵和扶助，或實行國家壟斷。政策性壟斷的豁免，是國家政策和宏觀調控使然，對市場的健康發展有正面的效應。豁免制度是嚴厲的反壟斷制度中的柔化劑，為區別對待合法壟斷和非法壟斷，充分發揮合法壟斷在市場經濟中的積極作用保駕護航。但是，豁免制度並非絕對豁免，在合法壟斷出現危害市場秩序的行為時，仍需要相應的反壟斷制度加以規制。①

【案例解析】

[9-8] 銳邦公司是強生公司醫用縫線、吻合器等醫療器械產品的經銷商，雙方有著長達15年的經銷合作關係，經銷合同每年一簽。2008年1月，強生公司與銳邦公司簽訂《2008年經銷合同》（以下簡稱經銷合同）及附件，約定銳邦公司在強生公司指定的相關區域銷售愛惜康縫線部門的產品，在此期間，銳邦公司不得以低於強生公司規定的價格銷售產品。當年3月，銳邦公司在北京大學人民醫院舉行的強生醫用縫線銷售招標中以最低報價中標。4月，強生公司人員對銳邦公司的低價競標行為提出警告。7月，強生公司以銳邦公司私自降價為由取消其在阜外醫院、整形醫院的經銷權。8月15日起，強生公司不再接受銳邦公司醫用縫線產品訂單。9月，強生公司完全停止了縫線產品、吻合器產品的供貨。2009年，強生公司不再與銳邦公司續簽經銷合同。2009年以後強生公司修改經銷協議，放棄了一直以來的最低轉售價格限制。在銳邦公司與強生公司合作的15年間，涉案的醫用縫線產品價格基本不變。2010年8月11日，銳邦公司訴至法院，要求強生公司賠償因執行該壟斷協議對銳邦公司低價競標行為進行處罰而給其造成的經濟損失1,400餘萬元。案件經上海兩級法院審理，最後，上海高級法院做出終審判決：被上訴人強生公司應在判決生效之日起10日內賠償上訴人銳邦公司經濟損失人民幣53萬元，駁回銳邦公司的其餘訴訟請求。②

請思考：法院判決本案的法律依據。

解析：中國《反壟斷法》規定的壟斷協議有橫向和縱向的壟斷協議，所謂縱向壟斷協議是指在上下游、不具有直接競爭關係的經營者與交易相對人之間達成的排除、限制競爭的協議。依據《反壟斷法》第十四條規定，縱向壟斷協議包括固定轉售價格、限制最低轉售價格行為，以及國務院反壟斷執法機構認定的其他構成縱向壟斷協議的

---

① 參見姜玉梅，等. 現代競爭法 [M] //高晉康. 經濟法律通論. 北京：高等教育出版社，2008：369-371.
② 參見衛建萍，等. 全國首例原告終審勝訴的壟斷案在滬落槌 強生公司因限制最低轉售價格構成壟斷行為被判賠償經銷商53萬 [N]. 人民法院報，2013-08-02 (1)、(4).

行為。根據反壟斷法和《最高人民法院關於審理因壟斷行為引發的民事糾紛案件應用法律若干問題的規定》的規定，縱向壟斷協議應以具有排除、限制競爭效果為必要條件。對限制最低轉售價格協議的經濟效果，可以從以相關市場競爭是否充分、被告市場地位是否強大、被告實施限制最低轉售價格的動機、限制最低轉售價格的競爭效果等因素分析評價。醫用縫線市場競爭不充分，強生公司具有很強的市場地位，其限制最低轉售價格的動機在於迴避價格競爭，其限制競爭效果很明顯，而促進競爭效果不明顯。所以，本案涉及的限制最低轉售價格協議構成壟斷協議。①

2. 濫用市場支配地位

市場支配地位，是指經營者在相關市場內具有能夠控製商品價格、數量或者其他交易條件，或者能夠阻礙、影響其他經營者進入相關市場能力的市場地位。

根據何種標準確定經營者是否具有市場支配地位，是反壟斷法需要解決的問題。在各國反壟斷立法時曾有所謂行為主義與結構主義之爭，此外，還有市場結果主義之說，即因企業的銷售價格和生產成本之間的顯著差別而產生的非同尋常的盈利，可被歸結為市場缺乏競爭，從而認為企業取得了市場支配地位。②

【知識鏈接】結構主義抑或行為主義

結構主義認為，一個或少數經濟實體是否被判定為壟斷取決於一個非常簡明的標準——只要它的市場份額達到一定的比例，不論這種比例是如何取得的，這個（些）經濟實體就形成了壟斷，反壟斷法就應該介入，降低、削弱它（們）的市場份額，使市場恢復競爭狀態。換言之，結構主義主張反壟斷法規制的是壟斷狀態；在制裁方式上，結構主義往往採取切割、解散等嚴厲措施，肢解大型壟斷企業，通過改變市場結構，恢復競爭秩序。

行為主義則把注意力放在具體的排斥、限制競爭行為上，認為一個經濟實體在市場上取得優勢地位，並不當然招致反壟斷法的規制。只有當它濫用這種優勢地位，或者通過合謀等方式，實施了某些排斥、限制競爭的行為時，反壟斷法才應對其實行干預。可見，行為主義並不考慮壟斷狀態，而是關注壟斷行為本身；在制裁方式上，行為主義多採取責令停止和損害賠償的方法。

在國際反壟斷法實踐中，均把壟斷行為而非壟斷結構作為規制的對象。總體而言，行為主義已逐漸成為世界反壟斷法的立法趨勢。當然，結構主義的立法思想並非沒有可取之處。因而，在反壟斷法發展的歷程中，結構規制與行為規制滲透和融合，並日益成為當今世界各國反壟斷立法和司法實踐的主流。③

中國《反壟斷法》第十八條規定，認定經營者具有市場支配地位，應當依據下列因素：該經營者在相關市場的市場份額，以及相關市場的競爭狀況；該經營者控製銷售市場或者原材料採購市場的能力；該經營者的財力和技術條件；其他經營者對該經

---

① 參見衛建萍，等. 強生涉壟斷案焦點透視 [N]. 人民法院報，2013-08-02（3）.
② 參見劉文華. 經濟法 [M]. 北京：中國人民大學出版社，2012：179.
③ 姜玉梅，等. 現代競爭法 [M] //高晉康. 經濟法律通論. 北京：高等教育出版社，2008：368-369.

營者在交易上的依賴程度；其他經營者進入相關市場的難易程度；與認定該經營者市場支配地位有關的其他因素。第十八條規定，有下列情形之一的，可以推定經營者具有市場支配地位：一個經營者在相關市場的市場份額達到二分之一的；兩個經營者在相關市場的市場份額合計達到三分之二的；三個經營者在相關市場的市場份額合計達到四分之三的。有前述第二項、第三項規定的情形，其中有的經營者市場份額不足十分之一的，不應當推定該經營者具有市場支配地位。被推定具有市場支配地位的經營者，有證據證明不具有市場支配地位的，不應當認定其具有市場支配地位。

濫用市場支配地位為反壟斷法所禁止。中國《反壟斷法》第十七條規定，禁止具有市場支配地位的經營者從事下列濫用市場支配地位的行為：以不公平的高價銷售商品或者以不公平的低價購買商品；沒有正當理由，以低於成本的價格銷售商品；沒有正當理由，拒絕與交易相對人進行交易；沒有正當理由，限定交易相對人只能與其進行交易或者只能與其指定的經營者進行交易；沒有正當理由搭售商品，或者在交易時附加其他不合理的交易條件；沒有正當理由，對條件相同的交易相對人在交易價格等交易條件上實行差別待遇；國務院反壟斷執法機構認定的其他濫用市場支配地位的行為。換言之，前述規定情形即為濫用市場支配地位之情形。

【案例解析】

[9-9] 奇虎公司訴騰訊公司壟斷案：奇虎公司向廣東省高級人民法院提起訴訟，指控騰訊公司濫用其在即時通信軟件及服務相關市場的市場支配地位。奇虎公司訴稱，2010年11月3日，騰訊公司宣布拒絕向安裝有360軟件的用戶提供相關的軟件服務，強制用戶在騰訊QQ和奇虎360之間「二選一」，導致大量用戶刪除了奇虎公司相關軟件。此外，騰訊公司還將QQ軟件管家與即時通信軟件相捆綁，以升級QQ軟件管家的名義安裝QQ醫生。奇虎公司主張，騰訊公司的上述行為構成反壟斷法所禁止的限制交易和捆綁銷售。法院審理查明，2010年11月3日，騰訊公司發布《致廣大QQ用戶的一封信》，在裝有360軟件的電腦上停止運行QQ軟件。11月4日，360安全中心宣布，在國家有關部門的強力干預下，目前QQ和360軟件已經實現了完全兼容。2010年9月，騰訊QQ即時通信軟件與QQ軟件管家一起打包安裝，安裝過程中並未提示用戶將同時安裝QQ軟件管家。2010年9月21日，騰訊發出公告稱，正在使用的QQ軟件管家和QQ醫生將自動升級為QQ電腦管家。

廣東高院判決駁回奇虎公司的全部訴訟請求。奇虎公司不服，上訴至最高人民法院。此案系最高人民法院審理的第一起壟斷案件，也是「3Q」大戰中最引人注目的案件之一，受到國內外廣泛關注。最高法院經開庭審理後判決：駁回上訴，維持原判。①

請思考：騰訊公司是否構成反壟斷法所禁止的濫用市場支配地位行為？

解析：要判明本案，必須捋清兩個問題基本問題：即騰訊公司是否具有市場支配地位以及其是否濫用市場支配地位。關於第一個問題，最高人民法院認為，儘管騰訊

---

① 參見羅書臻. 最高人民法院審結首起壟斷案 [N]. 人民法院報，2014-10-17. 詳細案情可參見該案最高法院判決書（2013）民三終字第4號。

公司在本案相關市場的市場份額較高，但是市場份額只是判斷市場支配地位的一項比較粗糙的指標。在市場進入比較容易，或者高市場份額源於經營者更高的市場效率或者提供了更優異的產品，或者市場外產品對經營者形成較強的競爭約束等情況下，高的市場份額並不能直接推斷出市場支配地位的存在。特別是，互聯網環境下的競爭存在高度動態的特徵，相關市場的邊界遠不如傳統市場領域那樣清晰，在此情況下，更不能高估市場份額的指示作用，而應更多地關注市場進入、經營者的市場行為、對競爭的影響等有助於判斷市場支配地位的具體事實和證據。基於中國大陸即時通訊服務市場競爭比較充分、市場進入較為容易、大量新興即時通訊服務提供商成功進入市場等因素，最高人民法院認為本案現有證據並不足以支持被上訴人具有市場支配地位的結論。

關於第二個問題，最高人民法院指出，在相關市場邊界較為模糊、被訴經營者是否具有市場支配地位不甚明確時，應該進一步分析被訴壟斷行為對競爭的影響效果，以檢驗關於其是否具有市場支配地位的結論正確與否。即使被訴經營者具有市場支配地位，判斷其是否構成濫用市場支配地位，也需要綜合評估該行為對消費者和競爭造成的消極效果和可能具有的積極效果。反壟斷法所關注的重心並非個別經營者的利益，而更應關注健康的市場競爭機制是否受到扭曲或者破壞。騰訊公司實施的「產品不兼容」行為僅持續一天。在此期間，其主要競爭對手 MSN、飛信和阿里巴巴等的用戶數量均有較高增幅。MSN 更是在月覆蓋人數長期負增長之後實現局勢逆轉，增長率高達 61.93%，月覆蓋人數實際比上月增長 2,300 多萬人。新的競爭者移動飛信、新浪 UC 等乘機進入市場，下載量猛增，給該市場帶來了更活躍的競爭。同時，騰訊公司的行為對安全軟件市場的影響極其微弱，其安全軟件市場份額僅增加了 0.57 個百分點，從 3.89% 增長至 4.46%。而奇虎公司的市場份額未有較大變化，其安全軟件市場的市場佔有率僅降低了 3.3 個百分點，從 74.6% 下降至 71.3%。沒有證據表明，通過實施「產品不兼容」和將 QQ 軟件與其他軟件打包安裝的行為，騰訊公司將其在即時通信市場的領先地位延伸到安全軟件市場。儘管上述行為對用戶造成了不便，但是並未導致排除或者限制競爭的明顯效果，騰訊公司不構成反壟斷法所禁止的濫用市場支配地位行為。[①]

3. 經營者集中

中國《反壟斷法》規定，經營者合併、經營者通過取得股權或者資產的方式取得對其他經營者的控制權、經營者通過合同等方式取得對其他經營者的控制權或者能夠對其他經營者施加決定性影響等幾種情形，均為經營者集中。

經營者集中具有或可能具有排除、限制競爭的效果，因此，對其控製手段，各國實行經營者集中申報制度，並由反壟斷機構審查，在法定期限不要求進一步審查者即允許其實是集中。

---

① 參見記書臻. 奇虎訴騰訊壟斷糾紛上訴案落槌——最高法院法官詳解案件爭議焦點 [N]. 人民法院報，2014-10-17 (3).

经营者集中达到国务院规定的申报标准的，经营者应当事先向国务院反垄断执法机构申报，未申报的不得实施集中。经营者集中有下列情形之一的，可以不向国务院反垄断执法机构申报：参与集中的一个经营者拥有其他每个经营者百分之五十以上有表决权的股份或者资产的；参与集中的每个经营者百分之五十以上有表决权的股份或者资产被同一个未参与集中的经营者拥有的。经营者向国务院反垄断执法机构申报集中，应当提交下列文件、资料：申报书；集中对相关市场竞争状况影响的说明；集中协议；参与集中的经营者经会计师事务所审计的上一会计年度财务会计报告；国务院反垄断执法机构规定的其他文件、资料。申报书应当载明参与集中的经营者的名称、住所、经营范围、预定实施集中的日期和国务院反垄断执法机构规定的其他事项。经营者提交的文件、资料不完备的，应当在国务院反垄断执法机构规定的期限内补交文件、资料。经营者逾期未补交文件、资料的，视为未申报。

4. 滥用行政权力排除、限制竞争

滥用行政权力排除、限制竞争的主体主要是行政机关及其所属部门，以及法律、法规授权的具有管理公共事务职能的组织。滥用行政权力排除、限制竞争即所谓「行政垄断」。各国对此均予以禁止。

中国《反垄断法》在《反不正当竞争法》的基础上，列举了滥用行政权力排除、限制竞争的情形：①行政机关和法律、法规授权的具有管理公共事务职能的组织不得滥用行政权力，限定或者变相限定单位或者个人经营、购买、使用其指定的经营者提供的商品。②行政机关和法律、法规授权的具有管理公共事务职能的组织不得滥用行政权力，实施下列行为，妨碍商品在地区之间的自由流通：对外地商品设定歧视性收费项目、实行歧视性收费标准，或者规定歧视性价格；对外地商品规定与本地同类商品不同的技术要求、检验标准，或者对外地商品采取重复检验、重复认证等歧视性技术措施，限制外地商品进入本地市场；采取专门针对外地商品的行政许可，限制外地商品进入本地市场；设置关卡或者采取其他手段，阻碍外地商品进入或者本地商品运出；妨碍商品在地区之间自由流通的其他行为。③行政机关和法律、法规授权的具有管理公共事务职能的组织不得滥用行政权力，以设定歧视性资质要求、评审标准或者不依法发布信息等方式，排斥或者限制外地经营者参加本地的招标投标活动。④行政机关和法律、法规授权的具有管理公共事务职能的组织不得滥用行政权力，采取与本地经营者不平等待遇等方式，排斥或者限制外地经营者在本地投资或者设立分支机构。⑤行政机关和法律、法规授权的具有管理公共事务职能的组织不得滥用行政权力，强制经营者从事本法规定的垄断行为。⑥行政机关不得滥用行政权力，制定含有排除、限制竞争内容的规定。

【案例解析】

[9-10] 2010年1月8日，广东省某市政府召开政府工作会议，决定落实省政府加强道路交通安全管理，推广应用卫星定位汽车行驶记录仪。会议纪要中，市政府明确指定新时空导航科技有限公司自行筹建的卫星定位汽车行驶监控平台为市级监控平台，要求该市其余几家GPS运营商必须将所属车辆的监控数据信息上传至新时空公司

平臺。此后，市物價局依據該會議紀要，又批覆同意新時空公司對其他 GPS 運營商收取每臺車每月不高於 30 元的數據接入服務費。2010 年 5 月 12 日，市政府辦公室印發了《強制推廣應用衛星定位汽車行駛記錄儀工作方案》，明確要求全市重點車輛必須將實時監控數據接入市政府指定的市級監控平臺。2010 年 11 月 11 日，該市政府又召開政府工作會議，形成市政府工作會議紀要，重申了上述要求，並要求交警部門對未將監控數據上傳至新時空公司平臺的車輛，一律不予通過車輛年審。

請思考：工商部門的認定和處理是否適當？

解析：從商務角度而言，GPS 運營系市場行為，運營商應通過公平有序的競爭贏得市場獲取利潤。本例廣東某市政府的介入，指定新時空導航科技有限公司自行籌建的衛星定位汽車行駛監控平臺為市級監控平臺，要求該市其餘幾家 GPS 運營商必須將所屬車輛的監控數據信息上傳至新時空公司平臺，實際上是將行政行政權力滲入到市場之中，阻礙了正常的市場競爭，造成了當地 GPS 運營商的市場競爭格局失調。據悉會議紀要引發了廠商的強烈不滿。2011 年 1 月 26 日，3 家 GPS 運營商聯名向廣東省工商局投訴，稱市政府涉嫌濫用行政權力排除、限制競爭。后來，工商部門調查認定，市政府的行政行為超出了法定權限和上級有關政策要求，導致排除、限制競爭的后果，違反了反壟斷法的規定，構成行政機關濫用行政權力排除、限制競爭行為。廣東省工商局向廣東省政府建議依法糾正該市政府上述濫用行政權力排除、限制競爭行為。2011 年 6 月 12 日，廣東省政府做出復議決定，決定撤銷市政府具體行政行為。應當認為，工商部門的認定和處理是適當的。[①]

三、對涉嫌壟斷行為的調查

1. 反壟斷執法機構

《反壟斷法》第九條規定，國務院設立反壟斷委員會，負責組織、協調、指導反壟斷工作，履行下列職責：研究擬訂有關競爭政策；組織調查、評估市場總體競爭狀況，發布評估報告；制定、發布反壟斷指南；協調反壟斷行政執法工作；國務院規定的其他職責。

2. 壟斷案件的查處

反壟斷執法機構依法對涉嫌壟斷行為進行調查。對涉嫌壟斷行為，任何單位和個人有權向反壟斷執法機構舉報。反壟斷執法機構應當為舉報人保密。舉報採用書面形式並提供相關事實和證據的，反壟斷執法機構應當進行必要的調查。

反壟斷執法機構調查涉嫌壟斷行為，可以採取下列措施：進入被調查的經營者的營業場所或者其他有關場所進行檢查；詢問被調查的經營者、利害關係人或者其他有關單位或者個人，要求其說明有關情況；查閱、複製被調查的經營者、利害關係人或者其他有關單位或者個人的有關單證、協議、會計帳簿、業務函電、電子數據等文件、資料；查封、扣押相關證據；查詢經營者的銀行帳戶。採取前述措施，應當向反壟斷

[①] 參見法制日報記者辛紅的報導：《反壟斷法實施 3 年步入深水區》，載法制網，網址：http://www.legaldaily.com.cn/index_article/content/2011-12/28/content_3249157.htm? node=5795，2014 年 10 月 17 日瀏覽。

執法機構主要負責人書面報告，並經批准。反壟斷執法機構調查涉嫌壟斷行為，執法人員不得少於二人，並應當出示執法證件。執法人員進行詢問和調查，應當製作筆錄，並由被詢問人或者被調查人簽字。反壟斷執法機構及其工作人員對執法過程中知悉的商業秘密負有保密義務。

被調查的經營者、利害關係人或者其他有關單位或者個人應當配合反壟斷執法機構依法履行職責，不得拒絕、阻礙反壟斷執法機構的調查。被調查的經營者、利害關係人有權陳述意見。反壟斷執法機構應當對被調查的經營者、利害關係人提出的事實、理由和證據進行核實。

反壟斷執法機構對涉嫌壟斷行為調查核實后，認為構成壟斷行為的，應當依法做出處理決定，並可以向社會公布。

3. 經營者承諾

對反壟斷執法機構調查的涉嫌壟斷行為，被調查的經營者承諾在反壟斷執法機構認可的期限內採取具體措施消除該行為后果的，反壟斷執法機構可以決定中止調查。中止調查的決定應當載明被調查的經營者承諾的具體內容。

反壟斷執法機構決定中止調查的，應當對經營者履行承諾的情況進行監督。經營者履行承諾的，反壟斷執法機構可以決定終止調查。有下列情形之一的，反壟斷執法機構應當恢復調查：經營者未履行承諾的；做出中止調查決定所依據的事實發生重大變化的；中止調查的決定是基於經營者提供的不完整或者不真實的信息做出的。

4. 行政復議與訴訟

《反壟斷法》第五十三條規定，對反壟斷執法機構依據本法第二十八條、第二十九條做出的決定不服的，可以先依法申請行政復議；對行政復議決定不服的，可以依法提起行政訴訟。對反壟斷執法機構做出的前款規定以外的決定不服的，可以依法申請行政復議或者提起行政訴訟。

四、違反《反壟斷法》的法律責任

1. 壟斷協議的法律責任

經營者違反法律規定，達成並實施壟斷協議的，由反壟斷執法機構責令停止違法行為，沒收違法所得，並處上一年度銷售額百分之一以上百分之十以下的罰款；尚未實施所達成的壟斷協議的，可以處五十萬元以下的罰款。經營者主動向反壟斷執法機構報告達成壟斷協議的有關情況並提供重要證據的，反壟斷執法機構可以酌情減輕或者免除對該經營者的處罰。行業協會違反本法規定，組織本行業的經營者達成壟斷協議的，反壟斷執法機構可以處五十萬元以下的罰款；情節嚴重的，社會團體登記管理機關可以依法撤銷登記。

2. 濫用市場支配地位的法律責任

經營者違反法律規定，濫用市場支配地位的，由反壟斷執法機構責令停止違法行為，沒收違法所得，並處上一年度銷售額百分之一以上百分之十以下的罰款。

3. 經營者集中的法律責任

經營者違反法律規定實施集中的，由國務院反壟斷執法機構責令停止實施集中、

限期處分股份或者資產、限期轉讓營業以及採取其他必要措施恢復到集中前的狀態，可以處五十萬元以下的罰款。

4. 濫用行政權力排除、限制競爭的法律責任

行政機關和法律、法規授權的具有管理公共事務職能的組織濫用行政權力，實施排除、限制競爭行為的，由上級機關責令改正；對直接負責的主管人員和其他直接責任人員依法給予處分。反壟斷執法機構可以向有關上級機關提出依法處理的建議。法律、行政法規對行政機關和法律、法規授權的具有管理公共事務職能的組織濫用行政權力實施排除、限制競爭行為的處理另有規定的，依照其規定。

5. 經營者妨礙執法審查和調查的法律責任

對反壟斷執法機構依法實施的審查和調查，拒絕提供有關材料、信息，或者提供虛假材料、信息，或者隱匿、銷毀、轉移證據，或者有其他拒絕、阻礙調查行為的，由反壟斷執法機構責令改正，對個人可以處二萬元以下的罰款，對單位可以處二十萬元以下的罰款；情節嚴重的，對個人處二萬元以上十萬元以下的罰款，對單位處二十萬元以上一百萬元以下的罰款；構成犯罪的，依法追究刑事責任。

6. 反壟斷執法機構工作人員的法律責任

反壟斷執法機構工作人員濫用職權、玩忽職守、徇私舞弊或者洩露執法過程中知悉的商業秘密，構成犯罪的，依法追究刑事責任；尚不構成犯罪的，依法給予處分。

本章小結：

競爭是市場經濟的固有屬性和發展動力，競爭法是國家的「經濟憲法」。為保護正常的競爭秩序，市場經濟國家大都制定了自己的競爭法。中國《反不正當競爭法》，將11種不正當競爭行為進行了規制，其中的限購排擠行為、政府濫用行政權力限制競爭和地方封鎖行為、搭售行為以及投標者之間的串通投標行為，亦屬壟斷行為而由《反壟斷法》調整。中國《反壟斷法》，對於壟斷協議、濫用市場支配地位、經營者集中等經濟壟斷行為以及帶有行政權力色彩的濫用行政權力排除、限制競爭的壟斷行為作了規制。《反不正當競爭法》和《反壟斷法》構架了中國競爭法的基本框架。

關鍵術語：

不正當競爭　壟斷　限制競爭　商業賄賂　商業秘密　經濟壟斷　行政壟斷　壟斷協議　經營者集中　濫用市場支配地位　經營者承諾　回扣

本章知識結構圖：

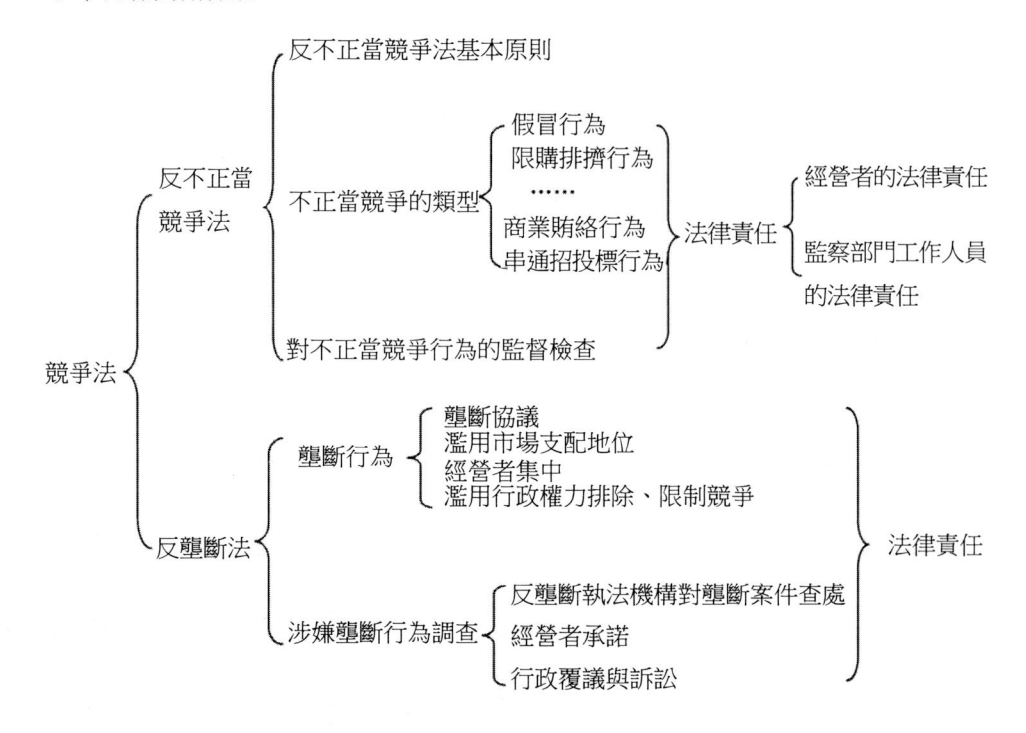

```
                    ┌─ 反不正當競爭法基本原則
                    │
                    │                    ┌─ 假冒行為
          ┌─ 反不正當 │                    │  限購排擠行為
          │  競爭法  ├─ 不正當競爭的類型 ─┤  ……            ┌─ 經營者的法律責任
          │         │                    │  商業賄絡行為   │
          │         │                    └─ 串通招投標行為 ├─ 法律責任
競爭法 ─┤         │                                      │
          │         └─ 對不正當競爭行為的監督檢查          └─ 監察部門工作人員
          │                                                 的法律責任
          │                      ┌─ 壟斷協議
          │         ┌─ 壟斷行為 ─┤  濫用市場支配地位
          │         │             │  經營者集中
          │         │             └─ 濫用行政權力排除、限制競爭
          └─ 反壟斷法┤                                              ├─ 法律責任
                    │                       ┌─ 反壟斷執法機構對壟斷案件查處
                    └─ 涉嫌壟斷行為調查 ───┤  經營者承諾
                                            └─ 行政覆議與訴訟
```

思考與練習：

（一）簡要回答下列問題

1. 中國《反不正當競爭法》中確定的不正當競爭行為的基本含義？
2. 如何認定不正當有獎銷售行為？
3. 如何認定商業賄賂行為？
4. 如何判斷濫用市場支配地位的壟斷行為？

（二）案例分析

1. 某市甲、乙家企業飲品生產企業。甲公司產品適銷對路，企業發展很快；乙公司產品擠壓，市場佔有率遠不如甲公司，職工流失很多，甚至有些熟練的老職工辭職到了家公司。為改善被動局面，乙公司經理 A 找到甲公司技術負責人 B，願付給 B 現金 30 萬元換取其提供的甲公司飲料配方。該配方系公司技術秘密，B 知道透露公司技術後果嚴重而未答應。後 A 許諾給付 100 萬元，並表示只需其一種飲品配方即可。因 B 家中經濟狀況不好，孩子上學和父親治病等急需一大筆錢，於是答應將甲公司「××乳」的配方給了 A。乙公司獲取該技術秘密後，以該配方生產「樂樂營養乳」飲品並上市。為拓展市場，乙公司通過網站和電視臺發佈廣告，聲稱本公司生產的飲品質量可靠，營養衛生，比甲公司的同類產品更適合中老年飲用。乙公司的廣告引起甲公司

注意，甲公司對其產品進行調查，發現與本公司「××乳」極為相似。由於B承受不住可能產生的后果的壓力向甲公司說明了事情原委。甲公司向工商部門舉報的同時向法院提起訴訟，要求乙公司賠償損失。

問題：假如本例所述查證屬實，乙公司的哪些行為涉嫌不正當競爭？乙公司可能承擔的法律責任是什麼？甲公司要求乙公司賠償損失的訴訟請求應否得到支持？為什麼？

2. 以下是2009年3月18日中華人民共和國商務部發布的2009年第22號公告原文：

中華人民共和國商務部收到美國可口可樂公司（簡稱可口可樂公司）與中國匯源果汁集團有限公司（簡稱中國匯源公司）的經營者集中反壟斷申報，根據《反壟斷法》第三十條，現公告如下：

一、立案和審查過程。2008年9月18日，可口可樂公司向商務部遞交了申報材料。9月25日、10月9日、10月16日和11月19日，可口可樂公司根據商務部要求對申報材料進行了補充。11月20日，商務部認為可口可樂公司提交的申報材料達到了《反壟斷法》第二十三條規定的標準，對此項申報進行立案審查，並通知了可口可樂公司。由於此項集中規模較大、影響複雜，2008年12月20日，初步階段審查工作結束后，商務部決定實施進一步審查，書面通知了可口可樂公司。在進一步審查過程中，商務部對集中造成的各種影響進行了評估，並於2009年3月20日前完成了審查工作。

二、審查內容。根據《反壟斷法》第二十七條，商務部從如下幾個方面對此項經營者集中進行了全面審查：

（一）參與集中的經營者在相關市場的市場份額及其對市場的控製力；
（二）相關市場的市場集中度；
（三）經營者集中對市場進入、技術進步的影響；
（四）經營者集中對消費者和其他有關經營者的影響；
（五）經營者集中對國民經濟發展的影響；
（六）匯源品牌對果汁飲料市場競爭產生的影響。

三、審查工作。立案后，商務部對此項申報依法進行了審查，對申報材料進行了認真核實，對此項申報涉及的重要問題進行了深入分析，並通過書面徵求意見、論證會、座談會、聽證會、實地調查、委託調查以及約談當事人等方式，先後徵求了相關政府部門、相關行業協會、果汁飲料企業、上游果汁濃縮汁供應商、下游果汁飲料銷售商、集中交易雙方、可口可樂公司中方合作夥伴以及相關法律、經濟和農業專家等方面意見。

四、競爭問題。審查工作結束后，商務部依法對此項集中進行了全面評估，確認集中將產生如下不利影響：

1. 集中完成后，可口可樂公司有能力將其在碳酸軟飲料市場上的支配地位傳導到果汁飲料市場，對現有果汁飲料企業產生排除、限制競爭效果，進而損害飲料消費者的合法權益。

2. 品牌是影響飲料市場有效競爭的關鍵因素，集中完成后，可口可樂公司通過控

製「美汁源」和「匯源」兩個知名果汁品牌，對果汁市場控製力將明顯增強，加之其在碳酸飲料市場已有的支配地位以及相應的傳導效應，集中將使潛在競爭對手進入果汁飲料市場的障礙明顯提高。

3. 集中擠壓了國內中小型果汁企業生存空間，抑制了國內企業在果汁飲料市場參與競爭和自主創新的能力，給中國果汁飲料市場有效競爭格局造成不良影響，不利於中國果汁行業的持續健康發展。

五、附加限制性條件的商談。為了減少審查中發現的不利影響，商務部與可口可樂公司就附加限制性條件進行了商談。商談中，商務部就審查中發現的問題，要求可口可樂公司提出可行解決方案。可口可樂公司對商務部提出的問題表述自己的看法，並先後提出了初步解決方案及其修改方案。經過評估，商務部認為可口可樂公司針對影響競爭問題提出的救濟方案，仍不能有效減少此項集中產生的不利影響。

六、審查決定。鑒於上述原因，根據《反壟斷法》第二十八條和第二十九條，商務部認為，此項經營者集中具有排除、限制競爭效果，將對中國果汁飲料市場有效競爭和果汁產業健康發展產生不利影響。鑒於參與集中的經營者沒有提供充足的證據證明集中對競爭產生的有利影響明顯大於不利影響或者符合社會公共利益，在規定的時間內，可口可樂公司也沒有提出可行的減少不利影響的解決方案，因此，決定禁止此項經營者集中。

本決定自公告之日起生效。[①]

問題：你對本公告內容有何看法？請結合所學知識對其加以評述。

---

① 源自商務部反壟斷局官方網站，http://fldj.mofcom.gov.cn/aarticle/ztxx/200903/20090306108494.html。

第十章　消費者權益保護法

【本章引例】

　　2013年2月15日，消費者王某在K市某超市以單價3.00元/罐購買了40罐某品牌罐裝啤酒，總價為120元。當日，消費者家人和朋友食用後不久全部出現嘔吐腹瀉等不適症狀，消費者發現40罐啤酒超過了商品標註的保質期限6個月（生產日期分別為2011年10月27日和2012年1月31日）。發現時已飲用32罐，剩餘8罐。2013年2月16日，消費者為保留相關樣品證據又到該超市購買了同批次6罐該品牌罐裝啤酒，發現也是超過保質期，遂於2013年2月17日向K市消委會投訴並要求賠償。[1]

　　請思考：（1）王某購買到過期啤酒，有無權利要求賠償？（2）如果商家認為自己是無意中出售了過期食品，王某購買時不仔細查看保質期有過錯，因此，自己不應承擔賠償責任。即使承擔責任，也不應該承擔主要責任。商家的主張能否得到支持，為什麼？（3）再若王某有權要求賠償，能否依照《食品安全法》「生產不符合食品安全標準的食品或者銷售明知是不符合食品安全標準的食品，消費者除要求賠償損失外，還可以向生產者或者銷售者要求支付價款十倍的賠償金」的規定，要求懲罰性賠償？

第一節　消費者與消費者權益保護

一、消費者

　　《中華人民共和國消費者權益保護法》（以下簡稱《消法》）第二條規定，消費者為生活消費需要購買、使用商品或者接受服務，其權益受本法保護。依此，「消費」是指生活資料的消費，因而排除了「單位」作為消費者的可能；另據《消法》第六十二條規定，農民購買、使用直接用於農業生產的生產資料，即農民的生產性消費活動，可「參照本法執行」，表明在特殊情況下的「消費」包括了生產資料的消費。據此，我們可將消費者界定為：為生活消費需要購買、使用商品或者接受服務的個人。

【案例解析】

　　[10-1]　農民賈某從某種子站購買了五種農作物良種，正常耕種後有三種農作物分

---

[1] 案例源自「法律快車」網TGH文章：《消費者誤飲過期啤酒求償獲賠》，網址：http://www.lawtime.cn/info/xiaofeizhe/anli/canyinanli/201403102882766.html。

別減產 30%、40% 和 50%。經鑒定，這三種種子部分屬於假良種。①

請思考：例中情形是否由《消法》調整？為什麼？

解析：據《消法》第六十二條規定，農民購買、使用直接用於農業生產的生產資料，即農民的生產性消費活動，可「參照本法執行」。因此，例中情形可由《消法》調整，農民賈某請求消費者協會或者依法成立的其他調解組織調解，還可向有關行政部門投訴，或依司法途徑解決，請求某種子站賠償減產損失。

二、消費者權益保護

消費者作為分散的個體常處於弱勢地位，因而常常出現消費者權益受到損害的問題。在現代社會，消費者問題愈益成為一個嚴重的社會問題，消費者權益保護愈益成為各國立法關注的重要問題。消費者權益保護法成為消費者權益保護的基本法。

消費者權益保護法，廣義而言，是指所有有關保護消費者權益的法律、規範的總稱；就狹義而言，是指保護消費者權益的基本法律——《消費者權益保護法》。

【知識鏈接】 中國的消費者權益保護立法

為保護消費者的合法權益，維護社會經濟秩序，促進社會主義市場經濟健康發展，中國 1993 年 10 月 31 日經八屆全國人大常委會第 4 次會議通過了《中華人民共和國消費者權益保護法》。該法自 1994 年 1 月 1 日起施行。其后於 2009 年 8 月 27 日由第十一屆全國人民代表大會常務委員會第十次會議通過《關於修改部分法律的決定》，對《消法》進行第一次修正。2013 年 10 月 25 日十二屆全國人大常委會第 5 次會議《關於修改中華人民共和國消費者權益保護法的決定》對《消法》作了第 2 次修正，這是消法實施 20 年來的首次全面修改。新修訂的《消法》於 2014 年 3 月 15 日起施行。《消費者權益保護法》分總則、消費者的權利、經營者的義務、國家對消費者合法權益的保護、消費者組織、爭議的解決、法律責任、附則 8 章 63 條。2014 年 9 月 5 日，國家工商總局發布《侵害消費者權益行為處罰辦法（徵求意見稿）》，《侵害消費者權益行為處罰辦法》出抬，無異於為消費者配備維權「新武器」②。

第二節　消費者的權益和經營者的義務

一、消費者權益

消費者權益，即消費者在消費過程中應享有的權利和應得到的利益。

根據中國《消法》第二章的規定，消費者權益主要有：

---

① 參見 2004 年國家司法考試卷一第 20 題。
② 田珍祥：《〈侵害消費者權益行為處罰辦法〉為消費者配備維權新武器》，中國消費網，網址：http://www.ccn.com.cn/news/yaowen/2014/0912/602359.html。2014 年 10 月 17 日瀏覽。

1. 安全保障權。消費者在購買、使用商品和接受服務時享有人身、財產安全不受損害的權利。消費者有權要求經營者提供的商品和服務，符合保障人身、財產安全的要求。

【案例解析】

[10-2] 某美容店向王某推薦一種「雅蘭牌」護膚產品。王某對該品牌產品如此便宜表示疑惑，店家解釋為店慶優惠。王某買回使用后，面部出現紅腫、瘙癢，苦不堪言。質檢部門認定系假冒劣質產品。王某遂向美容店索賠。

請思考：本例美容店違反《消法》什麼規定？應承擔什麼責任？

解析：《消費者權益保護法》第七條規定，「消費者在購買、使用商品和接受服務時享有人身、財產安全不受損害的權利」，即消費者所享有的安全保障權。與此對應還規定了經營者的安全保障義務，「經營者應當保證其提供的商品或者服務符合保障人身、財產安全的要求」。第四十條規定，消費者在購買、使用商品時，其合法權益受到損害的，可以向銷售者要求賠償。銷售者賠償后，屬於生產者的責任或者屬於向銷售者提供商品的其他銷售者的責任的，銷售者有權向生產者或者其他銷售者追償。可見，本例美容店違反了保證商品和服務安全的義務，應當承擔全部責任。①

2. 知情權。消費者享有知悉其購買、使用的商品或者接受的服務的真實情況的權利。消費者有權根據商品或者服務的不同情況，要求經營者提供商品的價格、產地、生產者、用途、性能、規格、等級、主要成分、生產日期、有效期限、檢驗合格證明、使用方法說明書、售後服務，或者服務的內容、規格、費用等有關情況。

【案例解析】

[10-3] 某公司生產銷售一款新車，該車在有些新設計上不夠成熟，導致部分車輛在駕駛中出現故障，甚至因此發生交通事故。事後該公司拒絕就事故原因做出說明，也拒絕對受害人提供賠償。

請思考：本例某公司違反《消法》什麼規定？應承擔什麼責任？

解析：《消法》不僅規定了消費者享有的安全保障權，還在第八條規定了消費者的知情權，即消費者享有知悉其購買、使用的商品或者接受的服務的真實情況的權利。消費者有權根據商品或者服務的不同情況，要求經營者提供商品的價格、產地、生產者、用途、性能、規格、等級、主要成份、生產日期、有效期限、檢驗合格證明、使用方法說明書、售後服務，或者服務的內容、規格、費用等有關情況。第十一條規定了消費者的獲得賠償權，消費者因購買、使用商品或者接受服務受到人身、財產損害的，享有依法獲得賠償的權利。例中某公司生產的汽車因為設計上的缺陷導致駕駛故障，造成交通事故，危害了消費者的安全保障權。該公司事後拒絕就故障原因做出說明，侵犯了消費者的知悉真情權。最后該公司拒絕對受害人提供賠償的行為侵犯了消

---

① 參見2008年國家司法考試卷一第24題及其參考答案，有改動。

費者的獲得賠償權。①

3. 自主選擇權。消費者享有自主選擇商品或者服務的權利。消費者有權自主選擇提供商品或者服務的經營者，自主選擇商品品種或者服務方式，自主決定購買或者不購買任何一種商品、接受或者不接受任何一項服務。消費者在自主選擇商品或者服務時，有權進行比較、鑑別和挑選。

【案例解析】

[10-4] 某電信運營商於 2014 年 1 月至 6 月間，在未經消費者同意的情況下，擅自為消費者提供短信服務並收取服務費（6元/月）共計 36 元。消費者多次找到電信運營商要求退款，都以經理不在等理由進行搪塞、推諉不給消費者退款。2014 年 6 月 8 日消費者向工商分局舉報，在立案調查的過程中，該運營商於 2014 年 6 月 27 日返還消費者 36 元，消費者不同意當事人的處理結果，主張應雙倍返還。

請思考：本例某電信運營商違反《消法》什麼規定？應承擔什麼責任？

解析：依《消法》規定，消費者享有自主選擇商品或者服務的權利。消費者有權自主選擇提供商品或者服務的經營者，自主選擇商品品種或者服務方式，自主決定購買或者不購買任何一種商品、接受或者不接受任何一項服務。例中某電信運營商未經消費者同意，擅自為消費者提供短信服務並收取服務費，違背了《消法》的上述規定，侵害了消費者的自主選擇權。應退還相關費用並賠償損失。工商部門可責令其停止違法行為，並給予相應處罰。②

4. 公平交易權。消費者享有公平交易的權利。消費者在購買商品或者接受服務時，有權獲得質量保障、價格合理、計量正確等公平交易條件，有權拒絕經營者的強制交易行為。

5. 獲得賠償權。消費者因購買、使用商品或者接受服務受到人身、財產損害的，享有依法獲得賠償的權利。

6. 成立維權組織權。消費者享有依法成立維護自身合法權益的社會組織的權利。

7. 獲取相關知識權。消費者享有獲得有關消費和消費者權益保護方面的知識的權利。

8. 受尊重和個人信息保護權。消費者在購買、使用商品和接受服務時，享有人格尊嚴、民族風俗習慣得到尊重的權利，享有個人信息依法得到保護的權利。

【案例解析】

[10-5] 2000 年 4 月 22 日、4 月 28 日及 5 月 1 日，在北京工作的高彬三次欲進入敦煌公司開辦的「TheDen」酒吧消費，均被酒吧工作人員以其「面容不太好，怕影響

---

① 參見 2007 年國家司法考試卷一第 66 題。
② 參見吉林市消費者協會網站宣傳案例：《消費者自主選擇權不得侵犯》，網址：http://www.jlsgs.gov.cn/jlsxx/xdxx.asp?fid=262。2014 年 10 月 25 日瀏覽。

店中生意」為由拒絕入內。2000年7月，高彬向北京市朝陽區人民法院提起訴訟，認為酒吧工作人員的行為侵害了其人格尊嚴，要求被告賠償精神損失5萬元及經濟損失2,847元，並公開賠禮道歉。

一審法院判決被告向高彬書面賠禮道歉，賠償交通費、複印費、諮詢費403.5元、精神損失費4,000元。被告不服判決上訴，二審法院審理後認為，敦煌公司的保安一再拒絕高彬進入酒吧的行為構成了對高彬人格權的侵害，使高彬自主選擇服務經營者的權利受到侵害；但是敦煌公司的侵權行為情節輕微，賠禮道歉並負擔高彬的合理支出已經足以撫慰其精神損害，所以撤銷了一審中判賠的精神損失費。①

請思考：本例某公司違反《消法》什麼規定？應承擔什麼責任？

解析：消費者可自由選擇商品或服務，其人身權利時候到保護，這既是《消法》所規定的消費者權利，更是市場經濟條件下人們基本的自由和權利。因此，《消法》規定，消費者在購買、使用商品和接受服務時，享有人格尊嚴、民族風俗習慣得到尊重的權利。「經營者侵害消費者的人格尊嚴、侵犯消費者人身自由或者侵害消費者個人信息依法得到保護的權利的，應當停止侵害、恢復名譽、消除影響、賠禮道歉，並賠償損失」。「經營者有侮辱誹謗、搜查身體、侵犯人身自由等侵害消費者或者其他受害人人身權益的行為，造成嚴重精神損害的，受害人可以要求精神損害賠償。」例中「The-Den」酒吧工作人員數次以其「面容不太好，怕影響店中生意」為由拒絕入內，無疑是對高彬人格尊嚴的侵害。法院判決被告賠禮道歉，賠償理所應當。但二審法院撤銷了一審中判賠的精神損失費，頗費思量，值得斟酌。

9. 監督權。消費者享有對商品和服務以及保護消費者權益工作進行監督的權利。消費者有權檢舉、控告侵害消費者權益的行為和國家機關及其工作人員在保護消費者權益工作中的違法失職行為，有權對保護消費者權益工作提出批評、建議。

【案例解析】

[10-6] 作者韓成剛對所謂礦泉壺有害健康的問題發表系列文章，並對一些廠家的廣告點名批評，提醒消費者「慎用」、「當心」。后生產礦泉壺的百龍公司、天津市天磁公司等以侵害其名譽權為由向太原市中級人民法院提起訴訟，太原中級人民法院判決侵權案成立，韓遂上訴至山西省高級人民法院。1996年6月，山西省高級人民法院終審判決認定，韓成剛從維護消費者權益角度出發，依法行使了輿論監督權，沒有侵害天磁公司等商家的名譽權，上訴人所提的反訴請求亦缺乏事實證據，判決撤銷太原市中級人民法院的一審判決，駁回被上訴人百龍公司等及上訴人韓成剛反訴的訴訟請求。②

---

① 參見華商網宣傳材料：《十年維權　典型案例大回放》，http://hsb.hsw.cn/2006-03/15/content_5260147.htm。

② 根據中國網：《十大消費者維權經典案例》，http://www.china.com.cn/chinese/2004/Mar/517036.htm，以及甘肅省政府法制信息網：《北京百龍綠色科技企業總公司等訴韓成剛發表評價礦泉壺產品文章侵犯名譽權糾紛案》，http://www.gsfzb.gov.cn/FLFG/SFJS/200504/27260.shtml，2014年11月15日瀏覽。

請思考：作者韓成剛能否對礦泉壺有害健康的問題發表系列文章，並對一些廠家的廣告點名批評？

解析：據悉本案是《消法》施行以來首例消費者個人對經營者的經營行為進行監督的訴訟。依《消法》規定，消費者享有對商品和服務以及保護消費者權益工作進行監督的權利。本案韓成剛的文章均是根據有關報刊、科技雜誌上所載有關文章的觀點撰寫的，內容並未失實，文章從標題到內容均未使用攻擊、謾罵、誹謗、侮辱性語言，不構成對他人人格的傷害。儘管其舉例指責誇大性、誤導性廣告時，對廣告詞點名特指，但僅系從礦泉壺這一產品的效用、功能對消費者的影響等方面來進行評論的，而非針對原告的礦泉壺產品，因此不構成對特定人名譽權的侵害。基於此，法院判決韓成剛從維護消費者權益角度出發，依法行使了輿論監督權，沒有侵害天磁公司等商家的名譽權，無疑是對消費者監督權的維護，頗值肯定。但是，天磁公司等的訴訟無疑妨礙了韓監督權的行使，韓依法有權要求其賠償因此造成的損失，但如其訴訟請求確無證據支持，未獲山西省高級人民法院支持亦屬當然。

二、經營者的義務

與消費者依法享有的權益相對應，經營者負有相應的義務。所謂經營者的義務，即經營者應依法為或不為一定行為以滿足消費者需要的法律約束。根據《消法》第三章的規定，經營者的義務主要有：

1. 依法或依約履行義務

經營者向消費者提供商品或者服務，應當依照本法和其他有關法律、法規的規定履行義務。經營者和消費者有約定的，應當按照約定履行義務，但雙方的約定不得違背法律、法規的規定。經營者向消費者提供商品或者服務，應當恪守社會公德、誠信經營，保障消費者的合法權益；不得設定不公平、不合理的交易條件，不得強制交易。

2. 聽取意見或接受監督的義務

經營者應當聽取消費者對其提供的商品或者服務的意見，接受消費者的監督。

3. 保障人身和財產安全的義務

經營者應當保證其提供的商品或者服務符合保障人身、財產安全的要求。對可能危及人身、財產安全的商品和服務，應當向消費者做出真實的說明和明確的警示，並說明和標明正確使用商品或者接受服務的方法以及防止危害發生的方法。賓館、商場、餐館、銀行、機場、車站、港口、影劇院等經營場所的經營者，應當對消費者盡到安全保障義務。

4. 缺陷報告、告知和召回義務

經營者發現其提供的商品或者服務存在缺陷，有危及人身、財產安全危險的，應當立即向有關行政部門報告和告知消費者，並採取停止銷售、警示、召回、無害化處理、銷毀、停止生產或者服務等措施。採取召回措施的，經營者應當承擔消費者因商品被召回支出的必要費用。

【案例解析】

[10-7] 陳女士去年 9 月在超市給孩子買了個帶蓋子的水杯。結果買回家沒用多久，發現水杯的杯口有凸起的毛刺，孩子喝水時還差點把嘴唇給劃傷了。由於懷疑產品質量存在問題，陳女士帶著杯子找到了超市方要求退貨，但對方認為產品質量不存在問題，只不過是工藝上的一些缺陷，並且消費者已經使用過一段時間，無法退換。無奈之下陳女士找到了市消委。經過調解，超市最終免費為其更換了水杯。

請思考：依據《消法》規定，陳女士可以向商家主張什麼權利？商家應承擔什麼責任？

解析：依照《消法》規定經營者負有缺陷報告、告知和召回義務。陳女士在超市所買水杯杯口有凸起的毛刺，按通常情況而言，應認定其存有缺陷（當然，如果實際裁判時有疑議應予鑒定）。商家不僅有義務為消費者退貨，而且還應向行政部門報告並告知其他消費者，並對這種危及人身財產安全的缺陷商品立即停止銷售，同時採取警示、召回等措施。如果採取召回措施的，商家需承擔相應的費用。另外，按照《消法》第五十六條的規定，如果在知道產品有缺陷的情況下依然拒絕召回或停售、警示消費者等措施的，要依法承擔民事責任，可由工商行政管理部門或者其他有關行政部門責令改正，可以根據情節單處或者並處警告、沒收違法所得、處以違法所得一倍以上十倍以下的罰款，沒有違法所得的，處以五十萬元以下的罰款；情節嚴重的，責令停業整頓、吊銷營業執照。

5. 提供真實信息的義務

經營者向消費者提供有關商品或者服務的質量、性能、用途、有效期限等信息，應當真實、全面，不得作虛假或者引人誤解的宣傳。經營者對消費者就其提供的商品或者服務的質量和使用方法等問題提出的詢問，應當做出真實、明確的答覆。經營者提供商品或者服務應當明碼標價。

6. 真實標示的義務

經營者應當標明其真實名稱和標記。租賃他人櫃臺或者場地的經營者，應當標明其真實名稱和標記。

7. 出具憑證和單據的義務

經營者提供商品或者服務，應當按照國家有關規定或者商業慣例向消費者出具發票等購貨憑證或者服務單據；消費者索要發票等購貨憑證或者服務單據的，經營者必須出具。

8. 質量保證義務

經營者應當保證在正常使用商品或者接受服務的情況下其提供的商品或者服務應當具有的質量、性能、用途和有效期限；但消費者在購買該商品或者接受該服務前已經知道其存在瑕疵，且存在該瑕疵不違反法律強制性規定的除外。經營者以廣告、產品說明、實物樣品或者其他方式表明商品或者服務的質量狀況的，應當保證其提供的商品或者服務的實際質量與表明的質量狀況相符。經營者提供的機動車、計算機、電

視機、電冰箱、空調器、洗衣機等耐用商品或者裝飾裝修等服務，消費者自接受商品或者服務之日起六個月內發現瑕疵，發生爭議的，由經營者承擔有關瑕疵的舉證責任。

【案例解析】

[10-8] 某大型商場在商場各醒目處張貼海報：本商場正以3折的價格處理一批因火災而被水浸過的商品。消費者葛某見后，以488元購買了一件原價1,464元的名牌女皮衣。該皮衣穿后不久，表面出現嚴重的泛鹼現象。葛某要求商場退貨，被拒絕。

A. 商場不承擔退貨責任
B. 甲商場應當承擔退貨責任
C. 商場可以不退貨，但應當允許葛某用該皮衣調換一件價值488元的其他商品
D. 商場可以對該皮衣進行修復處理並收取適當的費用

請思考：上述哪些說法是正確的？

解析：《消費者權益保護法》第二十條規定，經營者向消費者提供有關商品或者服務的質量、性能、用途、有效期限等信息，應當真實、全面，不得作虛假或者引人誤解的宣傳。第二十三條規定，經營者應當保證在正常使用商品或者接受服務的情況下其提供的商品或者服務應當具有的質量、性能、用途和有效期限；但消費者在購買該商品或者接受該服務前已經知道其存在瑕疵，且存在該瑕疵不違反法律強制性規定的除外。經營者以廣告、產品說明、實物樣品或者其他方式表明商品或者服務的質量狀況的，應當保證其提供的商品或者服務的實際質量與表明的質量狀況相符。本題中，商場已經以張貼海報方式明示告知皮衣被水浸過的瑕疵事實，故無須承擔退貨責任。故本題答案為AD。[1]

9.「三包」義務

所謂「三包」，即包修、包換、包退。經營者應依法或依約承擔此義務。《消法》規定，經營者提供的商品或者服務不符合質量要求的，消費者可以依照國家規定、當事人約定退貨，或者要求經營者履行更換、修理等義務。沒有國家規定和當事人約定的，消費者可以自收到商品之日起七日內退貨；七日后符合法定解除合同條件的，消費者可以及時退貨，不符合法定解除合同條件的，可以要求經營者履行更換、修理等義務。依照前述規定或約定進行退貨、更換、修理的，經營者應當承擔運輸等必要費用。

10. 無理由退貨義務

經營者採用網路、電視、電話、郵購等方式銷售商品，消費者有權自收到商品之日起七日內退貨，且無須說明理由，但下列商品除外：消費者定做的；鮮活易腐的；在線下載或者消費者拆封的音像製品、計算機軟件等數字化商品；交付的報紙、期刊。除此所列商品外，其他根據商品性質並經消費者在購買時確認不宜退貨的商品，不適用無理由退貨。消費者退貨的商品應當完好。經營者應當自收到退回商品之日起七日

---

[1] 參見2006年國家司法考試試卷一第69題及參考答案。

內返還消費者支付的商品價款。退回商品的運費由消費者承擔；經營者和消費者另有約定的，按照約定。

消費者有權自收到商品之日起七日內無須說明理由可退貨，被稱為消費者的「后悔權」，即消費者在此七日期間享有單方解除合同的權利。與此對應，經營者負有應允消費者單方解除合同的義務。

【案例解析】

[10-9] 國慶購物節時，某女士在某大型購物網站上看到一款手包，款式新穎、價格公道，於是毫不猶豫點擊了購買，並支付了貨款。收到貨後，該女士覺得這款包雖不失新穎，但顏色、做工與網頁圖片差別很大，於是聯繫上網店店主，要求退貨，並願意承擔來往的運費，但店主以已經售出非因質量瑕疵概不退貨為由，予以拒絕。

請思考：本例某女士能否要求退貨？

解析：依據《消法》第二十五條的規定，經營者採用網路、電視、電話、郵購等方式銷售商品，除另有規定和約定外，消費者有權自收到商品之日起七日內退貨，且無需說明理由。這是因為網路、電視、電話、郵購等非現場購物，消費者無法直觀地判斷商品的品質、質量、性能等，而只能依據經銷商提供的商品信息如圖片、文字說明等去判斷，所以必然會帶來判斷上的一些誤差，因此，通過七日內無理由退貨的制度規定以彌補其不足；當然，無理由退貨固然可矯正非因直觀而可能出現判斷誤差而對消費者不利的情形，但此時經營者可能並無過錯，法律規定退貨不僅應完好，運費也由消費者承擔等條件，較好地實現當事人之間利益平衡。當然，消費者還需注意的是，並非所有網購等方式購買的商品都可無理由退貨。消費者定做的；鮮活易腐的；在線下載或者消費者拆封的音像製品、計算機軟件等數字化商品；交付的報紙、期刊；其他根據商品性質並經消費者在購買時確認不宜退貨的商品；等等，不適用無理由退貨。

11. 格式條款限制的義務

經營者在經營活動中使用格式條款的，應當以顯著方式提請消費者注意商品或者服務的數量和質量、價款或者費用、履行期限和方式、安全注意事項和風險警示、售後服務、民事責任等與消費者有重大利害關係的內容，並按照消費者的要求予以說明。

經營者不得以格式條款、通知、聲明、店堂告示等方式，做出排除或者限制消費者權利、減輕或者免除經營者責任、加重消費者責任等對消費者不公平、不合理的規定，不得利用格式條款並借助技術手段強制交易。格式條款、通知、聲明、店堂告示等含有前述內容的，其內容無效。

【案例解析】

[10-10] 2014年2月19日，劉先生到成都市武侯區一酒樓用餐，因嫌大廳吵鬧，點好菜後轉到包間。結帳時發現，包間的菜價不但比大廳上漲兩成，還要被收380元

包間費。劉先生認為酒樓收包間費屬「霸王條款」，於是訴至法院，要求退還包間費380元。2014年3月19日，武侯區人民法院開庭審理此案。這是自新《消法》實施後，成都有關包間費訴至法院的第一案。法院審理認為，本案中經營者收取包間費合理，且經營者明確告知原告劉先生包間將產生費用，並不屬新《消法》中規定的「霸王條款」，雙方事實上形成口頭合意，適用《合同法》。法院一審判決：駁回原告劉先生訴訟退還包間費的請求。

請思考：一審法院為什麼駁回劉先生退還包間費的請求？

解析：《消法》規定，消費者有知情權和自主選擇權，一些餐飲等服務企業沒有對諸如包間費等向消費者明確告知，甚或根本不予告知，或者僅在大廳張貼告示，從而使消費者不知曉其相關消費的價格、費用等信息。在侵犯了消費者的知情權的同時，變相剝奪了他們的選擇權。因此，《消法》規定，經營者不得以格式條款、通知、聲明、店堂告示等方式，做出排除或者限制消費者權利、減輕或者免除經營者責任、加重消費者責任等對消費者不公平、不合理的規定，不得利用格式條款並借助技術手段強制交易。格式條款、通知、聲明、店堂告示等含有前述內容的，其內容無效。這些即為所謂「霸王條款」。就這起案件而言，爭議點在於餐館是否做出了有效告知。劉先生認為，就餐前酒樓並未告知要收包間費；餐館卻表示，劉先生在進入包間前已被明確告知要收取包間費。對此，雙方可能都並沒有直接證據，如簽字、錄音等。但在「菜單的最後一頁標有各包間的收費標準，該頁關於包間收費的文字字號明顯大於該頁其他文字字號，字體也不同」。這種提示和僅僅在大堂張貼告示有所不同，因為一般而言，看菜單是點餐的必經程序。這可能就是法院認為本案餐館收取包間費合理的有力證據。因此，相關報導認為，法律不僅保護消費者權益，還支持契約自由。法律只禁止構成「霸王條款」的包間費，並不完全否定包間費。

本案的啟示更在於，對於諸如包間費等費用收取並非一概否定，這就需要對餐飲業制定規範性行業準則，明確餐館具體有效告知程序，並對包間費制定合理標準，避免讓消費者和餐館都覺得自己很冤的尷尬。①

12. 不得侵害消費者人身自由的義務

經營者不得對消費者進行侮辱、誹謗，不得搜查消費者的身體及其攜帶的物品，不得侵犯消費者的人身自由。

13. 採用網路等方式提供商品或服務的信息告知義務

採用網路、電視、電話、郵購等方式提供商品或者服務的經營者，以及提供證券、保險、銀行等金融服務的經營者，應當向消費者提供經營地址、聯繫方式、商品或者服務的數量和質量、價款或者費用、履行期限和方式、安全注意事項和風險警示、售后服務、民事責任等信息。

---

① 參見舒銳. 包間費：法律禁止的只是「霸王條款」[N]. 人民法院報, 2014-05-24 (02)；文波. 雙方有露頭合約不算霸王條款 [N]. 成都晚報, 2014-05-22 (10).

【案例解析】

[10-11] 2012 年 6 月 19 日，廣州市民盧小姐在騰訊公司經營的「QQ 網購」網站上購買了四款貝佳斯品牌的化妝品，化妝品由某電子商務公司開具發票。盧小姐向貝佳斯公司諮詢後得知，「QQ 網購」上銷售的貝佳斯產品並無官方授權，產品上的進口化妝品批准文號與真正的批准文號亦不相符，故認為 QQ 網購銷售假貨，應當按該網站上《購物保障》載明的「假一賠十」條款進行賠償，因而起訴騰訊公司、某電子商務公司，要求兩公司共同賠償 23,640 元，即購物款的十倍。廣州中院審理認為，在「QQ 網購」中涉案四種商品的詳情頁面均載明「本商品由天天網提供」，而騰訊公司的經營範圍並無銷售普通商品的項目。因此，騰訊公司實為提供「QQ 網購」網路交易平臺服務的經營者，騰訊公司與盧小姐構成服務合同關係而非買賣合同關係，因此其賠償訴請依據不足，法院判決駁回盧小姐的訴訟請求。

請思考：一審法院為什麼駁回盧小姐的訴訟請求？

解析：《消法》規定，採用網路等方式提供商品或服務的信息告知義務，即「應當向消費者提供經營地址、聯繫方式、商品或者服務的數量和質量、價款或者費用、履行期限和方式、安全注意事項和風險警示、售後服務、民事責任等信息」。這是由於網購等銷售方式的特點決定的。但是，消費者在網購過程中往往忽視一個重要問題：採用網路、電視、電話、郵購等方式提供商品或者服務的經營者和購物網站平臺的運營商有時並不一致。換言之，只有消費者和採用網路等方式提供商品或服務的經營者才是合同的相對方，而網路等平臺的提供者並不一定與消費者是合同的相對人。而根據《消法》第四十四條的規定，「網路交易平臺提供者不能提供銷售者或者服務者的真實名稱、地址和有效聯繫方式的，消費者也可以向網路交易平臺提供者要求賠償；網路交易平臺提供者做出更有利於消費者的承諾的，應當履行承諾。網路交易平臺提供者賠償後，有權向銷售者或者服務者追償。」即消費者向網路交易平臺提供者主張賠償必須滿足規定的條件，即前述網路交易平臺提供者不能向消費者提供銷售者或者服務者的真實名稱、地址和有效聯繫方式。本案中盧小姐在騰訊公司經營的「QQ 網購」網站上購買的化妝品系由某電子商務公司開具發票，即賣家非騰訊公司、某電子商務公司，而系某電子商務公司。換言之，騰訊公司經營的「QQ 網購」網站僅為交易平臺的提供者，與消費者盧小姐之間不構成買賣合同關係，且在「QQ 網購」中涉案四種商品的詳情頁面均載明「本商品由天天網提供」，已盡到了信息提供和告知的義務，故不承擔相應的賠償責任。[1]

14. 消費者個人信息保護義務

經營者收集、使用消費者個人信息，應當遵循合法、正當、必要的原則，明示收集、使用信息的目的、方式和範圍，並經消費者同意。經營者收集、使用消費者個人

---

[1] 楊曉梅. 網購：當心踩到法律「雷區」[N]. 人民法院報，2014-04-13（03）．有改動．

信息，應當公開其收集、使用規則，不得違反法律、法規的規定和雙方的約定收集、使用信息。

經營者及其工作人員對收集的消費者個人信息必須嚴格保密，不得洩露、出售或者非法向他人提供。經營者應當採取技術措施和其他必要措施，確保信息安全，防止消費者個人信息洩露、丟失。在發生或者可能發生信息洩露、丟失的情況時，應當立即採取補救措施。經營者未經消費者同意或者請求，或者消費者明確表示拒絕的，不得向其發送商業性信息。

【案例解析】

［10-12］福鼎市葉先生新買的蘋果4手機才3個月，突然接到移動公司員工的電話，說蘋果機的流量消費比較大，要推薦套餐。去年端午節，葉先生換了蘋果5手機，才3天，居然又接到移動公司推銷套餐，說蘋果5的流量更大。葉先生的手機是自己在品牌專營店購買的，但是移動公司居然連續兩次都知道自己手機更換，葉先生懷疑個人信息被洩漏。①

請思考：如果葉先生的個人信息確實被洩漏，那麼其可以依據《消法》什麼規定主張其權利？

解析：《消法》第二十九條的規定：「經營者收集、使用消費者個人信息，應當遵循合法、正當、必要的原則，明示收集、使用信息的目的、方式和範圍，並經消費者同意。經營者收集、使用消費者個人信息，應當公開其收集、使用規則，不得違反法律、法規的規定和雙方的約定收集、使用信息」。「經營者未經消費者同意或者請求，或者消費者明確表示拒絕的，不得向其發送商業性信息。」經營者侵害消費者個人信息依法得到保護的權利的，「除承擔相應的民事責任外，其他有關法律、法規對處罰機關和處罰方式有規定的，依照法律、法規的規定執行；法律、法規未作規定的，由工商行政管理部門或者其他有關行政部門責令改正，可以根據情節單處或者並處警告、沒收違法所得、處以違法所得一倍以上十倍以下的罰款，沒有違法所得的，處以五十萬元以下的罰款；情節嚴重的，責令停業整頓、吊銷營業執照」。由此可見，葉先生是自己在品牌專營店購買的手機，與移動公司並無相關接洽，但移動公司員工卻對其個人信息有準確的掌握。極有可能是品牌專營店對消費者個人信息的保密工做出了問題。因此，例中葉先生可以請求專賣店及移動公司，停止侵權行為，如有損失可要求賠償損失；還可向工商部門或者其他有關行政部門舉報，責令改正，並可以根據情節單處或者並處前述行政處罰。

---

① 參見王東東：《洩露消費者個人信息可罰50萬元》，載寧德網，網址：http://www.ndwww.cn/news/ndxw/201403/448112.html。2014年10月26日瀏覽。

第三節　國家和消費者組織對消費者保護的職責

保護消費者合法權益不僅僅是消費者個人的事情，國家負有極其重要的職責，消費者組織亦具有重要的作用。

一、國家對消費者合法權益的保護

根據《消法》規定，國家立法應體現消費者意願，在制定有關消費者權益的法律、法規、規章和強制性標準時，應當聽取消費者和消費者協會等組織的意見。同時，政府要盡領導、監督職責，即各級人民政府應當加強領導，組織、協調、督促有關行政部門做好保護消費者合法權益的工作，落實保護消費者合法權益的職責。各級人民政府應當加強監督，預防危害消費者人身、財產安全行為的發生，及時制止危害消費者人身、財產安全的行為。再則，執法主管部門和執法部門應積極履行消費者權益保護職責。各級人民政府工商行政管理部門和其他有關行政部門應當依照法律、法規的規定，在各自的職責範圍內，採取措施，保護消費者的合法權益。有關行政部門應當聽取消費者和消費者協會等組織對經營者交易行為、商品和服務質量問題的意見，及時調查處理。有關行政部門在各自的職責範圍內，應當定期或者不定期對經營者提供的商品和服務進行抽查檢驗，並及時向社會公布抽查檢驗結果。有關行政部門發現並認定經營者提供的商品或者服務存在缺陷，有危及人身、財產安全危險的，應當立即責令經營者採取停止銷售、警示、召回、無害化處理、銷毀、停止生產或者服務等措施。消費者向有關行政部門投訴的，該部門應當自收到投訴之日起七個工作日內，予以處理並告知消費者。此外，有關國家機關應當依照法律、法規的規定，懲處經營者在提供商品和服務中侵害消費者合法權益的違法犯罪行為。人民法院應當採取措施，方便消費者提起訴訟。對符合《中華人民共和國民事訴訟法》起訴條件的消費者權益爭議，必須受理，及時審理。

二、消費者組織的職責

消費者協會和其他消費者組織是依法成立的對商品和服務進行社會監督的保護消費者合法權益的社會組織。

消費者協會履行下列公益性職責：①向消費者提供消費信息和諮詢服務，提高消費者維護自身合法權益的能力，引導文明、健康、節約資源和保護環境的消費方式；②參與制定有關消費者權益的法律、法規、規章和強制性標準；③參與有關行政部門對商品和服務的監督、檢查；④就有關消費者合法權益的問題，向有關部門反映、查詢，提出建議；⑤受理消費者的投訴，並對投訴事項進行調查、調解；⑥投訴事項涉及商品和服務質量問題的，可以委託具備資格的鑒定人鑒定，鑒定人應當告知鑒定意見；⑦就損害消費者合法權益的行為，支持受損害的消費者提起訴訟或者依照本法提

起訴訟；⑧對損害消費者合法權益的行為，通過大眾傳播媒介予以揭露、批評。此外，對侵害眾多消費者合法權益的行為，中國消費者協會以及在省、自治區、直轄市設立的消費者協會，可以向人民法院提起訴訟。

消費者協會應當認真履行保護消費者合法權益的職責，聽取消費者的意見和建議，接受社會監督。依法成立的其他消費者組織依照法律、法規及其章程的規定，開展保護消費者合法權益的活動。各級人民政府對消費者協會履行職責應當予以必要的經費等支持。

消費者組織作為消費者權益保護的社會公益組織，不得從事商品經營和營利性服務，不得以收取費用或者其他牟取利益的方式向消費者推薦商品和服務。對侵害眾多消費者合法權益的行為，中國消費者協會以及在省、自治區、直轄市設立的消費者協會，可以向人民法院提起訴訟。

第四節　爭議的解決和法律責任

一、爭議的解決

1. 爭議及其解決途徑

根據《消法》的規定，此所謂爭議即消費者和經營者發生消費者權益爭議，也就是消費者經營者之間因商品或服務的質量問題造成的消費者財產損失或人身損害而產生的糾紛。通常的解決途徑主要是：與經營者協商和解；請求消費者協會或者依法成立的其他調解組織調解；向有關行政部門投訴；根據與經營者達成的仲裁協議提請仲裁機構仲裁；向人民法院提起訴訟。

2. 賠償責任及其承擔

消費者在購買、使用商品時，其合法權益受到損害的，可以向銷售者要求賠償。銷售者賠償后，屬於生產者的責任或者屬於向銷售者提供商品的其他銷售者的責任的，銷售者有權向生產者或者其他銷售者追償。

消費者或者其他受害人因商品缺陷造成人身、財產損害的，可以向銷售者要求賠償，也可以向生產者要求賠償。屬於生產者責任的，銷售者賠償后，有權向生產者追償。屬於銷售者責任的，生產者賠償后，有權向銷售者追償。消費者在接受服務時，其合法權益受到損害的，可以向服務者要求賠償。

3. 幾種特殊情形的賠償責任的確定

（1）消費者在購買、使用商品或者接受服務時，其合法權益受到損害，因原企業分立、合併的，可以向變更后承受其權利義務的企業要求賠償。

（2）使用他人營業執照的違法經營者提供商品或者服務，損害消費者合法權益的，消費者可以向其要求賠償，也可以向營業執照的持有人要求賠償。

（3）消費者在展銷會、租賃櫃臺購買商品或者接受服務，其合法權益受到損害的，

可以向銷售者或者服務者要求賠償。展銷會結束或者櫃臺租賃期滿后，也可以向展銷會的舉辦者、櫃臺的出租者要求賠償。展銷會的舉辦者、櫃臺的出租者賠償后，有權向銷售者或者服務者追償。

（4）消費者通過網路交易平臺購買商品或者接受服務，其合法權益受到損害的，可以向銷售者或者服務者要求賠償。網路交易平臺提供者不能提供銷售者或者服務者的真實名稱、地址和有效聯繫方式的，消費者也可以向網路交易平臺提供者要求賠償；網路交易平臺提供者做出更有利於消費者的承諾的，應當履行承諾。網路交易平臺提供者賠償后，有權向銷售者或者服務者追償。網路交易平臺提供者明知或者應知銷售者或者服務者利用其平臺侵害消費者合法權益，未採取必要措施的，依法與該銷售者或者服務者承擔連帶責任。

（5）消費者因經營者利用虛假廣告或者其他虛假宣傳方式提供商品或者服務，其合法權益受到損害的，可以向經營者要求賠償。廣告經營者、發布者發布虛假廣告的，消費者可以請求行政主管部門予以懲處。廣告經營者、發布者不能提供經營者的真實名稱、地址和有效聯繫方式的，應當承擔賠償責任。廣告經營者、發布者設計、製作、發布關係消費者生命健康商品或者服務的虛假廣告，造成消費者損害的，應當與提供該商品或者服務的經營者承擔連帶責任。社會團體或者其他組織、個人在關係消費者生命健康商品或者服務的虛假廣告或者其他虛假宣傳中向消費者推薦商品或者服務，造成消費者損害的，應當與提供該商品或者服務的經營者承擔連帶責任。

二、法律責任

1. 民事責任

（1）承擔民事責任的一般情形

《消法》第四十八條規定，經營者提供商品或者服務有下列情形之一的，除另有規定外，應當依照其他有關法律、法規的規定，承擔民事責任：商品或者服務存在缺陷的；不具備商品應當具備的使用性能而出售時未作說明的；不符合在商品或者其包裝上註明採用的商品標準的；不符合商品說明、實物樣品等方式表明的質量狀況的；生產國家明令淘汰的商品或者銷售失效、變質的商品的；銷售的商品數量不足的；服務的內容和費用違反約定的；對消費者提出的修理、重作、更換、退貨、補足商品數量、退還貨款和服務費用或者賠償損失的要求，故意拖延或者無理拒絕的；法律、法規規定的其他損害消費者權益的情形。經營者對消費者未盡到安全保障義務，造成消費者損害的，應當承擔侵權責任。

（2）人身傷亡的民事責任

經營者提供商品或者服務，造成消費者或者其他受害人人身傷害的，應當賠償醫療費、護理費、交通費等為治療和康復支出的合理費用，以及因誤工減少的收入。造成殘疾的，還應當賠償殘疾生活輔助具費和殘疾賠償金。造成死亡的，還應當賠償喪葬費和死亡賠償金。

（3）侵害消費者的人格等的民事責任

經營者侵害消費者的人格尊嚴、侵犯消費者人身自由或者侵害消費者個人信息依法得到保護的權利的，應當停止侵害、恢復名譽、消除影響、賠禮道歉，並賠償損失。

（4）精神損害賠償的民事責任

經營者有侮辱誹謗、搜查身體、侵犯人身自由等侵害消費者或者其他受害人人身權益的行為，造成嚴重精神損害的，受害人可以要求精神損害賠償。

（5）財產損害的賠償責任

經營者提供商品或者服務，造成消費者財產損害的，應當依照法律規定或者當事人約定承擔修理、重作、更換、退貨、補足商品數量、退還貨款和服務費用或者賠償損失等民事責任。

（6）預收款方式銷售的民事責任

經營者以預收款方式提供商品或者服務的，應當按照約定提供。未按照約定提供的，應當按照消費者的要求履行約定或者退回預付款；並應當承擔預付款的利息、消費者必須支付的合理費用。

（7）不合格商品的退貨責任

依法經有關行政部門認定為不合格的商品，消費者要求退貨的，經營者應當負責退貨。

（8）懲罰性賠償

經營者提供商品或者服務有欺詐行為的，應當按照消費者的要求增加賠償其受到的損失，增加賠償的金額為消費者購買商品的價款或者接受服務的費用的三倍；增加賠償的金額不足五百元的，為五百元。法律另有規定的，依照其規定。經營者明知商品或者服務存在缺陷，仍然向消費者提供，造成消費者或者其他受害人死亡或者健康嚴重損害的，受害人有權要求經營者依照《消法》第四十九條、第五十一條等法律規定賠償損失，並有權要求所受損失二倍以下的懲罰性賠償。

【案例解析】

［10-13］劉先生是位紫砂製品收藏愛好者，一日，來到某百貨公司，欲購買一款紫砂壺留做紀念。百貨公司的售貨員推薦了一款名為「神竹壺」的紫砂壺，並稱此壺系何道洪大師的早期作品。劉先生看後覺得很喜歡，隨即以31.9萬餘元的價格購得該壺，百貨公司向劉先生出具購貨小票及發票，均寫明商品名稱為「茶藝樂園何道洪紫砂壺」。之後，劉先生找到何道洪要求補辦該紫砂壺的證書時，何道洪稱此壺並非其作品。

劉先生認為，百貨公司賣假貨的行為已經構成欺詐，故訴至法院要求百貨公司退貨、退還貨款並按照消費者權益保護法的規定，加倍支付賠償金31.9萬餘元。百貨公司則認為，紫砂壺屬於特殊商品，脫離了日常生活的消費品範疇，劉先生因不是為了生活需要而進行的消費，不具有消費者的主體資格，故案件不能適用消法的規定加倍賠償，而應當適用合同法來予以規範，賠償範圍應以劉先生的實際損失為基礎。

法院經向何道洪本人核實得知，涉案紫砂壺是仿造的其早期作品。法院審理后認為，消費者為生活消費需要購買、使用商品或者接受服務，其權益受中國消費者權益保護法保護。消費者有權知悉其購買、使用的商品的真實情況，經營者應當向消費者提供有關商品的真實信息。百貨公司作為經營者，在沒有充分依據確定其所銷售的紫砂壺為何道洪作品的情況下，即向消費者表示該紫砂壺為何道洪作品，劉先生亦因信賴百貨公司所宣稱的商品信息而購買涉案紫砂壺。現何道洪明確否認該壺為其本人作品，劉先生依據何道洪的陳述主張百貨公司提供商品存在欺詐行為，百貨公司又未能提供證據推翻何道洪的陳述，法院據此認定百貨公司的行為損害了消費者的信賴利益，其行為已構成對劉先生的欺詐。經營者提供商品有欺詐行為的，應當按照消費者的要求增加賠償其受到的損失，增加賠償的金額為消費者購買商品的價款的一倍。綜上，法院判決支持了劉先生的訴訟請求。

　　請思考：本例是否適用《消法》的規定？

　　解析：本案爭議在於購買古玩藝術品是否屬於「為生活需要購買商品」。百貨公司認為，紫砂壺系特殊商品，脫離了日常生活的消費品範疇，劉先生不是為了生活需要而進行消費，因而不具有消費者的主體資格，故案件不能適用《消法》而應當適用合同法。顯然，法院沒有採納百貨公司的觀點，而認為百貨公司作為經營者，在沒有充分依據確定其所銷售的紫砂壺為何道洪作品的情況下，即向消費者表示該紫砂壺為何道洪作品，於是根據已有證據認定百貨公司的行為構成對劉先生的欺詐。所以支持了劉先生增加賠償的金額為消費者購買商品的價款的一倍。如果依照修訂后的《消法》規定，可按「增加賠償的金額為消費者購買商品的價款或者接受服務的費用的三倍」的規定執行。

　　其實，隨著人們生活水平的不斷提升，消費消費需求表現出多層次。從日常生活必需的食品、衣服等滿足基本需要，逐漸上升到價值較高的類似高檔汽車消費、古玩消費等追求精神享受的消費層次。因此，對於消費與消費者的界定也應與時俱進，只要消費者購買的商品是為生活需要所購，其權益就可以適用消費者權益保護法來進行保護。[1]

2. 行政責任

　　經營者有下列情形之一、除承擔相應的民事責任外，其他有關法律、法規對處罰機關和處罰方式有規定的，依照法律、法規的規定執行；法律、法規未作規定的，由工商行政管理部門或者其他有關行政部門責令改正，可以根據情節單處或者並處警告、沒收違法所得、處以違法所得一倍以上十倍以下的罰款，沒有違法所得的，處以五十萬元以下的罰款；情節嚴重的，責令停業整頓、吊銷營業執照：①提供的商品或者服務不符合保障人身、財產安全要求的；②在商品中摻雜、摻假，以假充真，以次充好，或者以不合格商品冒充合格商品的；③生產國家明令淘汰的商品或者銷售失效、變質的商品的；④偽造商品的產地，偽造或者冒用他人的廠名、廠址，篡改生產日期，偽造或者冒用認證標誌等質量標誌的；⑤銷售的商品應當檢驗、檢疫而未檢驗、檢疫或

---

[1] 參見王要勤，等. 北京二中院「節前提示」教你遠離糾紛［N］. 人民法院報，2014-01-26 (03).

者偽造檢驗、檢疫結果的；⑥對商品或者服務作虛假或者引人誤解的宣傳的；⑦拒絕或者拖延有關行政部門責令對缺陷商品或者服務採取停止銷售、警示、召回、無害化處理、銷毀、停止生產或者服務等措施的；⑧對消費者提出的修理、重作、更換、退貨、補足商品數量、退還貨款和服務費用或者賠償損失的要求，故意拖延或者無理拒絕的；⑨侵害消費者人格尊嚴、侵犯消費者人身自由或者侵害消費者個人信息依法得到保護的權利的；⑩法律、法規規定的對損害消費者權益應當予以處罰的其他情形。須注意的是，《消法》特別規定，經營者有前述情形的，除依照法律、法規規定予以處罰外，處罰機關應當記入信用檔案，向社會公布。

此外，以暴力、威脅等方法阻礙有關行政部門工作人員依法執行職務的，依法追究刑事責任；拒絕、阻礙有關行政部門工作人員依法執行職務，未使用暴力、威脅方法的，由公安機關依照《中華人民共和國治安管理處罰法》的規定處罰。《消法》還規定，國家機關工作人員玩忽職守或者包庇經營者侵害消費者合法權益的行為的，由其所在單位或者上級機關給予行政處分。

經營者對行政處罰決定不服的，可以依法申請行政復議或者提起行政訴訟。

3. 刑事責任

經營者違反本法規定提供商品或者服務，侵害消費者合法權益，構成犯罪的，依法追究刑事責任。此外，《消法》還規定，國家機關工作人員玩忽職守或者包庇經營者侵害消費者合法權益的行為情節嚴重，構成犯罪的，依法追究刑事責任。

4. 民事賠償責任優先

經營者違反本法規定，應當承擔民事賠償責任和繳納罰款、罰金，其財產不足以同時支付的，先承擔民事賠償責任。

本章小結：

消費者問題是現代社會一個非常現實而重要的問題。消費者問題激發起消費者保護運動的發展。消費者權益保護立法應運而生。中國《消法》經兩次修訂，全面規定了消費者的權利和經營者的義務、國家對消費者合法權益的保護、消費者組織、爭議的解決、法律責任等內容，尤其是新修訂時增加對消費者「后悔權」及經營者的「無理由退貨義務」、明確消費者個人信息保戶、擴大「三包」的適用範圍幾家大懲罰性賠償力度等，對於消費者權益保護都有重要作用。

關鍵術語：

消費者　消費者權益　經營者的義務　安全保障權　知情權　無理由退貨義務　「三包」義務

本章知識邏輯圖：

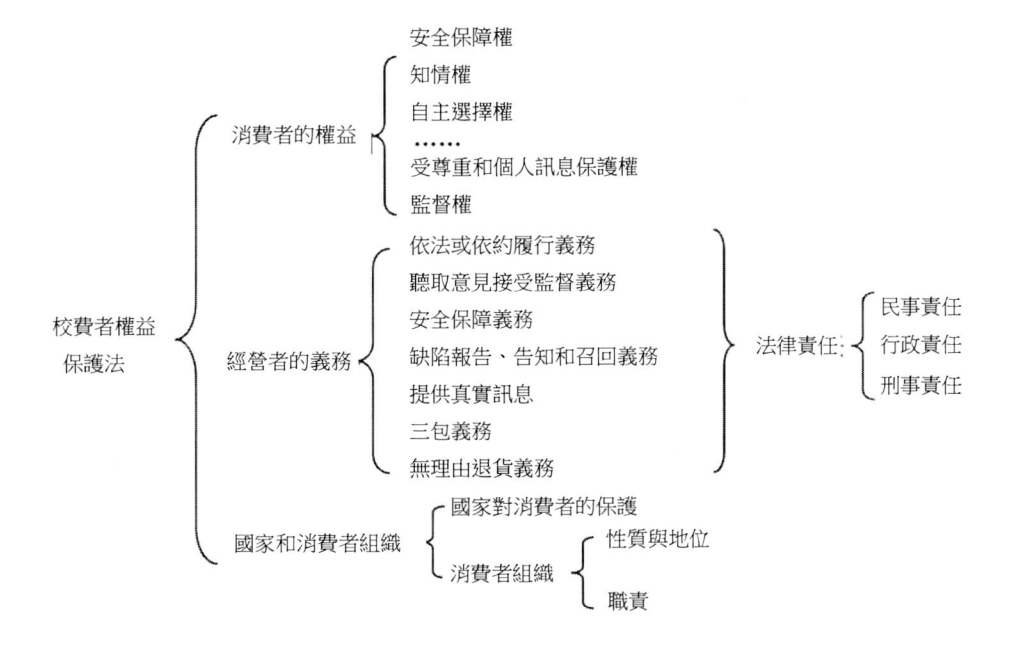

消費者權益保護法
- 消費者的權益
  - 安全保障權
  - 知情權
  - 自主選擇權
  - ……
  - 受尊重和個人訊息保護權
  - 監督權
- 經營者的義務
  - 依法或依約履行義務
  - 聽取意見接受監督義務
  - 安全保障義務
  - 缺陷報告、告知和召回義務
  - 提供真實訊息
  - 三包義務
  - 無理由退貨義務
- 法律責任
  - 民事責任
  - 行政責任
  - 刑事責任
- 國家和消費者組織
  - 國家對消費者的保護
  - 消費者組織
    - 性質與地位
    - 職責

思考與練習：

（一）請你結合《消法》的相關規定，分析《消法》的制度價值和立法宗旨。

（二）案例分析

1. 歐女士通過某電商平臺，購買了一款價值389元的juicy couture錢包。賣家稱該錢包是從美國專櫃代購，保證正品，若有質量問題承諾7天退貨。十多天后，歐女士收到錢包。「實物和圖片展示一樣，價格也比專櫃便宜400多元。」歐女士說，由於賣家聲稱「支持專櫃驗貨，假一罰十」，幾天後，她便前往實體店驗貨，誰知售貨員在驗貨後說是假貨，並非正品。歐女士趕緊向賣家申請退貨，賣家卻表示，需提交文字鑒定材料附蓋鮮章，否則不予退貨。「錢包又不是在實體店買的，別人肯定不會專門為我提供鑒定材料。」歐女士說，無法取得鑒定材料，又不知如何網購維權，最終只好自認倒霉，放棄退貨。記者以買家身分聯繫上這家名為「juicy潮流館」的網店，一客服人員表示，該店出售商品均是專櫃代購正品，除質量問題外不予退換。當記者提出商品如果被專櫃鑒定為假貨能否退貨時，該客服竟提出必須是美國專櫃驗貨。[①]

據此材料，分析回答下列問題：

（1）何為「無理由退貨」？是不是所有通過網路、電視、電話、郵購等方式購買的

[①] 案例材料源自魯蜜等：《購名牌包是假貨退不了 7天無理由退貨看上去很美?》，載重慶商報-華龍網，網址：http://cq.cqnews.net/shxw/2014-03/14/content_30125808.htm。2014年10月25日瀏覽。

商品均可無理由退貨?

（2）無理由條件退貨有無限制？例中客服人員表示，該店出售商品均是專櫃代購正品，除質量問題外不予退換，是否適當？

③如果例中當事人協商不成訴至法院，案件應如何處理？

2. 2012年7月27日、28日，孟健分別在廣州健民醫藥連鎖有限公司（以下簡稱健民公司）購得海南養生堂藥業有限公司（以下簡稱海南養生堂公司）監製、杭州養生堂保健品有限責任公司（以下簡稱杭州養生堂公司）生產的「養生堂膠原蛋白粉」共7盒合計1,736元，生產日期分別為2011年9月28日、2011年11月5日。產品外包裝均顯示產品標準號：Q/YST0011S，配料包括「食品添加劑（D-甘露糖醇、檸檬酸）」。各方當事人均確認涉案產品為普通食品，成分含有食品添加劑D-甘露糖醇，屬於超範圍濫用食品添加劑，不符合食品安全國家標準。孟健因向食品經營者索賠未果，遂向廣東省廣州市越秀區人民法院起訴，請求海南養生堂公司、杭州養生堂公司、健民公司退還貨款1,736元，十倍賠償貨款17,360元。一審法院判決杭州養生堂公司退還孟健所付價款1,736元，海南養生堂公司對上述款項承擔連帶責任。孟健不服該判決，向廣州市中級人民法院提起上訴。

二審法院經審理認為，第一，本案當事人的爭議焦點在於涉案產品中添加D-甘露糖醇是否符合食品安全標準的規定。涉案產品屬於固體飲料，並非屬於糖果，而D-甘露糖醇允許使用的範圍是限定於糖果，因此根據食品添加劑的使用規定，養生堂公司在涉案產品中添加D-甘露糖醇不符合食品安全標準的規定。杭州養生堂公司提供的證據不能支持其主張。第二，關於本案是否可適用《食品安全法》第九十六條關於十倍賠償的規定。本案中，由於涉案產品添加D-甘露糖醇的行為不符合食品安全標準，因此，消費者可以依照該條規定，向生產者或銷售者要求支付價款十倍的賠償金。孟健在二審中明確只要求海南養生堂公司和杭州養生堂公司承擔責任，海南養生堂公司和杭州養生堂公司應向孟健支付涉案產品價款十倍賠償金。二審法院判決杭州養生堂公司向孟健支付賠償金17,360元，海南養生堂公司對此承擔連帶責任。①

根據以上材料分析回答下列問題：

①本案消費者向法院訴訟的法律依據是什麼？

②如何評價兩審法院的判決？

---

① 案例源自最高法院公布的10起維護消費者權益典型案例，《人民法院報》，2014年3月16日第03版。

第十一章　經濟糾紛的解決途徑

【本章引例】

　　甲廠與工程師江某簽訂了保密協議。江某在勞動合同終止後應聘至同行業的乙廠，並幫助乙廠生產出與甲廠相同技術的發動機。甲廠認為保密義務理應包括競業限制義務，江某不得到乙廠工作，乙廠和江某共同侵犯其商業秘密。[1]

　　請思考：甲廠與工程師江某及乙廠之間的糾紛可以通過哪些方式解決？

第一節　經濟糾紛及其解決途徑

一、經濟糾紛

　　糾紛，或稱爭議，顧名思義，是當事人之間因利益關係而發生的爭執。經濟糾紛是經濟關係的主體之間因經濟權利和經濟義務而引發的權益爭議。

【案例解析】

　　[11-1] 甲公司欠稅40萬元，稅務局要查封其相應價值產品。甲公司經理說：「乙公司欠我公司60萬元貨款，貴局不如行使代位權直接去乙公司收取現金」。該局遂通知乙公司繳納甲公司的欠稅，乙公司不配合；該局責令其限期繳納，乙公司逾期未繳納；該局隨即採取了稅收強制執行措施。乙公司認為自己所欠債務未到履行期，即便甲公司要求提前清償乙公司也可抗辯，何況自己並非納稅人，因此，稅務機關無權對自己採取稅收強制執行措施。遂生爭議。[2]

　　請思考：本例中，哪些糾紛屬於經濟糾紛？

　　解析：本例甲、乙公司及稅務機關的爭議即為經濟糾紛。例中糾紛既涉及甲乙二公司之間的債務關係，又涉及稅務機關與稅收相對人之間的稅收徵管關係。前者是平等當事人甲、乙公司之間基於債權債務的財產關係而發生的民（商）事糾紛，后者則屬於作為行政機關的稅務機關與相對人之間基於稅收徵管而發生的行政糾紛。

---

[1] 案例源自2013年國家司法考試卷一第65題。
[2] 案例源自2013年國家司法考試卷一第70題。

二、經濟糾紛的解決途徑

經濟糾紛的解決不外乎自行協商達成和解、調解、仲裁、訴訟（包括民事訴訟和行政訴訟）以及行政復議。這些經濟糾紛解決諸途徑都有其適用的餘地，其中自行協商達成和解是當事人自行解決糾紛的方式；調解、仲裁和訴訟都是通過外部因素或力量解決糾紛，而仲裁和訴訟則是典型的人們常所謂通過「法律途徑」的糾紛解決方式。

【知識鏈接】調解、行政復議

調解，是由第三者（調解機構或調解人）以法律法規或道德規範為依據對糾紛的雙方當事人進行調停說和，促使其在互諒互讓的基礎上達成協議，解決糾紛的活動。

行政復議，是指公民、法人或者其他組織認為行政主體的具體行政行為違法或不當侵犯其合法權益，依法向主管行政機關提出復查該具體行政行為的申請，行政復議機關依照法定程序對被申請的具體行政行為進行合法性、適當性審查，並做出行政復議決定的一種法律制度。依法申請行政復議的公民、法人或者其他組織是申請人；依法履行行政復議職責的行政機關是行政復議機關。公民、法人或者其他組織認為具體行政行為侵犯其合法權益的，可以自知道該具體行政行為之日起六十日內提出行政復議申請；但是法律規定的申請期限超過六十日的除外。公民、法人或者其他組織認為行政機關的具體行政行為侵犯其已經依法取得的土地、礦藏、水流、森林、山嶺、草原、荒地、灘塗、海域等自然資源的所有權或者使用權的，應當先申請行政復議；對行政復議決定不服的，可以依法向人民法院提起行政訴訟。根據國務院或者省、自治區、直轄市人民政府對行政區劃的勘定、調整或者徵用土地的決定，省、自治區、直轄市人民政府確認土地、礦藏、水流、森林、山嶺、草原、荒地、灘塗、海域等自然資源的所有權或者使用權的行政復議決定為最終裁決。行政復議機關應當自受理申請之日起六十日內做出行政復議決定；但是法律規定的行政復議期限少於六十日的除外。情況複雜，不能在規定期限內做出行政復議決定的，經行政復議機關的負責人批准，可以適當延長，並告知申請人和被申請人；但是延長期限最多不超過三十日。行政復議機關做出行政復議決定，應當製作行政復議決定書，並加蓋印章。行政復議決定書一經送達，即發生法律效力。被申請人應當履行行政復議決定。

【案例解析】

[11-2] 2010年和2011年，具有多年從業經驗的律師金某林某先後加入由烏某開設的律師事務所擔任專職律師。雙方約定，律師自己尋找的案源由自己承辦，律所根據比例分享收益。2012年6月，上海某建築公司基於對金某的信任，決定聘請烏某的律所為其工程項目提供專項法律服務，在《專項法律服務合同》中，建築公司指明要求由金某、林某等人組成律師團隊為公司項目提供全程法律服務；建築公司向律所支付服務報酬80萬元，並同意為律所報銷不超過服務報酬50%的差旅費用。

因在律所工作不順利，合同簽訂後不久，金某與林某便萌生了離職轉所的想法，就在兩人辦理離職手續期間，卻意外得知他們與建築公司的服務委託被對方單方面撤

銷了。在與建築公司深入溝通後，金某與林某才瞭解到，原來，就在兩人向律所提交辭職報告後不久，律所便向建築公司發出函件要求建築公司對是否撤換法律服務團隊做出選擇。在建築公司明確表示將終止與律所的合同，交由金某轉入的新所繼續為其提供法律服務後，烏某以律所名義致函建築公司，信函中寫道：「《專項法律服務合同》是金某在違背本所內部管理，未經主任審查的前提下，用違背客觀事實的方法從內勤處蓋章而使其生效的……本所懷疑承辦律師私自收取代理費用，以支付給貴公司有關人員的回扣……」。這份函件引起了建築公司的重視，為慎重起見，建築公司隨後決定撤銷對金某、林某的法律服務委託。

為此，金某和林某將律所告上法庭。原告認為，被告為了爭搶業務汙衊兩人私收律師費進行商業賄賂因此，被告捏造事實詆毀原告聲譽，導致客戶公司撤銷了對原告的委託，嚴重損害了原告的執業權利，構成不正當競爭，要求被告停止侵權行為、賠禮道歉、消除影響，並賠償經濟損失15萬元。

律所辯稱，詆毀商業信譽的不正當競爭行為應發生在商業主體之間，即律師事務所與律師事務所之間。而原告為律師個體，不是經營者，只是提供法律服務的人員，不屬於反不正當競爭法定義的「經營者」，原、被告是上下級關係，雙方之間的糾紛不屬於反不正當競爭法的調整範圍。在發給建築公司的信函中，律所只是懷疑相關費用會流到律師口袋而提醒公司注意，並無詆毀之意。

法院審理後認為，本案中，兩名原告符合反不正當競爭法對競爭主體的要求，與律所存在競爭關係，律所將含有捏造事實的函件發給原告服務的建築公司，使建築公司對原告的商業道德和執業形象等產生了不良印象，也致使建築公司撤銷了對原告的委託，律所的行為構成商業詆毀。由於烏某為律所負責人，其發函行為屬職務行為，因此，本案侵權行為的實施主體為律所，而非烏某個人。基於此，法院判決該律所立即停止對金某、林某的不正當競爭行為，出具書面聲明消除影響，並賠償兩原告經濟損失1萬元。

請思考：本例糾紛是通過什麼方式解決的？

解析：這是一起典型的通過訴訟解決糾紛的案件。在現實生活中，律師轉所執業是常見的現象。因而發生糾紛而進行訴訟，也是當事人糾紛解決的重要方式。本案主審法官吳盈喆認為，法院判決的關鍵在於律師是否屬於反不正當競爭法定義的「經營者」，以及律師與律師事務所之間是否存在競爭關係。根據反不正當競爭法對經營者的界定，經營者是「從事商品經營或者營利性服務的法人、其他經濟組織和個人」。雖然律師在提供法律服務時需要以其所在的律所名義與服務單位簽訂法律服務合同，但實際為客戶單位提供法律服務的是接受委託或者指定的律師。在律師自己尋找案源的情況下，服務單位往往是基於對律師本身的信任與律所簽訂法律服務合同。本案中，原告自己尋找案源，並根據比例與律所分配收益，應屬於「經營者」範疇。競爭關係是取得經營資格的平等市場主體之間在競爭過程中形成的社會關係。在律所發函前，本案兩原告已經提出離職要求，因此，律所才要求建築公司對是否繼續委託金某團隊提供法律服務做出選擇。而建築公司的選擇必將決定到底是由兩原告還是被告律所亦

或是律所其他執業律師承接該項業務，也直接影響到各方收益，因此，兩原告與被告之間實際上已經形成了競爭關係。①

第二節　仲裁

仲裁是指由經濟糾紛的各方當事人共同選定仲裁機構，對糾紛依照法定程序做出具有約束力的裁決的活動。《中華人民共和國仲裁法》（以下簡稱《仲裁法》）是中國仲裁活動進行的基本法律依據。

一、仲裁的適用範圍

根據《仲裁法》規定，平等主體的公民、法人和其他組織之間發生合同糾紛和其他財產權益糾紛，可以仲裁；但婚姻、收養、監護、撫養、繼承糾紛和依法應當由行政機關處理的行政爭議，不能仲裁。

仲裁適用範圍的特別規定。《仲裁法》在一般規定仲裁適用範圍基礎上，第七十七條規定，勞動爭議和農業集體經濟組織內部的農業承包合同糾紛的仲裁，另行規定。換言之，依此規定，勞動爭議、農業集體經濟組織內部的農業承包合同糾紛可以通過仲裁方式解決，但是，這些糾紛不同於普通的民商事糾紛，因此應對其另作規定予以調整，解決這類糾紛不適用仲裁法。

【案例解析】

[11-3] 2011年某投資中心與某制藥公司及其兩自然人股東簽訂《增資擴股協議》，其中約定：投資中心向制藥公司投資2.4億元，持股4.1%，制藥公司承諾2011年淨利潤不低於3.5億元，若低於3.5億元，制藥公司應給予投資中心現金補償，兩自然人承擔連帶責任。后制藥公司未完成協議約定承諾目標，故投資中心根據協議向某仲裁委員會申請仲裁，請求制藥公司及其兩自然人股東共同向其支付補償款。

請思考：本案當事人能否通過仲裁解決其糾紛？

解析：本案當事人可以通過仲裁解決糾紛。因某投資公司基於《增資擴股協議》之約定，在制藥公司未完成協議約定承諾目標的情況下，請求制藥公司及其兩自然人股東依約共同向其支付補償款。屬於典型的合同糾紛，屬於仲裁的範圍。故當事人可以對合同糾紛約定用仲裁的方式解決。

二、仲裁的基本原則

（1）自願原則。當事人採用仲裁方式解決糾紛，應當雙方自願，達成仲裁協議。沒有仲裁協議，一方申請仲裁的，仲裁委員會不予受理。

---

① 參見費敏崴. 律師轉所帶走案源 惹怒原所遭遇「黑磚」——法院認定律師業務之爭適用反不正當競爭法 [N]. 人民法院報，2014-10-31（03）.

【知識鏈接】 仲裁自願原則的體現

　　仲裁本質是一種民間性糾紛解決機制，仲裁機構對案件管轄的權力非如法院審判權源於國家（或法律）賦予，而源自當事人的協議授予。當事人將糾紛交由可信賴的非官方的第三人裁判並受該裁判約束，當然應以當事人的自願選擇為前提。仲裁自願的原則，不僅體現在以仲裁方式解決糾紛應以雙方當事人自願為前提，而且體現在仲裁機構、仲裁庭組成及仲裁員、仲裁事項，甚至開庭形式、審理方式等有關程序事項均由當事人約定或確定。換言之，自願原則貫穿於仲裁過程始終，充分體現了糾紛解決中的意思自治。

　　（2）依法獨立仲裁權原則。仲裁應當根據事實，符合法律規定，公平合理地解決糾紛。仲裁由仲裁組織依法獨立進行，不受任何行政機關、社會團體和個人的干涉。

　　（3）一裁終局原則。仲裁實行一裁終局的制度，即仲裁裁決做出後，當事人應當履行裁決。一方當事人不履行裁決的，另一方當事人可以依法向人民法院申請執行。如果一方當事人不服仲裁裁決，就同一糾紛再申請仲裁或者向人民法院起訴的，仲裁委員會或者人民法院不予受理。當然，如果裁決被人民法院依法裁定撤銷或者不予執行的，當事人就該糾紛可以根據雙方重新達成的仲裁協議申請仲裁，也可以向人民法院起訴。

三、仲裁委員會和仲裁協會

　　仲裁委員會是常獨立、公正、高效地解決平等主體的公民、法人和其他組織之間發生的合同糾紛和其他財產權益糾紛的常設仲裁機構。根據《仲裁法》的規定，仲裁委員會可以在直轄市和省、自治區人民政府所在地的市設立，也可以根據需要在其他設區的市設立，不按行政區劃層層設立。仲裁委員會由前款規定的市的人民政府組織有關部門和商會統一組建。設立仲裁委員會，應當經省、自治區、直轄市的司法行政部門登記。仲裁委員會由主任一人、副主任二至四人和委員七至十一人組成。仲裁委員會的主任、副主任和委員由法律、經濟貿易專家和有實際工作經驗的人員擔任。仲裁委員會的組成人員中，法律、經濟貿易專家不得少於三分之二。仲裁委員會應當從公道正派的人員中聘任仲裁員。仲裁委員會按照不同專業設仲裁員名冊。仲裁委員會獨立於行政機關，與行政機關沒有隸屬關係。仲裁委員會之間也沒有隸屬關係。

【知識鏈接】 仲裁委員會及仲裁員應具備的條件

　　《仲裁法》規定，仲裁委員會應當具備下列條件：有自己的名稱、住所和章程；有必要的財產；有該委員會的組成人員；有聘任的仲裁員。

　　仲裁員應當符合下列條件之一：從事仲裁工作滿八年的；從事律師工作滿八年的；曾任審判員滿八年的；從事法律研究、教學工作並具有高級職稱的；具有法律知識、從事經濟貿易等專業工作並具有高級職稱或者具有同等專業水平的。

中國仲裁協會是社會團體法人。仲裁委員會是中國仲裁協會的會員。中國仲裁協會的章程由全國會員大會制定。中國仲裁協會是仲裁委員會的自律性組織，根據章程對仲裁委員會及其組成人員、仲裁員的違紀行為進行監督。中國仲裁協會依照仲裁法和民事訴訟法制定仲裁規則。

四、仲裁協議

(一) 仲裁協議的含義

仲裁協議，是雙方當事人在自願、協商的基礎之上將他們之間已經發生或者可能發生的爭議提交仲裁解決的書面文件，是申請仲裁的必備材料。根據《仲裁法》規定，仲裁協議包括合同中訂立的仲裁條款和以其他書面方式在糾紛發生前或者糾紛發生後達成的請求仲裁的協議。仲裁協議應當具有下列內容：請求仲裁的意思表示；仲裁事項；選定的仲裁委員會。

(二) 仲裁協議的效力

仲裁協議的法律效力即仲裁協議所具有的法律約束力。

1. 一項有效的仲裁協議的法律效力包括對雙方當事人的約束力、對法院的約束力和對仲裁機構的約束力。

首先，對雙方當事人而言，在發生糾紛後，當事人應通過向仲裁協議中所確定的仲裁機構申請仲裁的方式解決該糾紛。如果一方當事人違背仲裁協議，就仲裁協議規定範圍內的爭議事項向法院起訴，另一方當事人有權在首次開庭前依據仲裁協議要求法院停止訴訟程序，法院也應當駁回當事人的起訴。

其次，對法院而言，仲裁協議排除法院的司法管轄權，《仲裁法》明確規定，當事人達成仲裁協議，一方向人民法院起訴的，人民法院不予受理，但仲裁協議無效的除外。

最後，對仲裁機構而言，仲裁協議授予仲裁機構仲裁管轄權並限定仲裁的範圍，《仲裁法》第四條規定，沒有仲裁協議，一方申請仲裁的，仲裁委員會不予受理。同時，仲裁庭只能對當事人在仲裁協議中約定的爭議事項進行仲裁，而對仲裁協議約定範圍以外的其他爭議無權仲裁。

2. 仲裁協議無效的法定情形。根據中國《仲裁法》的規定，有下列情形之一的，仲裁協議無效：約定的仲裁事項超出法律規定的仲裁範圍的；無民事行為能力人或者限制民事行為能力人訂立的仲裁協議；一方採取脅迫手段，迫使對方訂立仲裁協議的。此外，仲裁協議對仲裁事項或者仲裁委員會沒有約定或者約定不明確的，當事人可以補充協議；達不成補充協議的，仲裁協議無效。根據最高法院法釋〔2006〕7號關於適用仲裁法若干問題的解釋，仲裁協議約定兩個以上仲裁機構的，當事人可以協議選擇其中的一個仲裁機構申請仲裁；當事人不能就仲裁機構選擇達成一致的，仲裁協議無效。仲裁協議約定由某地的仲裁機構仲裁且該地僅有一個仲裁機構的，該仲裁機構視為約定的仲裁機構。該地有兩個以上仲裁機構的，當事人可以協議選擇其中的一個仲裁機構申請仲裁；當事人不能就仲裁機構選擇達成一致的，仲裁協議無效。當事人

約定爭議可以向仲裁機構申請仲裁也可以向人民法院起訴的，仲裁協議無效。但一方向仲裁機構申請仲裁，另一方未在仲裁法規定期間內提出異議的除外。同時須注意的是，除另有約定外，當事人訂立仲裁協議后合併、分立的，仲裁協議對其權利義務的繼受人有效；當事人訂立仲裁協議后死亡的，仲裁協議對承繼其仲裁事項中的權利義務的繼承人有效。

3. 仲裁協議的失效。仲裁協議的失效，是指一項有效的仲裁協議因特定事由的發生而喪失其原有的法律效力。仲裁協議在下列情形下失效：第一，基於仲裁協議，仲裁庭做出的仲裁裁決被當事人自覺履行或者被法院強制執行，即仲裁協議約定的提交仲裁的爭議事項得到最終解決，該仲裁協議因此而失效。第二，因當事人協議放棄已簽訂的仲裁協議，而使該仲裁協議失效。當事人協議放棄仲裁協議表現為：雙方當事人通過達成書面協議，明示放棄了原有的仲裁協議，或者雙方當事人通過書面協議變更了通過仲裁解決糾紛的方式，或者當事人通過默示行為變更了糾紛解決方式，如一方當事人向人民法院起訴而未聲明有仲裁協議，人民法院受理后，對方當事人未提出異議並應訴答辯的。第三，附期限的仲裁協議因期限屆滿而失效。第四，基於仲裁協議，仲裁庭做出的仲裁裁決被法院裁定撤銷或不予執行，該仲裁協議失效。

4. 仲裁協議無效、失效的法律後果。仲裁協議的無效或者失效使仲裁協議不再具有法律的約束力。對當事人來說，當事人之間的糾紛既可以通過向法院提起訴訟的方式解決，也可以重新達成仲裁協議通過仲裁方式解決；對法院來說，因排斥司法管轄權的原因已經消失，法院對於當事人之間的糾紛具有管轄權；而對仲裁機構來說，因其沒有行使仲裁權的依據而不能對當事人之間的糾紛進行審理並做出裁決。

五、仲裁程序

(一) 申請和受理

仲裁申請，是指當事人根據仲裁協議提請仲裁委員會仲裁爭議解決糾紛。《仲裁法》規定，仲裁不實行級別管轄和地域管轄，由當事人協議選定仲裁委員會。當事人申請仲裁，應當向仲裁委員會遞交仲裁協議、仲裁申請書及副本。仲裁委員會收到仲裁申請書之日起5日內，認為符合受理條件的，應當受理，並通知當事人；認為不符合受理條件的，應當書面通知當事人不予受理，並說明理由。

【知識鏈接】 申請仲裁的條件及申請書應載明的事項

根據仲裁法規定，當事人申請仲裁應當符合下列條件：有仲裁協議，即有當事人雙方自願把他們之間的經仲裁濟糾紛提交仲裁機構解決的書面約定；有具體的仲裁請求和事實、理由；屬於委員會的受理範圍。

仲裁申請書應當載明下列事項：當事人的姓名、性別、年齡、職業、工作單位和住所，法人或者其他組織的名稱、住所和法定代表人或者主要負責人的姓名、職務；仲裁請求和所根據的事實、理由；證據和證據來源、證人姓名和住所。

（二）組成仲裁庭

仲裁庭可以由三名仲裁員或者一名仲裁員組成。由三名仲裁員組成的，設首席仲裁員。當事人約定由三名仲裁員組成仲裁庭的，應當各自選定或者各自委託仲裁委員會主任指定一名仲裁員，第三名仲裁員由當事人共同選定或者共同委託仲裁委員會主任指定。第三名仲裁員是首席仲裁員。當事人約定由一名仲裁員成立仲裁庭的，應當由當事人共同選定或者共同委託仲裁委員會主任指定仲裁員。當事人沒有在仲裁規則規定的期限內約定仲裁庭的組成方式或者選定仲裁員的，由仲裁委員會主任指定。仲裁庭組成后，仲裁委員會應當將仲裁庭的組成情況書面通知當事人。

仲裁員有下列情形之一的，必須迴避，當事人也有權提出迴避申請：是本案當事人或者當事人、代理人的近親屬；與本案有利害關係；與本案當事人、代理人有其他關係，可能影響公正仲裁的；私自會見當事人、代理人，或者接受當事人、代理人的請客送禮的。

【案例解析】

[11-4] 美國 A 公司與中國 B 公司在履行合同過程中發生了糾紛。按合同中的仲裁條款，A 公司向中國某仲裁委員會提交了仲裁申請。

請思考：該仲裁庭的組成可以有哪幾種方式？

A. 由雙方當事人各自選定一名仲裁員，第三名仲裁員由當事人共同選定
B. 三名仲裁員皆由當事人共同選定
C. 三名仲裁員皆由當事人委託仲裁委員會主任指定
D. 雙方當事人各自選定一名仲裁員，第三名仲裁員由當事人共同委託仲裁委員會主任指定

解析：根據中國《仲裁法》規定，當事人約定由三名仲裁員組成仲裁庭的，應當各自選定或者各自委託仲裁委員會主任指定一名仲裁員，第三名仲裁員由當事人共同選定或者共同委託仲裁委員會主任指定。第三名仲裁員是首席仲裁員。本例選項 B 的錯誤在於如果當事人約定由三名仲裁員組成仲裁庭，應當各自選定或者各自委託仲裁委員會主任為自己一方指定一名仲裁員，同時第三名仲裁員由當事人共同選定或者共同委託仲裁委員會主任指定，因此，當事人不能共同選定三名仲裁員。因此，本例 ACD 三個選項都是正確的。①

（二）開庭和裁決

仲裁應當開庭進行。當事人協議不開庭的，仲裁庭可以根據仲裁申請書、答辯書以及其他材料做出裁決。仲裁不公開進行。當事人協議公開的，可以公開進行，但涉及國家秘密的除外。

仲裁委員會應當在仲裁規則規定的期限內將開庭日期通知雙方當事人。當事人有

---

① 本例選自 2002 年國家司法考試卷三第 67 題。

正當理由的，可以在仲裁規則規定的期限內請求延期開庭。是否延期，由仲裁庭決定。申請人經書面通知，無正當理由不到庭或者未經仲裁庭許可中途退庭的，可以視為撤回仲裁申請。被申請人經書面通知，無正當理由不到庭或者未經仲裁庭許可中途退庭的，可以缺席裁決。

當事人申請仲裁后，可以自行和解。達成和解協議的，可以請求仲裁庭根據和解協議做出裁決書，也可以撤回仲裁申請。當事人達成和解協議，撤回仲裁申請后反悔的，可以根據仲裁協議申請仲裁。仲裁庭在做出裁決前，可以先行調解。當事人自願調解的，仲裁庭應當調解。調解不成的，應當及時做出裁決。調解達成協議的，仲裁庭應當製作調解書或者根據協議的結果製作裁決書。調解書與裁決書具有同等法律效力。

仲裁庭的裁決應當按照多數仲裁員的意見做出，少數仲裁員的不同意見可以記入筆錄。仲裁庭不能形成多數意見時，裁決應當按照首席仲裁員的意見做出。仲裁庭仲裁糾紛時，其中一部分事實已經清楚，可以就該部分先行裁決。裁決自做出之日起發生法律效力。

六、仲裁裁決的執行、不予執行與撤銷

(一) 仲裁裁決的執行與不予執行

當事人應當履行裁決。一方當事人不履行的，另一方當事人可以依照民事訴訟法規定向人民法院申請執行。受理申請的人民法院應當執行。但根據《中華人民共和國民事訴訟法》第二百三十七條第二款規定情形及人民法院認定執行該裁決違背社會公共利益的，裁定不予執行。裁定書應當送達雙方當事人和仲裁機構。

仲裁裁決被人民法院裁定不予執行的，當事人可以根據雙方達成的書面仲裁協議重新申請仲裁，也可以向人民法院起訴。

(二) 仲裁裁決的撤銷

依《仲裁法》第五十八條規定，當事人提出證據證明裁決有下列情形之一的，可以向仲裁委員會所在地的中級人民法院申請撤銷裁決：沒有仲裁協議的；裁決的事項不屬於仲裁協議的範圍或者仲裁委員會無權仲裁的；仲裁庭的組成或者仲裁的程序違反法定程序的；裁決所根據的證據是偽造的；對方當事人隱瞞了足以影響公正裁決的證據的；仲裁員在仲裁該案時有索賄受賄，徇私舞弊，枉法裁決行為的。人民法院經組成合議庭審查核實裁決有前款規定情形之一的，應當裁定撤銷。人民法院認定該裁決違背社會公共利益的，應當裁定撤銷。當事人申請撤銷裁決的，應當自收到裁決書之日起六個月內提出。人民法院應當在受理撤銷裁決申請之日起兩個月內做出撤銷裁決或者駁回申請的裁定。人民法院受理撤銷裁決的申請后，認為可以由仲裁庭重新仲裁的，通知仲裁庭在一定期限內重新仲裁，並裁定中止撤銷程序。仲裁庭拒絕重新仲裁的，人民法院應當裁定恢復撤銷程序。

【案例解析】

[11-5] 甲公司因與乙公司合同糾紛申請仲裁，要求解除合同。某仲裁委員會經審理裁決解除雙方合同，還裁決乙公司賠償甲公司損失六萬元。

請思考：關於本案的仲裁裁決，下列哪些表述是正確的？

A. 因仲裁裁決超出了當事人請求範圍，乙公司可申請撤銷超出甲公司請求部分的裁決

B. 因仲裁裁決超出了當事人請求範圍，乙公司可向法院提起訴訟

C. 因仲裁裁決超出了當事人請求範圍，乙公司可向法院申請再審

D. 乙公司可申請不予執行超出甲公司請求部分的仲裁裁決

解析：根據《仲裁法》司法解釋第十九條規定，當事人以仲裁裁決事項超出仲裁協議範圍為由申請撤銷仲裁裁決，經審查屬實的，人民法院應當撤銷仲裁裁決中的超裁部分。但超裁部分與其他裁決事項不可分的，人民法院應當撤銷仲裁裁決。A項所言，「乙公司可申請撤銷超出甲公司請求部分的裁決」表述正確。

《民事訴訟法》第二百三十七條規定，仲裁機構裁決的事項不屬於仲裁協議的範圍或者仲裁機構無權仲裁的，經人民法院組成合議庭審查核實，裁定不予執行。仲裁裁決被人民法院裁定不予執行的，當事人可以根據雙方達成的書面仲裁協議重新申請仲裁，也可以向人民法院起訴。由此可見，對於仲裁機構裁決的事項部分超過仲裁協議範圍的，對超過部分，人民法院應當裁定不予執行，因此，D項所言「乙公司可申請不予執行超出甲公司請求部分的仲裁裁決」正確。但是，只有在法院裁定不予執行仲裁裁決以後，當事人才可以選擇向法院提起訴訟，而不是僅僅基於因仲裁裁決超出了當事人請求範圍，就可以直接向法院起訴，仲裁具有一裁終局的特性，因此B項錯誤。申請再審的對象為已經發生法律效力的判決裁定，並不包括仲裁裁決，因此C項「因仲裁裁決超出了當事人請求範圍，乙公司可向法院申請再審」於法無據，C項錯誤。綜上所述，本題選擇AD。[①]

第三節　訴訟

訴訟，是指國家審判機關即人民法院依法律規定，在當事人和其他訴訟參與人的參加下，依法解決訴爭的活動。

當公民、法人或者其他組織認為其民事權益受到損害或者與他人發生爭議時，可根據《中華人民共和國民事訴訟法》（以下簡稱《民事訴訟法》）向人民法院提起民事訴訟，請求人民法院依法審判，給予法律保護。

當公民、法人或者其他組織認為行政機關和行政機關工作人員的具體行政行為侵犯其合法權益時，可以根據《中華人民共和國行政訴訟法》（以下簡稱《行政訴訟

---

① 本例選自2010年國家司法考試卷三第86題。

法》）向人民法院提起行政訴訟。

一、審判組織

作為國家審判機關，人民法院依照法律規定獨立行使審判權，不受行政機關、社會團體和個人的干涉。人民法院審理第一審民事或行政案件，由審判員、陪審員共同組成合議庭或者由審判員組成合議庭。適用簡易程序審理的民事案件，由審判員1人獨任審理。

人民法院審理的第二審民事案件，由審判員組成合議庭。合議庭的審判長由院長或者庭長指定審判員1人擔任；院長或者庭長參加審判的，由院長或者庭長擔任。人民法院對第二審行政案件，認為事實清楚的，可以實行書面審理。

【知識鏈接】簡易程序

《民事訴訟法》規定，基層人民法院和它派出的法庭審理事實清楚、權利義務關係明確、爭議不大的簡單民事案件，適用簡易程序。基層人民法院和它派出的法庭審理前述規定以外的民事案件，當事人雙方也可以約定適用簡易程序。簡易程序僅適用於一審簡單的民事案件，包括：簡單民事案件、當事人雙方約定適用簡易程序的非簡單民事案件、標的額低於各省、自治區、直轄市上年度就業人員平均工資30%的簡單民事案件（實行一審終審）。基層人民法院和它派出的法庭審理簡單的民事案件，可以用簡便方式傳喚當事人和證人、送達訴訟文書、審理案件，但應當保障當事人陳述意見的權利。簡易程序的民事案件由審判員一人獨任審理。人民法院適用簡易程序審理案件，應當在立案之日起三個月內審結。

對於簡易程序的適用範圍除以上《民事訴訟法》規定外，《最高人民法院關於適用簡易程序審理民事案件的若干規定》（法釋〔2003〕15號）規定，基層人民法院根據《中華人民共和國民事訴訟法》規定審理簡單的民事案件，適用本規定，但有下列情形之一的案件除外：起訴時被告下落不明的；發回重審的；共同訴訟中一方或者雙方當事人人數眾多的；法律規定應當適用特別程序、審判監督程序、督促程序、公示催告程序和企業法人破產還債程序的；人民法院認為不宜適用簡易程序進行審理的。

二、審判制度

中國《民事訴訟法》和《行政訴訟法》規定，人民法院審理民事、行政案件，依法實行合議、迴避、公開審判和兩審終審制度。

1. 合議制度

合議制度，是指由3名以上審判人員組成合議庭對案件進行審理和裁判的制度。根據《民事訴訟法》和《行政訴訟法》的規定，人民法院審理第一審案件，除適用簡易程序審理的民事案件由審判員一人獨任審理外，一律由審判員、陪審員共同組成合議庭或者由審判員組成合議庭。合議庭的成員人數，必須是單數。陪審員在執行陪審職務時，與審判員有同等權利義務。合議庭評議案件，實行少數服從多數原則。評議

應當製作筆錄,由合議庭成員簽名。評議中的不同意見,必須如實記入筆錄。

2. 迴避制度

迴避制度,是指審判人員和其他有關人員遇有法律規定的情形時,退出對某一案件的審理或訴訟活動的制度。法律規定,審判人員、書記員、翻譯人員、鑒定人、勘驗人與本案有利害關係或者有其他關係,可能影響對案件公正審理時,當事人有權申請迴避。

【知識鏈接】 迴避原因與迴避的決定

根據《民事訴訟法》第四十四條的規定,審判人員有下列情形之一的,應當自行迴避,當事人有權用口頭或者書面方式申請他們迴避:是本案當事人或者當事人、訴訟代理人近親屬的;與本案有利害關係的;與本案當事人、訴訟代理人有其他關係,可能影響對案件公正審理的。審判人員接受當事人、訴訟代理人請客送禮,或者違反規定會見當事人、訴訟代理人的,當事人有權要求他們迴避。《行政訴訟法》第五十五條規定,當事人認為審判人員與本案有利害關係或者有其他關係可能影響公正審判,有權申請審判人員迴避。審判人員認為自己與本案有利害關係或者有其他關係,應當申請迴避。前述規定,均適用於書記員、翻譯人員、鑒定人、勘驗人。

院長擔任審判長時的迴避,由審判委員會決定;審判人員的迴避,由院長決定;其他人員的迴避,由審判長決定。人民法院對當事人提出的迴避申請,應當在申請提出的三日內,以口頭或者書面形式做出決定。申請人對決定不服的,可以在接到決定時申請復議一次。復議期間,被申請迴避的人員,不停止參與本案的工作。人民法院對復議申請,應當在三日內做出復議決定,並通知復議申請人。

3. 公開審判制度

公開審判制度,相對於秘密審判而言,是指人民法院對案件審理和宣判依法向公開進行的制度。中國法律規定,人民法院公開審理民事和行政案件,但涉及國家秘密、個人隱私或者法律另有規定的除外。公開審理的案件應當在開庭前三日公告,公告內容包括案由、當事人姓名或者名稱、開庭時間和地點。不論案件是否公開審理,一律公開宣告判決。

【知識鏈接】 公開審理的範圍

最高人民法院《關於嚴格執行公開審判制度的若干規定》([1999] 3號)規範了公開審理案件的範圍。人民法院對於第一審案件,除下列案件外,應當依法一律公開審理:涉及國家秘密的案件;涉及個人隱私的案件;十四歲以上不滿十六歲未成年人犯罪的案件;經人民法院決定不公開審理的十六歲以上不滿十八歲未成年人犯罪的案件;經當事人申請,人民法院決定不公開審理的涉及商業秘密的案件、離婚案件;法律另有規定的其他不公開審理的案件。對於不公開審理的案件,應當當庭宣布不公開審理的理由。

下列第二審案件應當公開審理:當事人對不服公開審理的第一審案件的判決、裁

定提起上訴的，但因違反法定程序發回重審的和事實清楚依法徑行判決、裁定的除外；人民檢察院對公開審理的案件的判決、裁定提起抗訴的，但需發回重審的除外。

4. 兩審終審制度

兩審終審制度，是指一個訴訟案件經過兩級人民法院審判即告終結的制度。依此，案件經過第一審人民法院審判，如果當事人不服可以向上級法院提起上訴，進入二審程序。二審法院做出的判決、裁定即為終審的判決、裁定，當事人不得再行上訴。如果發現終審裁判確有錯誤，可以通過審判監督程序予以糾正。根據《人民法院組織法》，中國人民法院分為四級：最高人民法院、高級人民法院、中級人民法院、基層人民法院。除最高人民法院外，其他各級人民法院都有其上級人民法院。

【知識鏈接】兩審終審的例外情形

根據《民事訴訟法》第一百七十七條和第一百七十八條的規定，人民法院審理選民資格案件、宣告失蹤或者宣告死亡案件、認定公民無民事行為能力或者限制民事行為能力案件、認定財產無主案件、確認調解協議案件和實現擔保物權案件，適用特別程序的規定，實行一審終審。選民資格案件或者重大、疑難的案件，由審判員組成合議庭審理；其他案件由審判員一人獨任審理。

依督促程序和公示催告程序審理的案件，以及前述《民事訴訟法》第一百六十二條規定的小額訴訟案件的審理，亦實行一審終審；按照《破產法》規定，企業破產程序中，除對於不予受理破產申請的裁定和駁回破產申請的裁定可以提起上訴外，對於其他裁定不允許上訴，此亦事實上發的一審終審；最高法院婚姻法司法解釋（一）對於宣告婚姻無效的案件，有關婚姻效力的判決一經做出即生效力，不允許上訴。此外，最高法院的直接審判的一審案件，當然為終審判決。

三、訴訟管轄

訴訟關係，是各級人民法院之間以及不同地區的同級人民法院之間，受理第一審案件的職權範圍和具體分工。管轄可以按照不同標準作多種分類，其中最重要、最常用的是級別管轄和地域管轄。

1. 級別管轄

級別管轄，是根據案件性質、案情繁簡、影響範圍來確定上、下級法院受理第一審案件的分工和權限。

除法律另有規定外，基層人民法院管轄第一審案件；中級人民法院管轄下列第一審案件：重大涉外案件，在本轄區有重大影響的案件、確認發明專利權的案件、海關處理的案件，對國務院各部門或者省、自治區、直轄市人民政府所作的具體行政行為提起訴訟的案件，最高人民法院確定由中級人民法院管轄的案件；高級人民法院管轄在本轄區有重大影響、複雜的第一審案件；最高人民法院管轄下列第一審民事案件：在全國有重大影響、複雜的案件，認為應當由本院審理的案件。

四級人民法院示意圖如圖11-1所示：

中國經濟法

```
最高人民法院 → 設於首都北京；管轄在全國有重大
                影響的案件、認為應當由本院審理
                一審的案件，審理不服個高級法院、
                專門法院判決和裁定的上訴、抗訴
                案件，死刑覆核，監督地方各級法
                院案和專門法院審判工作，對審判
                中如何具體適用法律問題進行解釋

高級人民法院 → 設於省、自治區、直轄市；
                審理不服中級人民法院判決、
                裁定的上訴、抗訴案件，案件，
                一審管轄在本轄區內有重大影
                響的民事案件；監督下級法院
                的審判工作。

專門人民法院
    ├─ 海事法院
    └─ 軍事法院

中級人民法院 → 設於省和自治區的各地、市、
                自治州(盟)以及直轄市；一
                審管轄案件:重大涉外案件、
                在本轄區有重大影響的案件、
                最高人民法院確定管轄的案件。
                審理不服本轄區基層法院判決
                和裁定的上訴、抗訴案件；
                法律規定和最高人民法院指定
                管轄的案件；監督基層法院的
                審判工作

基層人民法院 → 設於縣、自治縣、不設
                區的市、市轄區；管轄
                第一審民事、刑事和行
                政案件
```

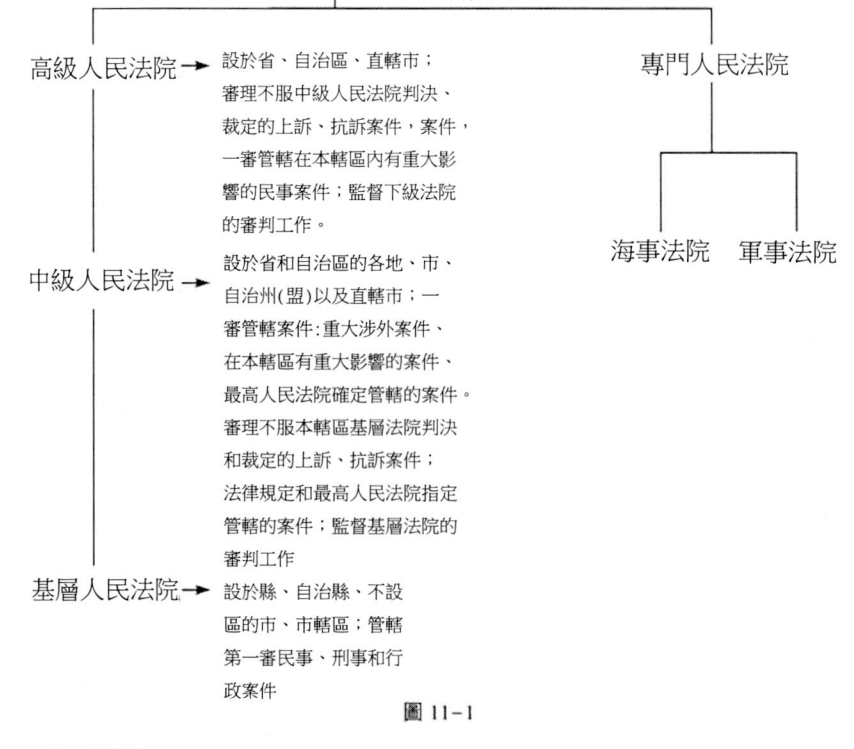

圖 11-1

2. 地域管轄

地域管轄，按照人民法院的轄區，確定同級法院之間受理第一審案件的分工和權限，稱地域管轄。各級人民法院的轄區和各級行政區劃是一致的。需要注意的是，中國可能在不久的將來設立巡迴法庭。按照現行法規定，地域管轄，分為一般地域管轄和特殊地域管轄。

【知識鏈接】巡迴法庭

巡迴法庭，即法院在轄區設置巡迴地點，定期或不定期到巡迴地點受理並審判案件。《中共中央關於全面推進依法治國若干重大問題的決定》確定「最高人民法院設立巡迴法庭，審理跨行政區域重大行政和民商事案件。探索設立跨行政區劃的人民法院和人民檢察院，辦理跨地區案件。完善行政訴訟體制機制，合理調整行政訴訟案件管轄制度，切實解決行政訴訟立案難、審理難、執行難等突出問題」。該《決定》將對中國司法職權配置產生重要指導意義。據有關人員預計，最高法可能設立華東、華中、

華南、西北、西南、華北六大巡迴法庭。未來最高法院管轄的案件可以不到最高法院去審理了，而直接在最高法院巡迴法庭審理。

一般地域管轄是按照當事人的所在地劃分案件管轄法院的，也叫普通管轄。通常實行原告就被告原則，即由被告住所地人民法院管轄。

特殊地域管轄，又稱特別管轄，是以訴訟標的所在地或者引起法律關係發生、變更、消滅的法律事實所在地為標準劃分管轄法院。如《民事訴訟法》規定，因合同糾紛提起的訴訟，由被告住所地或者合同履行地人民法院管轄。合同雙方當事人可以在書面合同協議選擇被告住所地、合同履行地、合同簽訂地、原告住所地、標的物所在的人民法院管轄，但不得違反民事訴訟法對級別管轄和專屬管轄的規定。因票據糾紛提起的訴訟，由票據兌付地或者被告住所在地人民法院管轄。因不動產糾紛提起的訴訟，由不動產所在地人民法院專屬管轄。因侵權行為提起的訴訟，由侵權行為地（包括侵權行為實施地、侵權結果發生地）或者被告住所地人民法院管轄。行政案件由最初做出具體行政行為的行政機關所在地人民法院管轄。經復議的案件，復議機關改變原具體行政行為的，也可以由復議機關所在地人民法院管轄。兩個以上人民法院都有管轄權的訴訟，原告可以選擇其中一個人民法院提起訴訟。

除以上訴訟管轄的基本規定外，在某些情況下可能還需由人民法院裁定管轄。根據中國《民事訴訟法》規定，裁定管轄主要包括：移送管轄、指定管轄和管轄權轉移。

【知識鏈接】移送管轄、指定管轄和管轄權轉移

移送管轄，即人民法院受理案件后發現本院對該案件無管轄權，從而依法通過裁定方式將案件移送給有管轄權的人民法院審理的制度。這是對錯誤管轄行為的糾正，實質上是對案件的移交而非改變法定管轄權。《民事訴訟法》第三十六條對此規定，無管轄權的人民法院發現受理的案件不屬於本院管轄的，應當移送有管轄權的人民法院，受移送的人民法院應當受理。受移送的人民法院認為受移送的案件依照規定不屬於本院管轄的，應當報請上級人民法院指定管轄，不得再自行移送。

指定管轄，是上級法院依法以裁定方式指定其轄區內的下級法院對某具體案件行使管轄權。除上述受移送的人民法院認為受移送的案件依照規定不屬於本院管轄的，應當報請上級人民法院指定管轄外，指定管轄還有《民事訴訟法》第三十七條規定的情形，即有管轄權的人民法院由於特殊原因，不能行使管轄權的，由上級人民法院指定管轄。人民法院之間因管轄權發生爭議，由爭議雙方協商解決；協商解決不了的，報請它們的共同上級人民法院指定管轄。

管轄權轉移，是指根據上級法院決定或同意，將案件由原來有管轄權的法院轉移至無管轄權的法院，無管轄權的法院因此取得案件的管轄權。《民事訴訟法》第三十八條規定對此規定：上級人民法院有權審理下級人民法院管轄的第一審民事案件；確有必要將本院管轄的第一審民事案件交下級人民法院審理的，應當報請其上級人民法院批准。下級人民法院對它所管轄的第一審民事案件，認為需要由上級人民法院審理的，可以報請上級人民法院審理。

【案例解析】

[11-6] 孔某在 A 市甲區擁有住房兩間，在孔某外出旅遊期間，位於 A 市乙區的建築工程隊對孔某隔壁李某的房屋進行翻修。在翻修過程中，施工隊不慎將孔某家的山牆磚塊碰掉，磚塊落入孔某家中，損壞電視機等家用物品。孔某旅遊回來後發現，遂交涉，但未獲結果。孔某向乙區法院起訴。乙區法院認為甲區法院審理更方便，故根據被告申請裁定移送至甲區法院，甲區法院卻認為由乙區法院審理更便利，不同意接受移送。

請思考：以下哪些說法是正確的？

A. 甲、乙二區對本案都有管轄權
B. 向何法院起訴，由原告選擇決定
C. 乙區法院的移送管轄是錯誤的
D. 甲區法院不得再自行移送，如果認為無管轄權，應報 A 市中級人民法院指定管轄

解析：根據《民事訴訟法》第二十八條規定，因侵權行為提起的訴訟，由侵權行為地或者被告住所地人民法院管轄。本例中施工隊不慎將孔某家的山牆磚塊碰掉，磚塊落入孔某家中，損壞電視機等家用物品，施工隊侵害了孔某的財產權，因此，對於該侵權行為提起的訴訟，甲、乙二區均有管轄權。故選項 A 為正確說法。

根據《民事訴訟法》第三十六條規定，兩個以上人民法院都有管轄權的訴訟，原告可以向其中一個人民法院起訴；原告向兩個以上有管轄權的人民法院起訴的，由最先立案的人民法院管轄。故選項 B 為正確說法。

根據最高法院民訴意見第三十三條規定，兩個以上人民法院都有管轄權的訴訟，先立案的人民法院不得將案件移送給另一個有管轄權的人民法院。本題中甲、乙二區法院對該案都有管轄權，故乙區法院的移送管轄是錯誤的。

根據《民事訴訟法》第三十六條規定，受移送的人民法院認為受移送的案件依照規定不屬於本院管轄的，應當報請上級人民法院指定管轄，不得再自行移送。故選項 D 為正確說法。[1]

四、審判

1. 第一審普通程序

（1）起訴和受理。當公民、法人或者其他組織認為其民事權益受到損害或者與他人發生爭議，或者認為行政機關和行政機關工作人具體行政行為侵犯其合法權益時，均有權依照法律向人民法院提起訴訟，請求人民法院依法審判，給予法律保護。

起訴的基本條件是：原告是與案件有直接利害關係的公民、法人和其他組織；有明確的被告；有具體的訴訟請求和事實、理由；屬於人民法院受案範圍和受訴人民法

---

[1] 案例材料源自 2002 年國家司法考試卷三第 72 題。

院管轄。

起訴應當向人民法院遞交起訴狀。人民法院收到起訴狀，經審查認為符合起訴條件的，應當在 7 日內立案，並通知當事人；認為不符合條件的，應當在 7 日內裁定不予受理；原告對裁定不服的，可以提起上訴。《中共中央關於全面推進依法治國若干重大問題的決定》指出，改革法院案件受理制度，變立案審查制為立案登記制，對人民法院依法應該受理的案件，做到有案必立、有訴必理，保障當事人訴權。這意味著現行立案審查可能成為歷史。

（2）審理前的準備。人民法院應當在立案之日起 5 日內將起訴狀副本發送被告，被告在規定期限內提出答辯狀副本發送原告，人民法院應當在收到答辯狀之日起 5 日內將答辯狀副本發送原告。被告不提出答辯狀的，不影響人民法院審理。在審理之前，人民法院應當組成審判組織——合議庭。

（3）開庭審理。開庭審理分四個階段：準備階段、法庭調查、法庭辯論、宣告判決。人民法院對公開審理或者不公開審理的案件，一律公開宣告判決。基層人民法院和它派出的法庭審理事實清楚、權利義務關係明確、爭議不大的簡單的民事案件，可以適用簡易程序。

人民法院審理民事案件，根據當事人自願的原則，在事實清楚的基礎上，分清是非，進行調解；但是，人民法院審理行政案件，不適用調解。

2. 第二審程序

當事人不服地方人民法院第一審判決的，有權在判決書送達之日起 15 日內向上一級人民法院提起上訴。第二審人民法院的判決，是終審的判決。

五、執行

當事人必須履行人民法院發生法律效力的判決、裁定。一方當事人拒絕履行法院的生效判決、裁定的，對方當事人可以向人民法院申請執行，或由審判員移送執行員執行，或依法強制執行。民事調解書和其他應當由人民法院執行的法律文書，當事人必須履行。一方拒絕履行的，對方當事人可以向人民法院申請執行。

根據《行政訴訟法》規定，公民、法人或者其他組織拒絕履行判決、裁定的，行政機關可以向第一審人民法院申請強制執行，或者依法強制執行。行政機關拒絕履行判決、裁定的，第一審人民法院可以採取以下措施：對應當歸還的罰款或者應當給付的賠償金，通知銀行從該行政機關的帳戶內劃撥；在規定期限內不執行的，從期滿之日起，對該行政機關按日處五十元至一百元的罰款；向該行政機關的上一級行政機關或者監察、人事機關提出司法建議。接受司法建議的機關，根據有關規定進行處理，並將處理情況告知人民法院；拒不執行判決、裁定，情節嚴重構成犯罪的，依法追究主管人員和直接責任人員的刑事責任。公民、法人或者其他組織對具體行政行為在法定期間不提起訴訟又不履行的，行政機關可以申請人民法院強制執行，或者依法強制執行。

本章小結：

在市場交易中，發生經濟糾紛是難免的。當事人可以採取多種途徑解決經濟糾紛，如自行協商達成和解、調解、仲裁、訴訟、以及行政復議。其中仲裁和訴訟是經常採用的所謂法律途徑的糾紛解決方式。仲裁是各方當事人共同選定仲裁機構，對糾紛進行裁決的活動，其裁判權來源於當事人協議的授予，仲裁採一裁終局的裁判規則。訴訟是通過法院審理並做出判決。當事人應當履行發生效力仲裁裁決和法院做出的生效判決或裁定，如果當事人拒不履行的，另一方當事人可依法向法院申請強制執行。

關鍵術語：

經濟糾紛　仲裁　訴訟　仲裁協議　一裁終局　法院管轄　兩審終審
合議制度　迴避制度　公開審判制度

本章知識邏輯圖：

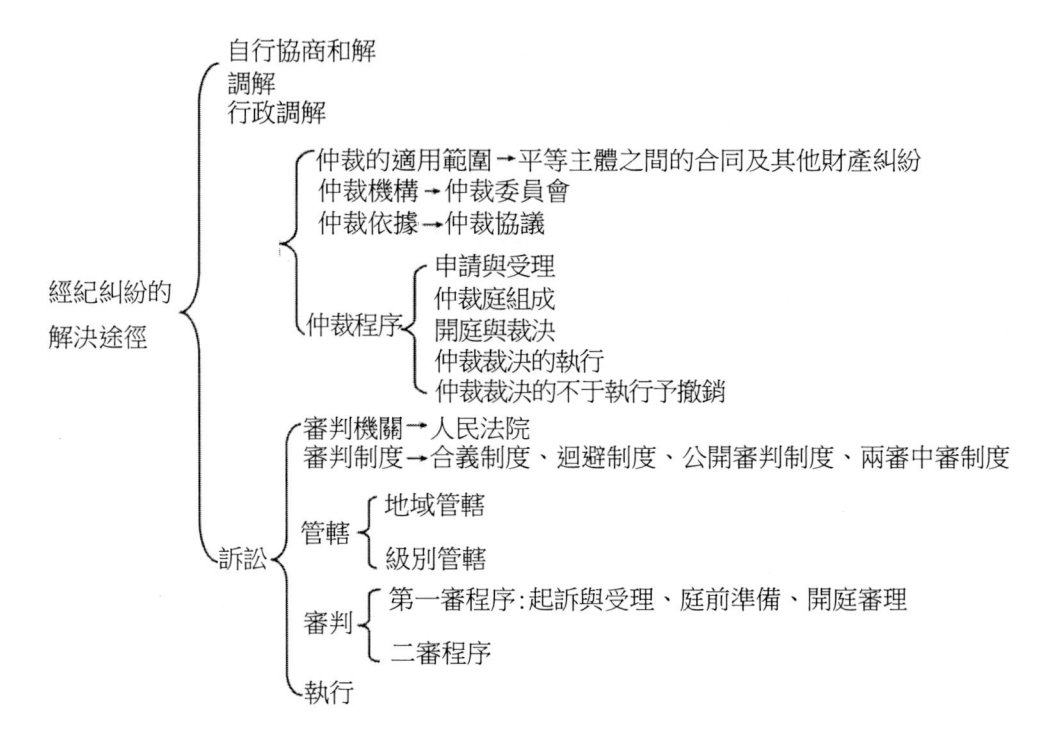

```
                    ┌ 自行協商和解
                    │ 調解
                    │ 行政調解
                    │
                    │        ┌ 仲裁的適用範圍 → 平等主體之間的合同及其他財產糾紛
                    │        │ 仲裁機構 → 仲裁委員會
                    │        │ 仲裁依據 → 仲裁協議
                    │        │
經紀糾紛的 ┤        │        ┌ 申請與受理
解決途徑   │        │ 仲裁程序│ 仲裁庭組成
                    │        ┤ 開庭與裁決
                    │        │ 仲裁裁決的執行
                    │        └ 仲裁裁決的不于執行予撤銷
                    │
                    │       ┌ 審判機關 → 人民法院
                    │       │ 審判制度 → 合議制度、迴避制度、公開審判制度、兩審中審制度
                    │       │
                    │  訴訟 │ 管轄 ┌ 地域管轄
                    │       │      └ 級別管轄
                    │       │
                    │       │ 審判 ┌ 第一審程序：起訴與受理、庭前準備、開庭審理
                    │       │      └ 二審程序
                    │       │
                    └       └ 執行
```

思考與練習：

（一）簡要回答
1. 仲裁和訴訟的區別何在？
2. 如何理解建立巡迴法庭的意義？

（二）案例分析

1. 2009 年 2 月，家住甲市 A 區的趙剛向家住甲市 B 區的李強借了 5,000 元，言明 2010 年 2 月之前償還。到期後趙剛一直沒有還錢。2010 年 3 月，李強找到趙剛家追討該債務，發生爭吵。趙剛因所牽寵物狗易受驚，遂對李強說：「你不要大聲喊，狗會咬你。」李強不理，仍然叫罵，並指著狗叫喊。該狗受驚，撲向李強並將其咬傷。李強治傷花費 6,000 元。李強起訴要求趙剛返還欠款 5,000 元、支付醫藥費 6,000 元，並向法院提交了趙剛書寫的借條、其向趙剛轉帳 5,000 元的銀行轉帳憑證、本人病歷、醫院的診斷書（複印件）、醫院處方（複印件）、發票等。趙剛稱，其向李強借款是事實，但在 2010 年 1 月賣給李強一塊玉石，價值 5,000 元，說好用玉石貨款清償借款。當時李強表示同意，並稱之後會把借條還給趙剛，但其一直未還該借條。趙剛還稱，李強故意激怒狗，被狗咬傷的責任應由李強自己承擔。對此，趙剛提交了鄰居孫某出具的書面證詞，該證詞描述了李強當時罵人和罵狗的情形。趙剛認為，李強提交的診斷書、醫院處方均為複印件，沒有證明力。

問題：
(1) 李強與趙剛之間欠款的訴訟應由哪個法院管轄？
(2) 李強要求趙剛支付醫藥費的訴訟管轄又該如何確定？①

2. 甲公司與乙公司簽訂了一份鋼材購銷合同，約定因該合同發生糾紛雙方可向 A 仲裁委員會申請仲裁，也可向合同履行地 B 法院起訴。

問題：
(1) 雙方達成的仲裁協議是否有效？
(2) 如甲公司向 A 仲裁委員會申請仲裁，乙公司在仲裁庭首次開庭前未提出異議，A 仲裁委員會是否可對該案進行仲裁？
(3) 如甲公司向 B 法院起訴，乙公司在法院首次開庭時對法院管轄提出異議，法院應否駁回甲公司的起訴？②

---

① 2012 年國家司法考試試卷三「不定項選擇」材料（三）。
② 2012 年國家司法考試試卷三第 84 題。

國家圖書館出版品預行編目(CIP)資料

中國經濟法 / 王麗萍 主編. -- 第四版.
-- 臺北市：崧博出版：崧燁文化發行, 2018.09
　面；　公分
ISBN 978-957-735-437-2(平裝)
1.經濟法規 2.中國
553.42　　　107014900

書　名：中國經濟法
作　者：王麗萍 主編
發行人：黃振庭
出版者：崧博出版事業有限公司
發行者：崧燁文化事業有限公司
E-mail：sonbookservice@gmail.com
粉絲頁　　　　　網　址：
地　址：台北市中正區重慶南路一段六十一號八樓815室
8F.-815, No.61, Sec. 1, Chongqing S. Rd., Zhongzheng Dist., Taipei City 100, Taiwan (R.O.C.)
電　話：(02)2370-3310　傳　真：(02) 2370-3210
總經銷：紅螞蟻圖書有限公司
地　址：台北市內湖區舊宗路二段121巷19號
電　話：02-2795-3656　傳真：02-2795-4100　網址：
印　刷：京峯彩色印刷有限公司（京峰數位）
　本書版權為西南財經大學出版社所有授權崧博出版事業有限公司獨家發行
　電子書繁體字版。若有其他相關權利及授權需求請與本公司聯繫。
定價：500 元
發行日期：2018 年 9 月第四版
◎ 本書以POD印製發行